AF177640

bauhaus

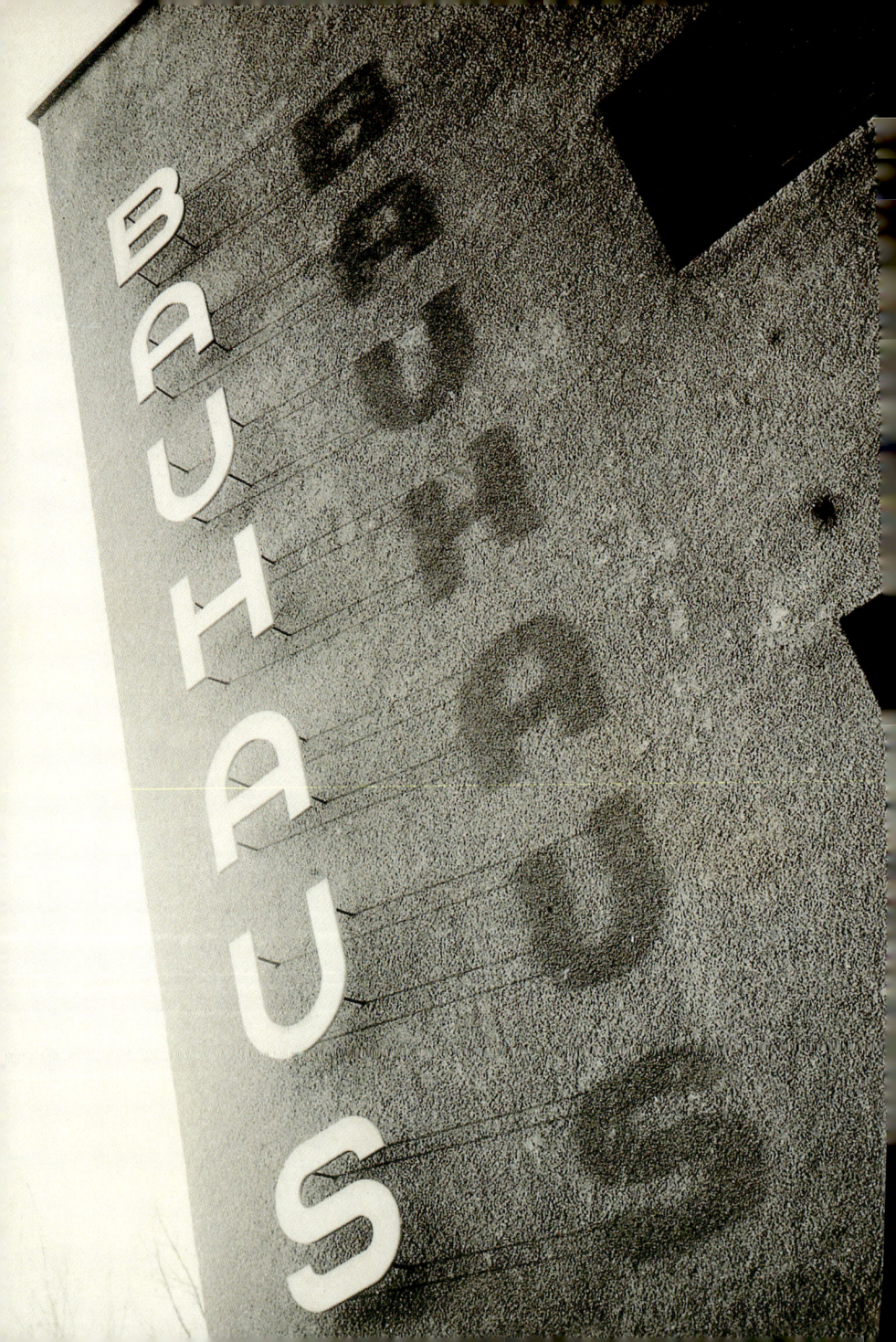

bauhaus-archiv berlin   magdalena droste

bauhaus

1919–1933

TASCHEN

Bibliotheca Universalis

Contenido

Prólogo a la nueva edición de 2019

Aunque han transcurrido ya 100 años desde la creación de la Bauhaus, el debate sobre esta vanguardista escuela continúa. Las ideas y los principios formulados en la Bauhaus siguen proporcionando estímulos de todo tipo en los ámbitos más diversos, desde métodos de enseñanza, diseño contemporáneo, arquitectura o vivienda hasta formas de trabajar, producir y vivir. Esta aspiración global (y a menudo también utópica) de reformar todas las facetas de la vida ha mantenido hasta el presente su capacidad de fascinación. Y esta afirmación no se limita a Alemania, ya que apenas ninguna otra escuela ha recibido tanta atención y reconocimiento en el extranjero como la Bauhaus. Quizás uno de los motivos de este incesante interés internacional sea su enfoque del diseño (básico, universal y comprensible para el público general), del que surgieron formas de expresión basadas en la función de los objetos y que prescindían de cualquier aspecto superfluo. La simplicidad, la economía material y la consiguiente atemporalidad de los objetos evocan en muchas culturas asociaciones con las propias raíces y valores históricos, y permiten así una identificación que va mucho más allá de la Bauhaus histórica. «¿Cómo queremos vivir?», «¿cómo viviremos?», «¿cómo puedo lograr más con menos?» o «¿qué puedo aportar para conseguir una vida mejor?» son cuestiones fundamentales que conservan aún un enorme poder de atracción. Así pues, las obras creadas en la Bauhaus en las diferentes disciplinas —desde la arquitectura, la pintura, la fotografía y los collages hasta los textiles, la cerámica, el mobiliario y la iluminación, pasando por documentos y libros— han supuesto una continua fuente de inspiración para toda una serie de obras científicas y artísticas a lo largo de los años. Y el centenario de la fundación de la Bauhaus, en 2019, no hace sino aumentar todavía más su notoriedad.

Pero por mucho que estos debates contribuyan a la participación y la popularización, siempre bienvenidas, es igualmente importante evitar que la Bauhaus se convierta en una pantalla de proyección a gusto de cada uno; al contrario, se debe describir con precisión el periodo de tan solo 14 años durante el que discurrió la azarosa y agitada historia de la escuela, fundada en Weimar en 1919 y disuelta en Berlín en 1933 bajo la presión de los nacionalsocialistas. Los principales protagonistas de la Bauhaus (los directores Walter Gropius, Hannes Meyer y Ludwig Mies van der Rohe), así como los profesores que trabajaron en ella (como Paul Klee, Wassily Kandinsky, Lyonel Feininger, László Moholy-Nagy u Oskar Schlemmer, por nombrar solo a algunos), ponen de manifiesto las diferentes corrientes y posiciones que se enfrentaron aquí en un breve lapso de tiempo. Al mismo tiempo, la historia de la escuela está estrechamente ligada a los acontecimientos políticos de la República de Weimar.

El gran mérito de Magdalena Droste, una de las más mayores expertas en la Bauhaus, es haber presentado hace casi 30 años en la editorial TASCHEN esta ajetreada historia de las ideas y los avatares de la Bauhaus con sólida documentación histórica y profusas ilustraciones. Tras su época como auxiliar de investigación en el Archivo Bauhaus/Museo de Diseño de Berlín, Droste se ha dedicado concienzudamente a esta materia como profesora en la universidad BTU Cottbus, y conoce el tema y el estado actual de las investigaciones prácticamente mejor que nadie. Ahora su historia de la Bauhaus, publicada en numerosas ediciones y en diversos idiomas desde que vio la luz por primera vez, está disponible en una nueva edición revisada y actualizada, que además completa considerablemente la edición anterior con más de 250 ilustraciones nuevas. Las imágenes proceden casi exclusivamente de originales conservados en el Archivo Bauhaus/Museo de Diseño. Así pues, esta publicación ofrece una extraordinaria panorámica de la colección más grande del mundo sobre la Bauhaus y su historia. Fundado en 1960 por iniciativa de Walter Gropius, el objetivo del Archivo Bauhaus ha sido desde su creación la recogida, conservación y puesta a disposición del público del legado de la escuela, sus profesores y sus alumnos, tanto a través de exposiciones como de programas educativos o publicaciones. Por lo tanto, es un gran placer para mí que esta obra, en su versión ampliada, nos inspire ahora a explorar la Bauhaus como el taller de ideas interdisciplinario y experimental que fue.

Annemarie Jaeggi
Archivo Bauhaus/Museo de Diseño de Berlín
Directora

Sobre los antecedentes de la Bauhaus

◄◄ Walter Gropius y Adolf Meyer,
Fagus-Werk en Alfeld, a partir de 1911.

◄ William Morris (1834-1896), fundador del movimiento *arts and crafts*
en Inglaterra. Morris rechazaba la
producción mecánica industrial y sus
productos de inferior calidad. Llevó a
cabo una revitalización de la artesanía
con una gran acogida en Alemania.

Los antecedentes de la Bauhaus se remontan al siglo XIX. Comienzan con las devastadoras consecuencias que la creciente industrialización, primero en Inglaterra y más tarde también en Alemania, tuvo en las condiciones de vida y en la producción de los artesanos y la clase obrera. El progreso tecnológico trajo consigo un cambio en las estructuras sociales; amplios sectores de la población se proletarizaron. Pero así se racionalizó y abarató la producción de bienes. Inglaterra se alzó en el siglo XIX como la potencia industrial más prominente de Europa. En las grandes exposiciones universales, que desde 1851 exhibían los adelantos técnicos y culturales conseguidos por cada nación, los ingleses se mantuvieron a la cabeza hasta bien entrados los noventa, época durante la que fueron los indiscutibles vencedores. El escritor inglés John Ruskin fue uno de los primeros en observar críticamente la situación, que él pretendía mejorar mediante reformas sociales y renunciando al trabajo con máquinas. Su ideal era el trabajo al modo medieval, como había descrito en su libro *The Stones of Venice* (1851-1853).

Su más importante seguidor, admirador y más tarde también amigo fue el polifacético William Morris (il. pág. 14), cuya misión era traducir, con éxito, las ideas de Ruskin en hechos. Con Ruskin tenía en común el «odio a la civilización moderna»[1] y a sus productos; por ello, debían ser inventados de nuevo cada silla, cada mesa y cada cama, cada cuchara, cada jarra y cada vaso. Morris fundó talleres de trabajo tan influyentes que se podría hablar de un estilo propio desde el último tercio del siglo, el llamado *arts and crafts*, inspirado en modelos góticos y orientales (il. pág. 15).

▲ Estas dos iniciales —de comienzo de página o capítulo— muestran motivos medievales tardíos y ornamentos decorativos planos de origen vegetal realizados por William Morris en 1896 y 1871.

Al mismo tiempo, los ingleses habían reformado, ya desde los años cincuenta, los procesos educativos para artesanos y las academias. Los alumnos tenían que diseñar por sí mismos en lugar de copiar modelos dados. Mientras el movimiento de talleres de Morris representaba algo así como una utopía realizada, fuertes intereses económicos respaldaban la reforma educativa. Inglaterra quería mantener su liderazgo en el campo de las artes y oficios.

En los años siguientes se fundaron numerosos «gremios de artesanos», que con frecuencia eran, además de gremios, comunas. Cuando Morris se dio cuenta de que con sus ideas reformadoras solo lograba un éxito parcial y no llegaba a la masa de la población, se afilió al socialismo y llegó a ser uno de los más importantes representantes del movimiento en la Inglaterra de los ochenta y los noventa. Lograr una cultura del pueblo y para el pueblo se convirtió en aquellos tiempos en el desafío de casi todos los movimientos culturales innovadores, y apadrinó también la fundación de la Bauhaus.

Ya desde la década de los setenta se intentó, en el continente, emular, mediante reformas propias, el progreso de Inglaterra en el campo de la producción industrial. Estaba claro que los fundamentos para un impulso de la industria de las artes se hallaban en la reforma de las escuelas y de la política educativa. En Viena se estableció el Museo austríaco de Artes y Oficios, y también en Berlín se fundó un Museo de Arte Industrial, inaugurado en 1871. Su protectora y enérgica promotora fue la emperatriz Augusta, la anglófila esposa del emperador Guillermo I; Augusta quería poner remedio a la crisis en que se hallaban las artes industriales alemanas. A estos museos, en los que se coleccionaban productos industriales para su

THE SUSSEX RUSH-SEATED CHAIRS
MORRIS AND COMPANY
449 OXFORD STREET, LONDON, W.

"ROSSETTI ARM-CHAIR.
IN BLACK, 16/6.

SUSSEX CORNER CHAIR.
IN BLACK, 10/6.

SUSSEX SINGLE CHAIR.
IN BLACK, 7/-.

SUSSEX ARM-CHAIR.
IN BLACK, 9/9.

ROUND-SEAT CHAIR.
IN BLACK, 10/6.

SUSSEX SETTEE, 4 FT. 6 IN. LONG.
IN BLACK, 35/-.

ROUND SEAT PIANO CHAIR.
IN BLACK, 10/6.

"Of all the specific minor improvements in common household objects due to Morris, the rush-bottomed Sussex chair perhaps takes the first place. It was not his own invention, but was copied with trifling improvements from an old chair of village manufacture picked up in Sussex. With or without modification it has been taken up by all the modern furniture manufacturers, and is in almost universal use. But the Morris pattern of the later type (there were two) still excels all others in simplicity and elegance of proportion."

"*Life of William Morris*" : *By Prof. J. W. Mackail.*

63

16

◄ Una página del catálogo de Morris & Co. con su producto más popular, la serie de sillas y bancos «Sillas Sussex», diseñada por Philip Webb en 1860.

▲ Talleres textiles de Morris & Co. en Merton Abbey (Surrey).

estudio, se les añadieron escuelas. Pero hasta la década de los noventa no ganó terreno en Alemania un segundo empuje reformador, importado de Inglaterra a través de Bélgica. Con él se introdujo el *jugendstil* (modernismo), que dominaría Europa durante diez o quince años.

En 1896 el Gobierno prusiano envió a Hermann Muthesius a Inglaterra durante seis años en calidad de «espía del gusto» con la misión de estudiar las causas del éxito inglés. A su regreso, y siguiendo su propuesta, se ampliaron con talleres las Escuelas de Artes y Oficios prusianas, y artistas modernos fueron llamados como profesores. Peter Behrens pudo reformar la Academia de Düsseldorf; Hans Poelzig, la de Breslau y Bruno Paul, la Escuela Superior de Berlín. Otto Pankok amplió con talleres la Escuela de Artes y Oficios de Stuttgart y Henry van de Velde tuvo a su cargo en Weimar una de las más eficaces escuelas de arte (ils. págs. 18 y 19). El número de mujeres que accedían a estas escuelas y academias se multiplicó, con objeto de cubrir la demanda de mano de obra cualificada para la industria. Siguiendo el modelo inglés, se fundaron por toda Alemania pequeños talleres privados que producían enseres de casa, muebles, textiles y utensilios de metal. Entre los más importantes estaban los talleres de artes manuales de Dresde, que más tarde se fusionarían, junto con los talleres de Múnich en los Talleres Alemanes. Mientras que en Inglaterra los talleres de *arts and crafts* habían rechazado la producción con máquinas, esta fue apoyada sin restricciones en Alemania. Richard Riemerschmid desarrolló un programa de fabricación mecánica de muebles y, algo más tarde, Bruno Paul producía muebles estandarizados. Estilísticamente los productos alemanes de final de siglo tampoco tenían parecido alguno con los ingleses de

◄ En 1902, el arquitecto belga Henry van de Velde fue nombrado asesor artístico para la industria y la artesanía en el Gran Ducado de Sajonia-Weimar-Eisenach. En otoño de ese mismo año asumió la dirección del recién fundado Seminario de Artes y Oficios en Weimar y, más tarde, de la Escuela de Artes y Oficios del Gran Ducado de Sajonia.

► Henry Van de Velde: Escuela de Artes y Oficios del Gran Ducado de Sajonia, 1904-1906. En este edificio se instalaron a partir de 1919 los talleres de la Bauhaus.

► Henry Van de Velde: Escuela Superior de Arte del Ducado de Sajonia, 1904-1911. En este edificio, situado frente a la Escuela de Artes y Oficios, tenía la Bauhaus oficinas y talleres. Ya antes de la reconstrucción de ambos edificios se habían emprendido acciones e iniciativas para reformar la educación artística y fomentar la artesanía.

las *arts and crafts,* movimiento profundamente arraigado durante todo el siglo XIX. En estos años noventa Alemania adelantó a Inglaterra como nación industrializada, asegurándose este puesto hasta el estallido de la Guerra Mundial en 1914.

En medio de un clima fuertemente nacionalista, se buscaba un lenguaje estilístico en el mercado adecuado al prestigio mundial de Alemania. Estas ponderaciones, en la misma medida económicas, nacionales y culturales, llevaron a la fundación de la Werkbund (Liga de talleres) alemana, que se convertiría en la más importante fusión entre arte y economía anterior a la Primera Guerra Mundial. Doce personas —unos, representantes de las más prominentes empresas de arte industrial y otros, artistas—, decidieron en Múnich unirse en una liga, cuya meta era «el ennoblecimiento de las artes industriales en cooperación con el arte, la industria y la artesanía, y a través de la educación, la propaganda y los criterios lógicos ante cuestiones importantes»[2]. «Calidad en el trabajo» era la meta principal y la consigna de la DWB (Liga Alemana de Talleres), cuyo objetivo era asegurar la supremacía alemana como potencia comercial. Entre los doce arquitectos y artistas fundadores de la Liga se encuentran los nombres más significativos de aquellos años: Richard Riemerschmid, Joseph Maria Olbrich, Josef Hoffmann, Bruno Paul, Fritz Schumacher, Wilhelm Kreis, Peter Behrens, Theodor Fischer, Paul Schultze-Naumburg y los hoy menos conocidos Adelbert Niemeyer, Max Läuger, J.J. Scharvogel. No solamente los talleres ya enumerados producían en aquel entonces según los diseños de artistas, sino que también las empresas que formaban parte de la Liga de Talleres contaban en sus plantillas con artistas. La fábrica

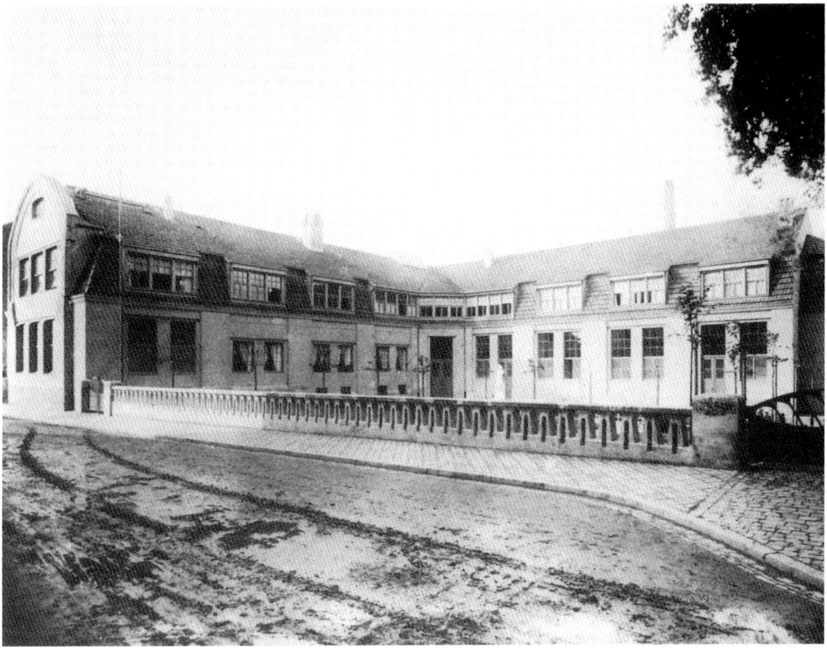

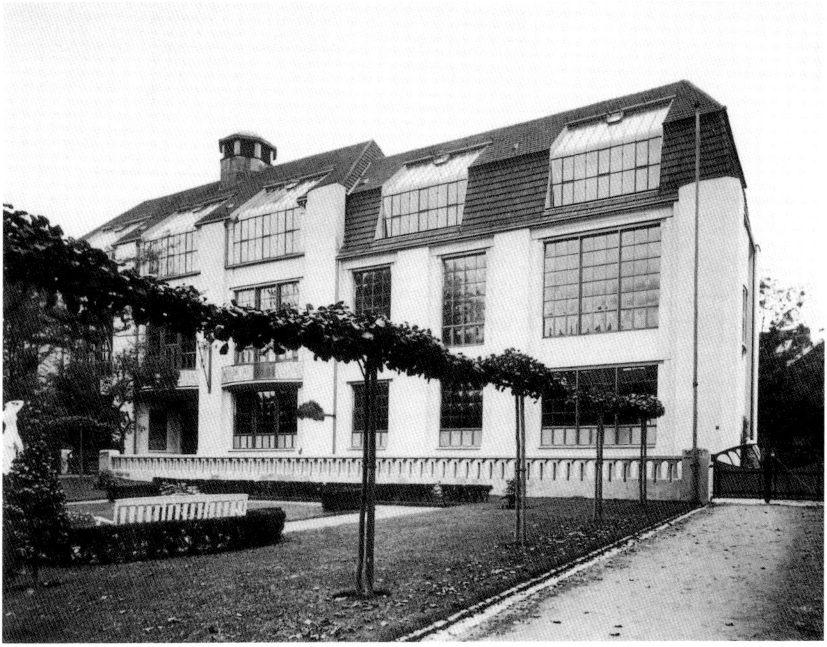

▲ **Peter Behrens:** fábrica de turbinas AEG en Berlín, 1908/09. Esta «catedral del trabajo» fue una de las primeras construcciones industriales modernas. Behrens resaltó las funciones de soporte y carga y colocó una fachada con aspecto de templo. Esta monumentalización de la arquitectura enfatiza el creciente poder económico de la industria.

▶ **Peter Behrens:** cartel publicitario de una lámpara para AEG, 1907.

de galletas Bahlsen, de Hannover, encargó toda su producción —latas, anuncios, puestos de feria, arquitectura— a artistas; la AEG incorporó en su plantilla a Peter Behrens, quien diseñó desde la tetera hasta el edificio, el primer complejo de aspecto unitario para esta empresa (ils. págs. 20-22). La misma Werkbund instalaba exposiciones, organizaba exposiciones itinerantes, publicaba catálogos anuales y colaboraba con escuelas de arte. Walter Gropius fue nombrado miembro de la Werkbund en 1912, tras haber alcanzado renombre con la edificación (en colaboración con Adolf Meyer) de una nueva fábrica, la fábrica de hormas de zapatos Fagus, en Alfeld, cerca de Hannover (il. pág. 12).

La fábrica Fagus pasaría más tarde a la historia como el primer edificio con una *curtain-wall* (pared cortina): por delante del armazón del edificio «colgaron» los arquitectos una fachada de cristal, que incluso se sobreponía en las esquinas. El edificio de ladrillo cocido y cristal se adelantó con mucho a los años veinte y procuró al Gropius de veinte años un amplio reconocimiento como arquitecto. Poco más tarde tendría la oportunidad de erigir una fábrica modelo y un edificio de oficinas en la gran exposición de la Werkbund en Colonia (il. pág. 26). Aquí se proponía, elevando la construcción y recubriendo los miembros estructuradores del edificio, establecer símbolos de la voluntad y el espíritu de los tiempos[3].

Los años que precedieron a la Primera Guerra Mundial no fueron únicamente años de florecimiento científico, sino que, por primera vez en la Alemania del emperador Guillermo, también se organizaron incontables movimientos contraculturales y reformadores que afectaron a todas las capas sociales y generaciones, mientras que la Werkbund y los artistas

21

◄ Un ventilador de mesa de AEG de producción tardía, variación de un diseño de Peter Behrens del año 1908.

► En 1908, en el despacho de Peter Behrens en Babelsberg, trabajaron varios jóvenes arquitectos que más tarde se convertirían en destacados exponentes del movimiento moderno: Ludwig Mies van der Rohe (izquierda del todo), Adolf Meyer (a su lado) y Walter Gropius (a la derecha, leyendo un plano).

del *jugendstil* querían reconciliar «arte y máquina». Por vez primera se tomaba en serio a la juventud, se la consideraba como una edad autónoma, y no solo como un estadio preparatorio para la edad adulta. Más tarde se establecieron numerosas conexiones entre estas escuelas reformadoras y la Bauhaus. En la organización escolar se llevó a cabo la reforma pedagógica requerida por las escuelas de trabajo y las escuelas unitarias. Se fundaron multitud de escuelas privadas, que todavía existen. Los jóvenes burgueses se organizaban en el movimiento de los *boy scouts;* sostenían debates, eran vegetarianos, practicaban el nudismo y el antialcoholismo. Proliferaban las comunas y cooperativas, aunque con frecuencia duraban poco. Una de las pocas excepciones fue la colonia Edén, dedicada a la plantación de frutales. Incluso Gropius, recurriendo a tales ideas, soñaría aún con una colonia propia.

Críticos culturales conservadores como Paul Anton de Lagarde y Julius Langbehn festejaron un éxito clamoroso. El pesimismo cultural de Nietzsche hallaba en el pueblo, pero también en el mundo del arte, cada vez más partidarios. Se formaron numerosos movimientos culturales conservadores: el Grupo Durero (a partir de 1902) contraba sus esfuerzos en la educación popular, la conservación de la cultura y de los monumentos nacionales.

El arquitecto Paul Schultze-Naumburg fundó el grupo Conservación del Patrimonio; y la revista *Kunstwart* (Guardián de la cultura) se dirigía a un público educado y conservador. Posiciones fuertemente antijudías, nacionalistas y germano-cristianas evolucionaban a la par. La emancipación de la mujer tenía ya repetidos triunfos en su haber. Las grandes ciudades eran con frecuencia cuna de tales «movimientos de huida burgueses», representados

▲ Cartel publicitario para la exposición
de la Werkbund de 1914 en Colonia,
la primera gran exposición de esta
asociación, fundada en 1907.

▶ **Bruno Taut:** pabellón de cristal en la
exposición de la Werkbund de 1914 en
Colonia. Este pequeño pabellón temporal
de cristal coloreado se adelantaba mucho
a su tiempo y ofrecía un espectáculo
de colores.

en el Berlín de antes de la guerra por el pintor Fidus y su círculo. La irrupción de la Primera Guerra Mundial fue recibida en Alemania con un entusiasmo casi unánime. Se alistaron numerosos voluntarios, entre ellos también artistas de la vanguardia, como Otto Dix, Oskar Kokoschka, Franz Marc, Max Beckmann y August Macke. Mientras los intectuales alimentaban la esperanza de una renovación espiritual —a menudo en el sentido de Nietzsche—, la mayoría de la población esperaba, igual que el emperador Guillermo II, que Alemania pudiera por fin acreditarse como potencia mundial. La Liga de Talleres hablaba de una «victoria del diseño alemán».

Hasta 1916/17 no se empezó a poner en tela de juicio el sentido de la guerra. Arquitectos y artistas publicaban manifiestos y panfletos. Se preparaba un giro de pensamiento, cuyo centro sería el Arbeitsrat für Kunst (Consejo de Trabajo para el Arte; ils. págs. 28 y 29), fundado por el arquitecto Bruno Taut, con un grupo de seguidores, en noviembre de 1918, poco después de la revolución de noviembre.

También Gropius, que en 1917 había hablado de la «urgencia de un cambio de frente intelectual» y que se fue a Berlín para tomar parte en las subversiones, escribió: «El ambiente está aquí sumamente tenso, y nosotros los artistas hemos de fraguar el hierro en esta época, mientras aún está caliente. La Werkbund la doy por muerta, ya no puede esperarse nada más de ella»[4]. Desde 1915 Gropius mantenía correspondencia con la Escuela de Artes y Oficios de Weimar, fundada y dirigida por Henry van de Velde. En 1914, antes de que estallara la guerra, este había dimitido (il. pág. 18) a causa de fuertes tendencias xenófobas

◄ **Walter Gropius:** fábrica modelo en la gran exposición de la Werkbund en Colonia, 1914. Vista exterior del lado del patio con relieves de Richard Scheibe.

▲ El estallido de la Primera Guerra Mundial (1914-1918) puso fin temporalmente a los modernos avances. Muchos jóvenes se fueron a la guerra, Walter Gropius entre ellos.

y había recomendado a Gropius, al lado de Hermann Obrist y August Endell, como posibles sucesores. La escuela fue clausurada en 1915, pero había en Weimar una segunda escuela a la que su director, Fritz Mackensen, quería añadir una clase de arquitectura, para la cual había pensado en Gropius. Al mismo tiempo, debía ser tenida en cuenta la Escuela de Artes y Oficios del Gran Ducado de Turingia con sus intereses en el arte industrial. Todavía estando de soldado en el frente (ils. págs. 27 y 31) publicó Gropius «Sugerencias para la fundación de un centro docente como oficina de orientación para industria, comercio y artesanía», trabajo que envió en 1916 al Ministerio de Estado del Gran Ducado de Sajonia. Gropius exigía una estrecha colaboración entre el comerciante, el técnico y el artista, al estilo de la Werkbund, pero al mismo tiempo citaba ya el ideal de los talleres de construcción medievales, donde se trabajaba con «espíritu igualitario» por «la unidad de una idea común». El mariscal de palacio rechazó la proposición, pues en su opinión desatendía lo artesanal. En lugar de un arquitecto, prefería tener un buen artesano industrial al timón de la escuela, para que la pequeña y mediana industria de Turingia (alfarería, textil, cestería, ebanistería) alcanzaran mejores cotas de venta en el mercado. Gropius permaneció, sin embargo, en contacto con la escuela. En 1917 reclamaba el profesorado de la Escuela de Bellas Artes (tal como había hecho Mackensen dos años antes) la ampliación del centro con una sección de arquitectura y arte industrial. En enero de 1919 todavía no se había nombrado a Gropius, de modo que este trató de informarse en Weimar sobre la situación. Al mismo tiempo sostenía conversaciones con el Colegio de Profesores, que ahora apoyaban

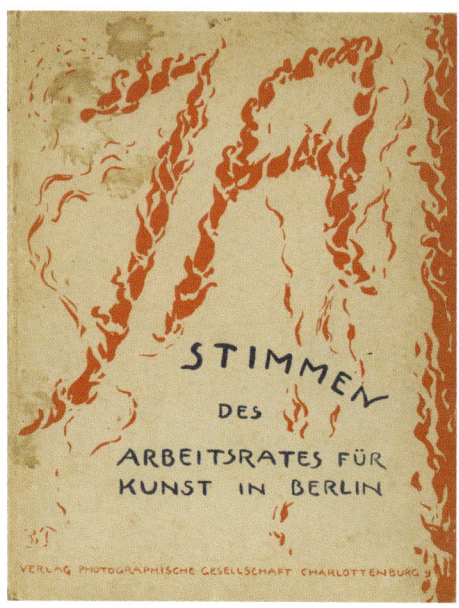

Arquitectos, artistas e intelectuales se habían decidido en 1918 en el Consejo de Trabajo para el Arte a crear una nueva cultura, orientándose por los consejos de trabajadores y soldados surgidos durante la revolución. Algunos de sus miembros eran, junto a Bruno Taut y Walter Gropius, Gerhard Marcks, Lyonel Feininger y muchos otros.

◄ En la primera edición de *JA! Stimmen des Arbeitsrates für Kunst in Berlin* se publicaron 28 criterios de los miembros para el primer programa del Consejo de Trabajo.

► Prospecto del Consejo de Trabajo para el Arte de 1919 en Berlín, con una xilografía de Max Pechstein.

con unanimidad a Gropius como nuevo director. El mariscal de palacio y el Gobierno provisional del entonces estado libre Sajonia-Weimar-Eisenach dieron también su aprobación.

Antes de aceptar definitivamente el cargo, Gropius presentó en febrero una estimación de gastos y explicó sus intenciones: «Puesto que la Escuela de Artes y Oficios ha sido suspendida, es decir, que puede ser configurada de nuevo desde el principio, y puesto que hay cuatro puestos libres en la Escuela Superior de Arte, las circunstancias en estos momentos son inmejorables. Dudo que hoy por hoy se dé en toda Alemania otra ocasión semejante: la oportunidad de transformar, sin ataques radicales, una escuela de arte conforme a las nuevas ideas vigentes»⁵. A finales de marzo permitió el Gobierno, a instancia de Gropius, la administración de ambas escuelas bajo el nombre Bauhaus Estatal de Weimar. Como subtítulo se nombraban las antiguas denominaciones de las escuelas: «Unión de las antiguas Escuela Superior de Arte del Gran Ducado y Escuela de Artes y Oficios».

Finalmente, el 12 de abril tuvo lugar el nombramiento de Gropius como director de la escuela, con nombre y programa nuevos. Con ello se inauguró, mediante un ceremonioso acto, la más cuestionada y moderna escuela de arte de su tiempo. Su fundación, que se llevó a cabo entre los desórdenes de la revolución —a menudo no estaba claro si se encontraba bajo la responsabilidad del mariscal de palacio o del Consejo de Gobierno—, no hubiera sido posible algo más tarde, cuando las fuerzas conservadoras se formaron de nuevo.

En un manifiesto de la Bauhaus (ils. págs. 32-35), distribuido por toda Alemania, aclaraba Gropius el programa y la meta de la nueva escuela: artistas y artesanos debían

levantar juntos la «construcción del futuro». La discusión sobre las «ideas modernas» había comenzado en 1916 con un artículo de Wilhelm von Bodes, director general de los museos estatales de Berlín. Von Bodes había propuesto unir en una única institución las academias de arte, escuelas de artes y oficios y las escuelas superiores de arte. Con ello se evitaría el exceso de artistas independientes en paro, el entonces llamado «proletariado de artistas». Muchos artistas, sobre todo arquitectos, hicieron suya esta idea. Theodor Fischer escribía en 1917 «Por el arte alemán de la construcción», el arquitecto Fritz Schumacher en 1918, «La reforma de la educación técnico-artística»; Richard Riemerschmid publicaba «Cuestiones de la educación artística» y los arquitectos Otto Bartning y Bruno Taut escribieron «Un programa arquitectónico» en el folleto del Consejo de Trabajo. Especialmente significativos para Gropius fueron los escritos de Taut y Bartning. Taut fue el primero en promocionar en su programa casas populares y la cooperación de todas las artes en la construcción, además de exigir construcciones experimentales y exposiciones para el pueblo.

Un ejemplo de las ideas de Taut: «No hay frontera alguna entre el arte industrial y la escultura o pintura, todo es uno: construcción». De Gropius leemos: «Creemos juntos la nueva construcción del futuro, que será un todo conjunto. Arquitectura y escultura y pintura». Una fuente más importante, si cabe, para el programa Bauhaus de Gropius, fue la proposición de reforma del arquitecto Otto Bartning, miembro del Consejo del Trabajo para el Arte. Bartning publicó en enero de 1919 el «Plan de enseñanza para arquitectura y las artes plásticas en base a la artesanía». En él se declaraba la artesanía como fundamento de la educación.

▶ Tras la guerra, Walter Gropius reanudó sus conversaciones con la Escuela Superior de Arte del Ducado de Sajonia de Weimar. En abril de 1919 fue llamado a Weimar, donde fusionó la Escuela Superior de Arte con la Escuela de Artes y Oficios para crear una nueva escuela de arte: la Bauhaus Estatal de Weimar.

▶▶ **Walter Gropius:** manifiesto y programa de la Bauhaus, con xilografía de Lyonel Feininger, 1919.

El Consejo de Maestros de Gropius se basa en un Consejo similar al de Bartning, y de él también adoptó la jerarquía: aprendiz —oficial— maestro. Gropius tradujo las ideas reformadoras del primer programa de la Bauhaus, del periodo revolucionario y posrevolucionario, en el programa educativo de la escuela. Pero la Bauhaus no pretendía solamente ser la unión de una academia y una escuela de artes industriales, la formación se peraltaba a través de la meta real y simbólica de «construcción».

Construir se convirtió para Gropius —siguiendo las ideas del Consejo— en actividad social, intelectual y simbólica. Reconcilió los, hasta entonces independientes oficios y especialidades, y los unió en el trabajo en común: la construcción allana diferencias de condición y acerca a los artistas al pueblo. Emblema del nuevo concepto de construcción era el grabado en madera de una catedral de Lyonel Feininger (il. pág. 32), aparecido en la portada de un manifiesto de la Bauhaus; en la aguja de la torre confluyen tres rayos, que representan las tres artes: pintura, escultura, arquitectura. Desde la aparición en 1912 del libro de Wilhelm Worringer *Problemas formales del gótico,* se había actualizado la catedral como símbolo. También era para Adolf Behne y Karl Scheffler emblema del arte como un todo y símbolo de unidad social[6]. Bruno Taut, muy admirado por Gropius, presentó en su libro *La corona de la ciudad* (1915-1917) el dibujo de una catedral gótica como una imagen programática. Hans M. Wingler, que publicó el primer compendio sobre la Bauhaus, describió la obra de Gropius como «la síntesis —más que resumen— de ideas alcanzada en la Bauhaus; su obra fue eminentemente un acto creativo»[7].

Das Endziel aller bildnerischen Tätigkeit ist der Bau! Ihn zu schmücken war einst die vornehmste Aufgabe der bildenden Künste, sie waren unablösliche Bestandteile der großen Baukunst. Heute stehen sie in selbstgenügsamer Eigenheit, aus der sie erst wieder erlöst werden können durch bewußtes Mit- und Ineinanderwirken aller Werkleute untereinander. Architekten, Maler und Bildhauer müssen die vielgliedrige Gestalt des Baues in seiner Gesamtheit und in seinen Teilen wieder kennen und begreifen lernen, dann werden sich von selbst ihre Werke wieder mit architektonischem Geiste füllen, den sie in der Salonkunst verloren.

Die alten Kunstschulen vermochten diese Einheit nicht zu erzeugen, wie sollten sie auch, da Kunst nicht lehrbar ist. Sie müssen wieder in der Werkstatt aufgehen. Diese nur zeichnende und malende Welt der Musterzeichner und Kunstgewerbler muß endlich wieder eine bauende werden. Wenn der junge Mensch, der Liebe zur bildnerischen Tätigkeit in sich verspürt, wieder wie einst seine Bahn damit beginnt, ein Handwerk zu erlernen, so bleibt der unproduktive „Künstler" künftig nicht mehr zu unvollkommener Kunstübung verdammt, denn seine Fertigkeit bleibt nun dem Handwerk erhalten, wo er Vortreffliches zu leisten vermag.

Architekten, Bildhauer, Maler, wir alle müssen zum Handwerk ~~zurück~~! Denn es gibt keine „Kunst von Beruf". Es gibt keinen Wesensunterschied zwischen dem Künstler und dem Handwerker. Der Künstler ist eine Steigerung des Handwerkers. Gnade des Himmels läßt in seltenen Lichtmomenten, die jenseits seines Wollens stehen, unbewußt Kunst aus dem Werk seiner Hand erblühen, die Grundlage des Werkmäßigen aber ist unerläßlich für jeden Künstler. Dort ist der Urquell des schöpferischen Gestaltens.

Bilden wir also eine neue Zunft der Handwerker ohne die klassentrennende Anmaßung, die eine hochmütige Mauer zwischen Handwerkern und Künstlern errichten wollte! Wollen, erdenken, erschaffen wir gemeinsam den neuen Bau der Zukunft, der alles in einer Gestalt sein wird: Architektur und Plastik und Malerei, der aus Millionen Händen der Handwerker einst gen Himmel steigen wird als kristallenes Sinnbild eines neuen kommenden Glaubens.

WALTER GROPIUS.

PROGRAMM

DES

STAATLICHEN BAUHAUSES
IN WEIMAR

Das Staatliche Bauhaus in Weimar ist durch Vereinigung der ehemaligen Großherzoglich Sächsischen Hochschule für bildende Kunst mit der ehemaligen Großherzoglich Sächsischen Kunstgewerbeschule unter Neuangliederung einer Abteilung für Baukunst entstanden.

Ziele des Bauhauses.

Das Bauhaus erstrebt die Sammlung alles künstlerischen Schaffens zur Einheit, die Wiedervereinigung aller werkkünstlerischen Disziplinen — Bildhauerei, Malerei, Kunstgewerbe und Handwerk — zu einer neuen Baukunst als deren unablösliche Bestandteile. Das letzte, wenn auch ferne Ziel des Bauhauses ist das Einheitskunstwerk — der große Bau —, in dem es keine Grenze gibt zwischen monumentaler und dekorativer Kunst.

Das Bauhaus will Architekten, Maler und Bildhauer aller Grade je nach ihren Fähigkeiten zu tüchtigen Handwerkern oder selbständig schaffenden Künstlern erziehen und eine Arbeitsgemeinschaft führender und werdender Werkkünstler gründen, die Bauwerke in ihrer Gesamtheit — Rohbau, Ausbau, Ausschmückung und Einrichtung — aus gleich geartetem Geist heraus einheitlich zu gestalten weiß.

Grundsätze des Bauhauses.

Kunst entsteht oberhalb aller Methoden, sie ist an sich nicht lehrbar, wohl aber das Handwerk. Architekten, Maler, Bildhauer sind Handwerker im Ursinn des Wortes, deshalb wird als unerläßliche Grundlage für alles bildnerische Schaffen die gründliche handwerkliche Ausbildung aller Studierenden in Werkstätten und auf Probier- und Werkplätzen gefordert. Die eigenen Werkstätten sollen allmählich ausgebaut, mit fremden Werkstätten Lehrverträge abgeschlossen werden.

Die Schule ist die Dienerin der Werkstatt, sie wird eines Tages in ihr aufgehen. Deshalb nicht Lehrer und Schüler im Bauhaus, sondern Meister, Gesellen und Lehrlinge.

Die Art der Lehre entspringt dem Wesen der Werkstatt:

Organisches Gestalten aus handwerklichem Können entwickelt.

Vermeidung alles Starren; Bevorzugung des Schöpferischen; Freiheit der Individualität, aber strenges Studium.

Zunftgemäße Meister- und Gesellenproben vor dem Meisterrat des Bauhauses oder vor fremden Meistern.

Mitarbeit der Studierenden an den Arbeiten der Meister.

Auftragsvermittlung auch an Studierende.

Gemeinsame Planung umfangreicher utopischer Bauentwürfe — Volks- und Kultbauten — mit weitgestecktem Ziel. Mitarbeit aller Meister und Studierenden — Architekten, Maler, Bildhauer — an diesen Entwürfen mit dem Ziel allmählichen Einklangs aller zum Bau gehörigen Glieder und Teile.

Ständige Fühlung mit Führern der Handwerke und Industrien im Lande.

Fühlung mit dem öffentlichen Leben, mit dem Volke durch Ausstellungen und andere Veranstaltungen.

Neue Versuche im Ausstellungswesen zur Lösung des Problems, Bild und Plastik im architektonischen Rahmen zu zeigen.

Pflege freundschaftlichen Verkehrs zwischen Meistern und Studierenden außerhalb der Arbeit; dabei Theater, Vorträge, Dichtkunst, Musik, Kostümfeste. Aufbau eines heiteren Zeremoniells bei diesen Zusammenkünften.

Umfang der Lehre.

Die Lehre im Bauhaus umfaßt alle praktischen und wissenschaftlichen Gebiete des bildnerischen Schaffens.

A. Baukunst,
B. Malerei,
C. Bildhauerei

einschließlich aller handwerklichen Zweiggebiete.

Die Studierenden werden sowol handwerklich (1) wie zeichnerisch-malerisch (2) und wissenschaftlich-theoretisch (3) ausgebildet.

1. Die handwerkliche Ausbildung — sei es in eigenen allmählich zu ergänzenden, oder fremden durch Lehrvertrag verpflichteten Werkstätten — erstreckt sich auf:

   a) Bildhauer, Steinmetzen, Stukkatöre, Holzbildhauer, Keramiker, Gipsgießer,
   b) Schmiede, Schlosser, Gießer, her.
   c) Tischler,
   d) Dekorationsmaler, Glasmaler, Mosaiker, Emallöre,
   e) Radierer, Holzschneider, Lithographen, Kunstdrucker, Ziselöre,
   f) Weber.

Die handwerkliche Ausbildung bildet das Fundament der Lehre im Bauhause. Jeder Studierende soll ein Handwerk erlernen.

2. Die zeichnerische und malerische Ausbildung erstreckt sich auf:

   a) Freies Skizzieren aus dem Gedächtnis und der Fantasie,
   b) Zeichnen und Malen nach Köpfen, Akten und Tieren,
   c) Zeichnen und Malen von Landschaften, Figuren, Pflanzen und Stilleben,
   d) Komponieren,
   e) Ausführen von Wandbildern, Tafelbildern und Bilderschreinen,
   f) Entwerfen von Ornamenten,
   g) Schriftzeichnen,
   h) Konstruktions- und Projektionszeichnen,
   i) Entwerfen von Außen-, Garten- und Innenarchitekturen,
   k) Entwerfen von Möbeln und Gebrauchsgegenständen.

3. Die wissenschaftlich-theoretische Ausbildung erstreckt sich auf:

   a) Kunstgeschichte — nicht im Sinne von Stilgeschichte vorgetragen, sondern zur lebendigen Erkenntnis historischer Arbeitsweisen und Techniken,
   b) Materialkunde,
   c) Anatomie — am lebenden Modell,
   d) physikalische und chemische Farbenlehre,
   e) rationelles Malverfahren,
   f) Grundbegriffe von Buchführung, Vertragsabschlüssen, Verdingungen,
   g) allgemein interessante Einzelvorträge aus allen Gebieten der Kunst und Wissenschaft.

Einteilung der Lehre.

Die Ausbildung ist in drei Lehrgänge eingeteilt:

I. Lehrgang für Lehrlinge,
II.   „   „ Gesellen,
III.   „   „ Jungmeister.

Die Einzelausbildung bleibt dem Ermessen der einzelnen Meister im Rahmen des allgemeinen Programms und des in jedem Semester neu aufzustellenden Arbeitsverteilungsplanes überlassen.

Um den Studierenden eine möglichst vielseitige, umfassende technische und künstlerische Ausbildung zuteil werden zu lassen, wird der Arbeitsverteilungsplan zeitlich so eingeteilt, daß jeder angehende Architekt, Maler oder Bildhauer auch an einem Teil der anderen Lehrgänge teilnehmen kann.

Aufnahme.

Aufgenommen wird jede unbescholtene Person ohne Rücksicht auf Alter und Geschlecht, deren Vorbildung vom Meisterrat des Bauhauses als ausreichend erachtet wird, und soweit es der Raum zuläßt. Das Lehrgeld beträgt jährlich 180 Mark (es soll mit steigendem Verdienst des Bauhauses allmählich ganz verschwinden). Außerdem ist eine einmalige Aufnahmegebühr von 20 Mark zu zahlen. Ausländer zahlen den doppelten Betrag. Anfragen sind an das Sekretariat des Staatlichen Bauhauses in Weimar zu richten.

APRIL 1919.

Die Leitung des
Staatlichen Bauhauses in Weimar:
Walter Gropius.

Inv.-Nr.
6806
BAUHAUS-ARCHIV

BERLIN · RICHTFEST · 1919/1920

DES

WOHNHAVSES

· ADOLF · SOMMERFELD ·

La Bauhaus de Weimar: la Bauhaus expresionista

◄ La primera marca de imprenta de la Bauhaus, utilizada de 1919 a 1922, se debe a Karl Peter Röhl. En ella se entremezclan símbolos cristianos y no cristianos, como la pirámide, la cruz gamada, el círculo y la estrella.

► Retrato de Walter Gropius, 1920.

◄◄ Programa para la fiesta de cubrir aguas de la casa Sommerfeld, el 18 de diciembre de 1920. La xilografía es autoría del estudiante Martin Jahn.

El manifiesto de la Bauhaus contenía no solamente una aclaración de principios —«La meta final de toda actividad artística es la construcción»—, sino que también informaba sobre los objetivos, el programa educativo y las condiciones de admisión. No pasó mucho tiempo antes de que se matricularan 150 alumnos, casi la mitad de ellos mujeres. El programa de acuerdo con los tiempos y el moderno grabado en madera de Feininger (il. pág. 32) los había atraído. Muchos estudiantes llegaban directamente de la guerra y veían aquí la posibilidad de comenzar de nuevo y de dar un sentido a sus vidas. «La llamada de Gropius actuó como una charanga, y de todas partes acudieron los más entusiastas»[8].

Realmente la Bauhaus fue la primera escuela reformada después de la guerra que retomó la actividad educativa en la nueva república. En muchas escuelas de arte era casi imposible aplicar cualquier tipo de reformas, otras siguieron el ejemplo más tarde, como la de Karlsruhe, o fueron solo parcialmente reformadas. A primera vista, el programa de la Bauhaus se parece a los planes de estudios de muchas de las escuelas de arte reformadas ya antes de la guerra: el alumno debía ser instruido en artesanía, en dibujo y en ciencia. La novedad de Gropius era el subordinar la escuela a una meta: el *edificio* levantado *colectivamente,* al que todos *los oficios* debían contribuir.

En lugar de los tradicionales catedráticos, la formación la dirigían ahora maestros. Los alumnos se llamaban aprendices y podían ascender a oficiales y jóvenes maestros. Un Consejo de Maestros decidía en cada coyuntura y tenía el derecho de nombrar nuevos maestros. Un maestro de la forma y uno de artesanía debían formar a los alumnos al mismo

◄ **Karl Peter Röhl:** invitación litografia-
da de la Bauhaus en marzo de 1920.
El programa incluía conferencias de
Walter Gropius y Johannes Itten.

► Esta xilografía de Rudolf Riege muestra
el ideal romántico del taller de construcción
medieval, un lugar de trabajo en común
para la obra de arte total (el edificio).
Apareció en la portada del número de
mayo de 1919 de la revista estudiantil
Der Austausch. En las págs. 100 y 101
se reproducen más números de la revista.

tiempo. De este modo, según Gropius, «caería el muro de arrogancia existente entre artistas y artesanos» y podría alzarse «la nueva construcción del futuro» (Manifiesto). Gropius
quería educar jóvenes en la Bauhaus con el objetivo de dar curso a un proceso formativo
de consecuencias sociales. Esta doble orientación, en la que se basa su particularidad y
significado en la República de Weimar, no abandonaría nunca a la Bauhaus. Los primeros
años de la Bauhaus llevan el cuño de un fuerte espíritu comunitario. Sobre las cenizas del
imperio se planeaba, diseñaba y construía para el «hombre nuevo». Todos se tenían por
artistas que, bien como artesanos bien como educadores, querían contribuir a la «catedral
del futuro». La gran utopía de la catedral *no* impedía, sin embargo, que fueran aceptados
y llevados a cabo pequeños encargos de muebles, objetos de metal, tapices o decoración
mural. Por el contrario, es en este margen donde se cimentan la importancia y el mérito de
la escuela. De las fuerzas opuestas surgió el equilibrio creativo, cuyo balance se había de
revisar, experimentar, cuestionar y cambiar en los años siguientes.

Los profesores

Ya en los primeros tiempos de la Bauhaus, Gropius había anunciado en una carta que él
colocaría en Weimar «la primera piedra de una república de la humanística». El comienzo
consistiría en convocar a las personalidades apropiadas: «Lo más importante para todos
es, por supuesto, atraer a personalidades relevantes. No debemos empezar con los medio-
cres, sino que tenemos la obligación de despertar el interés, siempre que sea posible,

Der Austausch

MAI ⁄ Veröffentlichungen der Studierenden am Staatlichen Bauhaus zu Weimar ⁄ 1919

Die alte gemütliche Kunstschule, die stolz erhöhte Hochschule für bildende Kunst, – und jetzt das Staatliche Bauhaus! Das werdende Bauhaus unter seinem neuen Leiter, Walter Gropius, mit einem Arbeitsplan, dessen Entwurf, rückschauend in Zeiten und Länder höchster Kultur, und vorwärtsweisend zu neuen, hohen Zielen, strenge Erdhaftigkeit und fernschweifende Phantasie zugleich enthält! Das Bauhaus, selbst noch und schon in seiner Planung ein »utopischer Bau«, wie ihn sein Führer als neue Forderung unserer Zeit entgegenbringt.

Lange Jahre lähmender Kriegszeit, in höchster Not Aufatmen und Hoffnung auf Befreiung durch den großen Umsturz. Und jetzt, aller materiellen Einengung zum Trotz, das Neuerwachen des Willens zum schaffenden Leben, der Freude an vollbringender Arbeit, an menschenwürdigem Tun nach dem Zwang zu unwürdigem Verwüsten und Zerstören, Aufbau, Freundschaft, helfende Liebe nach verbitterndem Haß und gefühlsblinder Verfolgung.

Auf, Menschen, Mitmenschen, tretet heran, zur Neuerrichtung unsres Zusammenlebens, zur Schaffung neuer, edler Lebensformen, im Geiste gegenseitigen Vertrauens, wechselseitiger Hilfe: Arbeitsgemeinschaft, gemeinschaftliche Arbeit!

Holzschnitt.   R. Riege. 19.

DER STURM

Leitung: HERWARTH WALDEN

Dezember 1921
Hundertdritte Ausstellung

ERICH BUCHHOLZ
GEMÄLDE / AQUARELLE / HOLZBILDER

VERSTEIGERUNGSAUSSTELLUNG
Werke (Bilder und Graphik) der Meister
des Staatlichen Bauhauses / Weimar:
Feininger / Itten / Klee / Marcks / Muche
Schlemmer / Schreyer

STURM-GESAMTSCHAU

STÄNDIGE KUNSTAUSSTELLUNG
BERLIN W 9 / POTSDAMER STRASSE 134a
Geöffnet von 10—6 Uhr / Sonntags von 11—2 Uhr
Auf Wunsch Führung

8° II A-217

◄ En diciembre de 1921, los pintores de la Bauhaus expusieron en la galería berlinesa Der Sturm, de Herwarth Walden. El dinero recaudado en esta subasta se destinaría a la colonia Bauhaus.

▲ Algunos de los maestros de la Bauhaus en el taller de Paul Klee en Weimar, 1925: Lyonel Feininger, Wassily Kandinsky, Oskar Schlemmer, Georg Muche y Paul Klee (de izquierda a derecha).

de personajes destacados y conocidos, aun cuando no nos resulte fácil comprenderlos»[9]. A lo largo del primer año, tres artistas de diversa procedencia fueron llamados a la Bauhaus: el pintor y docente Johannes Itten (il. pág. 47), el pintor Lyonel Feininger y el escultor Gerhard Marcks.

De los tres, Itten era sin duda el más influyente, pues fue él quien desarrolló el curso preparatorio y el que llegaría a ser el corazón de la pedagogía de la Bauhaus, por lo que le presentaremos en un epígrafe aparte.

Gerhard Marcks, a quien Gropius conocía de antes de la guerra, se incluía a sí mismo entre los artistas conservadores, pero apoyaba las ideas de Gropius sin reserva. Marcks estaba interesado en la artesanía y había trabajado para una fábrica de porcelana, de modo que tomó a su cargo la tarea de constituir un taller de cerámica. Feininger era un conocido pintor expresionista y sus cuadros eran polémicos por su radicalismo. Se encargó del taller de impresión, uno de los pocos talleres completos de la escuela precedente.

En 1919, por recomendación del pintor de Weimar Johannes Molzahn y por deseo de Itten, Gropius entró en contacto con el pintor expresionista Georg Muche, quien había logrado éxito temprano en la galería berlinesa Der Sturm (La tempestad), fundada por Herwarth Walden. Muche aceptó el llamamiento y se trasladó a Weimar en abril de 1920 dando clases, a partir de octubre, en varios talleres y en el curso preparatorio.

El Consejo de Maestros invitó en 1920 a Paul Klee y Oskar Schlemmer, que se incorporaron a las clases a principios de 1921. También Lothar Schreyer, que vino a la Bauhaus

▲ **Lothar Schreyer:** horario para el semestre de invierno de 1921/22, dibujado a pincel. Junto con los cursos de forma con Itten y Klee, los talleres ocupan la mayor parte del tiempo. El plan se complementa con dibujo de desnudo, dibujo técnico y conferencias.

▶ Los alumnos de la Bauhaus imitan el monumento a Goethe y Schiller en Weimar ante el Teatro Nacional de Weimar, 1924/25.

en 1921, se había dado a conocer como «artista de la Sturm». Schreyer se encargaría del taller de teatro. Aunque no estaba previsto en el primer plan de estudios, este taller era considerado parte ineludible de la Bauhaus como un todo, especialmente como contrapeso ideal a la «construcción». «Construcción y teatro», «trabajo y juego» debían enriquecerse mutuamente. El siguiente maestro llamado por el Consejo, en 1922, fue Wassily Kandinsky, considerado el máximo representante de la pintura abstracta, que se había trasladado desde Rusia a Alemania en 1921. Así, en el plazo de tres años, Gropius había logrado reunir en la Bauhaus a un círculo de artistas de la vanguardia, dispuestos a ocuparse de tareas que a primera vista nada tenían que ver con su arte, la pintura.

Aquí veían la oportunidad de contribuir con su enseñanza a que el arte volviera a formar parte de la vida cotidiana. Aquí podía traducirse en hechos el cambio de pensamiento. Los artistas se sometían a la idea de la Bauhaus, pero sin dejar de ser miembros creativos en el seno totalitario.

Johannes Itten y sus clases

El personaje más importante de la primera fase de la Bauhaus fue el pintor y docente Johannes Itten, a quien Gropius había conocido en Viena a través de su primera mujer, Alma Mahler (más tarde Werfel). Itten tenía en Viena una escuela de arte privada. Antes había sido maestro de escuela y había estudiado pintura. Su profesor Adolf Hoelzel, de Stuttgart, había influido en Itten con su didáctica del arte y sus clases de composición.

Farbenkugel

„ 7 Lichtstufen ... 12 Tönen

von
Johannes Itten.

▲ **Johannes Itten:** esfera cromática, 1921.
En la esfera desplegada, los complementarios se sitúan en posiciones opuestas.
Los doce colores del círculo están reproducidos con siete niveles de brillo.

▶ Johannes Itten con el «traje Bauhaus», que diseñó hacia 1921. Sostiene en las manos un gran compás de madera para crear proporciones armoniosas.

◄ La casa señorial tipo templo en el parque de Weimar, donde Itten tuvo su taller entre 1919 y 1923. El «edificio gótico», diseñado por Goethe, sufrió serias destrucciones durante la Segunda Guerra Mundial y se conserva todavía como ruina.

► Johannes Itten/Friedl Dicker: hoja 3 del «análisis de los viejos maestros», *Utopia*, 1921: «Todo lo vivo se manifiesta al hombre por medio del movimiento. Todo lo vivo se revela en formas. Así, toda forma es movimiento y todo movimiento se manifiesta en forma. Las formas son el envase del movimiento y los movimientos, el ser de la forma».

Itten debió de impresionar profundamente a Gropius desde el primer momento, pues este le invitó a dar una conferencia sobre «La enseñanza de los viejos maestros» en la inauguración de la Bauhaus, el 21 de marzo de 1919, en el Teatro Nacional de Weimar (il. pág. 40). El primero de junio de ese año Itten tomaba parte en la primera reunión del Consejo de Maestros, en la que se fijó el comienzo de las clases para el 1 de octubre. A continuación trataremos el tema de sus clases, que pronto se convirtieron en la espina dorsal de la educación y repercutieron en el trabajo de los talleres, en los que, paulatinamente se retomaba la actividad.

El principio pedagógico de Itten puede describirse con parejas de opuestos: «intuición y método», o también «capacidad de vivencia subjetiva y capacidad de reconocimiento objetivo». Ejercicios de movimiento y respiración iniciaban con frecuencia la clase. Los alumnos tenían que relajarse; solo entonces podía Itten conseguir «dirección y orden en el flujo»[10]. El encontrar el ritmo y a continuación la creación armónica de ritmos diferentes ocupaba, como un *leitmotiv*, las horas de clase estructuradas en torno a tres puntos centrales: los bocetos de la naturaleza y la materia, el análisis de viejos maestros y la clase de desnudo. Los bocetos de naturaleza y materia tenían que mostrar con claridad «lo esencial y lo contradictorio de los materiales aislados»[11], para de ese modo educar y refinar la sensibilidad de los alumnos hacia la materia. Los alumnos disponían de varios días para realizar los deberes. La representación más expresiva de un ejercicio tal nos la ofrece el estudioso de la Bauhaus Alfred Arndt —realizada unas décadas más tarde y, por ello, entreverada de

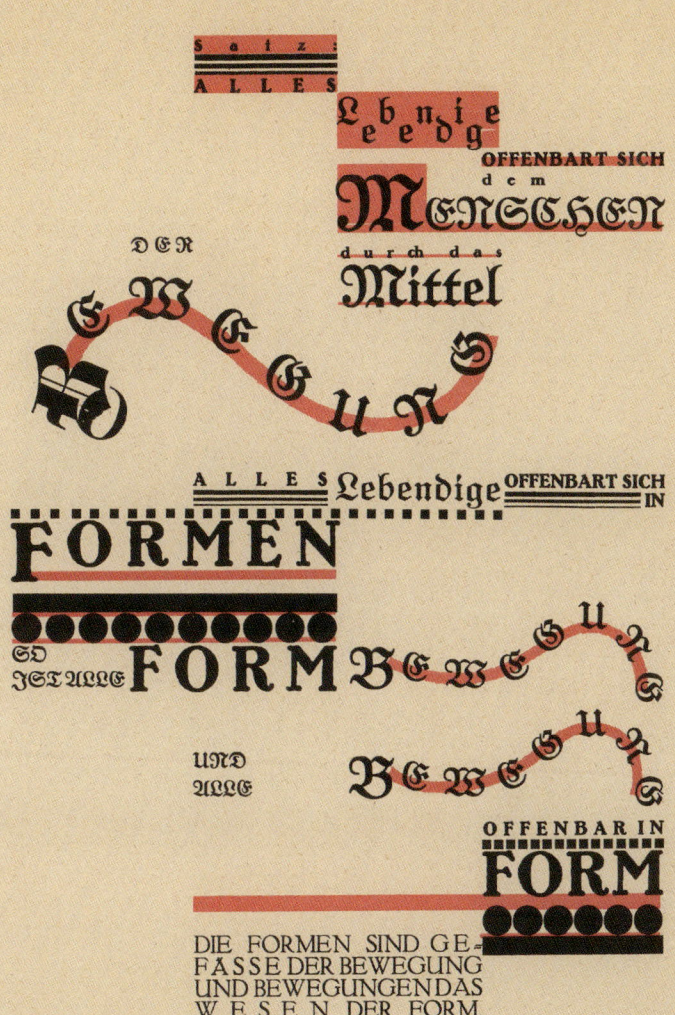

Satz:
ALLES Lebendige
OFFENBART SICH
dem
MENSCHEN
durch das
Mittel
DER BEWEGUNG

ALLES Lebendige OFFENBART SICH IN
FORMEN

SO IST ALLE FORM BEWEGUNG

UND ALLE BEWEGUNG

OFFENBAR IN FORM

DIE FORMEN SIND GE-
FÄSSE DER BEWEGUNG
UND BEWEGUNGEN DAS
WESEN DER FORM.

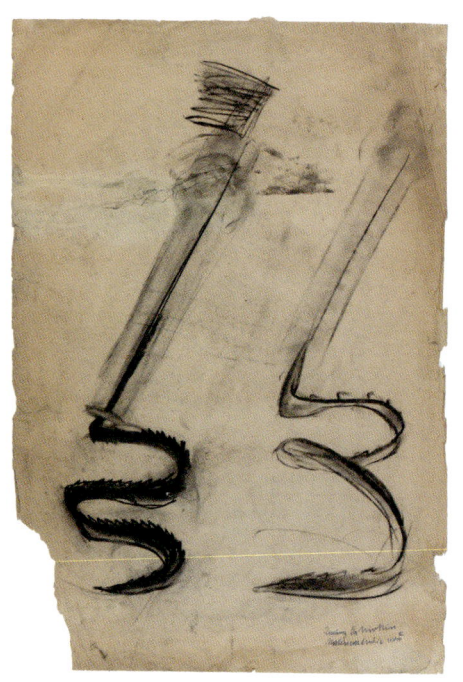

▲ **Klaus Rudolf Barthelmess:** dos dibujos del estudio de materia y contraste de Moses Mirkin.

▶ Estudio contrastivo con diversos materiales, de Moses Mirkin. Reconstrucción del trabajo de 1920, descrito en el catálogo de la Bauhaus del año 1923:

«Efecto de combinación de contrastes, contraste de materias (cristal, madera, hierro), contraste de formas de expresión (dentellado, liso): contraste rítmico. Ejercicio de clase para observar la similitud de la expresión cuando se utilizan juntos diversos medios de expresión».

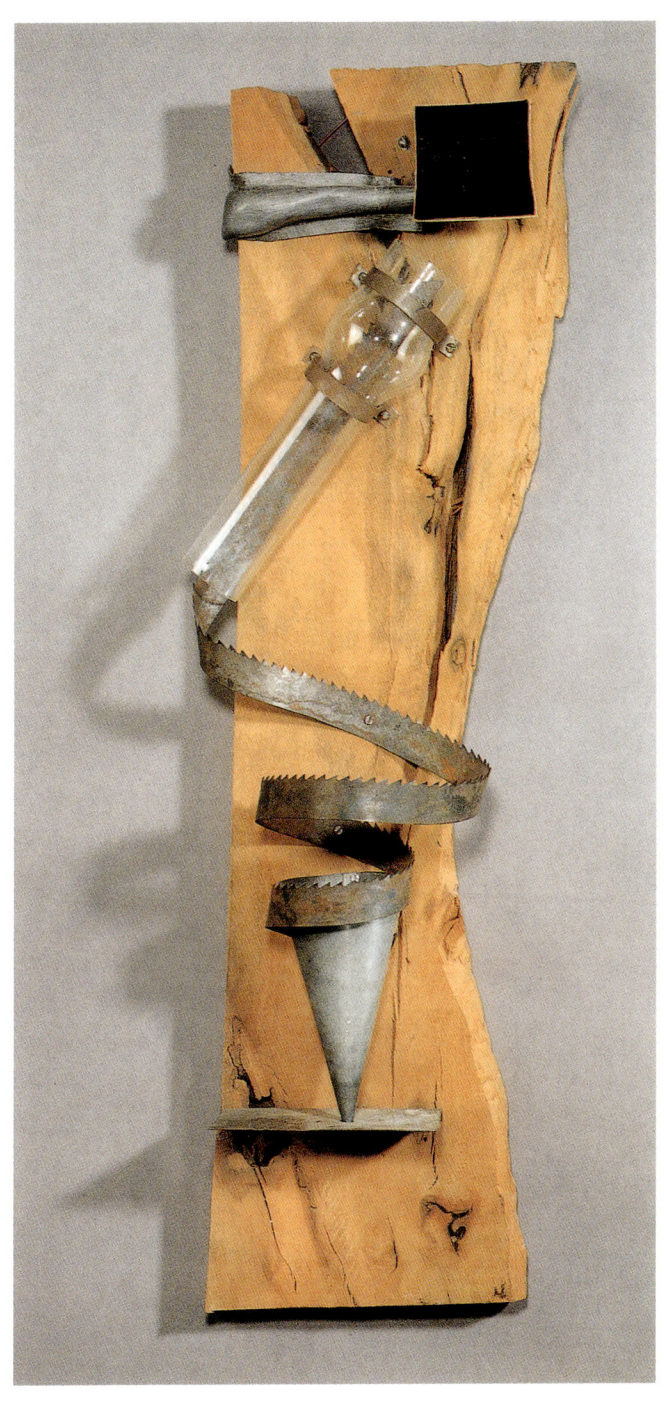

51

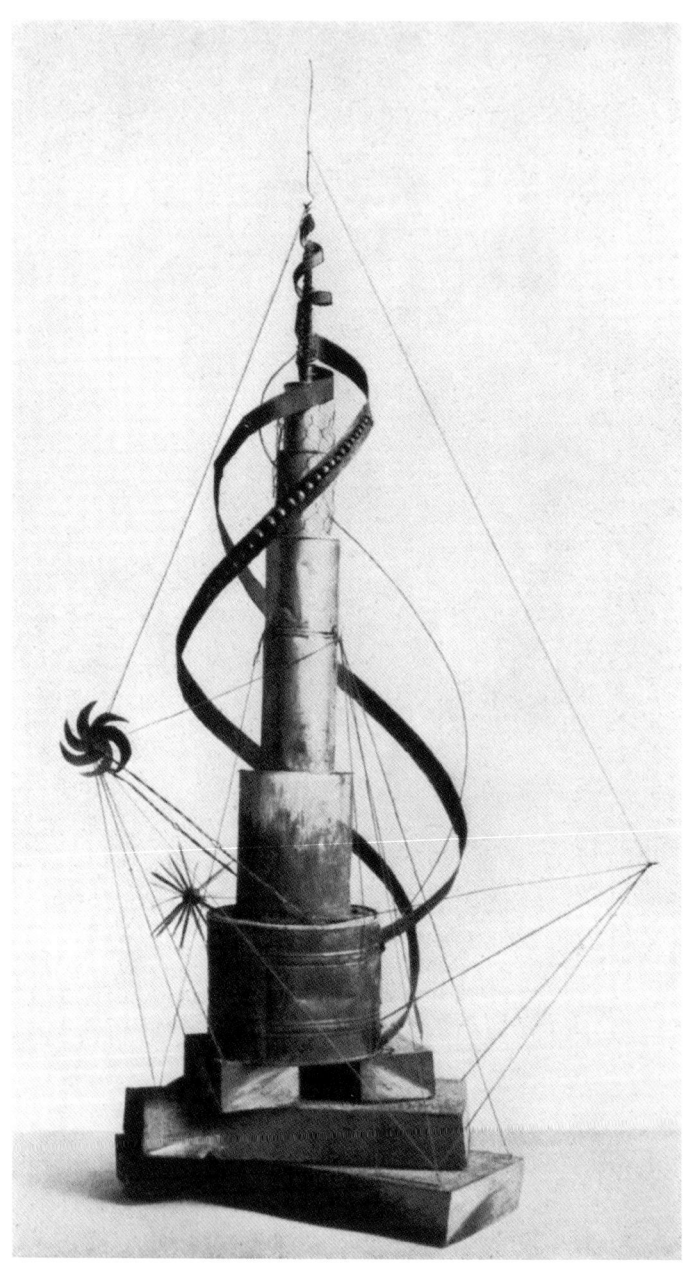

▲ Nicolaus Wassiljeff: estudio de
materia y contraste, hacia 1921.

▶ Margit Téry: estudio de materia
y contraste, 1920.

Itten hacía dibujar el cardo con frecuencia, pues, debido a su expresiva forma, se adecuaba a sus propósitos. Así lo describe Itten en 1921: «Tengo ante mí un cardo. Mis nervios motrices sienten un movimiento desgarrado, caprichoso. Mis sentidos, el tacto y la vista, registran la afilada agudeza de su movimiento formal, y mi espíritu observa su ser. Siento un cardo».

▲ Gunta Stölzl: cardo, dibujado en el curso preparatorio de Itten en 1920.

▶ Johannes Itten: *Distel* (Cardo), 1921. Lámina del libro *Utopia. Dokumente der Wirklichkeit* (Utopía. Documentos de la realidad).

Vor mir steht eine Distel

MEINE MOTORISCHEN NERVEN EMPFINDEN EINE ZERRIS-
SENE, SPRUNGHAFTE BEWEGUNG. MEINE SINNE, TAST-
UND GESICHTSSINN, ERFASSEN DIE SCHARFE SPITZIG-
KEIT IHRER FORMBEWEGUNG UND
MEIN GEIST SCHAUT
IHR WESEN.

ICH ERLEBE EINE DISTEL.

HERZGRUBE
schwebend.
Wenn ich diese
Form darstelle,
in einem, ihr ent-
sprechenden Mit-
tel, so habe ich ei-
ne PHYSISCHE
FORM der Distel
GESCHAFFEN.

In mir entstand
die Form einer
Distel, zwischen
GEHIRN UND

◄ **Else Mögelin:** composición a base de dados, 1921. Itten escribía más tarde con respecto a esta tarea: «Para conseguir que los alumnos vivieran las formas geométricas elementales de forma tridimensional, les hacía modelar formas plásticas como esferas, cilindros, conos y cubos».

► **Rudolf Lutz:** relieve en escayola con caracteres de forma cuadrada y rectangular, 1920/21.

ironía—: «Los trabajos eran muy variados. Las chicas traían cositas pequeñas, delicadas, que cabían en la palma de la mano. Algunos muchachos traían objetos de un metro de altura. Con frecuencia se trataba de un montón de escombros corroídos y oxidados. Algunos arrastraban piezas variadas, como leños, tubos, alambres, cristales, etc., al taller, y allí los montaban. Itten permitía a los alumnos, como era su costumbre, decidir qué trabajos eran los mejores. Es evidente que todos los estudiantes estaban de acuerdo sobre quién era el vencedor: Mirkin, un joven polaco. Todavía hoy tengo el "Caballo" delante de mis ojos: era un madero, en parte liso y en parte fibroso, con un cilindro de una vieja lámpara de petróleo encima, en el que estaba metida una sierra oxidada que terminaba en una espiral. Al final se dibujaban estos estudios escultóricos, prestando especial cuidado a los contrastes de materiales y al movimiento. Los alumnos tenían la libertad de diseñar en el papel este tipo de construcciones plásticas»[12]. Arndt reconstruyó más tarde el estudio descrito, y además se conservan dos dibujos del mismo (il. pág. 50).

Paralelamente a esta formación subjetiva corría el aprendizaje de contraste, forma y color. En los contrastes se incluían pares del tipo áspero-liso, afilado-romo, duro-blando, claro-oscuro, grande-pequeño, abajo-arriba, pesado-ligero, redondo-aristado. Los contrastes también entrenaban la sensibilidad hacia los materiales y preparaban a los alumnos para el trabajo en el taller. Tales contrastes podían ser ilustrados con dibujos de materia y naturaleza, pero también podían representarse, en dibujo o en escultura, con ayuda del aprendizaje de la forma. En la clase de forma se empezaba con las figuras elementales círculo, cuadrado,

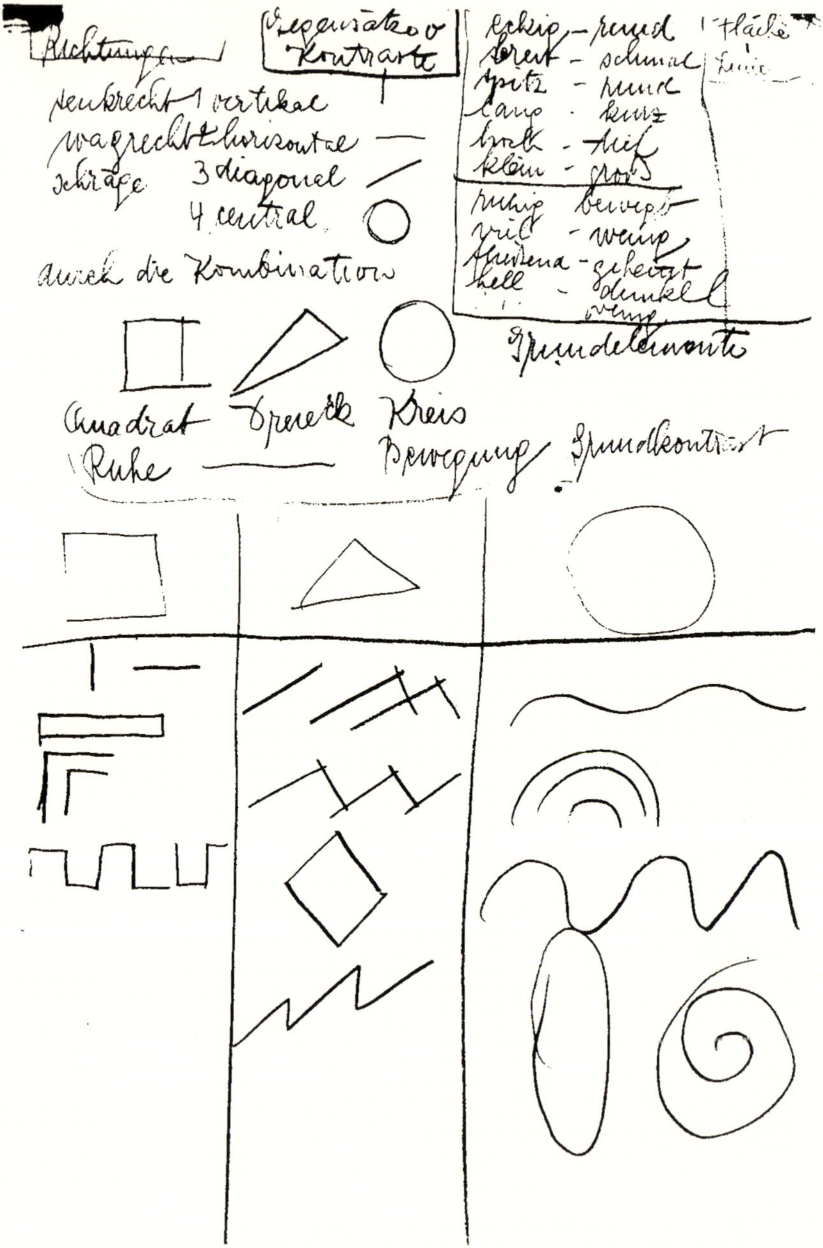

Richtungen

senkrecht 1 vertikal

wagrecht 2 horisontal ⎯

schräge 3 diagonal ╱

4 central ○

durch die Kombination

Quadrat Dreieck Kreis

Ruhe ⎯⎯⎯ Bewegung Grundkontrast

Gegensätze o. Kontraste

eckig — rund   Fläche
breit — schmal Linie
spitz — rund
lang — kurz
hoch — tief
klein — groß

ruhig — bewegt
viel — wenig
gespannt — gebogt
hell — dunkel
rein

Grundelemente

◄ Franz Singer: hoja de notas procedente de una clase de formas elementales y contrastes, del curso preparatorio de Itten.

▶ Rudolf Lutz: estudio plástico en escayola con diferentes caracteres formales, 1920/21.

triángulo, y a cada una de ellas se le atribuía un carácter determinado (ils. págs. 56-59). El círculo era «fluido y central»; el cuadrado, «sereno» y el triángulo, «diagonal».

Es un hecho que la idea de los colores y formas básicas jugó un importante papel en los años siguientes en la Bauhaus. Paul Klee, que había asistido a una clase de Itten, retomó la idea en sus propias clases, y para Kandinsky, quien ya en 1912 había expuesto consideraciones al respecto en su escrito «Sobre lo espiritual en el arte», fueron estas formas parte ineludible de sus clases, como se verá más tarde.

Los principios y criterios decisivos en los estudios de materia y naturaleza —aprendizaje de forma y contraste, ritmo— eran también determinantes para el «análisis de los viejos maestros», tema que Johannes Itten trataba en clases especiales. Oskar Schlemmer ha descrito con viveza una de estas clases: «Itten da clases de "análisis" en Weimar. Muestra fotografías, de las que los alumnos han de dibujar esta o aquella esencia; las más de las veces el movimiento, las líneas principales, las curvas. Después las remite a una figura gótica. Luego muestra la María Magdalena del altar de Grünewald; los alumnos se esfuerzan en liberar lo esencial de entre la complicación. Itten examina los intentos y grita: "Si ustedes tuvieran un mínimo de sensibilidad artística, en lugar de ponerse a dibujar ante esta sublime representación del llanto, que bien pudiera ser el llanto del mundo, se quedarían ustedes sentados y romperían en lágrimas". Lo suelta y a continuación da un portazo»[13]. Aquí, pues, se trataba en primer término de la vivencia profunda de la obra (ils. págs. 61-63). Al analizar a uno de los maestros, el alumno podía concentrarse

► Itten elegía en su mayoría cuadros del medievo para su curso de análisis de los viejos maestros, como por ejemplo el *Retablo de Isenheim*, obra de Matthias Grünewald y una de las obras maestras de la pintura medieval alemana. Los alumnos tenían que experimentar y traducir la trágica representación en el análisis. En 1921 escribía Itten respecto a los análisis: «No te desanimes si tu copia no reproduce el original. Cuanto más viva sea la experiencia del cuadro en ti, tanto más perfecta será también tu reproducción, que es la exacta medida para la intensidad de tu vivencia. Tú vives la obra de arte, ella vuelve a nacer en ti».

bien en el ritmo del cuadro o en su construcción, podía profundizar en los valores del claro-oscuro o en los colores.

Otro tanto era válido para el tercer punto central de la educación en Weimar, la clase de desnudo (ils. págs. 103-105). Se dibujaban desnudos femeninos, para lo cual, con frecuencia posaban los propios alumnos, aunque vestidos. Por lo común, se trata de representaciones rítmicas del desnudo, raras veces de concepciones fieles a la realidad. ¿En qué consistía entonces la especial prestación y significado de los cursos introductorios de Itten en la Bauhaus? En las clases tradicionales de las academias y escuelas de artes y oficios conservadoras, los alumnos, durante el primer curso, solo tenían que copiar objetos, como figuras de yeso, ornamentos, desnudos. Adquirían la mayoría de las habilidades copiando. Por el contrario, Itten enseñaba leyes del color y la forma de la composición y la configuración. Lo estimulante del entonces novedoso sistema educativo de Itten venía de su pedagogía reformada y de los artistas de la vanguardia.

El objetivo del aprendizaje desarrollado por Itten era llegar al interior de la persona: el alumno debía ser capaz de encontrar su propio ritmo y desarrollar una personalidad armónica. La influencia de Itten en la joven Bauhaus apenas puede ser sobrevalorada. No solo organizaba y estructuraba el aprendizaje —que, muchas veces modificado, sigue perviviendo aún hoy en día como parte de la formación en muchos planes de formación profesional— Itten también influyó sensiblemente en el trabajo en los talleres, como veremos más tarde.

▲ Paul Citroen: análisis de color de un
cuadro de la Virgen, hacia 1921.

▶ Erna Niemeyer (más tarde Ré Soupault):
obra de la clase de análisis de los viejos
maestros, 1922. *La Anunciación*, pintura
de 1452 del artista flamenco Petrus
Christus, sirvió de modelo.

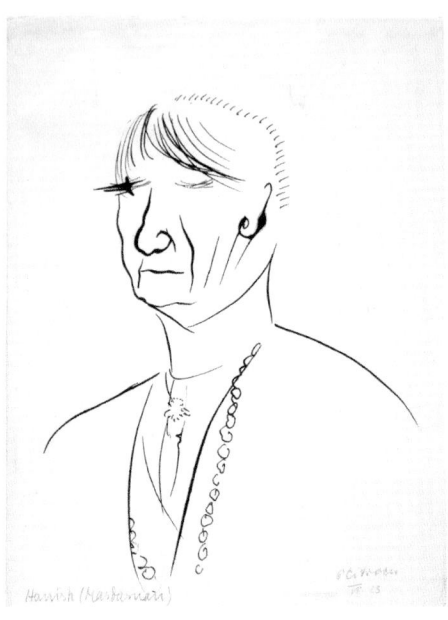

◀ Paul Citroen: caricatura del fundador de Mazdaznan, O. Z. A. Hanish, 1923. La doctrina Mazdaznan se extendió por primera vez a Estados Unidos a finales del siglo XIX y llegó a Europa a través de los movimientos *Lebensreform* (Reforma de la vida) de 1907.

▶ Johannes Itten: *Gruß und Heil den Herzen* (Saludos y salvación a los corazones), 1921. Esta litografía del primer cartapacio de la Bauhaus, «Nueva gráfica europea», fue dedicada a O. Z. A. Hanish con las palabras: «Saludos y salvación a los corazones iluminados por la luz del amor y que no se dejan engañar por la esperanza de un cielo ni por el temor a un infierno».

Sus alumnos le respetaban profundamente como «maestro». Se vestía, como muchos de sus alumnos, con un traje «Bauhaus» que él mismo había diseñado (il. pág. 47): un pantalón en forma de embudo, amplio arriba y estrecho abajo, y una chaqueta cerrada hasta el cuello, ceñida por un cinturón de la misma tela. Llevaba la cabeza afeitada al cero, «la cabeza es mitad maestro de escuela, mitad párroco [...] Dignas de mención son también las gafas»[14]. Entre 16 y 18 alumnos de Viena le habían seguido a la Bauhaus, donde continuaron sus estudios y formaron un influyente grupo conocido entre los estudiantes como el de «las vienesas». También el joven pintor Georg Muche (il. pág. 66), que a partir de octubre de 1920 estaba contratado en la Bauhaus, se unió al círculo de Itten para apoyarle, y se convirtió en su amigo y admirador. Más tarde intercambiaron sus clases del curso preparatorio, sin que Muche impusiera sus ideas ni en la teoría ni en la práctica.

Muche era entonces partidario de la enseñanza Mazdaznan, muy extendida en Alemania y conocida por Itten desde la primera década del siglo. Una alimentación vegetariana, ayuno regular, ejercicios respiratorios y educación sexual, así como numerosas reglamentaciones sanitarias, eran parte de la práctica de esta escuela, a la que Itten se adhirió en aquellos años. En 1920 asistieron juntos a un congreso de la Mazdaznan en Leipzig, centro de la misma en Alemania; después hicieron propaganda de esta doctrina en la Bauhaus. Su objetivo parecía ser su introducción en la Bauhaus.

El comedor servía a veces comidas según las normas Mazdaznan, e incluso en las clases fluían sus preceptos. Itten se ocupó de este tema en numerosas publicaciones de arte

Gruss und Heil den Herzen welche von dem Licht der Liebe erleuchtet weder durch Hoffnungen auf einen Himmel noch durch Furcht vor einer Hölle irregeleitet werden

O.Z. HANISH

65

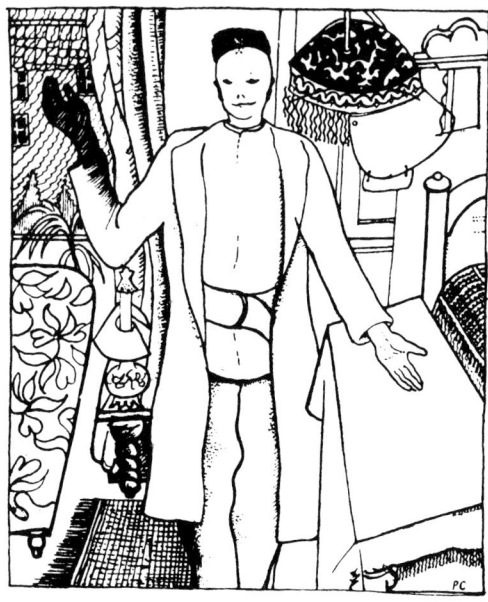

◄ Paul Citroen dibujó en 1921 a su amigo Georg Muche en «traje Bauhaus», como el que usaban los seguidores de Itten.

► Johannes Itten: *Haus del weißen Mannes* (Casa del hombre blanco), 1920. Litografía para el primer cartapacio de los maestros de la Bauhaus.

(ils. págs. 65 y 67). Más aún, en uno de sus escritos favorecía una, teoría racista hoy en día primitivamente curiosa, según la cual la raza blanca disfrutaba del más alto nivel cultural. Su litografía *La casa del hombre blanco* (il. pág. 67) está posiblemente relacionada con tal teoría. Al alumno de la Bauhaus Paul Citroen le debemos la más vivaz descripción de la adicción a Mazdaznan: «De Itten emanaba un algo diabólico. Como maestro era respetado de corazón y, por sus detractores, que no escaseaban, odiado. En cualquier caso no era fácil ignorarle. Para nosotros, los que pertenecíamos al círculo Mazdaznan —una comunidad aparte dentro de la escuela—, Itten estaba rodeado de un nimbo especial. Casi se podía hablar de santidad, uno casi no se le podía acercar más que en susurros; nuestro temor era considerable y nos sentíamos alegres y encantados cada vez que se mostraba afectuoso y natural en nuestra compañía»[15].

Los seguidores de Mazdaznan sostenían «asambleas de todo tipo, conferencias, servicios religiosos, asesoramientos, comidas —una participación increíblemente activa en la meta común de la perfección [...]— También Muche y su mujer, muy unidos a nuestro grupo, tomaban parte en todo [...]» Tras abandonar Itten la Bauhaus en 1923, cuenta Citroen que «se integró nuestro grupo en la comunidad escolar. Mazdaznan dejó de ser un problema para la Bauhaus». Pero Itten no solo era asistido por Georg Muche, sino también por Gertrud Grunow (il. pág. 71), quien, por deseo de Itten, dio clase en la Bauhaus a partir de 1919. Itten había conocido a la profesora de música pocos meses antes y se había asombrado de la afinidad de sus concepciones.

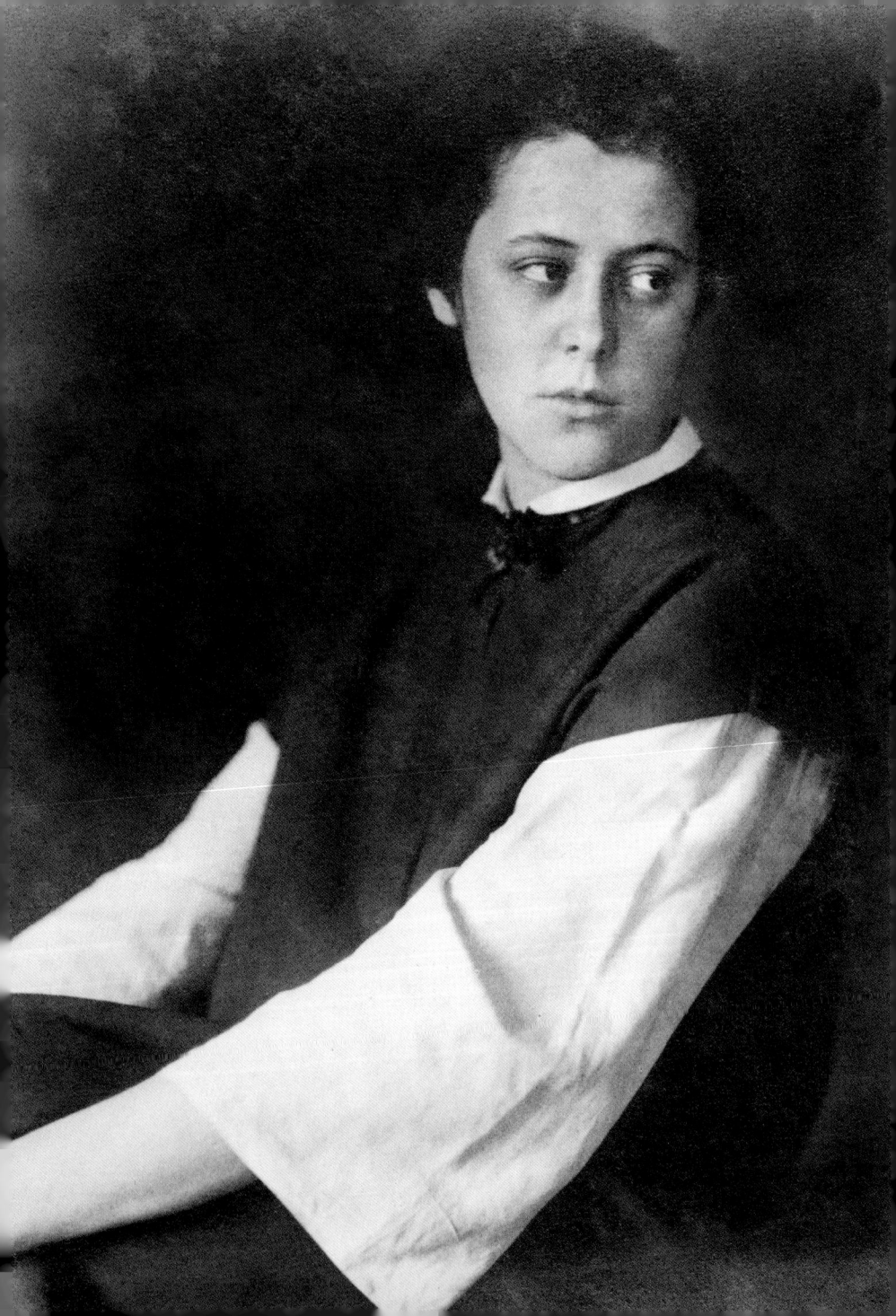

◄ Una de las seguidoras de Mazdaznan era la alumna de la Bauhaus Alma Buscher, que aparece aquí en «traje Bauhaus».

▲ Paul Citroen: *Mazdaznan-Kuren* (Curas de Mazdaznan), hacia 1922. La doctrina Mazdaznan incluía una alimentación estrictamente vegetariana, ayuno regular, ejercicios respiratorios y educación sexual, así como numerosas prescripciones sanitarias.

Gertrud Grunow trabajó al principio como ayudante. Su clase se denominaba «teoría de la armonización» y se basaba en que hay un equilibrio universal arraigado en el ser humano de colores, tonos, sensaciones y formas. El ser humano puede volver a hallar este equilibrio a través de ejercicios de movimiento y concentración. Como Itten, creía que solo la persona armónica podía ser creativa. El más importante instrumento de trabajo de Grunow era un piano de cola. Los alumnos tenían que realizar ejercicios de movimiento y concentración en clases particulares. Grunow aconsejaba a los alumnos en la elección de taller y escribió una lista de informes sobre el desarrollo de algunos alumnos.

Como Itten, centraba su labor pedagógica en el interior de la persona. Era un «adentrarse en lo inconsciente y un alejarse de lo inconsciente y, como tal, un trabajo incontrolable»[16]. Un visitante de la Bauhaus nos ha legado la descripción de una hora de clase: «Uno cierra los ojos, sigue una corta pausa de cerrazón interior, luego recibe la instrucción de imaginarse una bola de un color determinado y entrar en ella con las manos, o tocarla, o adaptarse al tono que sonaba en el piano. En un abrir y cerrar de ojos están casi todos en movimiento, cada uno de diferente forma. No son movimientos rítmicos a la Dalcroze; por el contrario, se distingue claramente al tímido intelectualista del ingenuo intempestivo, el modo de ser de la mujer del hombre. Como un condenado, un intelectualista se cubre los ojos con las manos y camina arrastrando los pies, mientras que la persona abierta se entrega con pies y manos a un continuo movimiento rítmico. Un jovenzuelo eleva un brazo tras otro al aire, como si quisiera alcanzar las tejas del edificio, mientras sus pies

◄ **Alfred Arndt:** círculo de colores de la clase de Gertrud Grunow. Cada color de este círculo de doce partes, que también incluye plateado y marrón, se corresponde con una parte del cuerpo y con un tono musical.

► **Max Peiffer-Watenphul:** retrato de Gertrud Grunow, 1920.

se arrastran en una especie de ritmo de baile. Todos los *hombres* tienen *movimientos de choque, dirigidos hacia arriba,* mientras que *los movimientos de las chicas son protectores, dirigidos al suelo.* Como espectador uno se asombra del expresivo lenguaje de gestos de las manos de las chicas, esa ansiosa búsqueda que acompaña al ritmo del cuerpo […] ¿Qué fin persiguen estos ejercicios? Son el camino para encontrar formas elementales de la naturaleza y, al mismo tiempo, quieren producir el orden interior de la persona, es decir, una influencia regular de las impresiones externas en el alma, de modo que las fuerzas intelectuales ordenadoras no caigan en la tentación y reciban sus impulsos desde el alma […] Cuando buscamos nuevas formas, estas han de *volver a nacer de la totalidad de la experiencia, de la vivencia unitaria de naturaleza y espíritu.* El camino es: primero irracional y después paulatinamente racional»[17]. El punto de partida de Grunow era la teoría del ya mencionado pedagogo musical suizo Émile Jaques-Dalcroze, que había puesto en práctica en Dresde-Hellerau una por entonces novedosa gimnasia rítmica. Grunow había perfeccionado sus enseñanzas.

En un nuevo reglamento impreso en 1922 se tocaba uno de los más relevantes cambios en la clase de armonización: «Durante la formación se darán lecciones, en la unidad básica de tono, color y forma, de *práctica de armonización,* para homogeneizar las facultades físicas y psíquicas»[18]. En la publicación de la Bauhaus de 1923 se da importancia central a la clase de armonización. Gropius retoma muchos de sus postulados en la guía de principios. Incluso desarrolla a partir de este sistema de pensamiento una definición

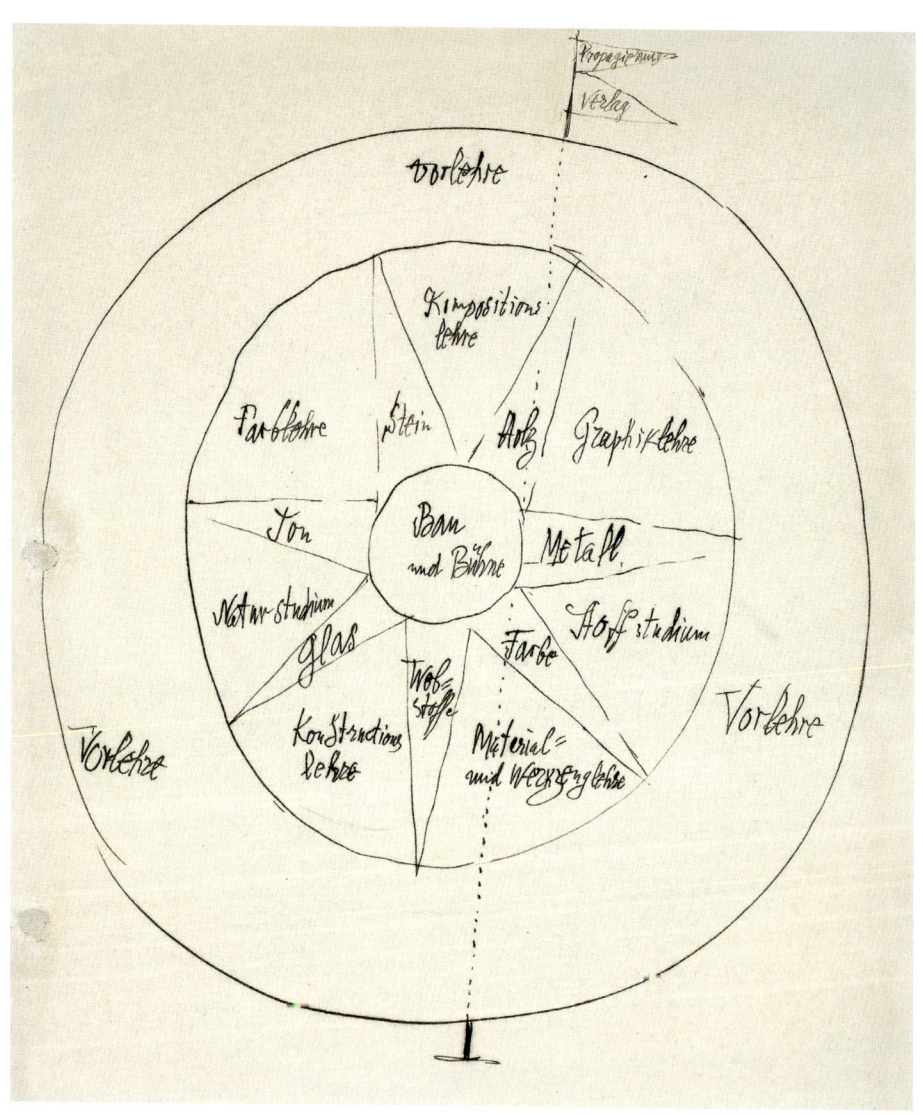

▶ En el esquema que Gropius publicó en los estatutos de 1922 se representaba la organización de la enseñanza. El curso preparatorio de medio año constituía el comienzo de la formación. Los tres anillos centrales abarcan los tres años de taller con su correspondiente curso de forma. Los talleres están caracterizados por medio de sus materiales inherentes; así, la madera representa la carpintería y la talla.

En la realidad, el curso de forma no era tan sistemático como parece aquí. La construcción como último y más elevado nivel de la formación aún no podía llevarse a cabo en estos años. En comparación con el programa de 1919 (il. págs. 32-35), en este se añade un aprendizaje a la base artístico-industrial de la formación artesana, que tiene en cuenta los problemas de material y diseño y que pronto se denominará curso de forma.

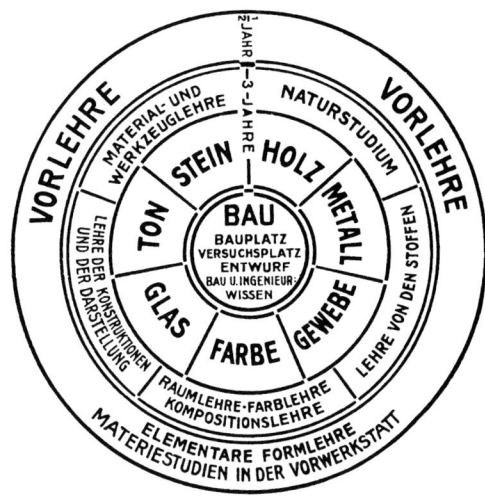

◀ **Paul Klee:** idea y estructura de la Bauhaus Estatal, esquema de clases para la Bauhaus Estatal de Weimar, 1922.

sobre la esencia del nuevo pensar de la Bauhaus: «Una nueva estática de las horizontales, que se esfuerza por elevar los pesos a la misma altura, comienza a desarrollarse. La simetría de los elementos compositivos […] desaparece ante la nueva enseñanza equilibrada, que transforma la uniformidad muerta de las partes correspondientes en un balance asimétrico, pero rítmico[19]».

Los talleres

Los talleres anunciados por Gropius en el manifiesto iban tomando forma poco a poco: Gropius tenía que enfrentarse constantemente con dificultades financieras. La búsqueda de maestros capacitados (solo ellos tenían el derecho de enseñar a los aprendices) resultó ser con frecuencia difícil. En los años de guerra se había perdido y destruido una gran parte del mobiliario de los talleres de la antigua Escuela de Artes y Oficios. Únicamente en los sectores de encuadernación, impresión gráfica y textil había todavía un inventario. El taller de encuadernación era propiedad del maestro encuadernador Otto Dorfner (il. pág. 208), quien había cerrado un trato con la Bauhaus, según el cual él se encargaba de la formación de los aprendices. Una solución parecida resolvió el aprendizaje textil: los telares (il. pág. 159) pertenecían a la profesora de trabajos manuales Helene Börner, que ya había dado clases con Van de Velde. También con ella cerró la escuela un trato y, más tarde, compró sus telares. Por último, a finales de 1920, podía recomenzarse el trabajo en

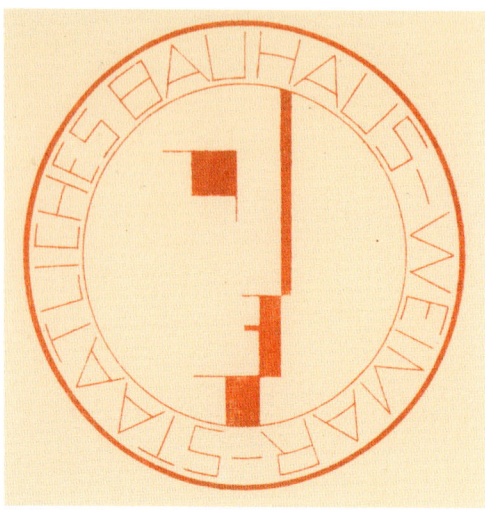

◄ **Oskar Schlemmer:** marca de imprenta de la Bauhaus Estatal, 1922.

► Certificado del alumno de la Bauhaus Hans Martin Fricke. La formación en los talleres se orientaba a la enseñanza del trabajo artesanal y concluía con un examen ante la Cámara de Artesanía, que concedió a Fricke el título de oficial de carpintería en 1925.

Dornburg en los talleres de carpintería, pintura en vidrio y alfarería de Dornburg. Gropius y el Consejo de Maestros seguían de cerca los logros y resultados de la formación en los talleres e intervenían una y otra vez con reformas. Al principio, los estudiantes podían entrar inmediatamente a los talleres, mas esta norma no duró mucho: el consumo de material era elevado, los resultados insuficientes. Por ello, el Consejo decidió que a partir de octubre de 1920 era obligatorio el semestre preparatorio de Itten. Solo quien hubiera superado este curso (la decisión era competencia del Consejo) podía acceder a uno de los talleres. «Los mal dotados eran expulsados, no podían permanecer más de un semestre»[20]. El tiempo de trabajo en los talleres se elevó a seis horas. Entonces se introdujo un curso obligatorio de forma, del que se encargaban Georg Muche e Itten, para los alumnos que ya trabajaban en los talleres. Nuevo era también el curso de dibujo, cuya teoría era impartida por Gropius, y cuya práctica estaba en manos de Adolf Meyer (largo tiempo colaborador de Gropius en su estudio de arquitecto).

El objetivo de estas medidas era la mutua compenetración de las clases de forma con la práctica en los talleres. En octubre de 1920, el Consejo decidió una segunda reforma: a cada taller le correspondería un maestro determinado para la clase de forma, de modo que cada aprendiz —que constantemente tenía que desarrollar su propio diseño— tuviera siempre dos personas a quien acudir: un maestro de forma y uno de artesanía. Hasta entonces, el alumno podía escoger a su maestro de forma. Con esto se concretaba el modelo educativo bipolar. Las clases paralelas con un artista y un artesano brindaban al alumno

NR. 54/1924

STAATL. BAUHAUS WEIMAR

AUSWEIS

FÜR

Hans Fricke - Buttriender

AM STAATLICHEN BAUHAUS IN WEIMAR

FÜR DIE ZEIT VOM *Dezbr.* BIS *31. März 1925*

UNTERSCHRIFT

DES SYNDIKUS *Lehmann*   DES INHABERS *Fricke*

WEIMAR, DEN *19. Dezbr. 924.*

DIESE KARTE IST BEIM ABLAUF ODER BEIM AUSTRITT AUS DEM
STAATLICHEN BAUHAUSE VOM INHABER ZURÜCKZUGEBEN

▲ Seis personas tienen un coche. Varios alumnos de la Bauhaus frente a la casa Preller en Weimar, 1924/25. Delante del coche están Marcel Breuer, Lotti Hebestreit, Günther Nordmeyer, Walter Herzger, Wolfgang Tümpel, Johannes Driesch y Georg Teltscher (de izquierda a derecha). En el margen izquierdo de la fotografía aparece Hebestreit, portero de la Bauhaus, y en el derecho, el chófer del coche de alquiler.

una enseñanza más completa que la que habría obtenido de un solo maestro; así surgían diseños trabajados tanto desde el punto de vista formal como artesano. «Era necesario trabajar bajo dos profesores distintos, pues no había artesanos con suficiente fantasía para dominar los problemas artísticos, ni artistas con suficientes conocimientos técnicos para dirigir un taller. Primero había que educar a una generación que fuera capaz de unir ambas características», escribía Gropius más tarde.

Al principio, casi todos los talleres estaban bajo la influencia de Itten: junto con Muche, dirigía como profesor de forma todos los talleres excepto el de impresión gráfica, del que se encargaba Feininger, y el de alfarería, que llevaba Marcks. Pero ya en el siguiente semestre cedió el taller de escultura a Schlemmer; el textil, a Muche; el de encuadernación, a Klee y el de carpintería, a Gropius. Solo los talleres de metal, pintura mural y en vidrio permanecieron a cargo de Itten, quien hasta 1922 iría perdiendo paulatinamente influencia con cada cambio organizativo.

Informes de los maestros de forma y artesanía dan noticias sobre el número de aprendices y oficiales que trabajaban en los talleres durante los años siguientes, sobre pedidos, encargos, visitas a ferias y consumo de material. Ahora era obligatorio tener contratos de profesor de la Cámara de Artesanía. Ya entonces comenzó la Bauhaus a comprar buenos diseños de los alumnos para poder utilizarlos posteriormente.

Había también una oferta, distinta de semestre a semestre, de actividades complementarias. Bruno Adler, literato y editor (uno de los vieneses que habían seguido a Itten), daba

◄◄ Georg Muche: *Spiegelung: Die Webereiwerkstatt in der Kugel* (Reflexión: el taller textil en la esfera), 1921. Las esferas de vidrio espejadas eran un objeto muy apreciado para numerosos experimentos fotográficos gracias a su representación distorsionada del espacio circundante en la Bauhaus.

◄ El alumno de la Bauhaus Rudolf Lutz con un vestido de mujer adornado con motivos dadaístas, 1920 o 1921.

► El 14 de abril de 1920 se celebró en Weimar la primera velada de la Bauhaus con la poeta Else Lasker-Schüler, para la cual Friedl Dicker diseñó esta invitación.

conferencias de historia del arte, al igual que el director del Museo Provincial de Weimar, Wilhelm Koehler, que entonces se incluía entre los directores de museo con más sensibilidad. También se ofrecían conferencias de anatomía. Dora Wibiral, una de las profesoras de la escuela de Van de Velde, enseñaba escritura, mientras que el desconocido pintor Paul Dobe daba cursos de dibujo de naturaleza. Ambos cursos desaparecieron pronto del plan educativo. Solo en aquel entonces, tras dos años de trabajo reformador, empezaba a mostrarse el contorno de lo que Gropius «había llevado al papel en un atrevido plan»[21].

Fiesta, trabajo, juego

Itten impartía sus clases bajo la divisa: «El juego será fiesta,la fiesta será trabajo y el trabajo será juego». Gropius no dejó de considerar esta ligazón entre trabajo y juego cuando anunció en su manifiesto: «Teatro, conferencias, poesía, música, fiestas de disfraces. Organización de un ceremonial festivo con estas sesiones». Ciertamente, la cotidianeidad de la Bauhaus de Weimar era interrumpida por abundantes acontecimientos de este orden. Gropius generalizó actividades en la Bauhaus (il. pág. 79), a las que debían acudir las gentes del lugar junto con la juventud de la Bauhaus. Aunque los habitantes de Weimar se mantenían a distancia de la escuela, incluso con animadversión y rechazo, las tardes de la Bauhaus grabaron gratos recuerdos en la memoria de muchos estudiantes: «Erdmann actuaba para nosotros [...] Theodor Däubler gritaba sus poemas. La señora Lasker-Schüler nos ponía en órbita con sus versos en *staccato*. Un académico nos leía a Gilgamesh.

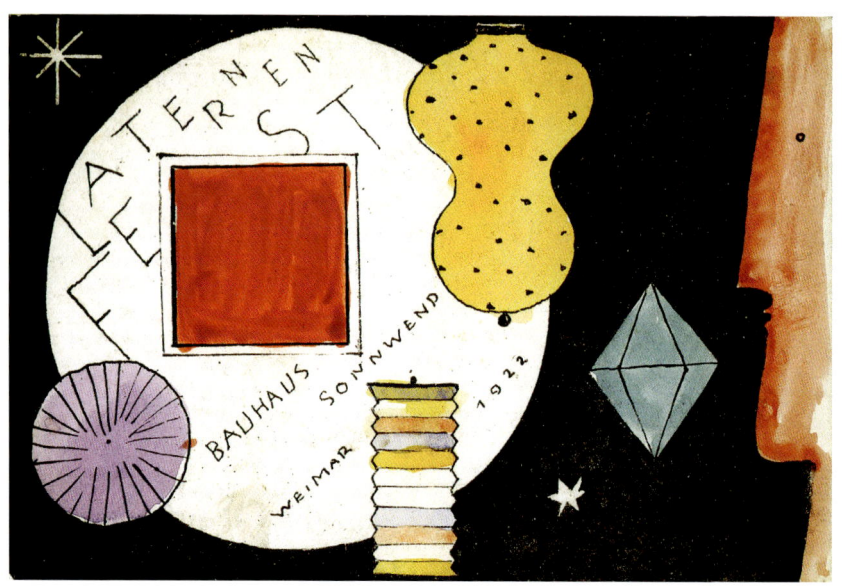

▲ Oskar Schlemmer: postal para la Fiesta de los Farolillos, 1922. Litografía.

▼ Paul Klee: *Laternenfest Bauhaus* (Fiesta de los Farolillos), 1922. Litografía.

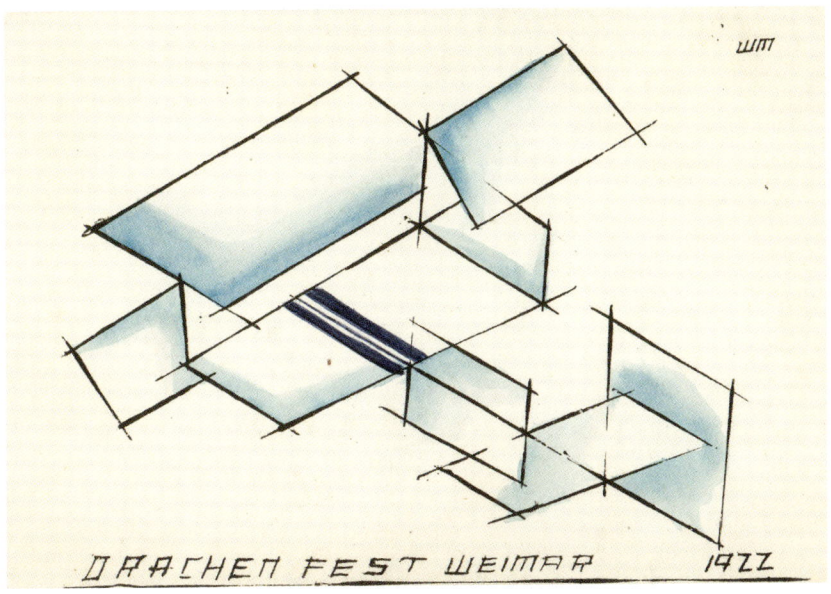

▲ Wolfgang Molnár: postal para la Fiesta
de las Cometas, 1922. Litografía.

▼ Rudolf Baschant: postal para la Fiesta
de las Cometas, 1922. Litografía.

◄ Fiesta de disfraces en Weimar, hacia 1922. Ludwig Hirschfeld-Mack (arriba, centro), Marli Heimann (abajo, centro), Carl *Casca* Schlemmer (derecha).

► Alumnos e invitados en la Bauhaus de Weimar, hacia 1922. Lado izquierdo, de arriba abajo: desconocido, Oskar Schlemmer, Tut Schlemmer, Naum Slutzky; en el centro, de arriba abajo: Richard Winkelmayer, Lilly Winkelmayer, Gunta Stölzl, Benita Koch-Otte, desconocido, Carl (Casca) Schlemmer. Lado derecho, de arriba abajo: Josef Hartwig, Willi Baumeister, desconocido, desconocido, Josef Albers.

Una única vela iluminaba la sala. Se apagó mientras la queja moribunda expiraba lentamente»[22]. Otras tardes podían declamar los propios alumnos. Cuatro importantes fiestas señalaban el año: la Fiesta de los Farolillos (il. pág. 80), el Solsticio de verano, la Fiesta de las Cometas (il. pág. 81) y, por último, el recibimiento de la Navidad. La Fiesta de los Farolillos se celebró por vez primera el 21 de junio de 1920, cumpleaños del poeta de Weimar Johannes Schlaf, y más tarde se celebraría en la fecha del cumpleaños de Gropius, el 18 de mayo.

Gunta Stölzl, más tarde encargada del taller textil, describió una de las primeras fiestas de Navidad: «La Navidad fue indescriptiblemente hermosa, algo completamente nuevo, una "fiesta del amor" aun en los más pequeños detalles. Un bonito árbol, luces y manzanas, una larga mesa blanca puesta con esmero, grandes velas, una enorme corona de abeto, todo verde. Bajo el árbol, todo blanco e incontables regalos. Gropius leía la historia de Navidad, Emmy Heim cantaba. Gropius nos agasajaba con algo bueno, bello y valioso. Después la gran comida. Todo rodeado de solemnidad y un presentimiento del símbolo. Gropius sirvió la comida a cada alumno, como el lavatorio de pies»[23]. Las postales de las fiestas (ils. págs. 80 y 81) fueron hechas en la imprenta, en parte litografiadas por alumnos y maestros. La necesidad y pobreza de los alumnos es hoy inimaginable. Gropius se esforzaba en proporcionarles vestidos y comidas gratuitas. Muchos apenas podían pagar los costes de la escuela. «Era magnífico poder ganar un marco en una tarde como figurante en el teatro».

▲ Walter Hege fotografió en 1925 a las alumnas de la Bauhaus Gertrud Arndt y Marianne Gugg (izquierda) mientras anudaban tapices en el taller. La escena recuerda a los ángeles músicos de la pintura medieval.

► Lydia Foucar llegó a la Bauhaus en 1920. Junto con Marguerite Friedlaender (il. pág. 148), fue una de las pocas aprendices femeninas en el taller de cerámica, pero lo abandonó tan solo un año más tarde por el nacimiento de su primer hijo.

Mujeres en la Bauhaus

El Consejo de Maestros tomó en estos dos años decisiones esenciales contra las numerosas mujeres deseosas de estudiar en la Bauhaus. En su primera previsión, Gropius había contado con 50 damas y 100 caballeros; pero vinieron tantos hombres como mujeres, pues la nueva constitución de Weimar concedió a la mujer libertad de estudios ilimitada. Las academias no podían ya negarles el acceso —como era el caso antes de la guerra— y muchas mujeres hacían uso de sus nuevas posibilidades.

Gropius atacó explícitamente, en su primer discurso dirigido a los estudiantes de la Bauhaus, a las mujeres presentes: «Ningún tipo de consideración con las damas; en el trabajo, todos artesanos», «absoluta igualdad de derechos, pero también igualdad de deberes», se lee en sus notas.

Ya en septiembre de 1920 había propuesto Gropius en el Consejo de Maestros «seleccionar con dureza en la admisión a la escuela, sobre todo en la elevada representación femenina». Más aún, se aconsejaba no hacer «experimentos innecesarios» y enviar a las mujeres, después del curso preparatorio, directamente al telar; también podían hacer encuadernación y alfarería. Pero el taller de encuadernación se cerró en 1922 y en el de alfarería se habían puesto de acuerdo Marcks y Gropius, en octubre de 1923, en «no aceptar a ninguna mujer, por el bien de las mujeres y del taller». Sin embargo algo más tarde, debido a la escasez de mano de obra, fueron aceptadas incluso dos mujeres sin curso preparatorio. En arquitectura no se admitía a ninguna mujer.

Weimar 21　　Barlach

◄ Rudolf Baschant: retrato de Martha Erps con flores, 1921. Aguafuerte.

▲ Marianne Brandt: autorretrato, 1923. Marianne Brandt fue la única mujer que trabajó en el taller de metal tras el curso preparatorio. Se captó a sí misma en numerosas fotografías.

En general, en la etapa de Weimar se dificultaba el acceso a la mujer, y las que fueron admitidas eran enviadas en redil a los telares. Entre las pocas que lograron vencer las resistencias se contaban Marianne Brandt en el taller de metal, Marguerite Friedländer en el taller de cerámica y Alma Buscher en el taller de ebanistería. Mucho de lo artístico que las mujeres producían en esta época era calificado por los hombres de «femenino» o «artesano». Los hombres temían una tendencia demasiado fuerte de la escuela hacia lo artesano y veían la meta de la Bauhaus, la arquitectura, en peligro.

Clases de arquitectura y urbanización

«Un nuevo arte constructivo», la «gran construcción»: tales habían sido los objetivos de la educación en la Bauhaus que Walter Gropius formulara en el manifiesto. Y es verdad que Gropius se había esforzado repetidas veces por lograr una sección de arquitectura en la Bauhaus de Weimar, pero siempre chocó contra los obstáculos casi insuperables que la burocracia, a menudo enfrentada con él, ponía en su camino. Gropius había convenido ya en otoño de 1919 un semestre en la Escuela de Construcción de Weimar, dirigida por el simpatizante de la Bauhaus Paul Klopfer, para alumnos interesados en arquitectura. Dado que el Ministerio del Interior había rechazado la propuesta, el curso, en el que tomaron parte unos 15 alumnos, tuvo lugar en la Bauhaus de forma privada. «En el mismo año asistieron a clases en la Escuela de Construcción 10 alumnos de la Bauhaus. En la Bauhaus el maestro constructor Ernst Schumann impartía clases de proyección y dibujo técnico». Y

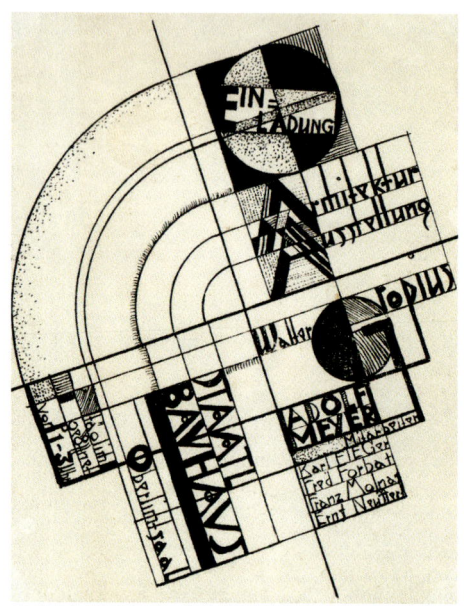

◀ **Anónimo:** tarjeta de invitación para la exposición de arquitectura de Walter Gropius/Adolf Meyer. En julio de 1922 presentaron Gropius y Meyer su arquitectura desde 1911, desde el Fagus-Werk (il. pág. 12) y la casa Sommerfeld (il. pág. 96) hasta el teatro Jena (il. pág. 238). Se menciona como colaboradores del estudio a Carl Fieger, Fred Forbát, Franz (Farkas) Molnár y Ernst Neufert.

▶ **Vincent Weber:** láminas de la clase de dibujo de Adolf Meyer, hacia 1921. Tumba excavada en roca de Mira, en Asia Menor (arriba, izquierda), basílica de estilo gótico (arriba, derecha), San Stefano Rotondo de Roma (abajo, izquierda) y la catedral de Milán (abajo, derecha). Las clases abordaban edificios históricos de todas las épocas, cuyas formas y proporciones básicas eran analizadas.

en «mayo de 1920 se fundó una sección de arquitectura en la Bauhaus bajo la dirección de Adolf Meyer, el más antiguo colaborador de Gropius»[24], pero el trabajo en esta sección quedó una vez más estancado. Una formación arquitectónica sistemática no tuvo, pues, lugar en la temprana Bauhaus. Paralelamente la Bauhaus había recibido en 1920 unos terrenos, para los que Gropius había proyectado una colonia. «En este solar queremos construir casas de madera y habitarlas», escribía a Adolf Behne el 2 de junio de 1920. El estudiante Walter Determann desarrolló en 1920 un plan para la colonia y también algunos planos y alzados para las casas (ils. págs. 92 y 93).

Durante los años siguientes se continuó trabajando en la planificación de la colonia. Gropius había perseguido la idea de la colonia como lugar ideal para vivir y trabajar en comunidad, desde su compromiso con el Consejo del Arte. Durante los primeros años en la Bauhaus de Weimar, la colonia le parecía la única posibilidad de llevar a cabo una reforma sustancial: «El *quid* es que hoy en día nos es imposible reformar una parte del todo, hemos de poner la vida entera en cuestión: el modo de vivir, la educación infantil, la gimnasia, y así hasta el infinito»[25]. Pero el terreno previsto era demasiado escarpado para edificar en él, de modo que fue destinado a huerta.

En 1923, con motivo de la primera gran exposición de la Bauhaus, fueron exhibidas maquetas de colonias y casas modelo (il. pág. 236), desarrolladas en el estudio privado de Gropius. Pero de la gran colonia, en la que todavía se pensaba en 1923, solo se pudo realizar una casa modelo (il. pág. 229). Gropius sostuvo desde 1922 conferencias sobre

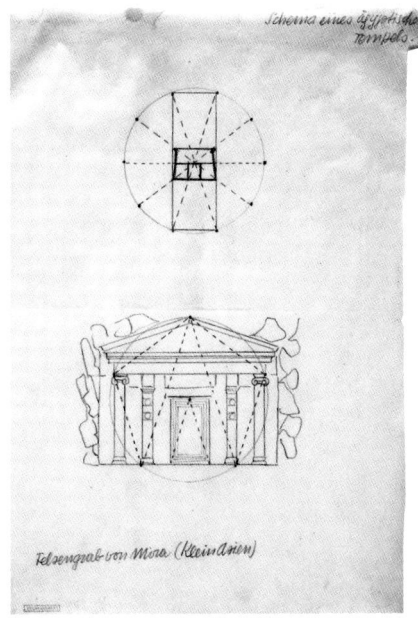

Schema eines ägyptischen
Tempels.

Felsengrab von Mira (Klein Asien)

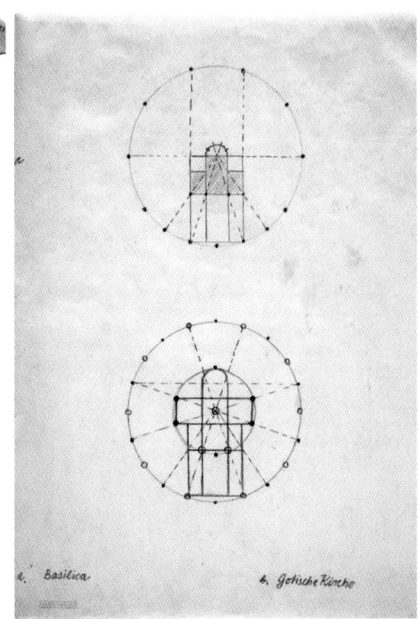

1. Basilica   2. Gotische Kirche

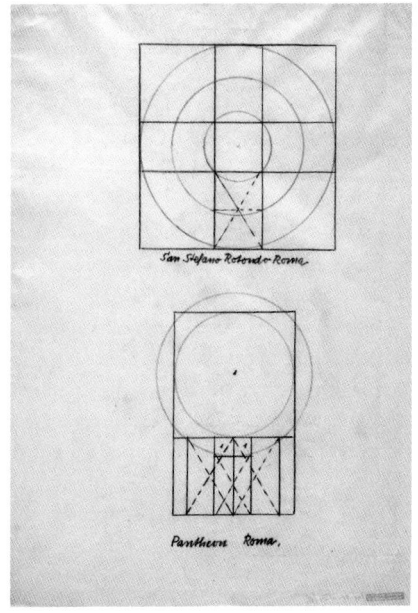

San Stefano Rotondo Roma.

Pantheon Roma.

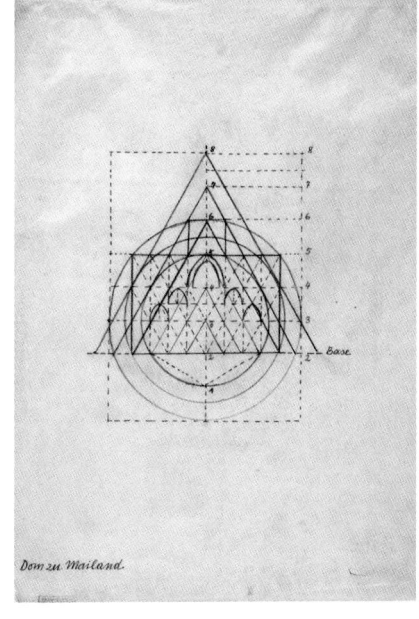

Base.

Dom zu Mailand.

«distribución espacial» donde defendía, con Johannes Itten y Gertrud Grunow, la tesis de «la llegada de un contrapunto a las artes plásticas», que sería valedero para la arquitectura. Este contrapunto surgió en el gótico, Grecia, Egipto e India. Sus evidencias son el cuadrado y el triángulo, es decir, la vuelta en la construcción a las formas fundamentales. La composición espacial sigue determinadas normas, como la composición musical. En otras palabras: «Por doquier aparecen confirmaciones. Itten, Grunow, Kandinsky, Ozenfant, Jeanneret»[26].

Para encontrar las reglas de composición espacial tenían que confluir intuición y matemática, regularidades reales y trascendentales; tenía que haber un continuo intercambio entre individuo y cosmos. Estas teorías esotéricas formaban parte de las ideas sustentadoras de la Bauhaus. En las enseñanzas de Klee, Kandinsky y Schlemmer las encontraremos de nuevo.

El trabajo en común en la «construcción» era uno de los principales objetivos de la Bauhaus, pero su realización no resultó ser tan simple. Un encargo privado en 1920 brindó a Gropius la posibilidad de apoyar económicamente la Bauhaus mediante la contratación de obras, y de formar el primer taller comunitario. El contratista Adolf Sommerfeld había encargado a Gropius una casa de madera de teca, puesto que quería aprovechar de este modo los restos de un barco de guerra naufragado (il. pág. 96). El solar estaba situado cerca de la Asternplatz en Berlín-Dahlem.

Gropius y Adolf Meyer se encargaron del diseño arquitectónico y el estudiante Fred Forbát, que ya había terminado sus estudios de arquitectura con Theodor Fischer en Múnich,

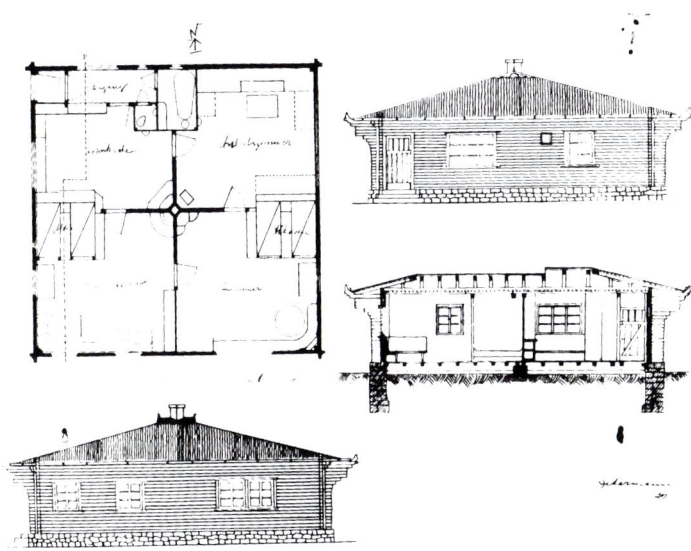

▲ **Walter Determann:** diseño de una colonia Bauhaus en Weimar, 1920. Se crearon varios tipos de casas bloque, que acogían viviendas y talleres bajo el mismo techo.

▲ **Walter Determann:** diseño de una casa de madera para la colonia Bauhaus, 1920. La poco atinada planta muestra cuatro habitaciones de tamaño casi idéntico. El exterior recuerda a la casa Sommerfeld, proyectada por Gropius y Meyer.

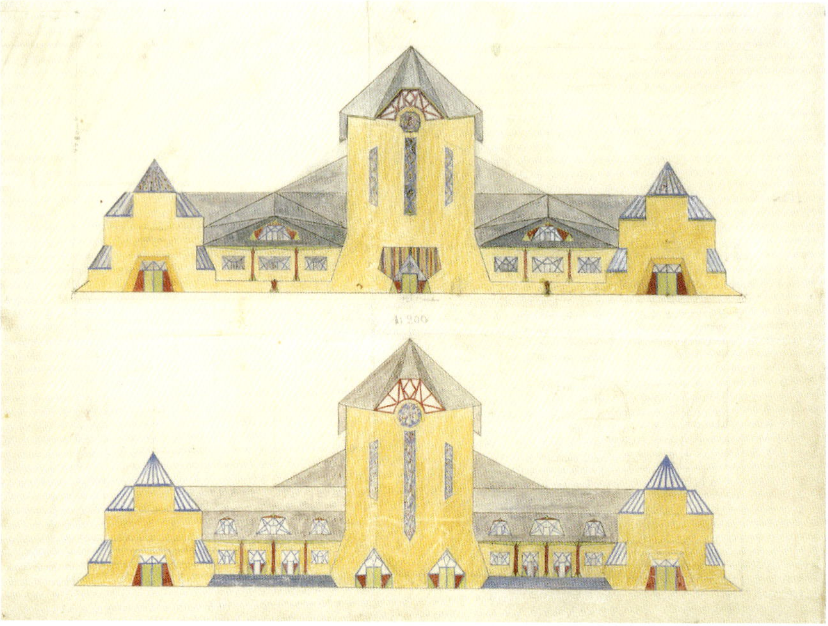
1:200

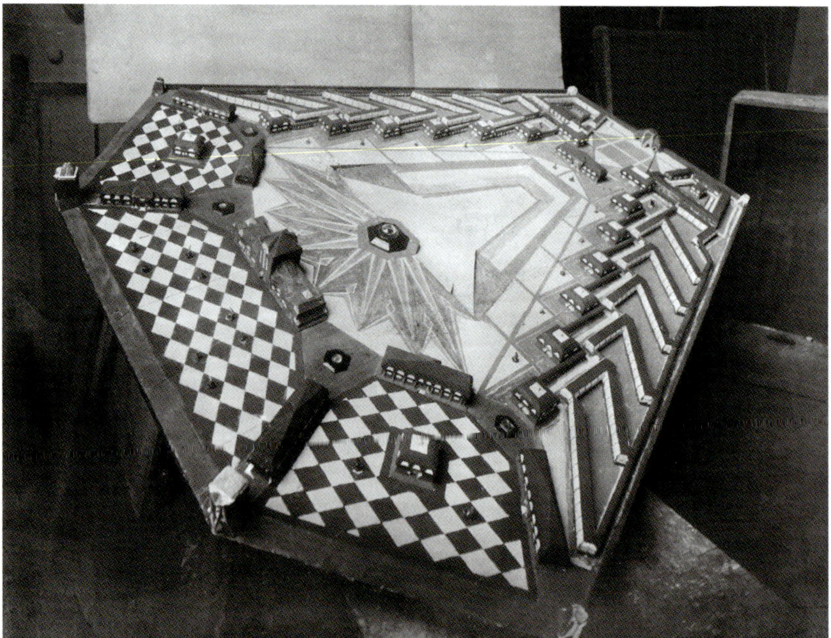

Walter Determann: diseño para una colonia Bauhaus en Buchfart, cerca de Weimar, del año 1920. Casas, talleres, instalaciones comunitarias y una granja se agrupan en forma de cristal. El centro de la planta está formado por un edificio dedicado a tareas administrativas, fiestas y exposiciones (il. pág. 92, arriba). La colonia debía ser una comunidad de vida, trabajo y, en parte, de abastecimiento.

dirigió las obras. Para la decoración del interior se recurrió a los primeros estudiantes capacitados. Dörte Helm realizó una cortina con aplicaciones (il. pág. 98), Marcel Breuer diseñó el juego de sillas para el pasillo (il. pág. 97), Josef Albers ejecutó una ventana con cristal pintado, el taller de pintura mural se ocupó de la decoración de las paredes, y Joost Schmidt talló en la dura madera nombres de ciudades relacionadas con el consorcio Sommerfeld (ils. págs. 97 y 99). Se tallaron entarimados de madera, relieves para las puertas, pasamanos para las escaleras y revestimientos para la calefacción. El solemne acto de colocar la primera piedra subrayó el significado de esta primera obra comunitaria, que, aunque todavía deudora del estilo zigzag, trabaja con las formas básicas círculo, cuadrado y triángulo. Para la fiesta de cubrir aguas (il. pág. 94) se prescribieron ropajes gremiales con pañoleta al cuello para los hombres y se diseñaron pañoletas para la cabeza para las mujeres, garantizando así una imagen unitaria.

El conflicto Gropius-Itten

Ya con motivo de la ejecución del primer encargo importante de la Bauhaus, la construcción y decoración de la casa Sommerfeld, habían iniciado Itten y Gropius un enfrentamiento que se prolongaría los años siguientes: «El maestro Itten nos puso ante el dilema de realizar un trabajo individual, en contraposición al mundo económico exterior, o buscar el contacto con la industria»[27]. Gropius era de la opinión contraria: «La Bauhaus en su actual forma permanece o se derrumba con la afirmación o negación de la necesidad de contratos»[28],

◄ La casa Sommerfeld de Berlín fue el primer gran proyecto comunitario de la Bauhaus. Igualmente ambiciosa fue la fiesta de cubrir aguas del 18 de diciembre de 1920, que se llevó a cabo al estilo de las ceremonias de talleres de construcción medievales. Las mujeres llevaban pañoletas en la cabeza y los hombres en el cuello, todos ellos con estampados diseñados por Joost Schmidt (il. arriba).

de otro modo «la Bauhaus se convertirá en una isla de huraños». Los contratos —que, en su mayoría, llegaban a la Bauhaus por vía de la oficina de construcción de Gropius— formaba parte de la idea central de este ya antes de la fundación de la Bauhaus. En su previsión de costes había declarado que «es imposible pensar que la escuela consiga beneficios». Gropius había buscado, sin embargo, incesantemente el contacto de posibles clientes, entre los que también contaban las cooperativas de artesanos y los industriales. Cuando Gropius encargó al taller de ebanistería la sillería del Teatro Nacional de Jena, reformado por él y Adolf Meyer, Itten anunció su dimisión. Paulatinamente se fue distanciando de los talleres y concentrándose en el curso preparatorio.

Al final del semestre, en abril de 1923, abandonó la Bauhaus y se fue a Herrliberg, el centro de la secta Mazdaznan, donde dio clases y dirigió talleres durante unos años. Itten rechazaba encargos por principio. Para él, el más alto objetivo de la formación en la construcción era despertar y educar la creatividad en las personas para que armonizaran consigo mismas y con el mundo. El ideal de la persona armónica era también un precepto de la secta Mazdaznan, a la que Itten y Muche se adherían. «Meditación y ritos» son para el círculo Itten «más importantes que el trabajo», decía agudamente Schlemmer en 1921[29]. La dimisión de Itten dejaba vía libre para una nueva educación, en cuyo centro no estaba el individuo, sino el logro de nuevos productos industriales. Al mismo tiempo perdieron relevancia el trabajo manual y la artesanía que, según Itten, estaban al servicio de la formación humana. Los sucesores de Itten, Josef Albers y László Moholy-Nagy, debían

▲ Walter Gropius y Adolf Meyer: casa Sommerfeld, Berlín, 1920/21. La casa Sommerfeld fue el primer gran proyecto comunitario de la Bauhaus y el más hermoso ejemplo del intento de crear una «obra de arte unitaria». Como en una catedral gótica, motivo que había decorado el manifiesto de la Bauhaus (il. pág. 32), la decoración exterior e interior está inseparablemente unida al edificio. La arquitectura evidencia, al lado de las formas expresionistas, la influencia de las casas de la pradera que construía el arquitecto americano Frank Lloyd Wright.

▶ Entrada de la casa Sommerfeld con tallas de Joost Schmidt en la escalera y un sillón de Marcel Breuer. Contrastes de ritmo, forma y dirección de la clase de Itten (ils. págs. 58 y 59) determinan los relieves planos de Joost Schmidt, suavizados por la dura madera de teca, en el pasamanos de la escalera.

▶ Marcel Breuer: mesa en la casa Sommerfeld, 1922.

97

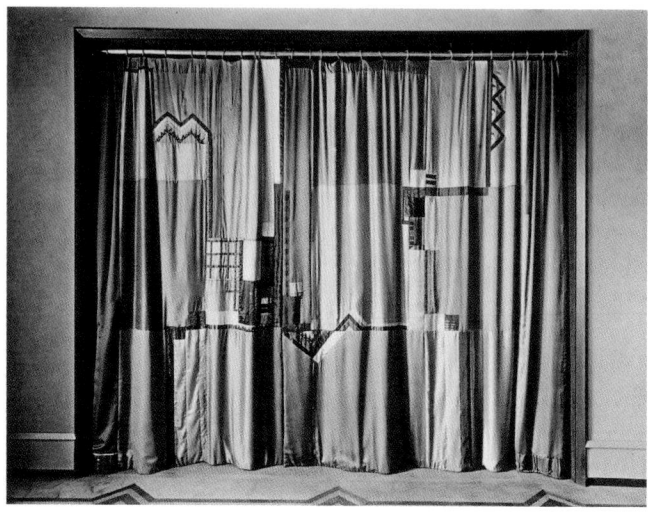

▲ **Dörte Helm:** cortina con aplicaciones en la casa Sommerfeld, 1920/21.

▶ **Joost Schmidt:** puerta de entrada y revestimientode la calefacción en la casa Sommerfeld, 1921.

ajustarse al concepto de Itten en sus cursos preparatorios, pero se alejaron de los elementos relacionados con la formación individual de la personalidad.

La Bauhaus de Weimar entre dos frentes políticos

La Bauhaus era una escuela estatal y, por tanto, dependiente del Gobierno no solo en lo que respecta a las finanzas, sino también políticamente. Gropius había logrado hábilmente imponer sus ideas en el caos de los primeros meses de la posguerra; pero en los años siguientes, durante el proceso de configuración y desarrollo de la escuela, la Bauhaus de Weimar se debatía entre dos frentes políticos y finalmente fue disuelta en 1925.

Desde el 1 de mayo de 1920 dependió la Bauhaus del Ministerio de Educación y Justicia de la recién fundada región de Turingia, que comprendía distintos territorios turingeses. El Gobierno estaba formado por el Partido Socialdemócrata de Alemania (SPD), el Partido Socialdemócrata Independiente de Alemania (USPD) y el Partido Democrático Alemán (DDP), todos ellos partidarios de la Bauhaus. La mayoría gubernativa logró imponer el primer presupuesto para la Bauhaus en el Parlamento regional en el verano de 1920, contra la voluntad de los partidos de derechas.

Después de las segundas elecciones al Parlamento, el 11 de septiembre de 1921, se formó el nuevo Gobierno con los partidos de izquierdas socialdemócrata y socialdemócrata independiente. Bajo el ministro Max Greil, para quien la Bauhaus significaba un paso adelante hacia una amplia reforma educativa, se creó un Ministerio de Educación.

«Escuelas de trabajo» y «escuelas unitarias» eran los más importantes modelos escolares entonces discutidos. Gropius situaba a la Bauhaus en este marco reformador con sus innovaciones educativas. Pero cuando, el 10 de febrero de 1924, en las terceras elecciones, la derecha obtuvo la mayoría, el fin de la Bauhaus de Weimar era previsible. Los ataques contra la Bauhaus habían empezado ya pocos meses después de su fundación en 1919, y se habían enconado con motivo del nombramiento de Lyonel Feininger. Se atacaba el fomento unilateral del expresionismo.

Hasta las elecciones de 1923 hubo una mayoría izquierdista a nivel regional, pero en Weimar dominaban los «funcionarios monárquicos, militares venidos a menos, pensionistas o funcionarios del Ducado que conservaron sus puestos en el nuevo Gobierno»[30]. También la prensa local era mayoritariamente conservadora. Poco después de haberse formado la nueva región de Turingia, los detractores de la Bauhaus pudieron anotarse una victoria: el Parlamento decidió recuperar la academia, que se había unido a la Escuela de Artes y Oficios para formar la Bauhaus, como Escuela de Pintura. Dos años después de la fundación de la Bauhaus en abril de 1919, y casi en la misma fecha, el 4 de abril de 1921, se fundó la Escuela Universitaria Estatal de Arte. Ello significó una clara victoria del profesorado conservador del círculo de la antigua Escuela de Pintura de Weimar.

Hasta que la Bauhaus abandonó Weimar en 1925, las dos instituciones rivales tuvieron que compartir edificio. Los más peligrosos enemigos de la Bauhaus, pues, se alineaban principalmente a nivel político local o regional. Gropius se defendía infatigable de los ataques y

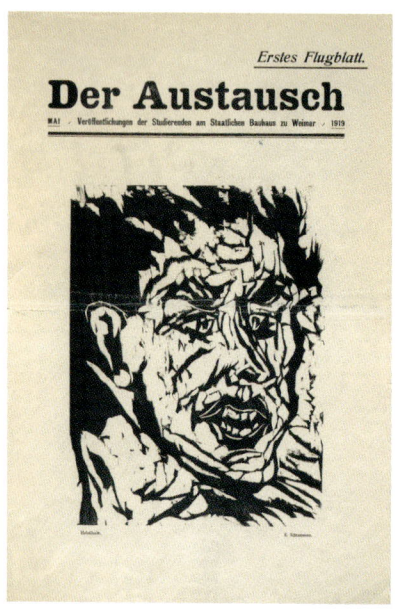

◄ *Der Austausch* se publicó de mayo a julio de 1919, inicialmente como folleto y más tarde como revista estudiantil de cuatro páginas en la Bauhaus Estatal de Weimar. Los números reproducían obras gráficas de Eberhard Schrammen y Walter Determann, entre otros.

► *Der Austausch – Veröffentlichungen der Studierenden am Staatlichen Bauhaus zu Weimar,* folleto (izquierda) y primer volumen, así como los números de mayo (il. pág. 41), junio y julio de 1919 (derecha).

se esforzaba en desmentir falsas afirmaciones. En ocasiones se llegó a los tribunales, donde los juicios podían arrastrarse durante años. Gropius buscaba aliados y ganaba siempre nuevos simpatizantes en conferencias y, sobre todo, a través de sus innumerables escritos. El ser miembro de la Liga de Talleres y de la Liga de Arquitectos Alemanes (más tarde de la unión de arquitectos Der Ring) le ayudó en esta tarea.

«El noventa por ciento de los extraordinarios esfuerzos que hacen todos los participantes en esta empresa se va en la defensa ante las enemistades a nivel local y nacional [...] y solo queda el diez por ciento para dedicar al trabajo creativo»[31], resumió Gropius. Desde los comienzos había intentado mantener su escuela alejada de controversias políticas. Quería una escuela radical, pero no política. Ya había seguido principios parecidos como sucesor de Bruno Taut en la dirección del Consejo del Arte, en Berlín. Una y otra vez interpelaba el Consejo de Maestros a los estudiantes a que no participasen en política. Para evitar ser censurado como propagandista del comunismo, rechazó en septiembre de 1921 una conferencia del pintor izquierdista Heinrich Vogeler. El esfuerzo por hacer de la Bauhaus una escuela no politizada se evidenció, en el contexto histórico, como mera ilusión. «El rechazo de la política por parte de la Bauhaus no impidió que se luchara contra ella con medios políticos»[32], sentenció un historiador.

En sus dos primeros años de existencia, la escuela había encontrado su puesto como institución. En los talleres, que ya a mediados de 1921 estaban completamente equipados, se acreditaba el nuevo modelo educativo. Eran obligatorios los certificados de enseñanza.

Maestros de la forma y maestros de artesanía enseñaban a los alumnos en igual medida. Con la marcha de Itten se había superado el peligro de sectarización. El camino estaba libre para contactos y encargos de la economía y la industria, que además constituían un apoyo económico para la escuela.

La escuela había sido en estos dos años un crisol de las más contradictorias ideas. Al principio los estudiantes nacionalistas y antisemitas intentaron ganar el poder. Extravagantes redentores como el predicador Louis Häusser podían hablar aquí, e Itten y Muche podían propagar las enseñanzas vegetarianas de Mazdaznan. Pensamientos anarquistas, socialistas, crítico-culturales, reformadores y esotéricos encontraron adeptos en la Bauhaus. Dado que el carácter y la organización de la escuela no estaban todavía totalmente fijados, al menos en el primer año, acudieron también muchos alumnos que creían poder obtener aquí una formación de pintor según los cánones tradicionales. Entre estos incluimos al pintor Max Peiffer-Watenphul, que realizó uno de los más hermosos tapices de la temprana Bauhaus; el pintor Vincent Weber y el pintor Werner Gilles, este último había asistido a un curso de Gertrud Grunow.

Olas de retiradas sacudieron a la Bauhaus: en 1919, tras el intento del estudiante Groß de fundar una Bauhaus nacional, abandonaron la escuela con él 16 estudiantes, algunos de ellos pertenecientes a la nobleza. Otros muchos emigraron más tarde a Italia. El que la escuela sobreviviera, en lugar de irse a pique, es mérito exclusivo de las cualidades directivas de Walter Gropius.

La comparación de los tres dibujos
muestra de qué formas tan diversas
se trataba el tema del desnudo en
la temprana Bauhaus: en la clase de
Klee (il. pág. 104) se acentúan solo
las articulaciones del movimiento;
en la de Itten (il. pág. 105) se busca
la interpretación rítmica y en clase de
Schlemmer (il. pág. 103) se persigue
la imagen de una persona con proporciones ideales.

▶ Klaus Barthelmess: desnudo de
la clase de Schlemmer, hacia 1922.

Cada maestro podía intervenir por escrito en las cuestiones importantes —por ejemplo,
en las diferencias de principios entre Itten y Gropius o en si los maestros habían de llevar
el título de maestro o de profesor. Los alumnos elegían representantes, que tenían voz y
voto en el Consejo de la Bauhaus—. El Consejo era un gremio con poder de decisión, ins-
tituido y ampliado en 1922, en el que, al lado de maestros y maestros artesanos, podían
intervenir representantes de los oficiales e incluso representantes de los estudiantes. Podían
opinar en la admisión o expulsión de alumnos y tomar parte en los estatutos. Ya en 1919
publicaban los alumnos una revista propia, *Austausch* (Intercambio). Los concursos internos
estaban a la orden del día, como la elección del sello de la Bauhaus en 1919 (il. pág. 38)
y de nuevo en 1921 (il. pág. 74). Gropius informaba a los alumnos en asambleas convo-
cadas para el caso. De este modo logró un fuerte sentimiento comunitario, de colaboración
y responsabilidad.

Gropius describió su estilo directivo en una carta a Ferdinand Kramer, a quien la Bauhaus decepcionaba: «Mi mayor afán es dejar todo pendiente, en un orden en movimiento,
para así evitar que nuestra comunidad vuelva a la rigidez de la academia. El activo es por
el momento escaso, pero los ánimos están altos, receptivos y en excitada tensión, y esto me
parece por ahora lo más importante»[33].

Los secretos temas canalizadores de estos dos primeros años de la Bauhaus, como podemos deducir de escritos, cartas, testimonios y obras de arte, no se subordinan a un concepto
antepuesto: son las ideas, ya mencionadas en el manifiesto, de *comunidad, artesanía,*

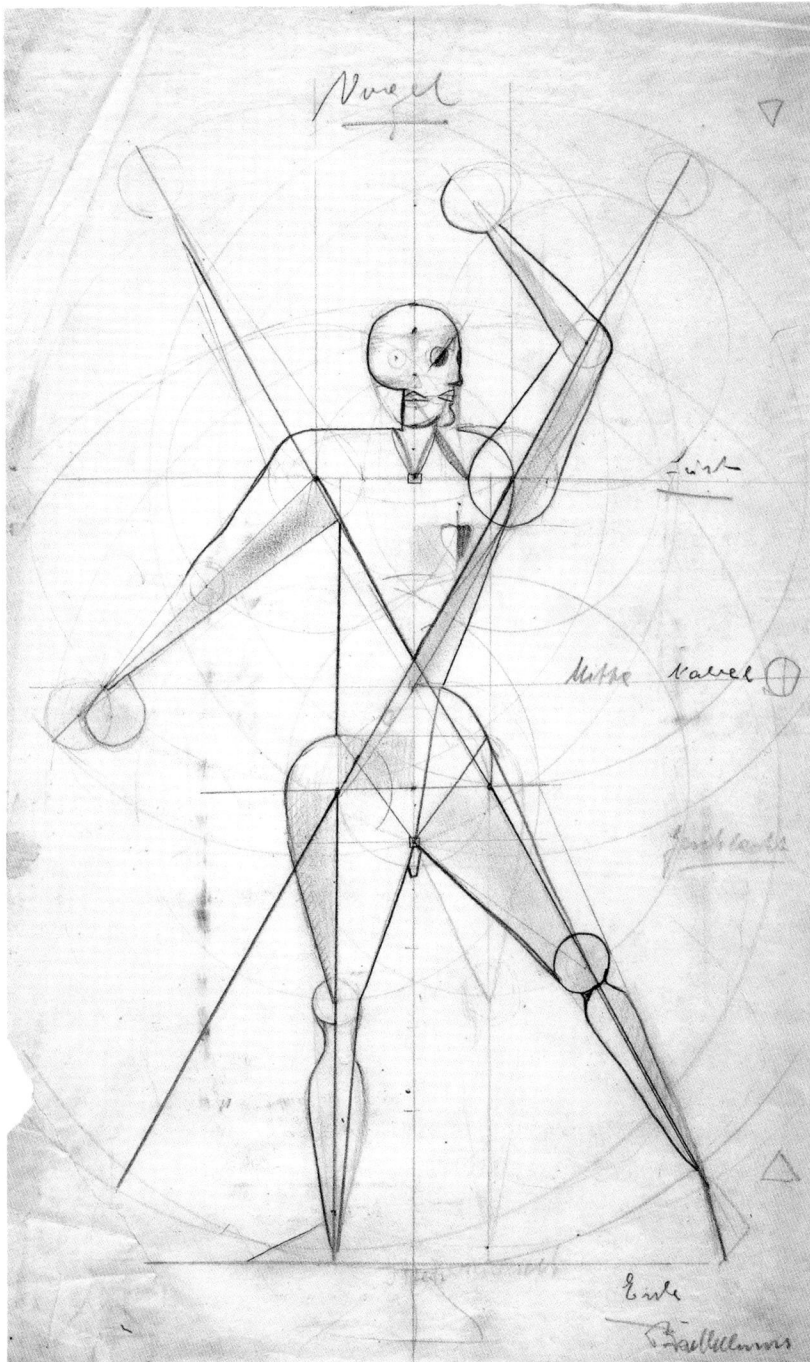

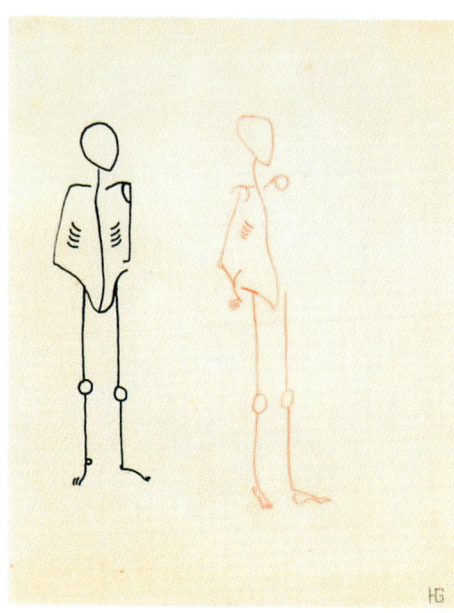

◄ **Gertrud Arndt:** desnudo de la clase de Paul Klee, 1924.

▶ **Rudolf Lutz:** desnudo de la clase de Itten, hacia 1921.

construcción. Estudiantes y profesores recogen estas ideas y las amplían: formas y colores elementales constituyen las primeras piedras de un contrapunto a la historia del arte, un contrapunto que sienta una base común entre artistas y artesanos. En el ritmo se encuentra el individuo a sí mismo y su espacio y se une a la totalidad cósmica.

Ya en la siguiente fase de la Bauhaus se acentuaron otros temas: los principios configuradores continuaban siendo importantes, pero en el centro de la discusión estaban ahora conceptos como *tipo* y *función,* y la polémica de la *técnica* y la *industria.*

Aquí se divulgó ampliamente la primera fase de la Bauhaus bajo la clave «expresionismo», pues el individuo y sus ataduras cósmicas ocupaban una posición central. La dimensión social era poco concreta. Los tiempos que siguieron a la derrota estaban marcados por la búsqueda de sentido, que ocupaba a muchos intelectuales y artistas. El expresionismo se daba cada vez más por muerto, y también en la Bauhaus buscaba una nueva orientación.

Arte y técnica:
una nueva unidad

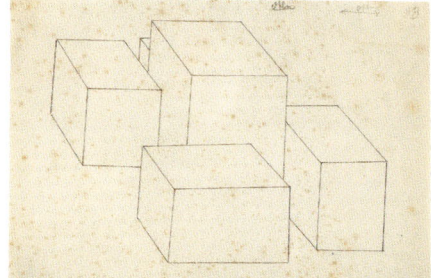

◄◄ Georg Muche (idea) y Adolf Meyer (plan y ejecución): casa modelo Am Horn en Weimar, 1923.

◄▼► A partir del año 1921/22, Theo van Doesburg publicó y difundió su «base general» de De Stijl para pintura (il. derecha), escultura (il. izquierda) y arquitectura (il. abajo). Las superficies monocromáticas, la nueva asimetría y los nítidos volúmenes geométricos ejercieron una enorme influencia en el diseño de la Bauhaus a partir de 1922.

De Stijl en la Bauhaus

El impulso decisivo para la superación de la Bauhaus expresionista vino de fuera, del artista holandés Theo van Doesburg (il. pág. 110), uno de los fundadores de De Stijl.

Lo que se hacía en la Bauhaus era «confitura expresionista». «Cada cual hace lo que su estado de ánimo le sugiere, alejado de cualquier disciplina [...] ¿Dónde asoma la intención de crear la obra de arte unitaria, la configuración unitaria de espacio, forma y color?»[34], preguntaba su colega Vilmos Huszár.

Doesburg había fundado en 1917, junto con Piet Mondrian, el grupo de artistas De Stijl. Las grandes energías polares de la vida, «naturaleza e inteligencia, o los principios masculino y femenino, lo negativo y lo positivo, lo estático y lo dinámico, lo horizontal y lo vertical»[35], tenían que equilibrarse en el arte. El ángulo recto y los tres colores básicos, complementados con negro, blanco y gris, constituían los elementos expresivos fundamentales. Dado que los medios para la configuración artística quedaban así fijados, era posible romper el «predominio del individuo» y encontrar «soluciones colectivas».

Doesburg había seguido con sumo interés el trabajo en la Bauhaus durante una visita en diciembre de 1920. Los resultados del trabajo no le satisfacían, pero veía las enormes posibilidades de la escuela, y preparó un artículo para su revista De Stijl, para el que solicitó material a la Bauhaus. En abril de 1921 Doesburg estableció su residencia en Weimar, donde esperaba obtener un puesto como profesor. En febrero de 1922 anunciaba un curso de De Stijl para jóvenes artistas:

Theo v. Doesburg
—
Petro v. Doesburg.
—

110

◄ Tras una breve visita a la Bauhaus, Theo van Doesburg se trasladó a Weimar en 1921. En esta fotografía de Lucia Moholy aparece con su esposa Nelly.

▲ **Theo van Doesburg:** la Bauhaus invadida por De Stijl. Van Doesburg envió esta postal con el edificio de la Bauhaus de Weimar a su amigo Antony Kok el 12 de septiembre de 1921.

«Curso De Stijl I

Por requerimiento de algunos jóvenes artistas y para satisfacer la exigencia generalizada de una forma de expresión positiva y momentánea, me he decidido a inaugurar un curso de De Stijl. El objetivo de este curso es:

1. Una nueva formación radical en la exposición de los principios fundamentales desarrollados en De Stijl en 1916 (curso A)
2. Partiendo de estos principios fundamentales, válidos para la plástica en general, organizar la obra de arte total (curso B)

Requisitos para la participación:
Pueden participar todos aquellos que sigan este movimiento. Los costes de diapositivas, aparatos, luz, calefacción, etc., corren a cargo de los alumnos, que abonarán 10 marcos por hora.

Horario:
El curso consta de una parte teórica (parte A) y una práctica (parte B). Ambas partes se complementan mutuamente. El curso completo abarca del 8 de mayo al 8 de julio. Las clases son de 2 horas: una hora teórica, una práctica. Miércoles de 7 a 9.

◄ Gerrit Rietveld: silla rojo-azul, 1917.

▶ Marcel Breuer: silla de listones
de madera, segunda versión, 1923.
Arce barnizado, con asiento y respaldo de entretela de crin.

Aula:
Provisionalmente en el taller Röhl. Burhfarterstr. 12 II
Inscripción:
Lista de inscripción para el curso completo; dirigirse a Werner Gräff, Herdeplatz 10, o a mi
mujer.
Weimar, 20 de febrero de 1922

Theo van Doesburg»[36]

La reacción fue positiva: «Mi curso de De Stijl está siendo un éxito. Ya hay 25 participantes, en su mayoría de la Bauhaus»[37]. Algunos estudiantes recortaban las láminas de la
revista *De Stijl,* a la que la Bauhaus estaba suscrita, de modo que Gropius tuvo que prohi-
birlo explícitamente. Entusiasmados con las ideas del De Stijl, los estudiantes pintaron el
techo y las paredes del Teatro Residenz de Weimar. Antes de comenzar el trabajo retiraron
todos los ornamentos e instalaron nuevos cuerpos luminosos. El más apasionado seguidor
de Doesburg era el estudiante de la Bauhaus Peter Röhl, que había anunciado en *De Stijl:*
«Los colores del teatro alumbran, y la manifestación de los colores deberá ser una bandera
para celebrar a su director, el pintor Theo van Doesburg. Unidad de intención, energía unifi-
cadora. El espíritu del nuevo mundo saluda a su nuevo dirigente y amigo»[38].

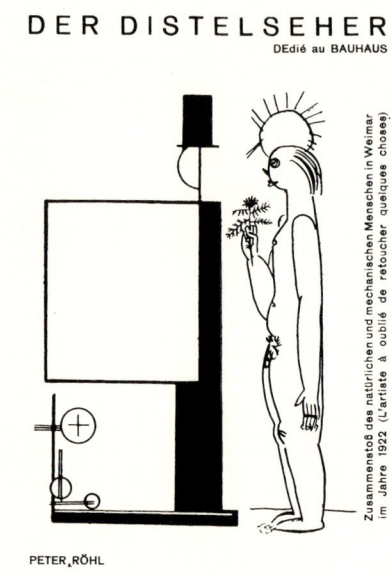

DER DISTELSEHER
DEdié au BAUHAUS

Zusammenstoß des natürlichen und mechanischen Menschen in Weimar im Jahre 1922 (L'artiste à oublié de retoucher quelques choses)

PETER RÖHL

◄ Karl Peter Röhl: *Der Distelseher* (El observador del cardo). Este dibujo «dedicado a la Bauhaus» fue publicado en 1922 en la revista *Mécano*. La persona construida está enfrente de una persona de verdad que sostiene un cardo en la mano: una ironización de las clases de Itten, cuyos alumnos tenían que dibujar cardos a menudo (ils. págs. 54 y 55). En el dibujo, el observador del cardo espera, en vano, alcanzar el conocimiento.

► Theo van Doesburg en el baile de disfraces de la Bauhaus del 4 de marzo de 1922. El sombrero de copa de Van Doesburg también está presente en la caricatura del observador del cardo.

También Marcel Breuer, el alumno más aventajado del taller de muebles, debió quedar fuertemente impresionado; entre 1921 y 1925 diseñó todos sus muebles conforme al De Stijl: el primer ejemplo representativo de este parentesco nos lo da la comparación entre su «silla de tableros» y la «silla roja y azul» de Gerrit Rietveld (ils. págs. 112 y 113). Solo a duras penas tiene uno presente que durante el curso de De Stijl todavía Itten daba clases en la Bauhaus. Werner Gräff, que asistía a clases de Itten y Doesburg, ha descrito el programa y la personalidad de ambos: «Mientras Itten buscaba, por medio de actividades cambiantes, descubrir y promocionar el talento individual (lo «impresivo», «expresivo», «constructivo»), Doesburg se interesaba exclusivamente por lo constructivo. Mientras para Itten cada persona prefería una escala de colores individual, Doesburg propagaba, junto con Mondrian, una escala de colores válida para todos: amarillo/rojo/azul + blanco/gris/negro; estos humildes medios, bien utilizados, podían hacer posible la más fuerte impresión. Mientras en clase de Itten se intentaba no solo reforzar en la caligrafía la impresión individual en conjunto, sino también acentuar el sentimiento ante cada palabra (escribir "Ira" mas recio y quebrado que "dulzura"), en clase de Doesburg, la caligrafía debía ser generalizada y fácil de leer, como requiere un medio de comunicación universal»[39].

«Doesburg era un duro adversario de las corrientes románticas. Le gustaba llevar un rígido sombrero negro y trajes cortados a la moda; Itten, por el contrario, era partidario de una secta mística y quimérica. Itten diseñó una especie de ropaje sacerdotal (il. pág. 47), con el que se paseaba por Weimar con tal desenvoltura, como Doesburg con su monóculo,

▲ El taller de Van Doesburg en Weimar, 1922. Aquí impartió clases particulares de De Stijl para los estudiantes de la Bauhaus. En la pared derecha cuelga el dibujo de ejecución definitivo para la *Große Pastorale* (Gran pastoral) (il. pág 117).

► **Paul Klee:** postal para la exposición de la Bauhaus de 1923. Klee incorpora lúdicamente las calculadas asimetrías de Van Doesburg en su obra titulada *Die erhabene Seite* (La página sublime).

►► *Große Pastorale* (Gran pastoral), vitral de dos piezas, 1921/22.

◄ **Herbert Bayer:** diseño para un kiosko de venta de periódicos, 1924. En sus diseños publicitarios para edificios, Herbert Bayer se acercaba en 1924 al moderno mundo publicitario. En sus anuncios desarrollaba una publicidad —en parte mediante el uso de fotografía, filmación, tono, luz y movimiento— para el espectáculo multimedia. En este kiosco emplea anuncios fotográficos y luminosos.

► **Herbert Bayer:** diseño de un pabellón de tabaco, 1924.

▼ **Herbert Bayer:** estación abierta de tranvía, 1924. Bayer diseñó una parada de tranvía mediante la disposición de coloridas superficies con el espíritu de De Stijl.

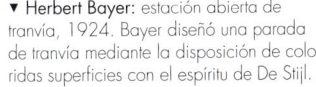

◄ Van Doesburg atacaba mordazmente a la Bauhaus con los medios del dadaísmo, pero al mismo tiempo resaltaba su influencia en la escuela. El «balance de la Bauhaus estatal», aparecido en *Mécano* en 1923, sentenció: «Cuadrado por fuera y Bidermeïer por dentro».

► En septiembre de 1922, Theo van Doesburg organizó el Congreso Internacional de Constructivistas y Dadaístas en Weimar. En esta foto aparecen los participantes del congreso en la escalera de leones del Museo Regional de Weimar (de izquierda a derecha). Fila superior: Max y Lotte Burchartz, Karl Peter Röhl, Hans Vogel, Lucia Moholy y László Moholy-Nagy, Alfréd Kemény; fila intermedia: Alexa Röhl, El Lissitzky, Nelly y Theo van Doesburg, Bernhard Sturtzkopf; fila inferior: Werner Graeff, Nini Smith, Harry Scheibe, Cornelis van Eesteren, Hans Richter, Tristan Tzara y Hans Arp.

su corbata blanca y su camisa negra para asombro (tanto uno como otro) de la población de Weimar. Eran los mayores antagonistas, quizá enemigos personales, pero les unía su inexorable rigidez y su inusual talento propagandístico y pedagógico»[40]. La importancia de Doesburg apenas puede ser sobrevalorada. Su estancia en Weimar entre 1921 y 1922 benefició, sin lugar a dudas, el proceso de desarrollo de la Bauhaus. Cuando, con motivo de la opresión política, Doesburg envió a la Bauhaus un escrito de solidaridad en 1923, resumió una vez más su crítica a la Bauhaus: la carencia de un «principio general».

Durante estos años, sin embargo, comenzaba a perfilarse un «principio general». Gropius buscaba en sus conferencias un «denominador común» en la arquitectura, en los talleres se tomaban como punto de partida formas y colores básicos. En parte coinciden las ideas de la Bauhaus con las de Doesburg, pero la crítica de este a la Bauhaus y las claras formas constructivas de los productos de De Stijl influyeron y aceleraron el viraje de la Bauhaus hacia un estilo nuevo. Al mismo tiempo, Gropius intentaba orientar los talleres hacia una nueva tendencia. Hasta entonces los alumnos habían practicado artesanía valiéndose de lo aprendido en el curso preparatorio, pero se echaban de menos tareas guiadas por la finalidad, pues el trabajo en la «construcción común» había sido solo la excepción. La Bauhaus tenía que «crear formas típicas, [...] que simbolicen el mundo», proclamaba Gropius en 1922. Poco después se dedicaba incansable a la propagación de un nuevo lema: «[...] Arte y técnica, una nueva unidad [...]» Con ello se alzaba el trabajo en la Bauhaus bajo una divisa completamente nueva, ya que en 1919 se trataba de: «Arte y artesanía: una nueva unidad».

¿Dónde estaban las causas de este profundo cambio? En la inmediata posguerra, la reflexión sobre la importancia de la artesanía había sido una necesidad económica para la empobrecida Alemania; pues la economía, debilitada por falta de mano de obra y por las reparaciones de guerra, necesitaba años para recuperarse. Gropius se había esforzado, desde el comienzo de su actividad directiva, en sacar adelante las Ligas de Artesanos turingesas, pero no había encontrado más que incomprensión. El temor a la competencia era grande. Las Ligas de Artesanos hubieran cerrado la Bauhaus de buena gana. Sin embargo, surgieron un buen número de contactos con la industria, aunque muchos se quedaran meramente en buenas intenciones.

Por otra parte, la idea de que la escuela debía ser productiva había sido desde el principio parte del concepto de Gropius. Este punto había de diferenciarla de otras escuelas. Ahora podían dedicarse una serie de alumnos, que durante dos años habían recibido una educación artística y artesana, a la fijación de este objetivo. A los más hábiles de estos alumnos, que ya se habían sometido al examen de oficial, se les ofrecía trabajo pagado.

La segunda circunstancia, igualmente importante para la orientación hacia productos típicos y ejemplares, era de naturaleza económica. Gropius se proponía, a largo plazo, lograr que la escuela fuera económicamente independiente del Estado, para lo cual convirtió los talleres en talleres productivos. Con ello se abrían posibilidades de ganar dinero para los estudiantes que ya habían terminado la formación, y que de otra forma habrían abandonado la escuela. A ello se unieron pronto imperativos políticos y financieros: el Gobierno

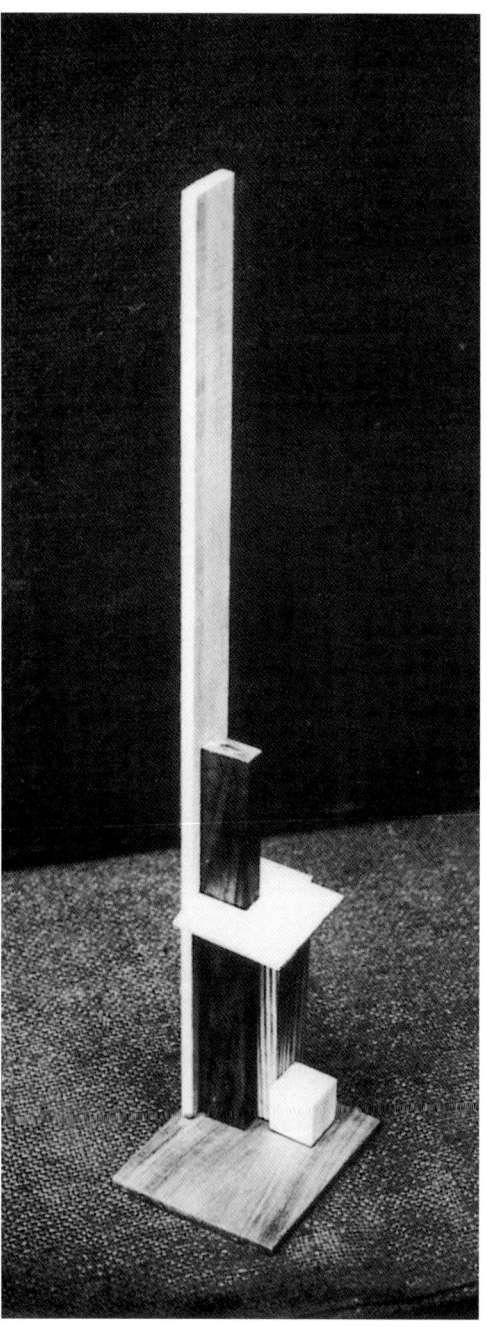

◄ Trabajo del curso preparatorio de László Moholy-Nagy, hacia 1923.

► Lucia Moholy fotografió en 1925 a su marido, vestido con el mono rojo que solía ponerse en la Bauhaus, y que correspondía a la idea de Moholy sobre el artista: el diseñador como técnico. De hecho, era un mono de pescador bretón.

▲ László Moholy-Nagy:
estructura *Z 1*, 1922/23.

▲ **Anni Wildberg:** estudio de equilibrio del curso preparatorio de Moholy-Nagy, 1924. Moholy-Nagy asumió el curso de Itten en 1923. Sus ejercicios sobre materiales se centraban en aspectos técnicos básicos como la estática, la dinámica y el equilibrio.

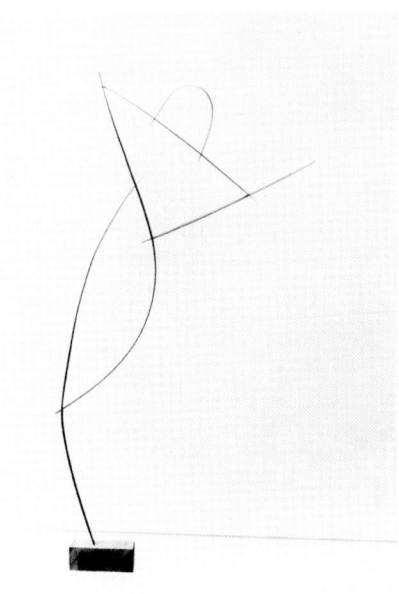

◄ Leo Grewenig: estudio de equilibrio del curso preparatorio de Moholy-Nagy, 1924.

► Horario del curso preparatorio en el semestre de verano de 1924. El plan registra el aprendizaje de taller con Albers y la clase de Moholy como la parte más amplia del curso preparatorio, mientras que los cursos de Klee y Kandinsky solo abarcan tres horas semanales cada uno. El curso preparatorio incluye también dibujo de desnudo, matemática y física, conferencias y —temporalmente— dibujo técnico como preliminar para la formación arquitectónica.

había concedido un crédito a la Bauhaus en junio de 1922 para transformar los talleres en productivos, con la condición de que la Bauhaus organizara una exposición en 1923. Esta fecha era para Gropius demasiado temprana, pero tenía que someterse a la voluntad política. Gropius quería reunir el material para la exposición en los comienzos de la fase productiva. Asimismo, a causa de la inflación, se hizo necesario un cambio en el trabajo desde el punto de vista económico, para asegurar de alguna forma la existencia de maestros, oficiales y aprendices.

Un primer intento de reforzar la base económica de la Bauhaus sin la subvención de Turingia habían sido los cartapacios de obras gráficas proyectados desde 1921. «Hemos decidido publicar los cartapacios al objeto de obtener más medios económicos de los que el Gobierno de Turingia puede dispensarnos»[41]. Desde 1922 Gropius se dedicó además al proyecto de una sociedad limitada que debía comercializar los productos de la Bauhaus. También esta sociedad colaboraría con la independencia económica de la Bauhaus.

Este cambio, por el que Gropius se afanaba desde hacía tiempo y que poco a poco comenzaba a convertirse en realidad, es de vital importancia en la historia de la Bauhaus. La Bauhaus se puso como meta crear formas adecuadas a la industria y a la época, algo que hasta entonces apenas había despertado interés. Hasta 1945 la palabra *diseño* no se generalizó con este sentido entre nosotros. Para todos aquellos que analizaban la «era de la máquina», pronto llegó a encarnar la palabra *Bauhaus* un polo opuesto a la actividad artesano-artística e industrial.

STUNDENPLAN FÜR VORLEHRE

VORMITTAG

	MONTAG	DIENSTAG	MITTWOCH	DONNERSTAG	FREITAG	SAMSTAG
8-9						
9-10	GESTALTUNGS-STUDIEN		WERKARBEIT			GESTALTUNGS STUDIEN
10-11			ALBERS			
11-12	MOHOLY					MOHOLY
12-1	REITHAUS	GESTALTUNGSLEHRE FORM·KLEE·AKTSAAL	REITHAUS		GESTALTUNGSLEHRE FARBE·KANDINSKY·	REITHAUS
2-3			½ ... WERKZEICHNEN GROPIUS·LANGE·MEYER RAUM 39			
3-4						
4-5	WISSENSCHAFTL. FÄCHER·MATH· PHYS·etc. AKTSAAL	ZEICHNEN KLEE RAUM 39	(Mittwoch am ½3 - 6 Uhr)		ANALYTISCH ZEICHNEN — KANDINSKY.R39	VERSCHIEDENE VORTRÄGE
5-6						
6-7						
7-8		ABENDAKT·KLEE OBLIGATORISCH FÜR VORKURS		ABENDAKT.		
8-9						

AN DEN GELB UMRANDETEN UNTERRICHTSSTUNDEN KÖNNEN ALLE GESELLEN UND LEHRLINGE TEILNEHMEN.

También en la propia escuela se hacía notar el espíritu de esta nueva consigna. Gerhard Marcks y Lyonel Feininger, artistas más bien conservadores en el seno de la Bauhaus, tenían reparos ante el cambio: «Que yo acepto este punto de vista (el de la "Bauhaus industrializada") solo en parte, ya lo sabes. Para mí son más importantes las personas que la fabricación de vajillas, y las personas se educan en la artesanía…»[42]. Feininger escribió a su mujer, Julia: «Esto es seguro: si nosotros no mostramos "hechos" al mundo externo y no nos ganamos a los "industriales"» entonces hay pocas posibilidades de que la Bauhaus sobreviva a largo plazo. La Bauhaus ha de orientarse hacia ganancias, explotación y reproducción. Y esto es adelantarse demasiado a nuestros intereses y al curso del desarrollo»[43]. Incólume ante tales reparos, Gropius favoreció como sucesor de Itten a un artista que apoyaba por entero su nueva tendencia y que pronto llegó a ser su más importante colaborador: el húngaro László Moholy-Nagy (il. pág. 123). El joven artista de 28 años vivía desde 1920 en Alemania y había ganado renombre con su primera exposición en la galería berlinesa Der Sturm.

Aunque el trabajo de Moholy consistía en dirigir el curso introductorio y el taller de metal, su entusiasmo y su dinamismo contagiaron a toda la Bauhaus. No tardó mucho en introducir en ella la más moderna maquinaria de impresión, lo que alteraría radicalmente la proyección externa de la imagen de la Bauhaus. En la escuela Moholy promovía el análisis detallado de las máquinas. «Moholy desea que los maestros artesanos sean más generales y vivos en su trabajo, y que las personas que abandonen los talleres dispongan de

▲ Paul Klee en su taller
en Weimar, 1925.

▶ **Paul Klee:** *Waldbeere* (Baya silvestre),
1921. Acuarela sobre papel.

un saber más amplio y un conocimiento más consciente de las máquinas»[44]. La crítica
le puso, más que a ningún otro maestro, entre dos fuegos: «Como un perro enérgico, fer-
viente, irrumpió Moholy en los círculos de la Bauhaus y huroneó con instinto infalible los
problemas no resueltos, unidos a la tradición, para hacerse cargo de ellos [...] No había
otro que pudiera entregarse a una tarea como él lo hacía»[45]. Klee, sin embargo, hablaba
de «espíritu formalista» y Hannes Meyer, más tarde director de la Bauhaus, le llamaba «el
pintor periodista».

Gropius aprovechó la circunstancia del cambio de personal para traer a discusión una
reforma completa del curso preparatorio. La enseñanza del dibujo, tan importante con Itten,
desapareció entonces casi por completo. Mientras que del curso preparatorio de Itten se
conservan cientos de dibujos, se cuentan con los dedos los del curso de Moholy. Este impartía una especie de instrucción elemental, en la que se construían objetos tridimensionales. Se
trata de ejercicios de equilibrio espacial con cristal, plexiglás, madera o metal en equilibrio
asimétrico (ils. págs. 122, 124-126).

Pero, a la larga, fue más importante e influyente el aprendizaje práctico, para el que
Gropius propuso a Josef Albers, que había sido profesor de primaria y, después, alumno
en la Bauhaus. Este aprendizaje debía preparar a los alumnos para el trabajo en el taller,
sin desempeñar la función de este. Los alumnos visitaban fábricas y talleres de artesanos,
aprendían a conocer herramientas sencillas y a trabajar materiales, primero por separado
y luego combinados. Albers recogió muchos puntos del curso de Itten, pero sancionados y

1927/92   Waldbeere

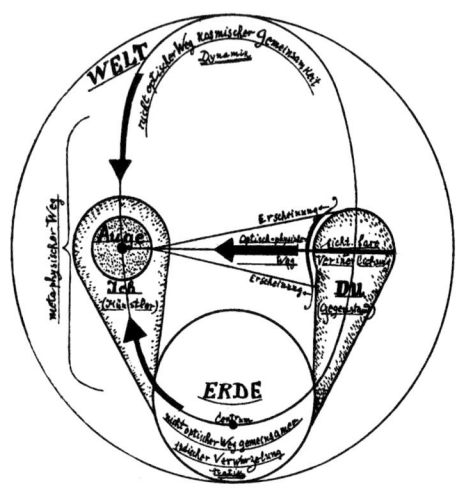

◄ Lámina de «Caminos del estudio de la naturaleza», del «legado pedagógico» de Paul Klee, PN 26, Man 45/88. En su ensayo «Caminos del estudio de la naturaleza» que Klee ilustró en 1923 con este esquema sobre la relación entre artista, objeto y mundo exterior, escribió: «Diferentes caminos confluyen en el ojo y traducidos en una forma a partir de su punto de encuentro, conducen a la síntesis entre el ver exterior y el mirar interior. A partir de este punto de encuentro se constituyen formas manuales que se alejan de la imagen óptica del objeto y que, sin embargo, no se oponen a él desde el punto de vista totalitario».

► **Franz Singer:** penetración de los colores amarillo y violeta. Acuarela de la clase de Klee, hacia 1922/23.

racionalizados. Cuando László Moholy-Nagy abandonó la Bauhaus en 1928, Albers tomó todo el curso preparatorio a su cargo, completándolo y sistematizándolo.

El aprendizaje preparatorio, que desde 1923 solo duraba medio año, se había prolongado ahora a un año. Al mismo tiempo se habían convertido las clases de Klee y Kandinsky, la enseñanza de la forma, en parte de la educación artística básica, que luego, a partir del segundo semestre, se ampliaría en el taller con el aprendizaje artesanal. El certificado de enseñanza se extendía en el segundo semestre. Las reformas, aquí brevemente expuestas, se llevaron a cabo en varias etapas. También ellas son testigo de que la Bauhaus no fue en toda su existencia un sistema rígido, sino que reaccionó siempre con flexibilidad ante nuevas experiencias y circunstancias.

Estas reformas y el nombramiento de Moholy marcan un nuevo corte en la historia de la Bauhaus.

Las clases de Paul Klee

Paul Klee había aceptado la oferta de dar clases en la Bauhaus, pero no tenía ninguna experiencia didáctica. Solo había visitado brevemente una Academia y había adquirido la gran mayoría de sus conocimientos de forma autodidacta. Pero ya en la época revolucionaria de Múnich se había interesado vivamente por los nuevos programas de las escuelas de arte.

Poco después Oskar Schlemmer, entonces portavoz de los estudiantes en Stuttgart, intentó en vano obtener un puesto en la Escuela Superior de esta ciudad.

131

3 FORMEN IN EINER FORM

59 LOGISCH / TEILKONSTRUKTIV
BERÜHREND

9 5.10. INEINANDER EINDRINGEND
VOLLKONSTRUKTIV

9 SICH NAHE STEHEND

Arndt

132

11 5.11 LOGISCH/ÜBEREINANDER

12
5.11

13
5.11

14
5.11

Arndt

◄◄ Gertrud Arndt: estudios de la clase
de Klee, 1923/24. En ellos se ejercitaba
la utilización más simple de las formas
geométricas, como el círculo y el cuadrado, y sus relaciones; estos ejercicios eran
parte del «tratamiento de los medios formales», centro de la clase de Klee. En la
hoja izquierda: «Tres formas en una forma,
lógica/parte constructiva/tangente, inter-
sección de formas/constructiva y cercana.
En la hoja derecha: lógica/superpuesta».

► Gertrud Arndt: ejercicios de la clase
de Klee, 1924. Izquierda: «Movimientos
libres dentro del círculo, unidos paralelamente y separados paralelamente».
Derecha: «Movimientos libres en forma
de rayo, de punto a punto dentro de tres
formas básicas».

Klee, sobre el que en 1921, casi al mismo tiempo, aparecieron tres monografías, era
todavía desconocido por el gran público, pero tenía buena reputación en los círculos van-
guardistas y acababa de abrirse paso en el mercado artístico.

En 1920 se le consideraba uno de los más relevantes artistas del expresionismo. A Klee,
que reflejaba en su arte el sentir de los tiempos, la necesidad de dar clases le brindaba la
oportunidad de cambiar la técnica, el estilo y el contenido de su arte, y al mismo tiempo
desarrollar una didáctica del arte que se ajustara a la clase de forma. Las clases tuvieron
lugar, en parte, al mismo tiempo que el curso del primer semestre, pero también más tarde.
Un semestre daba Klee la clase de desnudo y otro la daba Schlemmer, después de la marcha de Itten (ils. págs. 103-105).

Klee transformó el aprendizaje de la forma a principios del semestre de invierno de
1921/22 en un «aprendizaje pictórico de la forma»; escogió la pintura sobre madera, o
sea el campo bidimensional, como punto de partida. De sus clases impartidas hasta el 2 de
abril de 1922 nos dejó un diario escrito que nos permite hacernos una clara idea de las mismas. En el semestre de invierno de 1922/23 amplió su oferta didáctica con un aprendizaje
del color. En sus primeras clases, en las que tomaron parte unos 30 alumnos, analizó Klee,
sobre todo, sus propios cuadros. Uno de ellos era, como recuerda Marianne Heymann, la
acuarela *Baya silvestre*, entonces recién pintada (il. pág. 129).

Hasta entonces Klee había pintado sus acuarelas obedeciendo únicamente a su sensibilidad, ahora intentaba «elaborar la tonalidad […] estrictamente con dos colores […] Y el

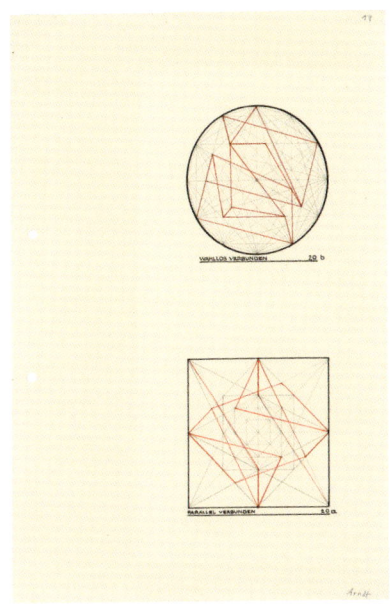

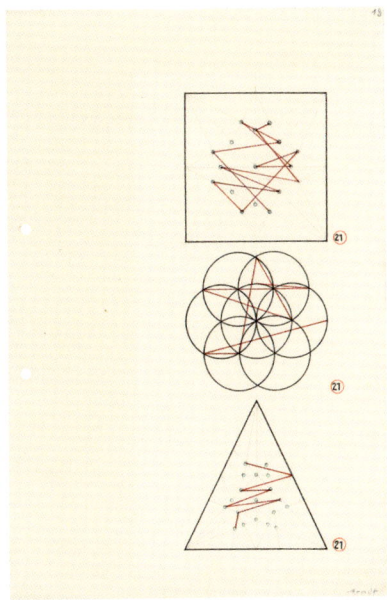

dibujo sigue con rigidez la forma pictórica»[46]. Y, ciertamente, la *Baya silvestre* ha surgido de dos colores del arcoíris: amarillo y violeta. El negro y el verde refuerzan el contraste.

Estas gradaciones de pares de colores, tal como Klee, mitad en broma, mitad en serio, varía en la *Baya silvestre,* fueron sistemáticamente realizadas por los alumnos después de que Klee las hubiera introducido en su clase de color.

El desarrollo de la clase de forma, transformada por Klee en un edificio teórico durante su estancia en Weimar, se ha documentado ya ampliamente. Con seguridad, al principio trabajó con préstamos de Itten y Kandinsky. Había asistido a las clases de Itten y conocía el escrito de Kandinsky *Sobre lo espiritual en el arte,* de 1912, que también había sido orientador para Itten. De modo similar a sus colegas, Klee iniciaba la clase con ejercicios sobre el tema de las formas básicas y más tarde seguía con el de los colores básicos (ils. págs. 132 y 133). Muchos de los ejercicios actuales proceden de estas formas básicas. Estas entrenaban el sentido de organización de superficies y abrían el camino a infinitas posibilidades de composición: mediante la proporción, el giro, la reflexión, etc., en combinación con tareas de la clase de color, se abrió un inagotable campo de trabajo.

Al igual que Itten y Grunow, Kandinsky y Schreyer, Klee anclaba sus premisas teóricas en un sistema cósmico unitario, del que hizo una representación gráfica en un ensayo sobre el estudio de la naturaleza. En él recomendaba una síntesis del estudio de la naturaleza y la intensiva observación de la materia. «El estudioso se acredita transformando, en la medida en que haya alcanzado un diálogo con los objetos naturales, sus diferentes experiencias en

◄ Carl Jakob Jucker: *Ausblick aus dem Fenster* (Vista desde la ventana), 1922. Aguafuerte. Este aguafuerte, inspirado por Paul Klee, muestra la denominada casa Preller, el edificio de viviendas y talleres de los residentes de la Bauhaus en Weimar.

► Andor Weininger: sin título, 1924. En su autorretrato, firmado como «Andy», el títere reproducido como máquina ilustra mediante hilos un ciclo mecánico. La calle Belvederer Allee sigue existiendo hoy en día, y la calle Kunstschulstraße, donde se hallan los edificios de la Bauhaus, se llama Geschwister-Scholl-Straße. La influencia de Klee y Schlemmer es evidente.

trabajo». A través de la naturaleza el hombre se adentra en la observación del universo y solo entonces es capaz de «dar forma a construcciones abstractas». Así resumía Klee *a posteriori* los polos de su carrera autodidacta y procuraba hacerlos fructíferos mediante tareas a la medida de los alumnos. Gertrud Arndt, por citar solo un caso, dibujaba de este modo caracoles, medias manzanas y también desnudos (il. pág. 104). Solo pocos trabajos de este tipo han llegado a nosotros; en la época de Dessau ya no se ponen como tarea, pues el dibujo de la naturaleza pasa a ser parte del curso preparatorio de Albers.

Aunque Klee, en su clase de aprendizaje pictórico de la forma, «reflexionaba sistemática y extensamente sobre las experiencias y conocimientos que había acumulado en su producción pictórica hasta 1922»[47], se incluyen aquí incontables modos de proceder, que los alumnos también debían analizar en otros cursos. La síntesis y el análisis eran dos de las partes fundamentales del aprendizaje artístico con Klee.

El propio Klee describía su clase de la siguiente forma: «Veo mi tarea aquí desde el principio, y a medida que pasa el tiempo la voy entendiendo mejor: la transmisión de mi experiencia traducida en formas ideales (pintando y dibujando), experiencia que gira en torno a la construcción de lo unitario partiendo de la multiplicidad. Transmito esta experiencia en parte mediante síntesis (es decir, muestro mis trabajos), en parte mediante análisis (o sea, descompongo los cuadros en sus partes esenciales)»[48]. Al mismo tiempo se esforzaba Klee en alejarse del «método de Itten, que apuntaba a una iniciación espontánea en la creación artística»[49], cuyo objetivo era «analizar a los viejos maestros».

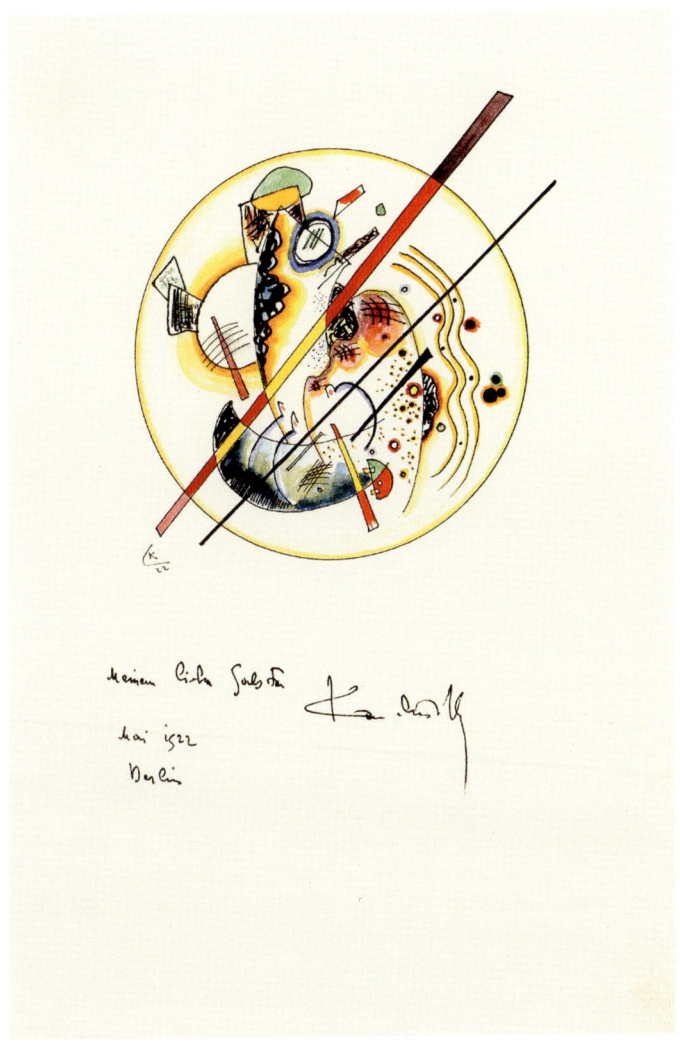

◄ **Hugo Erfurth:** Wassily Kandinsky, hacia 1921.

▲ **Wassily Kandinsky:** sin título, 1922. Kandinsky dedicó este dibujo al compositor Gottfried Galston: «A mi querido Galston/Mayo de 1922/Berlín». Al mes siguiente, Gropius le invitó a incorporarse a la Bauhaus.

► Gertrud Arndt: ejercicio sobre el efecto de las formas básicas en blanco y negro, de la clase de Wassily Kandinsky, 1924.

Las clases de Wassily Kandinsky

Wassily Kandinsky comenzó su trabajo a mediados de 1922 y tomó a su cargo, además del taller de pintura mural, que se encuadraba en el marco del ampliado curso de forma, una clase de morfología del color. Paralelamente a Klee, Kandinsky desarrolló sistemáticamente sus clases: también para él la síntesis y el análisis eran los puntos de partida del trabajo. Kandinsky relacionaba la síntesis con la idea de una gran obra que comprendía varias artes, mientras que Klee se limitaba en este punto al cuadro aislado. Kandinsky aspiraba a realizar esta síntesis en sus decorados teatrales.

Ya en 1912 se había ocupado, en su libro titulado *Sobre lo espiritual en el arte,* del carácter de determinados colores cuando presentan un determinado efecto. Entonces había comenzado a elaborar un resumen de sus meditaciones, procedentes también de otros campos científicos; la guerra y la revolución le impidieron terminar esta obra.

En Rusia, siendo miembro del Instituto de la Cultura Artística (INChUK) se habían rechazado después de la revolución sus propuestas de educación artística en base a que eran demasiado subjetivas y no se ceñían a objetivos sociales. Este rechazo fue una de las razones que impulsaron a Kandinsky a abandonar su tierra. En Berlín, donde eran conocidos sus escritos de antes de la guerra, supo del prestigio de la Bauhaus. Klee le conocía personalmente de los tiempos del Blauer Reiter (Jinete azul) en Múnich.

El aprendizaje del color había desempeñado un papel poco relevante en las clases de Itten. Así pues, el curso de color anunciado por Kandinsky como parte del curso de forma,

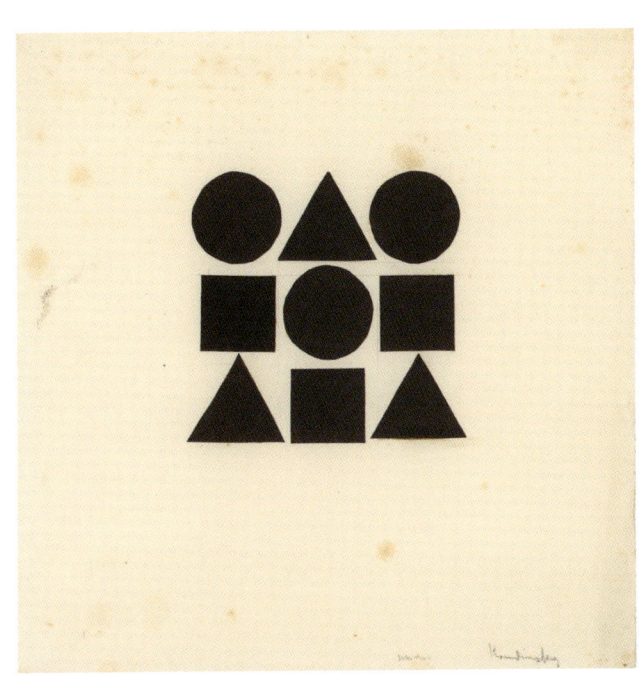

▲▲ Gertrud Arndt: ejercicio sobre
el efecto de las formas básicas en
los colores básicos, de la clase de
Wassily Kandinsky, 1924.

◄ ► Ludwig Hirschfeld-Mack: el mismo motivo sobre fondo blanco y negro, hacia 1922. Con este tipo de superficies de colores se demostraban los diversos efectos espaciales de los colores: un objeto oscuro parece más pequeño que uno claro del mismo tamaño.

►► Karl Hermann Haupt: dibujos de la clase de dibujo analítico de Kandinsky, 1923.

En el curso de dibujo analítico de Kandinsky, los alumnos debían dibujar naturalezas muertas, e ir simplificando las representaciones lineales en nuevas hojas a partir de las formas básicas. Kandinsky describió esta clase como una «educación para observar, para ver con exactitud» y «una representación clara de las relaciones».

venía a llenar un importante vacío. Su punto de partida eran los colores rojo-amarillo-azul y las formas círculo-triángulo-cuadrado. Al contrario que Paul Klee, Kandinsky se interesaba por el efecto del color. Algunos alumnos de la clase de pintura mural y su colaborador en el seminario de color, Ludwig Hirschfeld-Mack, iniciaron, en la primera fase de sus clases en la Bauhaus, una investigación sobre el tema: estudiaban el efecto espacial de blanco sobre negro y de negro sobre gris (ils. págs. 144 y 145). Partiendo de la cuestión de la esencia del color y de la relación entre forma y color, Kandinsky desarrolló una serie de ejercicios, que repetía una y otra vez. Otro punto de su clase era el llamado *dibujo analítico,* los alumnos tenían que copiar, en diferentes etapas, las líneas principales y la tensión compositiva de una naturaleza muerta (ils. págs. 146 y 147), hasta obtener la estructura de un cuadro abstracto coherente. Este proceder recuerda al análisis de viejos maestros de Itten. Pero Itten pretendía con ello educar intuitivamente lo interno de la persona; Kandinsky, por el contrario, introducir un análisis lógicamente construido.

Las indicaciones de Klee sobre dibujos de la naturaleza eran un intento de traducir su experiencia como autodidacta en material didáctico. El dibujo analítico de Kandinsky, que constituía la mayor parte de su clase en Weimar, ha de entenderse como una especie de sistematización de sus años de lucha (1910-1912) por la pintura abstracta. Kandinsky pretendía representar los objetos de tal forma que fueran solo «recuerdos» y evocaran asociaciones. La composición había de surtir efecto a través de elementos formales (color, orden en la superficie del cuadro), ya que Kandinsky asociaba a cada color y a cada forma un

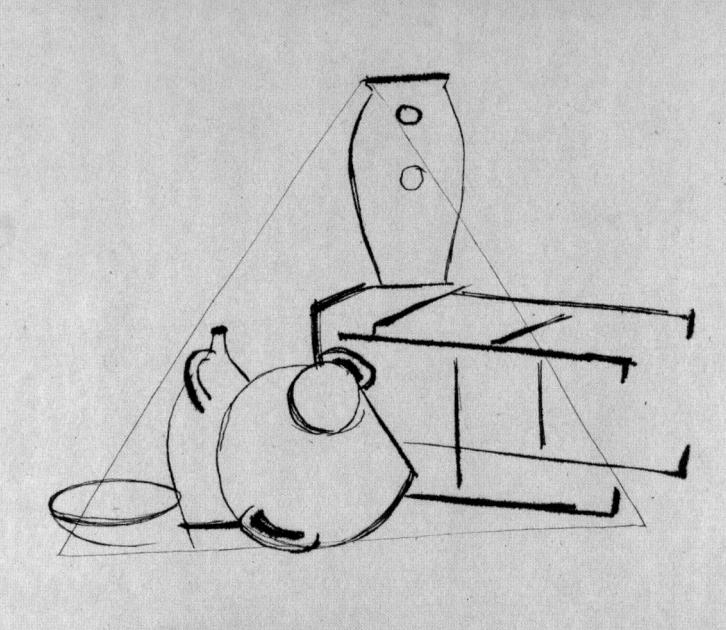

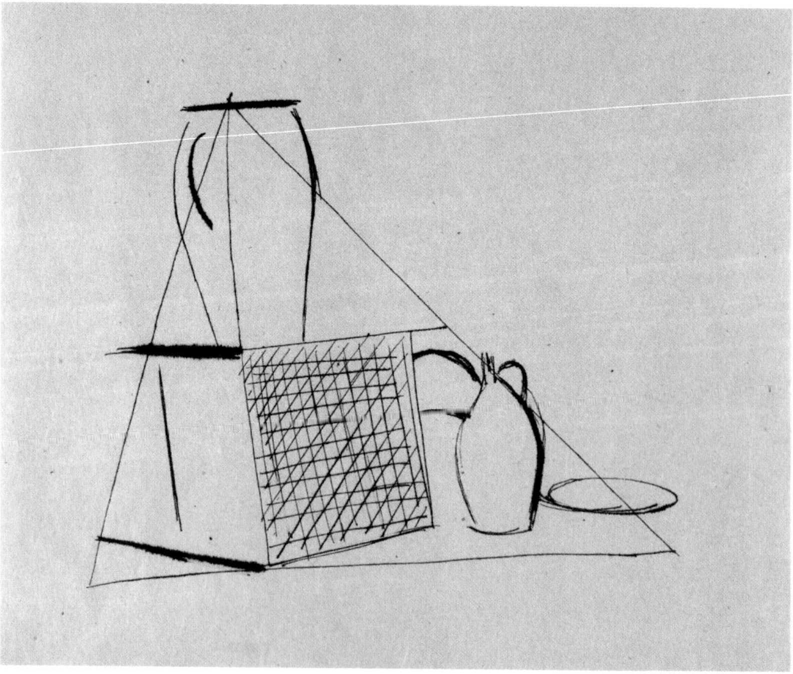

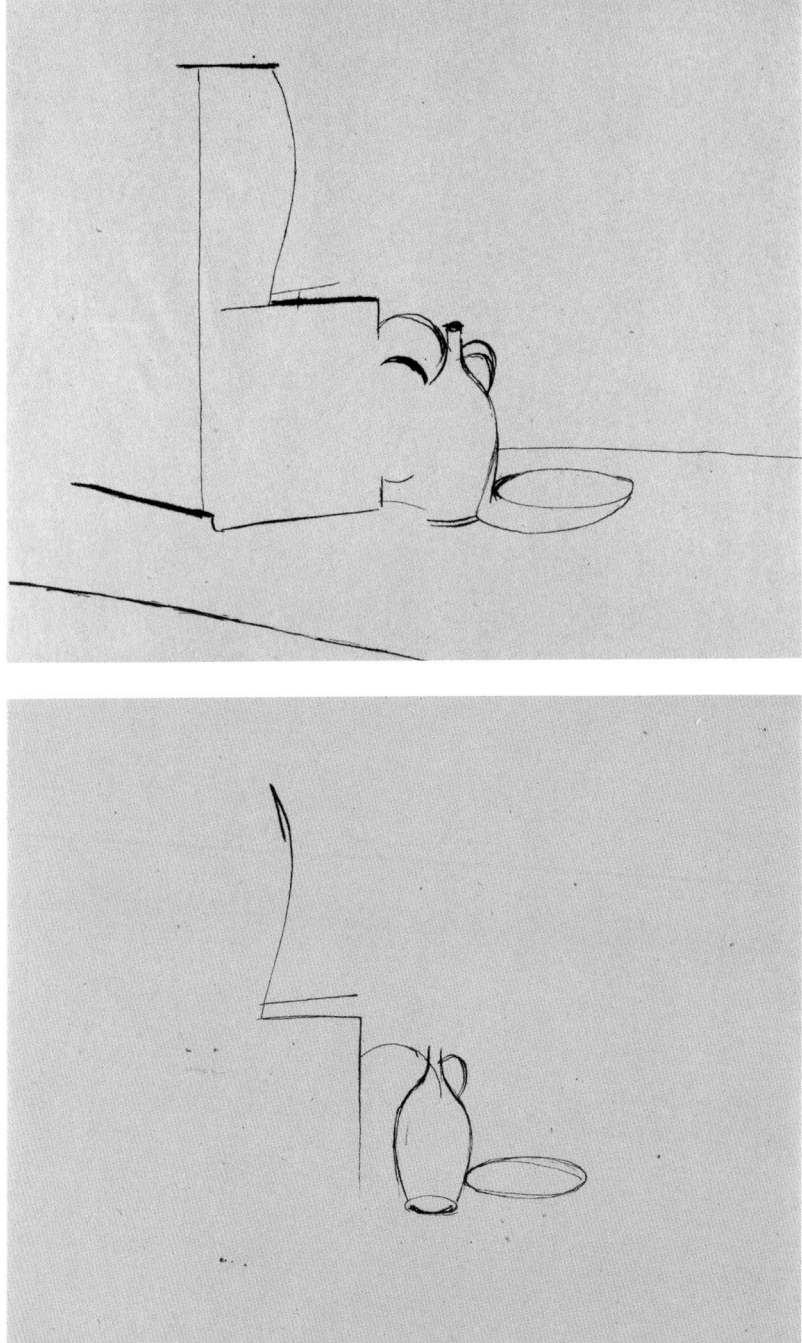

◄ Marguerite Friedlaender en Dornburg an der Saale, la sede del taller de cerámica, con los castillos de Dornburg al fondo, 1925.

▶ Taller de cerámica del maestro alfarero Max Krehan en Dornburg an der Saale, hacia 1924.

efecto determinado. El amarillo era para él un color típicamente terrestre, que le recordaba una trompeta soplada agudamente; el violeta era enfermizo y triste. En dibujo analítico, los alumnos repetían el camino, seguido por Kandinsky, del objeto a la composición. En el libro de la Bauhaus *Punto y línea sobre la superficie* publicó Kandinsky en 1926 su primer «Análisis de los elementos pictóricos».

El taller de cerámica

Gerhard Marcks pertenece, junto con Itten y Feininger, al primer trío de artistas que Gropius llamó a la Bauhaus. Es difícil saber qué unía entonces a Gropius y Marcks, pues Marcks se las daba de «nacionalista» y «folklorista», a menudo con tendencias antisemitas. El programa del Consejo del Arte y el primer programa de la Bauhaus contaron, en todo caso, con su aprobación: «En lo esencial, todos aspiramos a la unión de todas las artes en la cabaña de obras, al fundamento y a la educación artesanales. De todo lo demás, me abstengo[50]».

El encargo de Gropius de equipar un taller de cerámica e instruir alumnos chocó al principio con enormes dificultades organizativas y económicas. Los primeros intentos de organizar un aula de cerámica en Weimar resultaron fallidos.

En el curso de 1920 la Bauhaus entró en contacto con el maestro alfarero Max Krehan (il. pág. 149), un artesano de inusual resolución, que tenía un taller en Dornburg, a 30 km de Weimar, y que estaba dispuesto a colaborar con la Bauhaus. Cinco estudiantes se comprometieron a trabajar allí durante dos años.

▲ Marguerite Friedlaender:
jarra con engobe, 1922/23.

▶ Max Krehan (forma) y Gerhard Marcks
(¿decoración?): jarra de agua con motivos
de peces, 1921.

► **Otto Lindig:** jarra alta con tapa,1922. Lindig dejó atrás todos los modelos tradicionales de la alfarería hasta al menos 1922. La búsqueda de una forma nueva le llevó a la excéntrica combinación de cuerpos y formas básicas parecidos, como cono, cilindro, sección de esfera y círculo. La jarra se convierte en una escultura apenas adecuada para el uso práctico. Una jarra muy parecida fue realizada en el taller de metal (il. pág. 174).

Vivían en las caballerizas del palacio y podían cultivar una parcela de la huerta. «Las circunstancias externas de Dornburg son prometedoras; el carácter de internado se ajusta en general a la tendencia de la Bauhaus; el único peligro es que este taller se libere de la central, si no se toman las convenientes precauciones»[51], se lee en el informe del Consejo del 20 de septiembre de 1920.

Los estudiantes de Dornburg vivían a su aire: «[...] la arcilla se cogía en el bosque, como autorizaba la vieja licencia de alfareros, el horno alargado de Kassel se llenaba con objetos secados al aire. El horno se calentaba con maderos largos: 24 horas de precocido, 24 horas de cocido y, mientras, copitas y relatos interminables, allí los hermanos de Krehan eran maestros. Por supuesto, había que recoger troncos en el bosque, cortarlos a medida y partirlos. Aquello era la pura "naturaleza" más aún teniendo en cuenta que el abastecimiento de alimentos era de lo más escaso. Pero por difícil que el trabajo fuera, quedaba tiempo para dibujar desnudos y los sábados leer desde Goethe hasta Strindberg»[52] Aquí se podía seguir la división de trabajo y la cooperación entre maestro de forma y de taller con más claridad que en la mayoría de los talleres, dado que en estos se impartían por separado.

Los alumnos aprendían en el taller de Krehan los fundamentos artesanos del girar, esmaltar y cocer, y trabajaban también en los llamados «cocidos comerciales», que eran los que proporcionaban ganancias. Marcks, que ya había colaborado con empresas de cerámica, hacía experimentos con cuerpos de recipientes y enseñaba la historia de la cerámica.

◄ **Theodor Bogler:** modelo en yeso de una tetera combinable. Se pueden montar diferentes versiones de la tetera a partir de las mismas piezas individuales (abajo). Esta idea formaba parte de la teoría de diseño de Walter Gropius.

▲ **Theodor Bogler:** tetera combinable con excéntrica abertura y asa trasera, 1923.

De decisiva importancia para todos los talleres de Weimar fue la decisión de la «central» de transformar los talleres de aprendizaje en productivos.

En mayo de 1923 el taller de Krehan pasó a formar parte de la Bauhaus como taller productivo, y el taller del maestro Marcks fue dotado de una dirección técnica y económica especial.

La división de los talleres no acarreó roces. Pronto se dio un paso más: a comienzos de 1924 la alfarería de la Bauhaus pasó a estar bajo la dirección técnica del oficial Otto Lindig, mientras que el oficial Theodor Bogler, tras realizar un curso acelerado de contabilidad en la secretaría de la Bauhaus, se encargaba de la dirección comercial.

Gropius no tardó en plantearse la producción en serie de cerámica como la tarea más importante. El 5 de abril de 1923 escribía a Marcks: «Ayer estuve viendo muchos de vuestros nuevos recipientes. Casi todos son piezas únicas, y sería un error no buscar la manera de que el buen trabajo a ellas dedicado beneficie a más personas [...] Hemos de hallar el modo de multiplicar la producción con ayuda de máquinas»[53]. Marcks prevenía contra esta tendencia, que también determinaba la dirección de los otros talleres: «Debemos tener presente que la Bauhaus es un centro educativo [...] Para el logro de esta meta nos parece apropiada la explotación práctica. Sin embargo, la explotación no ha de ser jamás la meta. De lo contrario, la Bauhaus se convertirá en la fábrica número 101 de las 100 ya existentes»[54].

También el maestro Krehan estaba en contra de esta medida, pero los oficiales Bogier y Lindig se codeaban con éxito con la industria. Entre los primeros productos fabricados para

▲ Theodor Bogler (forma) y Gerhard Marcks (decoración): copa de pie con los retratos de Otto Lindig (izquierda) y Johannes Driesch (derecha), 1922.

▶ Theodor Bogler: cafetera de moca, 1923. Cuatro piezas sobrepuestas forman esta compacta cafetera, que incluye ideas para la producción industrial.

la industria se encuentran una serie de utensilios de cocina diseñados para la cocina de la casa modelo realizada por la Bauhaus en 1923 (il. pág. 231).

«La exposición de 1923, la presentación de los talleres de la Bauhaus en las ferias de Leipzig y Frankfurt, así como la participación en la exposición de la Liga de Talleres de Stuttgart, "La forma", en 1924, proporcionaron también a la cerámica una viva resonancia y una creciente demanda. Dado que la industria se mantenía a distancia, el taller se vio obligado a reaccionar ante la situación con una ampliación de la capacidad y métodos de producción más racionales. Por lo tanto, dominaron entonces los tipos de recipientes producidos en serie por Lindig y Bogler; el carácter serial de los recipientes así elaborados debía estar acentuado asimismo por la forma»[55]. La escasez de material, la falta de espacio y la carencia de un horno adecuado fueron algunas de las causas que llevaron a la disolución del taller en Dornburg. Cualquier intento por mejorar la situación fracasaba a causa de la situación financiera de la Bauhaus de Weimar, a la que el Estado quería reducir el presupuesto en un cincuenta por ciento, para así prepararle el camino hacia una muerte lenta.

Sin embargo, la Bauhaus de Dessau no iba a prescindir de buenas a primeras de un taller de cerámica. László Moholy-Nagy, el más entusiasta defensor de la industrialización, calificó tal ausencia en Dessau como «doblemente lamentable, pues el taller de cerámica es un constituyente esencial de la Bauhaus, y ha sido este taller el que ha ofrecido modelos excepcionales en todas partes reconocidos, y el que, al lado de la alfarería, también incluyó

► Taller textil en la Bauhaus de Weimar,
hacia 1923. Los telares eran propiedad
de Helene Börner, que ya había ense-
ñado en la Escuela de Artes y Oficios
de Van de Velde.

en los últimos tiempos cerámica noble (porcelana) en su programa». Esperamos «que la desarrollada industria cerámica de los ricos nos brinde medios para instalar de nuevo el taller de cerámica en la Bauhaus de Dessau»[56]. Estas esperanzas no se vieron, sin embargo, cumplidas.

El taller textil

Desde el principio el taller textil había sido el destino de las muchas mujeres que, especialmente durante los primeros años, acudieron a la Bauhaus. Dado que solo un pequeño número de ellas podía ser rechazado y dado que no podían acaparar la mitad de las pocas plazas disponibles, se instituyó una clase para mujeres. El Consejo de Maestros recurrió con ello a un arreglo que ya había sido moneda de cambio en muchas academias y escuelas de artes y oficios. En ellas y, durante largo tiempo, había sido esta solución la única posibilidad de ofrecer una educación a las mujeres. Esta se reducía al aprendizaje de las técnicas textiles, de la ornamentación o del dibujo decorativo.

Ya en el curso de 1920 se envió la clase de mujeres al taller textil. Allí también podían inscribirse hombres, pero eran excepción los que lo hacían. El primer plan de estudios impreso «para el aprendizaje práctico de las técnicas textiles» (julio de 1921), confeccionado por la profesora de labores Helene Börner, preveía, aparte de tejer y confeccionar alfombras de nudo, labores como bordado, bordado a máquina, ganchillo, costura y macramé. Tejer era solo una de las muchas técnicas textiles. Esta meta originaria se modificó bien pronto,

◄ **Georg Muche:** el pequeño alfabeto de formas del telar, 1922. Aguafuerte. Motivado por su cargo de director del taller textil, Muche representó los hilos en movimiento, formando infinidad de composiciones, en un «pequeño alfabeto formal».

◄◄◄ **Max Peiffer-Watenphul:** gobelino acanalado, hacia 1921. El pintor, que asistió a la Bauhaus de 1919 a 1921, tejió esta alfombra sin diseño previo en un solo día.

◄◄ **Benita Koch-Otte:** alfombra para una habitación infantil, 1923. La influencia de Klee es aquí evidente.

► **Lore Leudesdorff:** pequeño gobelino acanalado, 1923. Esta pieza del tamaño de un plato es, probablemente, una muestra de prueba.

aunque ninguna de las numerosas estudiantes dominaba la técnica de tejer. «Todo lo que tuviera que ver con técnica, las funciones del telar, las posibilidades de trenzado de los hilos, la clase de entrada del hilo, procurábamos aprenderlo por nuestra cuenta; eran demasiados acertijos para nosotras, pobres autodidactas, y corrían lágrimas de vez en cuando»[57]. La clase de textil se convirtió en una tejeduría. Oskar Schlemmer se burlaba: «Donde hay lana hay también una mujer que hila, aunque solo sea para pasar el tiempo». Y, en efecto, desde de la reforma del *jugendstil,* tejer era una actividad predominantemente desempeñada por mujeres. Hombres y mujeres veían las labores textiles como una actividad inherente a la mujer, arrastrando con ello una división sexista del trabajo que venía del siglo XIX.

Hoy en día vemos la actitud de Schlemmer como una arrogancia machista: en realidad, el hilado era la técnica textil más industrializada y de la que más partido podía sacar la Bauhaus. En octubre Georg Muche sustituyó a Itten como maestro de forma en el taller textil. Muche aconsejaba a las tejedoras en la decisión de qué diseños se llevarían a cabo, pero daba al taller gran libertad de movimientos. «Bajo la dirección de Georg Muche podíamos experimentar libremente. La decisión de hacer un tapiz o un cojín dependía exclusivamente del aprendiz.»[58]

El taller textil colaboraba especialmente con la carpintería. Las mujeres tapizaban muebles, pero también dejaron su huella en la decoración de la casa modelo Am Horn con numerosos tapices (il. pág. 230). Al igual que los demás talleres, el textil combinó su actividad educativa con la productividad comercial. Muche prestó especial interés a esta nueva

▲ Gunta Stölzl: diseño para un tapiz, 1923. Las rayas son uno de los motivos decorativos más sencillos. Aquí se truncan en bisel y se fragmentan siguiendo el espíritu del arte abstracto.

► Gunta Stölzl: tapiz/colcha, 1923.

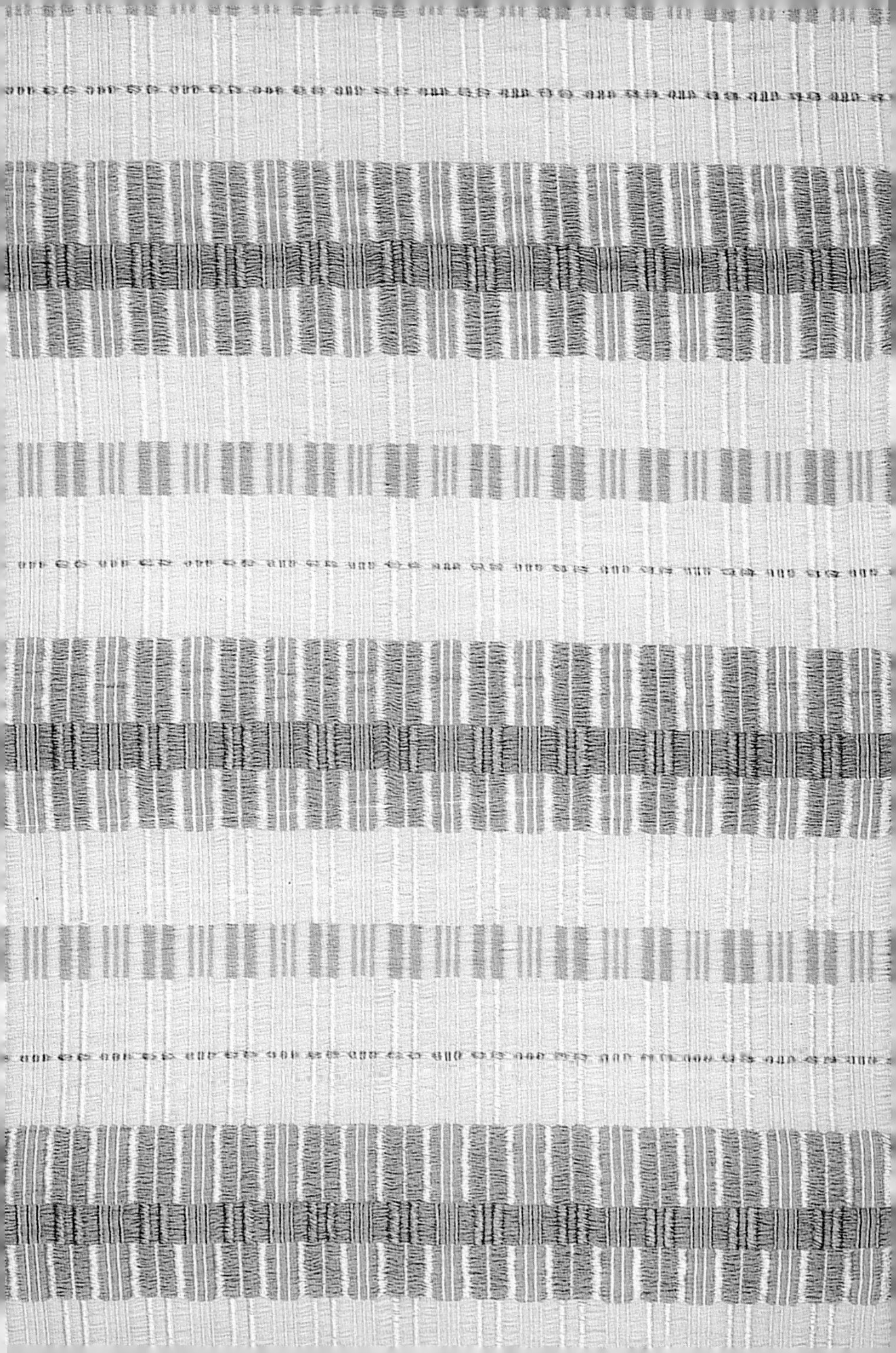

◄ **Gunta Stölzl:** colcha a franjas (detalle), 1923. Este trabajo se basa en la composición parcial de otro modelo (il. derecha). Aparte del contraste de los colores blanco y verde, Gunta Stölzl utilizó también en este trabajo el contraste de materiales entre lana (opaca) y rayón (brillante). La colcha fue realizada con diferentes variantes.

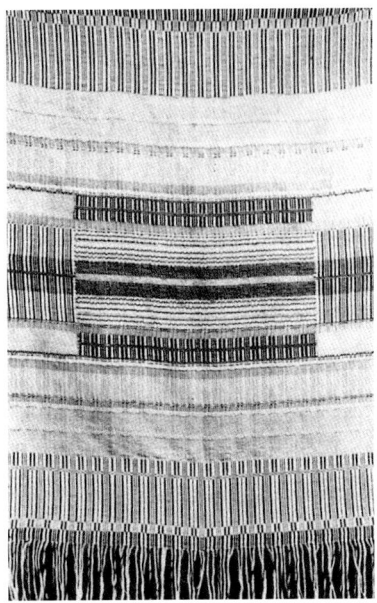

► Colcha en blanco-rojo-verde-gris de 1923, adornada con listas verticales en contrastes en claro-oscuro. La organización simétrica se interrumpe en el centro por medio de un grupo de listas horizontales. Esta colcha, hecha a mano, había sido pensada como modelo para la producción en serie.

faceta, y en octubre de 1923 presentó sus «Propuestas para la organización económica de la tejeduría». En marzo de 1924 ya se habían terminado los arreglos que permitían a los talleres ser productivos.

A menudo varias personas se ocupaban con trabajos de encargo. También Helene Börner hubiera querido trabajar con pedidos, siguiendo el ejemplo del taller de metal. Las visitas a exposiciones y ferias proveían siempre encargos adicionales. La carencia de materiales o de fuerzas de trabajo a veces dificultaban la producción. La sección comercial del taller textil se resentía de las mismas dificultades que el de cerámica.

Las estudiantes tenían que adquirir una parte de los conocimientos técnicos fuera de la Bauhaus. Dos de las que mostraron estar más capacitadas, Gunta Stölzl y Benita Koch-Otte, asistieron en marzo de 1922 a un curso de tinte en la Escuela de Teñido en Krefeld. Allí aprendieron a teñir con colores naturales, pero también con tintes químicos. Dos años más tarde asistieron al curso de fabricantes de la Escuela de Hilado de Seda en esa misma ciudad, donde aprendieron a hacer ligamentos y a trabajar con distintos materiales. Después difundieron estos conocimientos en la Bauhaus, con lo cual hicieron posible un aprendizaje en regla.

Pero la carencia de conocimientos básicos y sistema, así como el desconocimiento de tradiciones, tenía sus ventajas: las aprendizas buscaban a través del experimento nuevos caminos, y en la época de Weimar se hicieron innumerables trabajos de hilado y malla con patrones y formas completamente nuevos.

▲ Gertrud Arndt: diseño para alfombra de nudo, 1924. A su lado, las correspondientes muestras de lana.

▶ Walter Gropius: despacho del director en la Bauhaus de Weimar, 1924. Foto de Lucia Moholy coloreada a mano.

Los estimulantes decisivos para la novedad estilística llegaban de la clase de historia del arte. Hasta 1921 era la clase de Johannes Itten la que determinaba casi toda la producción textil. Las alumnas trabajaban con las formas básicas círculo, triángulo y cuadrado, y a menudo también con los colores elementales. En el curso preparatorio de Itten estudiaban «caracteres formales», como las formas básicas, y los traspasaban a sus trabajos de hilado o malla. Sencillos modelos listados podían escalonarse proporcionalmente, como se hacía en la clase de Itten o, a partir del invierno de 1921, también en la de Klee. Los tapices con representaciones historiadas, como los que hasta entonces eran norma —aún en el *jugendstil* experimentaron un florecimiento—, fueron sustituidos por formaciones constructivas (ils. págs. 166 y 167) al estilo de un nuevo arte abstracto. En este sentido, también las clases de Kandinsky y de Moholy influyeron en las tejedoras. Los tapices se componían entonces como cuadros abstractos.

Se llevaba una cuidadosa documentación de los trabajos: las piezas únicas más importantes se documentaban mediante fotografías y muchos trabajos de las alumnas eran com prados por la Bauhaus, que a su vez se reservaba el derecho de reproducción. Además, se llevaba un registro de los trabajos de hilado sobre los que la Bauhaus tenía los derechos: hasta el 1 de abril de 1925 se incluían 183 trabajos en la lista, entre colchas, cojines, manteles, chales, alfombras, tapices, gobelinos, caminos de mesa, tapetes para pianos, cojinetes para los pies, ropa de niño, tocas, telas de blusa, colchas de cuna, cintas y tiras de prueba.

► Naum Slutzky: puerta con manilla, 1921. Oskar Schlemmer se burló de la manilla afirmando que los dedos saldrían de aquí ensangrentados.

El taller de metal

El taller de metal, que no empezó a funcionar hasta 1920, estuvo bajo la dirección artística de Itten hasta finales de 1922, año en que este abandonó la dirección como protesta por la nueva política productiva de Gropius.

Durante el primer año, 1920, no hubo ningún maestro de taller; Alfred Kopka, que obtuviera este puesto en 1921, pronto fue despedido debido a su incompetencia. A comienzos de 1922 le sucedió el orfebre y platero Christian Dell. Bajo Itten se hicieron sobre todo recipientes útiles: jarras, samovares, candelabros, teteras, cajas y botes. Muchos recipientes parten del círculo o de la esfera, y algunos incluso fueron construidos según las reglas de la sección áurea. Otras piezas de metal tenían delicadas formas orgánicas que recuerdan las reliquias del *jugendstil*.

El estilo y las tareas cambiaron por completo cuando, en el semestre de invierno de 1923, László Moholy-Nagy relevó a Itten.

Moholy mantenía una posición abierta a nuevos materiales; entonces se experimentó, por ejemplo, con cristal y plexiglás, materiales que no tenían nada que ver con un taller de metal. Se compraban materiales en la industria. Moholy podía hacer que los estudiantes se entusiasmaran con combinaciones poco corrientes de metales, o con la utilización de metales hasta entonces innobles, por ejemplo alpaca, como sustituto barato de la plata.

El simple hecho de que a partir de 1923 se abordara el tema de las lámparas apuntaba a una nueva orientación del taller, pues las lámparas no tenían ninguna tradición en la

▲ Max Krajewski: portavasos para
té *MT 58*, 1924. Fotografía de
Lucia Moholy.

▶ Otto Rittweger y Wolfgang Tümpel:
colgador de coladores de té, 1924.
Alpaca.

orfebrería o platería. «En conformidad con Muche y Moholy se realizan trabajos de iluminación para la casa (Am Horn) [...] Las lámparas de pie han de ser, según Moholy, lo más
unitarias posible (cristal, metal)», se lee en los informes del taller. De esta época datan las
conocidas lámparas Bauhaus. Wilhelm Wagenfeld diseñó la forma definitiva de la lámpara
orientándose en trabajos previos de Carl Jakob Jucker. Ya en 1924 se ofrecía en las dos
variantes que hoy conocemos: con columna y pie bien de metal, o de cristal (ils. págs. 180
y 181). La empresa distribuidora de la Bauhaus tenía ambos modelos a la venta.

Wilhelm Wagefeld ha descrito una lámpara de 1924: «La lámpara de mesa —un tipo
para la producción mecánica— alcanzó la mayor simplicidad de forma y la mayor economía de material y tiempo. Un disco, un tubo cilíndrico y una pantalla esférica son sus principales componentes»[59]. Si bien es cierto que ya los objetos metálicos de la época de Itten
eran construidos usando elementos circulares y esféricos, su superficie martillenda puñía de
manifiesto el proceso artesanal de la producción. El procedimiento de trabajo del metal es
siempre visible, lo mismo que en las muchas jarras de Gyula Pap.

La lámpara Bauhaus, la tetera y la frutera de Albers renuncian a ese carácter artesano,
aunque también han sido trabajadas a mano. Los objetos, pues, adquieren exteriormente el
carácter de piezas hechas a máquina. La creadora de la hoy famosa tetera (il. pág. 177) fue
Marianne Brandt, quien, por su condición de mujer, tuvo al principio grandes dificultades
para ser aceptada en el taller de metal. Como en muchos de los diseños de la Bauhaus de
Weimar, Marianne Brandt parte en sus consideraciones estéticas de las formas básicas (en

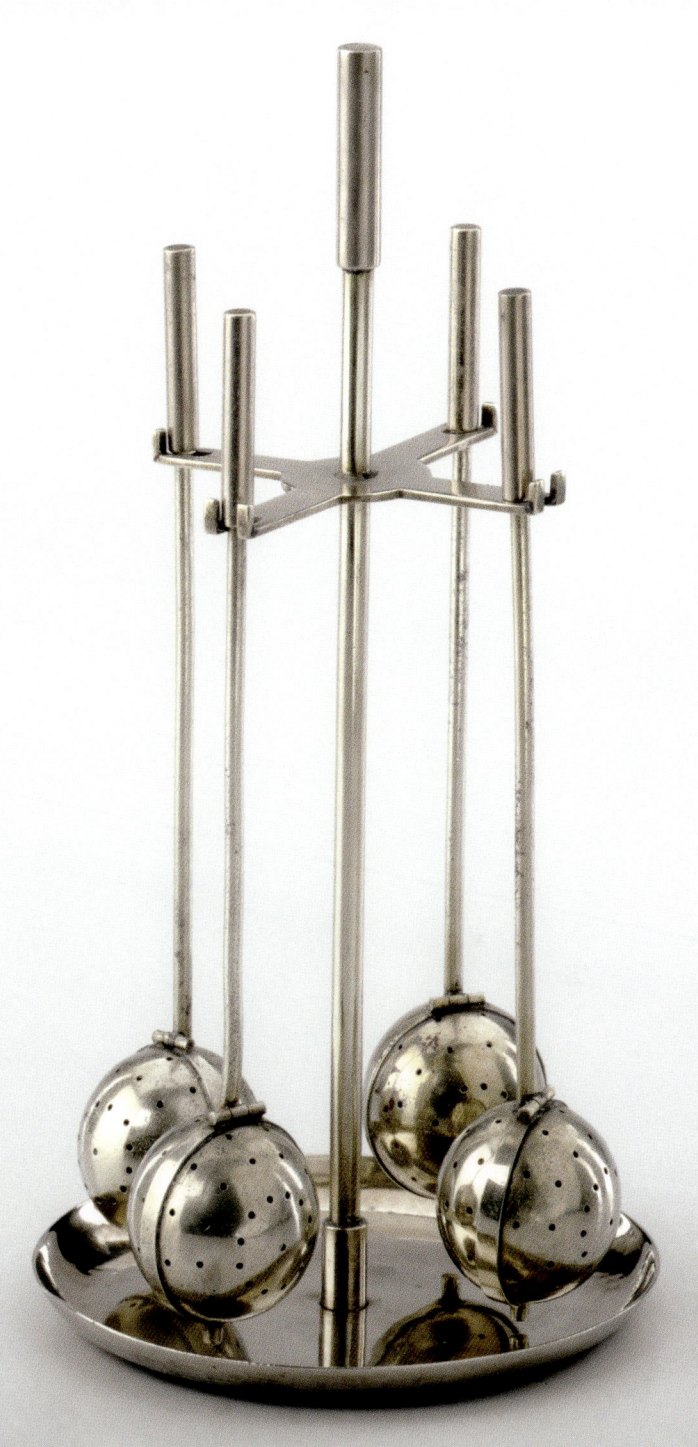

◄ Wolfgang Rössger y Friedrich Marby: jarra, 1924. Tumbaga y alpaca. En la combinación de esfera y cilindro, la jarra recuerda cerámicas del año 1922 (il. pág. 153). Al menos siete variantes de esta jarra —con cuello más bajo y asa y boquilla diferentes— se producían en 1924 para el mercado.

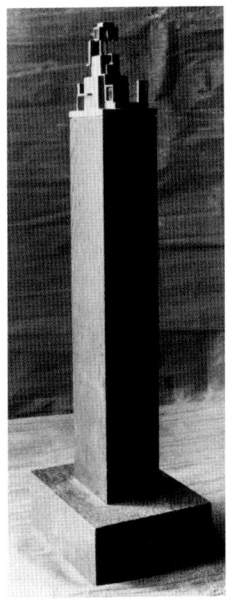

► Naum Slutzky: estudio de forma de un cubo, 1920/21.

este caso círculo, esfera y cilindro). Novedosa es también la combinación de diferentes metales. Hoy nos parece bastante caprichoso el comenzar una definición estética con las formas básicas. Pero, los procesos de producción mecánica eran aún poco conocidos y se creía que las formas elementales eran más fáciles de producir industrialmente. Las experiencias en la producción de objetos industriales y funcionales que pocos años antes habían hecho los artistas de la Liga de Talleres y del Movimiento de Talleres, no fueron de mucho provecho para la Bauhaus.

Las formas y colores elementales eran una especie de abecé sobre el que reinaba acuerdo unánime entre pintores, escultores, arquitectos y diseñadores, y en el que habían sido instruidos los alumnos en el curso de forma. Dominaba la creencia equivocada de que, partiendo de los elementos más simples, se podían crear tipos válidos: la silla, la jarra, la casa. Pero se descuidaban los intereses del mercado, que no tardan en etiquetar cualquier diseño como pasado de moda. Hasta la toma de posesión de Hannes Meyer como director en 1928 no se reconocieron las limitaciones de este tipo de clase de forma, que ayuda solo relativamente a solucionar problemas formales.

Con la misma naturalidad que se aceptaban las formas y colores básicos como punto de partida del diseño, los alumnos se cuestionaban la función. Había que producir la forma adecuada al uso, no estilo ni artesanía industrial. Formas que hacen justicia a su función podemos encontrarlas en los múltiples servicios del taller del metal: la tetera podía tener una forma totalmente distinta de la cafetera; la azucarera y la jarrita de leche no parecían

▲ **Marianne Brandt:** servicio de plata, 1924. Fotografía de Lucia Moholy.

▶ **Marianne Brandt:** tetera, 1924. Láminas de latón plateado y ébano por dentro. Marianne Brandt, partiendo de

cuerpos elementales, creaba objetos de perfecta armonía.

▶ **Marianne Brandt:** cenicero de latón parcialmente niquelado, 1924.

ser del mismo juego. «Puesto que cada pieza por separado es satisfactoria y no desentona con las demás, todas juntas determinan nuestro estilo. Las une la satisfactoria consumación de la función específica», aclaraba Marcel Breuer. Dado que la producción conjunta de la Bauhaus hasta 1927-1928 se orientaba en las formas y colores básicos, surgió algo así como un estilo Bauhaus.

A lo largo de 1924 se estableció la productividad en el taller de metal, a cuyo efecto se dividió el trabajo para la realización de encargos. En junio de 1924, a más tardar, se inició la racionalización de la productividad identificando los objetos, por ejemplo «MT8». Al menos 43 objetos estaban entonces listos para la producción en cadena, entre ellos teteras, bandejas, jarras, ceniceros (il. pág. 177), servicios de té y de café (il. pág. 176) y lámparas. Se trabajaba con vistas a las ferias y exposiciones, por ejemplo para la significativa exposición «La forma» en 1924, en la que la Liga de Talleres exhibía nuevos diseños.

En 1924 la Bauhaus toma parte, por primera vez con éxito, con los productos de los talleres, en la feria de Leipzig, la más relevante feria de artesanía de los años veinte.

El taller de muebles

Walter Gropius se hizo cargo en 1921, como maestro de forma, de la dirección del taller de muebles. Ya antes de la guerra había diseñado muebles para viviendas decoradas por él mismo. El taller de muebles fue uno de los primeros en desarrollar tipos. Importante prueba de ello es la silla de listones (il. pág. 113), hecha en 1922 por Marcel Breuer, uno de los

177

▸ **Carl Jakob Jucker:** lámpara de pared eléctrica extensible, 1923.

▾ **Carl Jakob Jucker:** lámparas de cristal y metal, 1923. El pie de vidrio y la base de la lámpara, por donde se conduce el cable, presentan ya principios de diseño que se desarrollaron poco después en la famosa lámpara Wagenfeld.

Entre los productos más conocidos de la Bauhaus se hallan las lámparas de metal y cristal (il. pág. 181). Herbert Bayer diseñó en 1925 el anuncio correspondiente (il. pág. 180) para el «Catálogo de muestras», en el que exponían los trabajos de la Bauhaus en venta. La lista de ventajas adjudicadas a la lámpara resulta hoy —teniendo en cuenta la refinada publicidad contemporánea— un poco ingenua; en el catálogo se debían describir objetivamente los elementos a la venta.

▸▸ **Carl Jakob Jucker y Wilhelm Wagenfeld:** lámpara de mesa, cristal, 1923/24. En esta lámpara se lee con claridad el programa de la Bauhaus de la época: acentuada utilización de materiales técnicos (metal y cristal), la transparencia de la función en cada componente (a través de la columna de cristal se ve subir el cable) y una forma estética basada en la armonía de cuerpos básicos simples. Wagenfeld fue enviado, con una serie de lámparas, a la feria de octubre de Leipzig en el año 1924; sobre esta visita informa Wagenfeld: «Comerciantes y fabricantes se burlaban de nuestros productos. Tenían aspecto de productos baratos realizados con máquinas, pero eran en realidad artesanía cara. Las objeciones eran correctas». Esta contradicción aclara tanto los logros como la problemática de 1923. Aunque los productos eran entendidos como formas industriales, se realizaban a mano en los talleres. La lámpara, sin embargo, marca el sendero de la moderna forma industrial.

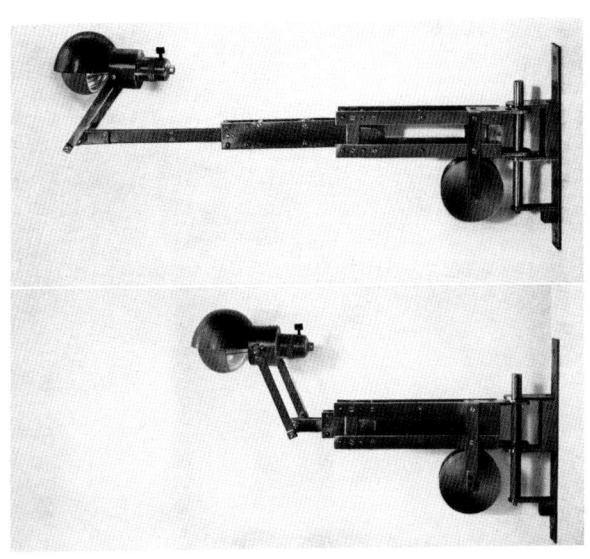

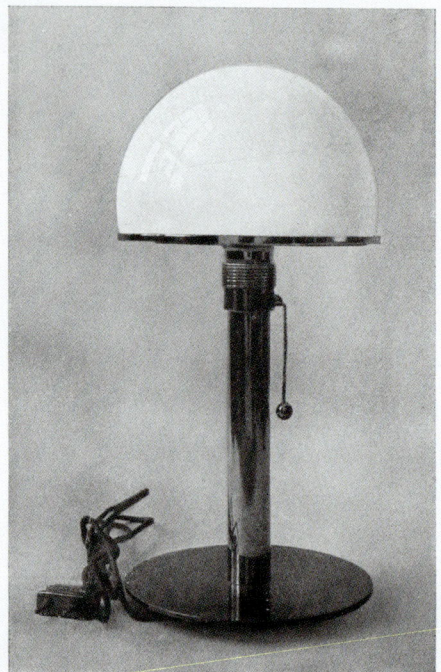

gesch.
Höhe ca. 35 cm
AUSFÜHRUNG

Messing vernickelt, Glasschirm, Zugfassung

ME
2

TISCHLAMPE AUS METALL

VORTEILE

1 beste Lichtzerstreuung (genau erprobt) mit Jenaer Schottglas
2 sehr stabil
3 einfachste, gefällige Form
4 praktisch für Schreibtisch, Nachttisch usw.
5 Glocke festgeschraubt, bleibt in jeder Lage unbeweglich

bauhausdruck bkgr
din a 4 11. 25. 1000

BAUHAUS-ARCHIV BERLIN
2005/42

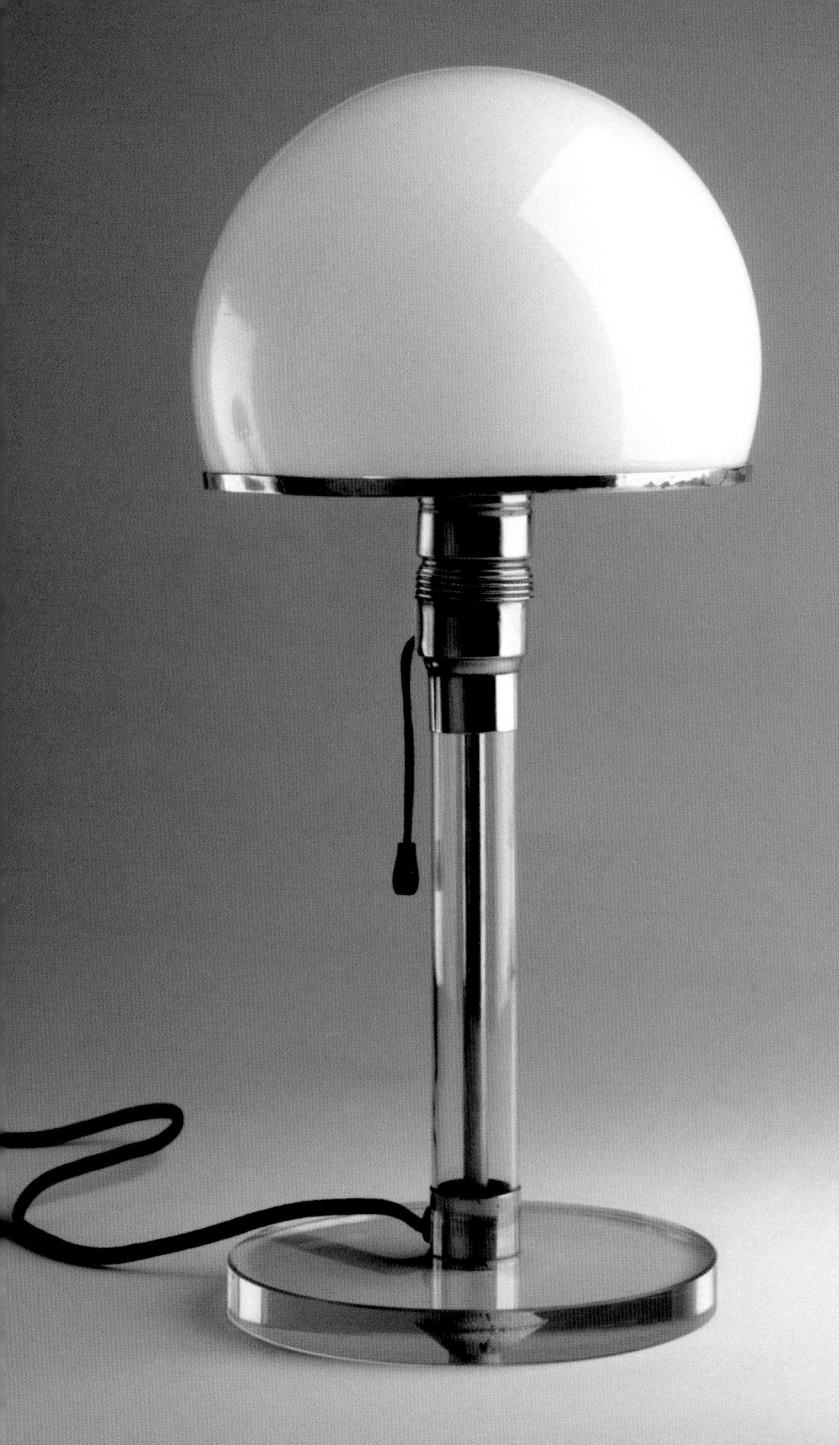

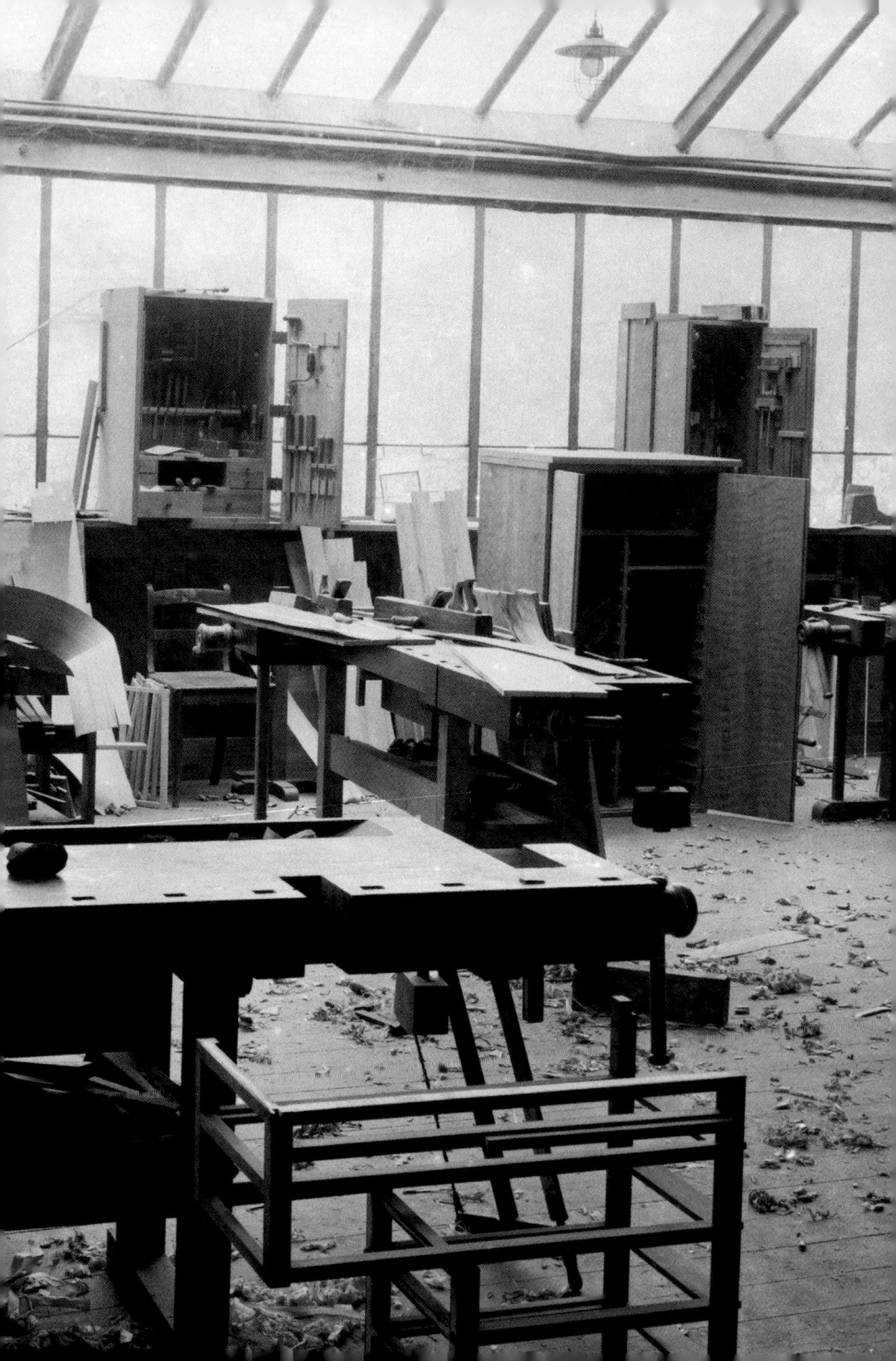

◄ Taller de carpintería de la Bauhaus en Weimar, 1923.

► Marcel Breuer y Gunta Stölzl: silla con coloridos asiento y respaldo entretejidos, 1921.

primeros oficiales del taller. La silla, que había sido pensada como tipo para la producción industrial, sería inimaginable sin la dominante influencia de los muebles que desde 1917 ejecutaba Gerrit Rietveld (il. pág. 112). El aspecto completamente nuevo y vistoso de los muebles de la Bauhaus siempre se describió como resultado del análisis funcional: tras haber estudiado en profundidad el acto de sentarse, se ha llegado a esta forma. «El punto de partida para la silla era el problema de estar cómodamente sentado, unido a la construcción más simple. Después se podían fijar las siguientes exigencias:

a) Asiento y respaldo elásticos, pero ningún acolchado, porque es pesado, caro y acumula polvo.

b) Posición inclinada del asiento, pues así se apoya el muslo en toda su longitud sin ser oprimido, como en el asiento horizontal.

c) Posición inclinada del tronco.

d) La columna vertebral ha de quedar libre, porque cualquier presión sobre la misma es incómoda e insana.

Esto se consiguió aplicando un respaldo elástico. Así, solo se apoyan, elásticamente, las caderas y los omóplatos, y la delicada columna vertebral queda completamente libre. Todo lo demás ha demostrado ser la solución más económica de estas exigencias. Las medidas para la construcción las ha dado el principio estático; las anchas dimensiones de la madera se han colocado contra la dirección de tiro de la tela y contra la dirección de la presión del cuerpo sentado»[60].

▲ Marcel Breuer: silla y mesa lacadas en color, 1923.

El color debía diferenciar las funciones. El colorido blanco y gris se utilizó en varios muebles de este periodo.

► Marcel Breuer combinó madera con ligero contrachapado en su silla de 1924.

A partir de 1924 las innovaciones en todos los muebles importantes se justificaban con análisis funcionales de este tipo. Wilhelm Wagenfeld explicaba de forma parecida por qué las diversas piezas de un servicio tenían formas distintas.

La total renuncia a un justificante artístico de la forma corresponde a la ideología de la Bauhaus de esta época, de acuerdo con la cual el arte debía ceder en favor de la artesanía y la técnica. Se quería suprimir del vocabulario la palabra *arte*.

Un crítico de la Bauhaus escribía en aquellos años al respecto: «También la silla Bauhaus es una creación artística, y es superfluo si su forma es debida a razones técnicas o no. Esa es su forma porque el artista así lo ha querido»[61]. Muchos muebles eran pintados con tonos claros, que debían acentuar el carácter constructivo. Al igual que en los demás talleres, a partir de noviembre de 1923 el trabajo se concentró en la producción. No hay noticias en los informes del taller sobre escasez de personal o material, como era el caso en muchas otras actas.

Los talleres de pintura en vidrio y pintura mural

Gropius había anunciado en el manifiesto de la Bauhaus un taller de «pintura decorativa y en vidrio, mosaico y esmalte». De hecho, se instalaron un taller de pintura en vidrio y uno de pintura mural, pero el de pintura en vidrio se convirtió en 1924 en parte del taller de pintura mural, siendo desde entonces dependiente de este. La causa fue probablemente la escasa productividad del taller.

▲ **Marcel Breuer:** sillas y mesa infantiles, hacia 1923. En la imagen, una silla de listones (il. pág. 113) y la alfombra para habitación infantil de Benita Koch-Otte (il. pág. 161).

▶ Cambiador de Alma Buscher, 1924, de una hoja publicitaria del «Catálogo de muestras». Alma Buscher se dedicó intensamente a los muebles infantiles y juguetes (ils. págs. 204, 206 y 207).

▼ Ernst Gebhardt:
catres de descanso infantiles, 1923.

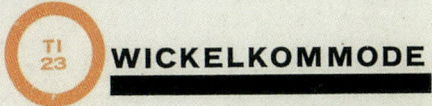

gesch.
Platte 120 X 65 cm
<u>**AUSFÜHRUNG**</u>

weiß und hellgrau lackiert
mit Fächern für Kinderwäsche
Salbenkasten rechts und links von der Platte
mit einschiebbarem Schemel für ein Waschbecken

**TI
23**

WICKELKOMMODE

Jnr.-Nr.
PC 4716   BAUHAUS-ARCHIV

▲ **Erich Dieckmann:** mobiliario para el comedor de la casa Am Horn, 1923.

▶ Los muebles para esta habitación femenina (1923) de la casa Am Horn fueron diseñados por Marcel Breuer en formas constructivistas. Para estructurarlos usó madera clara de limonero en contraste con nogal oscuro. El tocador fue la pieza del examen de oficial de Breuer.

▲ Taller de pintura en vidrio en la Bauhaus de Weimar, 1923.

► **Josef Albers:** cuadro de vidrio, sin título, hacia 1921.

Paul Klee se hizo cargo por un tiempo de la dirección artística, pero apenas actuó como tal. Los resultados más importantes y bellos del taller se deben a Josef Albers, quien tomó a su cargo, en el semestre de verano de 1923, la dirección técnica de este taller, y además impartió las clases de taller. Sus primeros cuadros de vidri o, realizados aprovechando restos (ils. págs. 191 y 193), delatan la influencia de Itten y Klee.

Para las casas Sommerfeld y Otte, construidas por Gropius en Berlín, compuso dos imponentes ventanales, hoy destruidos. Josef Albers —quien debía sentirse fascinado con el vidrio— desarrolló, independientemente del taller de metal, un frutero, para el que combinó vidrio, metal y madera, y poco más tarde las modernas tazas de cristal con asas de metal, que también fueron producidas industrialmente. Posteriormente desarrolló una técnica para la producción en serie de cuadros de vidrio.

Oskar Schlemmer fue maestro de forma del taller de pintura mural al principio y, a partir de 1922, lo fue Kandinsky. La razón del cambio es que aquel tomó el mando del taller de teatro en 1923. Por breve tiempo fue maestro de taller el hermano de Schlemmer, Carl (llamado Casca = Carl Schlemmer de Cannstatt), que destacaba por su habilidad técnica y artesana, y que durante toda su vida fue un importante ayudante de su hermano. Pero en 1922 se había enemistado con Gropius y fue expulsado. Le sucedió el maestro artesano Heinrich Beberniss. Hoy podemos distinguir tres puntos principales en el trabajo de este taller.

1. Realización de encargos para otros talleres de la Bauhaus. El juguete realizado en el taller de tallado, que con el tiempo llegaría a ser uno de los productos de mayor

▲ Josef Albers: vitral en la antesala
del despacho del director en la Bauhaus
de Weimar, 1922.

▲ Josef Albers:
reja decorativa, 1921.

◄ Herbert Bayer: mural en la pequeña caja de la escalera de la Bauhaus
de Weimar, 1923. Fotografía de
Lucia Moholy.

► Herbert Bayer: diseño para la decoración de la caja de la escalera en
el edificio Bauhaus de Weimar, 1923.
Herbert Bayer llevó a cabo este diseño,
una aplicación de la teoría forma-color
de Kandinsky, con motivo de la exposición de 1923. Un círculo azul decora
la planta baja; un cuadrado rojo, el
primer piso y el amarillo, el color más
tenue, el segundo piso.

venta de la Bauhaus, había sido pintado por los aprendices del taller de pintura mural.
No obstante, también podía tratarse de cantidades importantes de trabajo. En abril de
1924 se pintaron 1000 peonzas, 30 barquitos, 15 barcos grandes y 40 juegos de bolas
(ils. págs. 204-207). También a los muebles de la carpintería se les aplicaba allí el color
(ils. págs. 184-187).

2. Trabajos sencillos de pintado o planificación de color para edificios. Tras unos intentos
con colores fuertes, «expresionistas», como los que había propagado Bruno Taut, empe-
zaron a desarrollarse planes de pintado con colores pálidos, con tonalidades pastosas.
Estos pintados se orientaban según la arquitectura y siempre estaban a su servicio. Un
expresivo ejemplo es el colorido de la pared y el techo de la oficina directiva de Gropius
(il. pág. 169), que fue pintada entonces. De muchos otros pintados solo han llegado a nosotros las planificaciones.

3. Configuración libre de paredes. Especialmente con motivo de la exposición celebrada
en 1923 los estudiantes tuvieron la oportunidad de realizar sus propios proyectos, pues
escaleras, pasillos y todos los espacios de un edificio debían ser configurados en la línea de
la Bauhaus.

Del mismo modo que en la sección de teatro no se ensayaban piezas tradicionales y en
el taller textil no se hacían tapices historiados, tampoco se interesaban los pintores murales
por representaciones figurativas. Herbert Bayer pintó una escalera de servicio de tres pisos
con variaciones de triángulo amarillo, cuadrado rojo y círculo azul (ils. págs. 194 y 195);

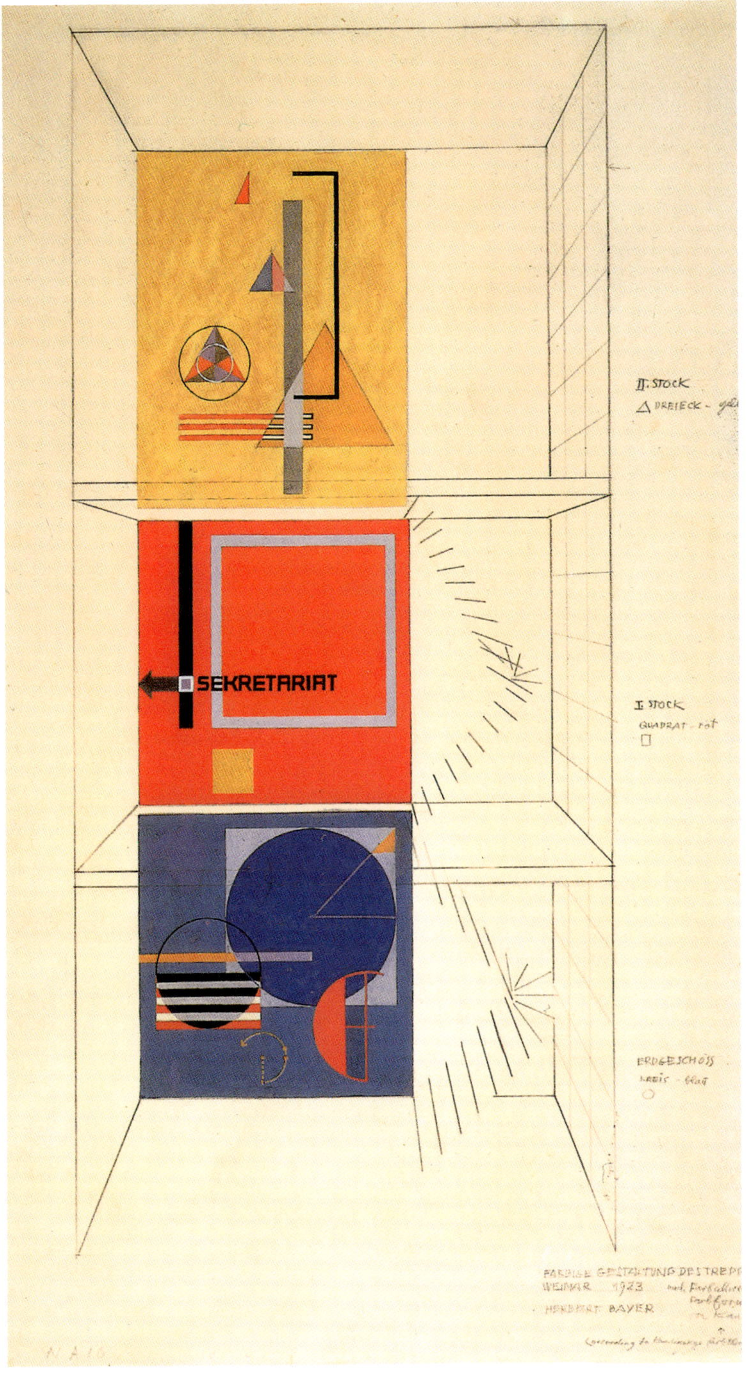

SEKRETARIAT

II. STOCK
△ DREIECK - gelb

I. STOCK
QUADRAT - rot
□

ERDGESCHOSS
KREIS - blau
○

FARBIGE GESTALTUNG DES TREPPE
WEIMAR 1923
HERBERT BAYER

N A 16

▲ Oskar Schlemmer: diseño de la
pared en la zona de entrada del recinto de talleres de la Bauhaus, 1923.

▶ El maestro Josef Hartwig y sus
aprendices realizan los elementos
tipo relieve en la entrada al recinto
de talleres de la Bauhaus, 1923.

otros dos alumnos diseñaron un pasaje con un sistema de colores conductor, y un tercer
grupo encajó incluso un radiador en su pintura mural. Solo Schlemmer conservaba el tema
«humano» en sus murales.

También él participaba con sus murales en la transformación de las habitaciones *jugendstil*
en la línea de la Bauhaus. Schlemmer se decidió por las alas del taller, en las que combinó
pintura y escultura, para realizar sus «relieves de revoque pintados» (ils. págs. 196 y 197).
Estos fueron ejecutados por el maestro de taller Josef Hartwig y algunos alumnos. En cuanto
al contenido, Schlemmer jugaba con los contrastes levantado-acostado, masculino-feme-
nino, persona-arquitectura.

En abril de 1924 Kandinsky presentó un plan de trabajo para el taller de pintura mural,
que abarcaba una gran variedad de ejercicios prácticos y teóricos.

En el centro de su interés estaba la relación entre forma y color, que él pretendía estudiar sistemáticamente. Un primer impulso en esta dirección fue la encuesta repartida por
Kandinsky en 1923, en la que cada alumno debía indicar qué forma básica se relacionaba
con qué color (Ils. págs. 198 y 199). La mayoría se decidió por el orden triángulo-amarillo,
círculo-azul, cuadrado-rojo. Aunque profusamente discutida, esta relación se impuso hasta
nuestros días como «válida».

En la Bauhaus ya era habitual antes de la encuesta. Al igual que los talleres de escultura
y de talla, el de pintura mural no podía hacer efectiva la división necesaria entre taller de
aprendizaje y taller productivo.

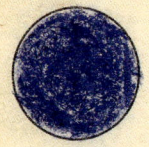

Specialität (Beruf): *Lehrer*

Geschlecht: *mannl*

Nationalität: *Deutscher*

Die Werkstatt für Wandmalerei im Staatlichen Bauhaus Weimar bittet zu experimentellen Zwecken der Werkstatt um Beantwortung der folgenden Fragen.

1. Die 3 aufgezeichneten Formen mit 3 Farben auszufüllen – gelb, rot u. blau und zwar so, daß eine Form von einer Farbe vollständig ausgefüllt wird:

2. Wenn möglich eine Begründung dieser Verteilung zu geben.

———

Begründung: *Das Blau des Kreises: für monische Geschlossenheit, inbrünstige Versenkung. Das Gelb des Dreiecks: Wunsch, wie eine nach oben lodernde Flamme.*

Rot des Quadrats: stehend, bewußt vernünftige Phalanx zur Abwehr bereit.

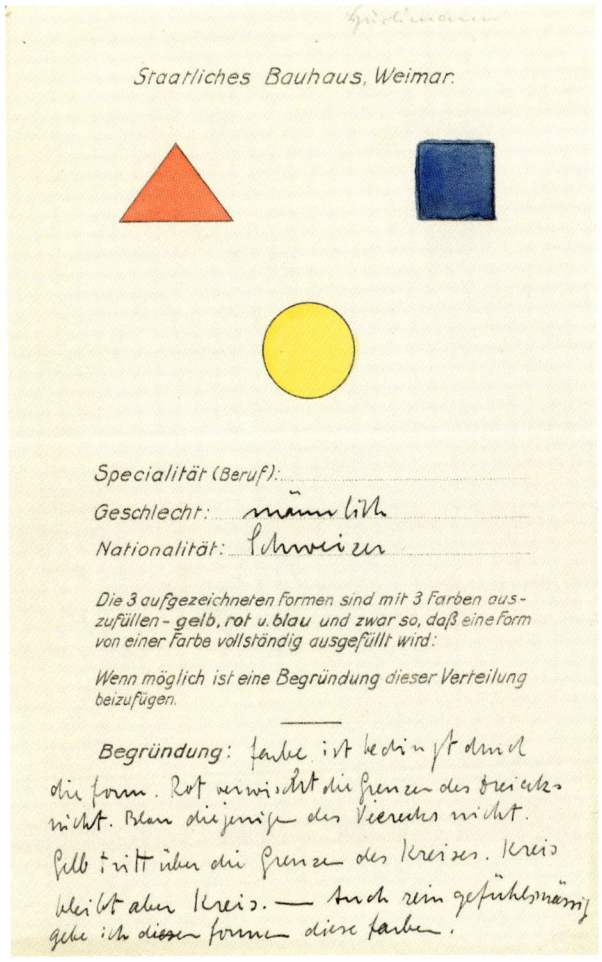

Staatliches Bauhaus, Weimar.

Specialität (Beruf):

Geschlecht: *männlich*

Nationalität: *Schweizer*

Die 3 aufgezeichneten Formen sind mit 3 Farben auszufüllen - gelb, rot u. blau und zwar so, daß eine Form
von einer Farbe vollständig ausgefüllt wird:

Wenn möglich ist eine Begründung dieser Verteilung
beizufügen.

Begründung: *farbe ist bedingt durch
die form. Rot verwischt die grenzen des Dreiecks
nicht. Blau diejenige des Viereckes nicht.
Gelb tritt über die grenzen des Kreises. Kreis
bleibt aber Kreis. — Auch rein gefühlsmässig
gebe ich diesen formen diese farben.*

◄ **Wassily Kandinsky:** encuesta del taller de pintura mural, rellenado por Alfred Arndt, 1923. Numerosos alumnos de la Bauhaus rellenaron este formulario, cuya finalidad era fundar científicamente la correspondencia que Kandinsky establecía entre formas y colores básicos.

▲ Encuesta del taller de pintura mural, rellenado por el suizo Heinrich Otto Hürlimann. En otoño de 1931, Gunta Stölzl fundó, junto con él y Gertrud Preiswerk, un taller de tejidos artesanales en Zúrich.

▲ Taller de escultura, 1923.

► Otto Werner:
escultura arquitectónica, 1922.

Los talleres de escultura y talla

La organización de estos dos talleres estaba en consonancia con la tradicional costumbre académica. Al frente de ambos estaba el maestro artesano Josef Hartwig, que también diseñaba.

De 1922 a 1925, el maestro de forma de ambos talleres fue Schlemmer. Ya en 1922 escribió una especie de informe crítico sobre la situación de los talleres. Schlemmer apenas veía posibilidades de trabajo en relación con la idea Bauhaus. No podían realizar arte libre «porque nos lo impide nuestra conciencia. Lo malo es que faltan las grandes empresas». Quizás sea la exposición la oportunidad ¡pero solo quizás!»[62]. Y, de hecho, no hubo en los años siguientes encargos importantes ni los miembros de los talleres desarrollaron una perspectiva oportuna. El balance de ambos talleres arroja en su mayor parte servicios para el resto de la Bauhaus. Se realizaban maquetas en escayola para obras de Gropius: un rascacielos en Chicago y el teatro de Jena.

El encargo de las tallas en la casa Sommerfeld (ils. págs. 94, 96-97, 99) llegó también del estudio de arquitectura de Gropius. Los estudiantes realizaron además lámparas, máscaras, baúles y lápidas, y diseñaron un monumento a los caídos de marzo para la ciudad de Arnstadt.

Las pocas fotos que conservamos del taller (il. pág. 200) muestran que allí surgió una buena cantidad de esculturas artísticas, sea en piedra o en escayola. También Itten y Schlemmer mandaban ejecutar allí objetos en escayola, y muchos de los trabajos para el

◄ **Heinz Nösselt:** mesa de ajedrez, 1924. En ella podían guardarse las figuras de ajedrez, y aún quedaba sitio para un cenicero.

► **Joost Schmidt:** folleto para el juego de ajedrez de la Bauhaus (modelos XIV y XVI), 1924. Joost Schmidt diseñó diferentes tarjetas publicitarias para la distribución del juego.

▼ **Josef Hartwig:** juego de ajedrez, 1924. Las figuras del juego consistían en cuerpos geométricos simples, en su mayoría cubos, cuyo tamaño y combinación simbolizaba el movimiento en el juego.

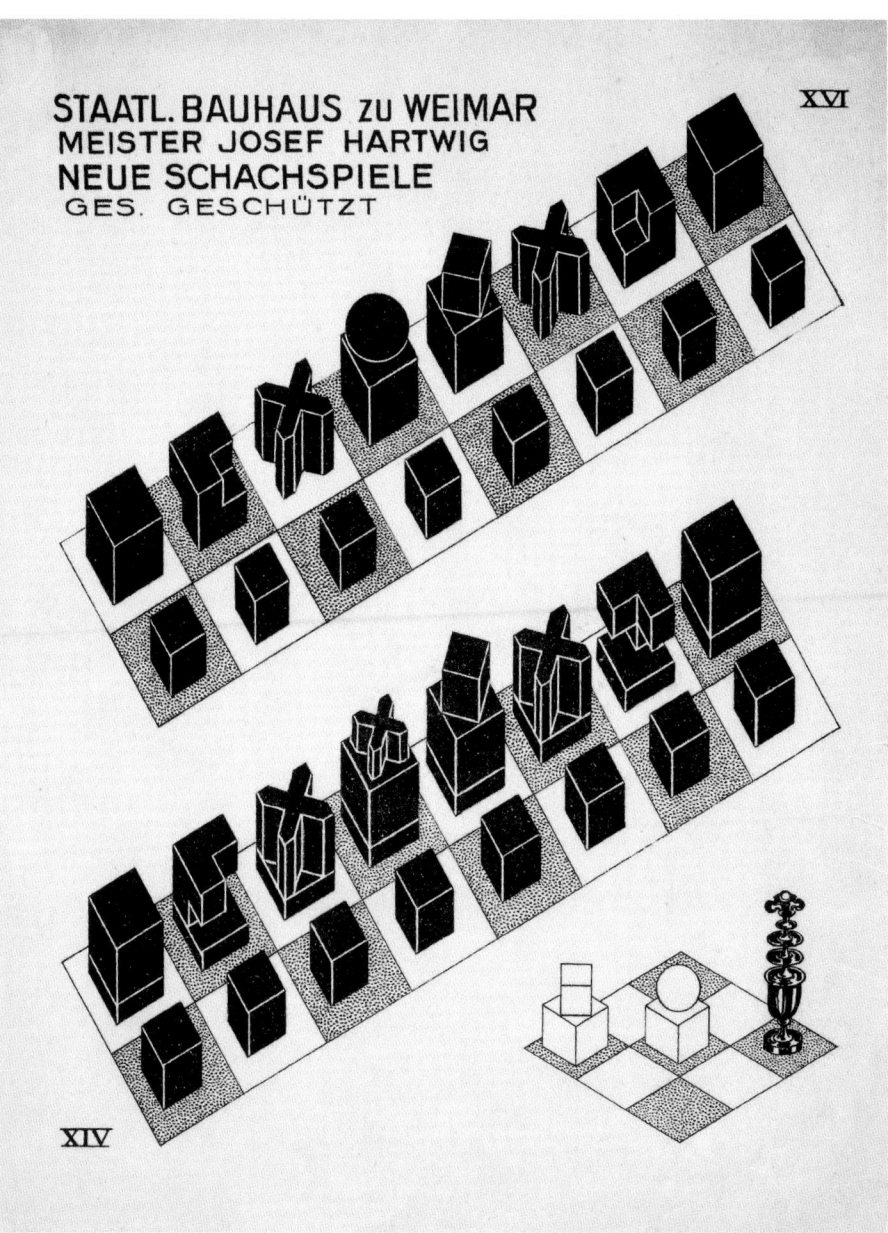

STAATL. BAUHAUS zu WEIMAR
MEISTER JOSEF HARTWIG
NEUE SCHACHSPIELE
GES. GESCHÜTZT

XVI

XIV

203

▲ El juego de bolas de madera lacada
en colores de Alma Buscher (il. pág. 68)
y, delante, la peonza de colores de
Ludwig Hirschfeld-Mack.

▶ **Josef Hartwig** (trabajo de tornería)
y **Oskar Schlemmer** (pintado): muñeco
articulado, hacia 1923.

escenario teatral se llevaban a cabo allí: las máscaras para Lothar Schreyer, las hermosas
marionetas de Toni Hergt o los «rechonchos» de Eberhard Schrammen.

Uno de los productos Bauhaus con más éxito fue el juguete realizado por Eberhard
Schrammen y Alma Buscher; esta se interesaba por los nuevos principios pedagógicos y
diseñaba juguetes modernos adecuados a los niños. Sus juguetes se comercializaban en
parte por medio de la editorial Pestalozzi-Fröbel (ils. págs. 204-207).

Buscher rechazaba los cuentos infantiles por ser «una carga innecesaria para los pequeños cerebros». Ella quería producir juguetes que fueran «claros, no desconcertantes», y
de proporciones «armónicas en lo posible». A los colores básicos añadía el blanco «para
realzar la alegría del color y el contento del niño».[63]

Entre los productos de la Bauhaus que alcanzaron el éxito se incluye un juego de ajedrez
(ils. págs. 202 y 203) diseñado por el maestro de taller Josef Hartwig. Todas las figuras
reflejaban en la forma que el maestro les había otorgado la clase de movimientos que les
correspondía.

El juego de ajedrez refleja también el trabajo conjunto de distintos talleres: Heinz Nösselt construyó la mesa en la carpintería (il. pág. 202), mientras el estudiante Joost Schmidt
diseñó carteles, folletos (il. pág. 203) y un anuncio propagandístico. Especialmente tras la
transformación en taller productivo se puso de manifiesto que apenas había posibilidades
de ganancia para estos dos talleres. Ello motivó que en Dessau se reorganizara de nuevo
bajo el título de taller de escultura.

▲ **Alma Buscher:** juego de construcción de barco, 1924. Alma Buscher diseñó juguetes en alegres colores y mobiliario infantil multifunción cuyo objetivo era permitir a los niños un desarrollo creativo sin restricciones.

▶ **Alma Buscher:** juego de bolas, 1924.

▼ **Alma Buscher:** muñecas arrojadizas, 1924. Los flexibles cuerpos de rafia tienen ropa tejida a ganchillo. Las bolas de madera hacen las veces de cabezas, manos y pies.

▲ Taller de encuadernación de Otto
Dorfner en la Bauhaus de Weimar, 1920.

▶ Anny Wottitz: encuadernación en
madera y pergamino para «Chorus
Mysticus», 1923/24.

El taller de encuadernación

Impresión y encuadernación eran asignaturas tradicionales en las escuelas de artes y oficios. Ambas en la escuela habían sido ya impartidas bajo Van de Velde.

El taller de encuadernación era propiedad privada del maestro artesano Otto Dorfner, uno de los más relevantes artesanos de Alemania. A sus talleres acudían aprendices de la Bauhaus, pero también hacían allí su aprendizaje alumnos externos que nada tenían que ver con la Bauhaus.

Klee se había responsabilizado en 1921 del curso de forma en el taller de encuadernación, pero no tardaron en surgir diferencias de opiniones, pues Klee y Dorfner eran personalidades artísticamente independientes que seguían caminos opuestos. Cuando el problema fue discutido en el Consejo de Maestros, Dorfner puso en claro que no tenía *in mente* prolongar el contrato que había firmado con la Bauhaus. Una vez terminado el contrato con Dorfner, la Bauhaus perdió interés en la continuación de este taller. En la discusión sobre rentabilidad y tipificación era trivial un taller puramente artesano, que no ofrecía la menor posibilidad de modernización.

La imprenta gráfica

La imprenta gráfica estuvo, durante todo el periodo de Weimar, bajo la dirección de Lyonel Feininger como maestro de forma y de Carl Zaubitzer como maestro de taller. «Feininger era un entusiasta grafista que se entregaba con pasión sobre todo a la impresión xilográfica, una técnica que prefería no solo para sus hojas de gran formato, sino a la que también

208

NEUE EUROPAEISCHE GRAPHIK I

◄ Otto Dorfner y estudiantes del taller
de encuadernación: encuadernación
del primer cartapacio de maestros de la
Bauhaus Estatal de Weimar, «Nueva
gráfica europea», 1921.

▲ Anny Wottitz: Encuadernación del libro
Afrikanische Märchen (Cuentos africanos)
de la serie «Los cuentos de la literatura
mundial», 1922/23.

▲ Lyonel Feininger talla un trozo de madera en el balcón de su casa de Weimar con su esposa Julia, probablemente en 1919.

▶ Vista del taller de impresión.

recurría para ilustrar sus cartas; por otra parte, la simple tapa de una caja de puros le servía de plancha, en caso de no tener nada mejor a mano»[64] (il. pág. 212).

El taller había sobrevivido a la guerra en buen estado y se podía empezar a trabajar inmediatamente. Al principio se enseñaba a los aprendices las técnicas de impresión xilográfica y calcográfica, pero a finales de 1921, cuando Gropius logró imponer la necesidad de trabajos por encargo para la supervivencia de la escuela, se decidió un cambio.

El plan de estudios de 1922 reza: «La imprenta artística de la Bauhaus Estatal no acepta aprendices que aspiren al certificado de aprendizaje, como en los demás talleres, pero sí instruye a los estudiantes de la Bauhaus que así lo deseen en todas las técnicas artesanos de la impresión [...]. La imprenta es esencialmente un taller productivo y realiza encargos de cualquier tipo de impresión artística, también en tiradas»[65]. En aquel entonces surgió la idea para el cartapacio en cinco entregas «Nueva gráfica europea» (il. pág. 214), que aparecería durante años hasta 1924, y cuyo último cartapacio (II, «Artistas franceses») quedó inacabado debido al cierre forzoso de la Bauhaus. A un cartapacio de los «Maestros de la Bauhaus Estatal de Weimar» (I) siguieron dos con maestros alemanes (III) y (V) y uno con artistas italianos y rusos (IV).

Entre los numerosos cartapacios que se publicaron en los años veinte destacaban los de la Bauhaus. Económicamente, sin embargo, no lograron el esperado éxito, dado que su publicación coincidió con la inflación. Aparte de ello, el mercado artístico de estos años sufría un auténtico diluvio de gráficas, la competencia era demasiado grande.

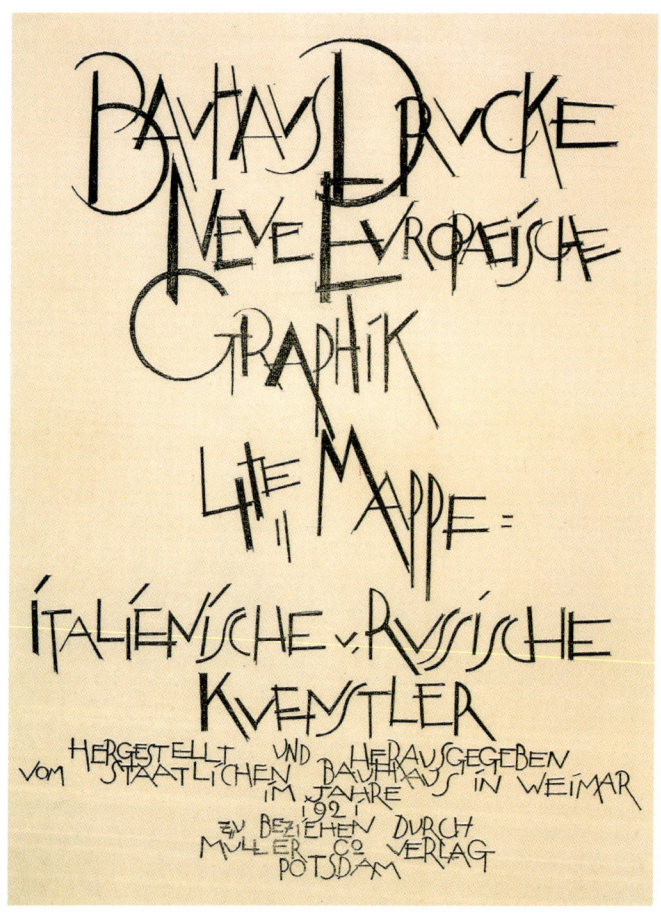

▲ Lyonel Feininger: portada para el cartapacio «Artistas italianos y rusos», de la serie «Nueva gráfica europea», 1924.

▶ Wassily Kandinsky: *Fröhlicher Aufstieg* (Alegre ascensión), 1923. Litografía en color del cartapacio de maestros de la Bauhaus.

214

◄ Oskar Schlemmer: portada del cartapacio «Juego con cabezas», 1923.

► Oskar Schlemmer: cuatro láminas del cartapacio «Juego con cabezas», 1923.

El taller estaba casi constantemente bien abastecido de encargos. Incluso artistas ajenos a la Bauhaus hacían imprimir aquí sus trabajos. Los maestros lo mismo hacían imprimir una hoja que un cartapacio completo: Feininger, en 1921/22, un cartapacio con doce grabados en madera; Kandinsky, en 1922, los «Pequeños mundos»; Schlemmer, en 1923, «Juego con cabezas» (ils. págs. 216 y 217); Marcks, en 1923, «Canción de la vieja Edda a Wieland». Un «Cartapacio de maestros» (ils. págs. 215 y 218) superaba a los demás, con colaboraciones de todos los artistas que entonces enseñaban en la Bauhaus.

En el reglamento de 1922 (realizado ya en 1921) se había anunciado la fundación de una editorial; esta debía fortalecer la independencia económica de la Bauhaus y difundir ampliamente el «mensaje» de la misma. En 1923 se consumaba con éxito este propósito. La editorial estaba organizada como sociedad limitada y firmaba Editorial Bauhaus Múnich-Berlín. Moholy-Nagy había diseñado una marca de imprenta con círculo, cuadrado y triángulo. La editorial publicó, por ejemplo, el cartapacio de maestros de 1923 y el libro para la exposición de 1923 «Bauhaus 1919-1923», pero, con todo, no pudo sostenerse por mucho tiempo.

El teatro en la Bauhaus de Weimar

La mayoría de los talleres instalados en la Bauhaus eran también parte de cualquier escuela de artes «normal» de la época, incluso las academias contaban con algunos. La instalación de una clase de teatro, sin embargo, no tenía precedente. Esta fue una de las muchas

Lyonel Feininger

◄ Lyonel Feininger: *Gelmeroda*, 1920.
Xilografía en papel japonés, en un
cartapacio de maestros de la Bauhaus
Estatal de Weimar, 1923.

▲ Gerhard Marcks:
Kühe (Vacas), 1920. Xilografía.

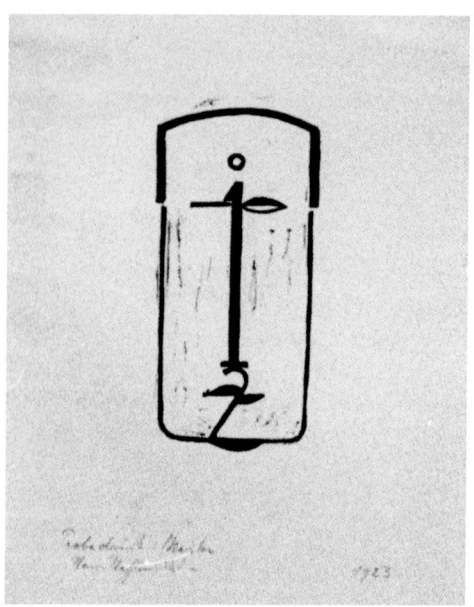

◄ **Hans Haffenrichter:** máscara, 1923. Tanto Lothar Schreyer como Oskar Schlemmer utilizaban máscaras para sus obras de teatro, tras las cuales desaparecía la expresión individual de los personajes. Ambos influyeron en las máscaras y figurines del alumno Haffenrichter.

innovaciones que justifican la posición especial de la Bauhaus. Aunque en el primer plan de estudios no se preveía el teatro, el Consejo de Maestros llamó al pintor y maestro de escenario Lothar Schreyer, quien se hizo cargo de su puesto a finales de 1921. Screyer pertenecía —como Itten, Muche, Klee— al círculo de artistas de la galería Der Sturm, pero además se interesaba por la problemática del escenario. Había colaborado en Berlín en la realización del escenario Sturm, un escenario expresionista experimental, que luego, a partir de 1919, utilizaría en Hamburgo como decorado de combate. Sus alumnos habían tallado en madera los pasajes de su drama *Crucifixión*, de tal modo que su pieza fuera también interpretada literaria y plásticamente. La ambición de Schreyer apuntaba alto: «La creación de la trama teatral y sus símbolos tiene la misma significación para el teatro que la creación del sistema de notas y las notas para la música»[66].

El lector debería escuchar el «tono de las palabras» y ver la «forma del color». La obra teatral era, según él, «un espejo cósmico de la unidad de la vida», su meta, una «comunidad de la vida natural y sobrenatural». «El espacio teatral es una correspondencia del espacio cósmico». Ya en 1910 declaraba Schreyer que había que investigar los elementos que dan forma al escenario en su forma pura. «Los medios artístico-teatrales están compuestos por las formas básicas, los colores básicos, los movimientos básicos y los tonos básicos. Las formas elementales son los cuerpos y superficies matemáticos. Los colores elementales son los colores puros: negro, azul, verde, rojo, amarillo, blanco»[67]. Con tales ideas se incluyó Schreyer en el ideario de la Bauhaus en sus comienzos.

▸ Hans Haffenrichter: *Figurine,
Landsknecht* (Figurín, lansquenete),
1923. Xilografía.

Schreyer había ensayado su obra *Luna* (ils. págs. 222 y 223) con los alumnos de la Bauhaus, pero resultó un fracaso en el ensayo general. Las protestas de los estudiantes eran tantas que Schreyer abandonó su trabajo y, pocos meses después, la Bauhaus. La representación religiosa o de culto no halló apoyo. Los intereses de los estudiantes se habían dislocado ostensiblemente; ya en 1921 observaba Schreyer respecto a la Bauhaus: o «culto a la India» o «americanismo». El americanismo respaldaba la modernización y estandarización, tendencia que acogía a más de un adepto en el taller de teatro. Schlemmer se hizo cargo, inoficialmente primero y oficialmente en abril de 1923, de la dirección del taller.

Ya en la fiesta de disfraces de 1922 había representado Schlemmer el *Gabinete figural,* una parodia del desarrollo y de la fe en la técnica. Figuras planas de colores se movían en una cinta transportadora mientras ejecutaban movimientos grotescos.

Con motivo de la Semana Bauhaus de 1923 vivió el teatro la primera gran confirmación de sus problemas. Los estudiantes habían preparado una serie de producciones propias, pero fue Schlemmer, con la representación de su *Ballet triádico* (ils. págs. 328 y 329) quien cosechó los aplausos más entusiastas. En este ballet, que se estrenó en Stuttgart en 1922, había trabajado Schlemmer desde 1914. No se trataba de ningún ballet en sentido tradicional, sino de una combinación de danza, vestuario, pantomima y música; los bailarines estaban vestidos como figurines (ils. págs. 225, 330 y 331). «Ya el título en sí era una creación [...] derivado de tríada = triple (trítono), era una danza de tres partes, con tres danzas distintas cuyo sentido subía de tono de la broma a la seriedad. Entre estos dos polos

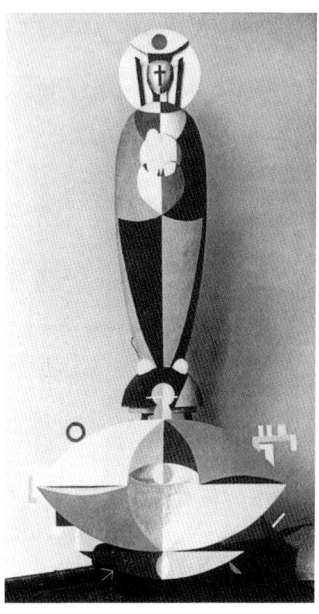

◄ Ensayo de *Mondspiel* (Luna), de Lothar Schreyer, en la Bauhaus, 1922. Se observan los dos personajes de la obra, *María en la Luna* y el *Bailarín con el escudo de la danza* a sus pies. El bailarín (Hans Haffenrichter) sostenía el escudo en las manos y lo movía con un leve movimiento ondulatorio.

► Lothar Schreyer: *María en la Luna*, figurín para la pieza teatral *Mondspiel* (Luna), 1922.

se desarrollaba la sinfónica Danza de la trinidad en doce escenas de danza con uno, dos o tres bailarines; escalonadamente se pasaba de la alegría burlesca de la "serie amarilla"al ambiente festivo de la "serie rosa" y a la esfera místico-heroica de la "serie negra". El *Ballet triádico* es en realidad una antidanza, "constructivismo coreográfico" como solo podía ser soñado por un pintor o un escultor, pues aquí no era el cuerpo humano y sus movimientos el punto de partida y portador de la expresión, sino determinadas invenciones figurativas; el disfraz, casi podríamos decir el *enmuñecamiento* era tan dominante, que cuerpo y movimiento tenían que "incorporarse" a aquel como un revestimiento plástico»[68].

Bajo la abreviación Grupo B se habían agrupado algunos estudiantes que pretendían realizar sus propias obras teatrales. Especialmente en las soluciones formales de los estudiantes se notaba la huella del teatro de Schlemmer, no obstante, se daba mayor importancia al contenido. Mientras la meta artística de Schlemmer no se despegaba de lo metafísico —coordinar elementos de la forma con la persona y el espacio—, los estudiantes acentuaban la mecanización y automatización. Los alumnos realizaron un cabaret mecánico, que fue estrenado en la Semana Bauhaus, y un *Ballet mecánico*, que también se representó entonces (il. pág. 226). Se buscaba reflejar el espíritu de los tiempos: «Queríamos dar cabida en nuestro ballet a las posibilidades expresivas de esta determinación mecánica de nuestra era […] Representábamos lo esencial del ser mecánico traducido a formas de baile. Escogimos un ritmo unitario, uniforme, sin cambios de velocidad, para subrayar la monotonía de lo mecánico»[69]. De cómo esta representación llegó a su término da cuenta el músico y crítico

Figurine
für „Mondspiel"
Original 1923

Oskar Schlemmer
Blatt 1923

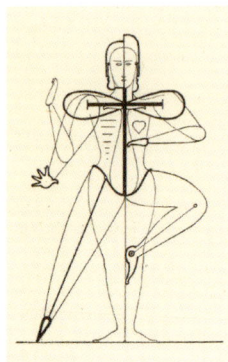 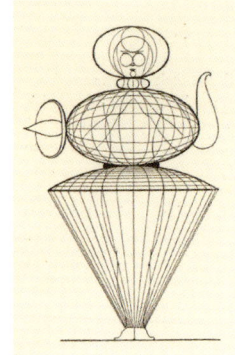 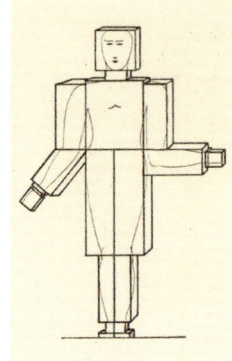

▲ Oskar Schlemmer desarrolló una teoría sobre cómo el vestuario de escena se derivaba de las leyes de funcionamiento y movimiento del cuerpo humano y de la relación del cuerpo con el espacio. Aquí se observan sus esquemas para la «desmaterialización» (izquierda), el «organismo técnico» (centro) y la «arquitectura cambiante» (derecha).

▶ Oskar **Schlemmer:** *Das triadische Ballett* (El ballet triádico), hacia 1924. Los figurines *El gesto*, *El traje de alambre* (derecha) y *El bailarín de bolas de oro* (izquierda) como montaje fotográfico.

musical Hans Heinz Stuckenschmidt. László Moholy-Nagy le había invitado a visitar la Bauhaus, donde, entre otros, conoció a Kurt Schmidt.

«Después de la primera comida en común acompañé a Kurt Schmidt a su taller. Allí había construcciones del tamaño de seres humanos, hechas de cartón, alambre, lienzo y madera, todas ellas en formas geométricas básicas (círculos, triángulos, cuadrados, rectángulos, trapecios) y, por supuesto, en los colores básicos (amarillo, rojo y azul).

Schmidt se colgó un cuadrado y se lo ajustó con correas de cuero, de tal modo, que el cuadrado ocultaba al hombre. Otro tanto hicieron dos de sus colaboradores con un círculo y un triángulo. A continuación bailaron estas extrañas figuras geométricas, tras las que desaparecían, invisibles, sus portadores: un corro fantasmal. Junto a la pared había un viejo piano. Estaba desafinado y chirriaba espantosamente. Yo improvisé unos acordes y ritmos marcados. Las figuras de cartón reaccionaron al instante. De la improvisación surgió una danza abstracta de cuadrado, círculo y triángulo. Pasado un cuarto de hora, Kurt Schmidt se quitó el cuadrado, sin aliento, pero completamente satisfecho. Yo había adivinado y llevado a cabo instintivamente lo que el se había imaginado vagamente: una música de acompañamiento primitiva, que iba bien con las figuras geométricas básicas [...] A partir de este momento se ensayaba a diario, de la mañana a la noche [...] Después de dos o tres semanas se incluyó el *Ballet mecánico* o *Cabaret mecánico* en el programa»[70]. También la pieza *El hombre en el cuadro de mando* (il. pág. 227) se ocupaba del tema mecánica y máquina. El artefacto, la máquina, vencía a su creador. El «nuevo hombre» se ha convertido en una

▲ Kurt Schmidt, Friedrich Wilhelm Bogler y Georg Teltscher: *Das mechanische Ballett* (El ballet mecánico), 1923. Diseño para una escena.

▶ Xanti Schawinsky: *Circus* (Circo), hacia 1924. Diseño para una escena.

▶ Kurt Schmidt: *Der Mann am Schaltbrett* (El hombre en el cuadro de mandos), 1924. Diseño para una escena.

«marioneta» dominada por una «alta, inhumana e indomable energía»[71]. Por iniciativa de Schlemmer se realizaron representaciones con marionetas, cuyas figuras estaban atrapadas en sus propias trampas. En ellas se trataba la «gradación tipificadora de las formas humanas»[72]. Independientemente de Schlemmer, Moholy y Kandinsky se habían ocupado de cuestiones relacionadas con el teatro. Moholy desterró del escenario al ser humano en su *Excentricismo mecánico,* una obra que solo se imprimió como partitura.

Kandinsky ya había publicado en 1912 en Múnich el *Sonido amarillo,* una «composición para el teatro» (una denominación genérica, como drama, no existía); con esta obra aportó su primera contribución al teatro abstracto. En 1923 publicó un artículo «Sobre la síntesis teatral abstracta», que contiene en el título la palabra clave de su forma de entender el arte durante sus años de la Bauhaus: «síntesis». Tras este concepto se ocultaba la visión de la obra de arte total, a la que debían contribuir todas las artes: arquitectura, pintura, escultura, música, baile, poesía. Kandinsky veía en la Bauhaus las condiciones ideales para la realización de tal síntesis. En 1928 logró hacer realidad, por una sola vez, esta síntesis en su escenografía de *Cuadros de una exposición,* de Mussorgski.

La exposición Bauhaus de 1923

El Gobierno había concedido en 1922 un crédito a la Bauhaus bajo la condición de que expusiera el trabajo hasta el momento realizado en una especie de exhibición de progresos. Gropius hizo que toda la escuela se concentrara durante los meses siguientes en esta meta y

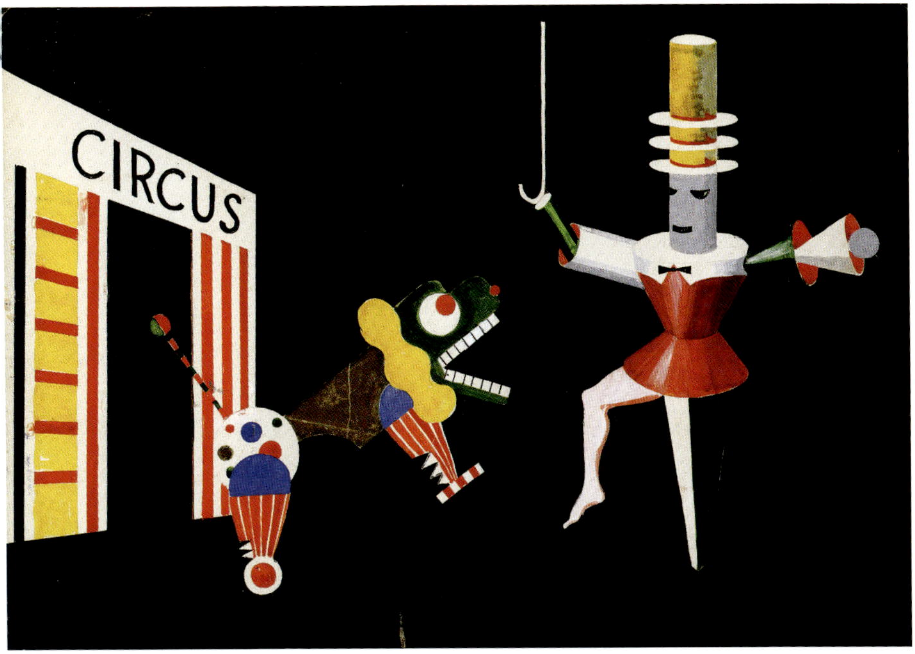
CIRCUS

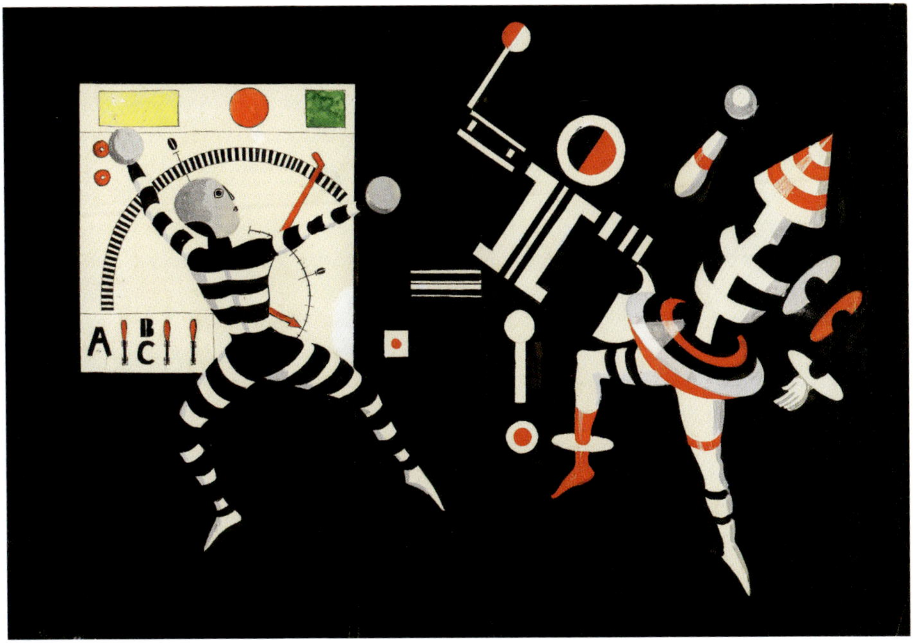
A B C

◄ Gerhard Marcks: postal para la exposición de la Bauhaus con la casa modelo Am Horn, 1923.

► Georg Muche (idea) y Adolf Meyer (proyecto y ejecución): casa modelo Am Horn para la exposición de la Bauhaus de 1923. Delante de la casa, László Moholy-Nagy y Alma Buscher.

declaró una especie de estado de excepción: se formó una comisión para la exposición, se trabajaba más tiempo en los talleres y en el semestre de verano de 1923 no pudieron entrar nuevos estudiantes. Al mismo tiempo el Consejo de Maestros decidió exhibir, con motivo de la exposición, una casa modelo completamente instalada. Aquí se iba a mostrar, por vez primera, al público el programa de la Bauhaus, en el que colaboraban todos los talleres. El pintor Georg Muche, que se había presentado al concurso organizado para el caso, aportó el diseño de la casa. La técnica de construcción y los materiales tenían que reflejar el estadio más avanzado de la técnica, lo mismo que la instalación interior. La financiación de la casa modelo en medio de la inflación constituyó un problema especial para Gropius, pues las subvenciones del Gobierno no eran suficientes.

Gropius obtuvo el crédito necesario de manos del empresario Sommerfeld y le concedió, a cambio, el derecho de preferencia sobre la casa y la finca. A comienzos de abril de 1923 se colocó la primera piedra, y en pocos meses se terminaron el edificio y las instalaciones. La «casa de Horn» (el nombre del lugar), hecha en su totalidad por la Bauhaus, era el primer ejemplo realizado en Alemania de la nueva forma de vivir.

Muchas cosas que hoy damos por sobreentendidas fueron entonces auténticas primicias de la Bauhaus. Las innovaciones comenzaban ya en la planta (il. pág. 229): apenas había pasillos, todas las habitaciones estaban agrupadas en torno al cuarto más grande, la sala de estar. El baño era fácilmente accesible desde el dormitorio. La cocina y el comedor estaban comunicados. En la cocina solamente se podía cocinar y el comedor era lo suficientemente

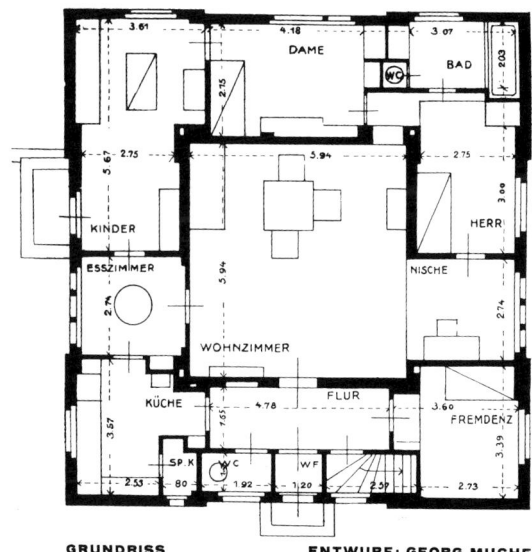

▶ Planta de la casa Am Horn, 1923. Las pequeñas habitaciones están distribuidas en torno a una gran habitación central con ventanas altas; una única ventana en un nicho está a la altura de la vista. La casa, de planta cuadrada de 12,7 m de lado, dispone de dormitorios separados para la señora y el caballero, cocina, comedor, cuarto de niños y un cuarto de invitados.

▲ Formas radicalmente sencillas y paredes desnudas —sin cuadros— determinaban las habitaciones de la casa Am Horn. En la foto, la sala de estar, con muebles de Marcel Breuer y una alfombra de Martha Erps-Breuer (con quien más tarde se casaría), 1923.

► Al contrario que la sala de estar, la cocina de la casa Am Horn resulta, todavía hoy, práctica. Fue diseñada por Benita Koch-Otte y Ernst Gebhardt. Sobre los armarios vemos botes de cocina de Theodor Bogler, así como loza de cristal de Jena, 1923.

◄ Herbert Bayer y Josef Maltan: cartel de la exposición de la Bauhaus de 1923 en el edificio universitario de Belvederer Allee, 1923.

► El cartel de Joost Schmidt para la exposición de la Bauhaus de 1923 en Weimar recuerda, con su motivo de formas curvas y angulosas, los relieves de Oskar Schlemmer.

amplio para albergar una mesa y de seis a ocho sillas. El ama de casa podía ver, desde la cocina, a los niños en su cuarto. Alma Buscher había planeado para la habitación de los niños paredes en las que estos podían escribir y con grandes cubos de madera podían construir y hacer teatro.

La cocina fue la primera cocina moderna. Por delante de la ventana corría una superficie de trabajo, las sillas se podían meter debajo de la mesa para ahorrar espacio. Todas las superficies eran lisas y fáciles de cuidar. Los aparatos eléctricos más modernos —un calentador para la cocina, una lavadora en el sótano— demostraban cómo la creciente tecnología facilitaba el trabajo. A pesar de todo, hubo opiniones encontradas con respecto a la casa modelo.

El exterior fue comparado con una «caja blanca de bombones», con una «fábrica de salvado», con un «cubo enlucido de blanco» y con una «estación polar»; en general, no obtuvo apenas críticas positivas. El interior funcional (il. pág. 230), sobre todo la cocina (il. pág. 231) y el baño, así como el comedor y el cuarto de los niños, tuvo mejor acogida.

Más de una vez, sin embargo, se equipararon los aparatos técnicos con «salas de operaciones»: «Las altas lámparas de pie, hechas con hierros y tubos de cristal, atroces, sin pantallas de seda para atenuar la luz, recuerdan aparatos físicos; los asientos parecen telares; los muebles parecen prensas; las teteras, indicadores del nivel del agua»[73]. A pesar de los duros ataques, hubo críticos de renombre que calificaron la casa de «importante y significativa».

Gropius se distanció, precavido, del edificio, aclarando que se llevó a cabo por acuerdo de la mayoría de los alumnos. Especialmente flojo resulta el trazado de la planta: «Al comedor y a los dormitorios no se llega sino a través de otro cuarto», y «la planta bien pudiera ser tema para una revista cómica de arquitectura». Con igual dureza expuso su crítica Adolf Behne, uno de los que con más ardor había defendido la idea Bauhaus; los comentarios de los arquitectos J.J.P. Oud y Bruno Taut eran, por el contrario, en su mayor parte positivos.

Gropius inauguró la exposición, exhibida desde el 15 de agosto hasta finales de septiembre, con la conferencia programática «Arte y técnica: una nueva unidad». Kandinsky habló sobre «arte sintético» y el arquitecto holandés J.J.P. Oud, conferenciante invitado, sobre el moderno arte holandés. También en el programa musical estaba representada la vanguardia: se estrenaron las *Canciones a María* de Paul Hindemith y se tocó música de Busoni, Ernst Křenek e Igor Stravinski. Los alumnos interpretaron el *Cabaret mecánico* y las *Representaciones cinematográficas,* pero el punto culminante lo constituyó el *Ballet triádico.*

Tanto maestros como alumnos expusieron sus cuadros en el museo regional, mientras en los edificios de la escuela se exhibían trabajos de clase y de taller (ils. págs. 235 y 236). Se podía visitar el nuevo despacho del director de Gropius (il. pág. 169). Estudiantes de los talleres de escultura y pintura mural y Schlemmer decoraron casi todos los corredores, escaleras y vestíbulos con esculturas y pinturas murales. Gropius había organizado, con maquetas y dibujos, una «Exposición internacional de arquitectura» (il. pág. 236), con la que quería mostrar la «línea de una arquitectura dinámica y funcional». La exposición debía

◄ Inauguración de la exposición de la Bauhaus de 1923 en el vestíbulo del edificio de la Bauhaus. En la pared hay un relieve de Joost Schmidt creado con motivo de la exposición.

▲ Exposición en la sala de tragaluces del edificio de la Bauhaus. A la izquierda en la imagen, la silla de listones de Marcel Breuer (il. pág. 113). En la pared derecha aparece la silla con coloridos asiento y respaldo entretejidos, también de Marcel Breuer en colaboración con Gunta Stölzl (il. pág. 183).

► Exposición del curso preparatorio con las obras de Moses Mirkin (il. pág. 51) y la composición de cubos de Else Mögelin (il. pág. 56).

demostrar que en todas partes se podían hallar ideas afines a las de la Bauhaus. Asimismo se encontraban aquí los primeros diseños de casas tipificadas.

Mientras que el crítico Westheim escribía: «Tres días en Weimar, y uno no puede volver a ver un cuadrado el resto de sus días», dos caras caracterizaban a la exposición según el estudiante Andor Weininger: «Al lado de los "viejos" trabajos marcados por la sensibilidad se podía observar algo nuevo: el acento en lo horizontal-vertical, lo bidimensional, cuadrados y un dado rojo (como vivienda), resumiendo, influencia de De Stijl.»

La exposición no supuso ningún éxito económico por caer en el periodo de inflación, que alcanzó su punto álgido en el verano de 1923. Pero tanto mayor fue así el éxito publicitario. Con los artículos periodísticos, en su mayoría procedentes de todo el Imperio alemán, en parte también del extranjero, se llenaron dos gruesos álbumes. Por primera vez la prensa podía publicar fotos de productos de la Bauhaus, cuya exposición autorizaba Gropius.

La Bauhaus se había impuesto una nueva apariencia con motivo de la gran exposición. La clave era una «nueva tipografía». Basándose en los grabados de De Stijl y el constructivismo ruso, los grabados de la Bauhaus anunciaban la reivindicación de la modernidad. Negro, blanco y rojo eran los colores principales (il. pág. 233). Lo que era significativo para el contenido se destacaba o se subrayaba. La página impresa ya no era simétrica, sino compuesta en equilibrio asimétrico; bloques, bandas y líneas eran ineludibles. Fue Moholy-Nagy, que conocía la vanguardia constructivista y la introdujo en la Bauhaus, quien dio el impulso decisivo a la nueva tipografía.

◀ La «Exposición Internacional de Arquitectura», organizada por Gropius y que tuvo lugar en el marco de la exposición de la Bauhaus de 1923, era una primera presentación de la arquitectura moderna de la década de 1920. En la pared cuelga el plan de la colonia Bauhaus; delante, maquetas que, según el principio de caja de construcción, se pueden componer para formar los distintos tipos de casas de 1923. A la derecha aparecen fotos con edificios de Erich Mendelsohn y Erwin Gutkind.

▶ En el marco de una semana de la Bauhaus, en agosto de 1923 representaron en el Teatro Nacional de Weimar *Das triadische Ballett* (El ballet triádico) de Oskar Schlemmer y conciertos con piezas de Ferruccio Busoni, Paul Hindemith e Igor Strawinsky.

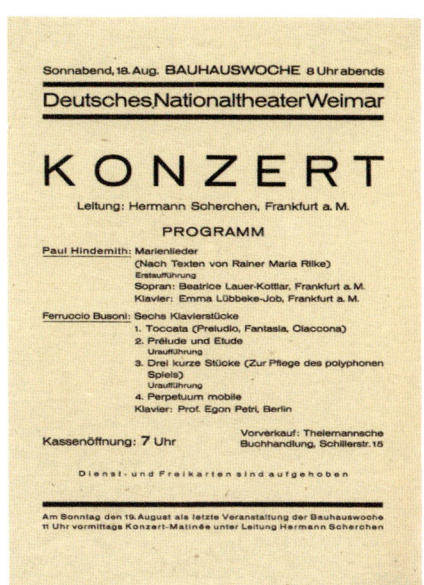

La arquitectura en la Bauhaus de Weimar

El primer proyecto, encomendado a Gropius como director de la Bauhaus en 1921 en Turingia, fue la reforma del Teatro Estatal de Jena (ils. págs. 238-241). Fue también el primer edificio en el que Gropius y Meyer dejaron atrás el estilo expresionista de la casa bloque, como la casa Sommerfeld, orientándose hacia la arquitectura de De Stijl y de Le Corbusier.

El edificio fue modificado posteriormente, y son pocas las fotos que dan testimonio de la reforma de Gropius. Este escribió : «Por dar satisfacción a mi interés he dedicado más trabajo y esfuerzo a este edificio de lo que el presupuesto exigía, puesto que es el primer edificio que construyo en Turingia desde que dirijo la Bauhaus. He incluido en la tarea a todos los escultores y pintores de que he podido disponer»[74].

La decoración del interior (ils. págs. 240 y 241) había sido realizada por la Bauhaus: «A través de dos canceles azules se entraba en un vestíbulo amarillo claro, al que se habían incorporado colgadores violeta. Escaleras de color terracota llevaban a los pisos que daban acceso a la sala de espectadores, esta estaba pintada en gris y rojo salmón, con un azul profundo que se repetía en el telón»[75].

Gropius ordenó retirar un fresco del techo, realizado por Schlemmer y que ya casi estaba terminado; el motivo: Doesburg había reaccionado críticamente al respecto. En la reforma y decoración del interior tomaron parte los talleres de la Bauhaus.

Este primer edificio moderno de Gropius y Meyer después de la guerra marcó también el giro en el valor arquitectónico de Gropius, giro que la Bauhaus llevó a término.

▲ Walter Gropius (estudio): anteproyecto del teatro de Jena, 1922.

► Entrada del teatro de Jena, reformado en 1922 por Gropius y Meyer.

Si bien es cierto que los talleres de la Bauhaus habían tomado parte en la reforma del teatro, fue el estudio de arquitectura privado de Gropius al que se encomendó la obra. Tampoco entre 1922 y1925 logró Gropius realizar el proyecto de integrar en el programa educativo el anunciado curso de arquitectura. Surgieron tensiones en el seno de la Bauhaus, de las que Fred Forbát da noticias en una carta a Gropius: «[...] noto entre los maestros, o al menos entre algunos de ellos, tal rechazo al taller de arquitectura, considerado un cuerpo extraño en la Bauhaus, que yo me siento casi intimidado». El proyecto, al que Gropius nunca renunció, de una «zona de arquitectura experimental», que iba a ser dirigida por el arquitecto Emil Lange (ya desde 1922 consejero jurídico contratado por la Bauhaus), no pudo ser realizado. «La zona de pruebas que pretendemos instalar conjuntamente nos brindará la posibilidad de edificar mediante el trabajo en común, en el sentido de que, además del propio Lange, todos los demás maestros de forma podrán experimentar nuevas soluciones técnicas y formales. Pero los maestros de forma carecen a menudo del conocimiento técnico que les permita transformar sus ideas formales en realidades»[76]. En cualquier caso, Adolf Meyer continuó dando clases en calidad de maestro supernumerario, y Ernst Schumann ofreció nuevamente entre 1924 y 1925 un curso de dibujo técnico y construcción.

Para poder empezar, a pesar de los impedimentos de las autoridades, con los planes de una «colonia en el campo», que «ofreciera mejores condiciones de vida a los miembros de la Bauhaus, especialmente a los alumnos», Gropius fundó una comisión para la colonia Bauhaus, en la que se integraron tanto profesores como alumnos, entre ellos Klee, Schreyer,

Muche, Börner, Oskar y Casca Schlemmer, Meyer, Albers y su amigo Bruno Adler, editor, con su mujer Tery. Esta sociedad limitada encargó los planes de la colonia al arquitecto húngaro Fred Forbát.

«Gropius fijó el principio para las futuras casas de la colonia: había que tipificar componentes de la construcción, de tal modo que con ellos se pudieran montar después los diversos cuerpos de los edificios. En este caso se trataba de normativizar los recipientes para la colada de hormigón. Pero, aparte de esta razón técnica, la ventaja artístico-constructiva de un módulo unitario para toda la colonia desempeñaba un papel de no poca importancia [...] Mi trazado general (il. pág. 236), desarrollado en cooperación con Gropius, se basaba en un extenso programa. Aparte de 20 casas independientes en el declive, se había reservado la altiplanicie norte para unas 50 casas unifamiliares adosadas y alrededor de una plaza, en el centro de la colonia, estaban previstas casas para 40 alumnos. De todo el proyecto solo las casas independientes del declive estaban a la orden del día, y mi primer encargo fue hacer los planes de estas.

En mis planos del tipo de casa más pequeña (tres habitaciones y cocina), la sala de estar cuadrada y central estaba flanqueada en tres lados por dormitorios de techo bajo y espacios secundarios. En los tipos de casa grande se añadían una o dos habitaciones, cerrando así el espacio central por todos los lados. En lugar de esta solución, o en combinación con ella, se podía añadir un piso en parte o completo, y de este modo convertirla incluso en dos viviendas. Para cuatro de estas unidades de dos pisos intentamos ya a mediados de julio

▲ Vestíbulo del teatro de Jena, reformado en 1922 por Gropius y Meyer.

▼ Hinnerk Scheper: diseño en color para el techo del auditorio (il. pág. opuesta) en el teatro de Jena, 1922. Este diseño nunca llegó a hacerse realidad.

▲ Walter Gropius (estudio):
modelos de casas en serie, 1922.

▶ Walter Gropius (estudio):
«Caja de construcciones en grande»,
1922/23. Se pueden combinar seis
«módulos individuales» para construir
diferentes «máquinas para vivir».

conseguir el permiso de construcción, que la oficina de construcción denegó debido a los techos planos. No obstante, continué trabajando y comencé a estudiar en bosquejos de perspectiva los cuerpos constructivos de las diferentes combinaciones espaciales, para así, una vez dominados los problemas técnicos, perfeccionar los planes desde el punto de vista arquitectónico. También realicé maquetas de escayola de las ocho unidades espaciales, y con ellas componía las más diversas combinaciones [...]»[77].

Estaba «constituida por seis módulos» y admitía «diversas combinaciones [...] Gropius definió este sistema como "caja de construcciones en grande" con el que se podían construir distintas "máquinas para vivir" atendiendo a las necesidades y al número de inquilinos»[78]. En la gran exposición de la Bauhaus de 1923 fueron expuestos los diseños tipo de Forbát con sus "celdas espaciales" bajo el concepto "construcción tipo panal" (il. pág. 236). Las innumerables pegas de las autoridades regionales y estatales impidieron su realización. «La ciudad no concedió ninguna subvención, el Estado no autorizó ningún crédito y la prevista venta de solares a la comisión no tuvo lugar»[79]. Como protesta contra la carencia de una sección de construcción se formó en 1924 una «comunidad de trabajo para la arquitectura» en la Bauhaus, cuyos miembros eran el pintor Georg Muche, el ebanista Marcel Breuer y Farkas Molnár. Muche, el primer maestro de la construcción que había viajado a Estados Unidos en 1924, diseñó entonces un rascacielos de apartamentos, y también Breuer realizó un proyecto parecido. Ninguno de los dos diseños tenía la menor posibilidad de llevarse a cabo en la Alemania de entonces.

EINZEL-RAUMKÖRPER 1-6

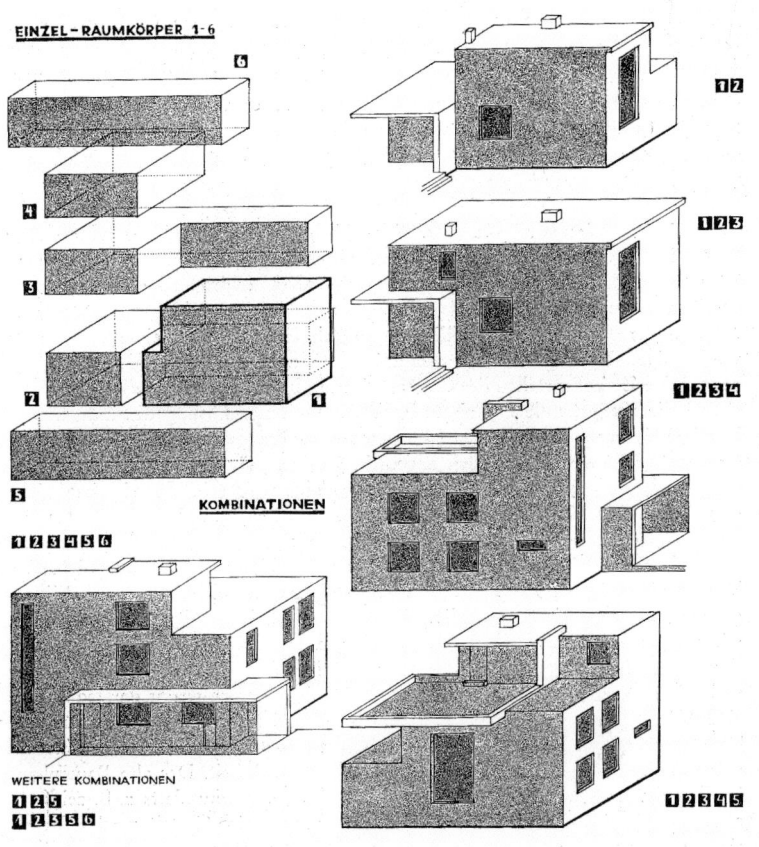

KOMBINATIONEN

WEITERE KOMBINATIONEN

TYPENSERIENHAUS VON WALTER GROPIUS

BAUKASTEN IM GROSSEN, AUS DEM SICH NACH VORBEREITETEN MONTAGEPLÄNEN JE NACH KOPFZAHL UND BEDÜRFNIS DER BEWOHNER VERSCHIEDENE „WOHNMASCHINEN" ZUSAMMENFÜGEN LASSEN

▲ Farkas Molnár: proyecto de vivienda unifamiliar, 1922.

▶ Fred Forbát: vivienda unifamiliar para la colonia Bauhaus, perspectiva de la entrada (arriba) y de la fachada posterior (abajo), 1922.

El estrangulamiento de la Bauhaus de Weimar

El resultado de las elecciones del 10 de febrero de 1924 en Turingia iba a ser decisivo para el destino político de la Bauhaus. Los partidos de derechas, que hacía tiempo promovían el cierre de la Bauhaus por ver en ella tendencias comunistas y bolcheviques, alcanzaron su objetivo, aunque por etapas: ya el 20 de mayo de 1924 el ministro de Cultura y el primer ministro Richard Leutheußer comunicaron a Gropius que, según todas las previsiones, sería cesado. El 18 de septiembre de 1924 se comunicó oficialmente el cese para el 31 de marzo de 1925, y la oferta de una prolongación de medio año. Poco después fue reducido a la mitad el presupuesto de la Bauhaus. En lugar de 100 000 marcos recibía ahora solo 50 000.

Estas medidas impedían a la Bauhaus cualquier trabajo a largo plazo, pero el cierre inmediato, políticamente explosivo, fue sabiamente evitado. «De este modo, lento pero seguro, fue estrangulada la Bauhaus», escribía el anterior ministro de Educación Max Greil, quien había protegido la Bauhaus con constancia. En esta situación sin salida se decidieron los maestros de la Bauhaus a dar un paso políticamente espectacular: en una conferencia de prensa dieron a conocer, el 26 de diciembre, que consideraban su contrato con la región turingesa finalizado a partir de marzo de 1925. O sea, que declararon una especie de cese para el que no estaban autorizados, pero que debería movilizar política y culturalmente a la opinión pública. «Los maestros de la Bauhaus acusan al Gobierno de Turingia de permitir y favorecer que la tarea cultural objetiva y siempre apolítica de la Bauhaus sea destruida con manipulaciones políticas partidistas»[80].

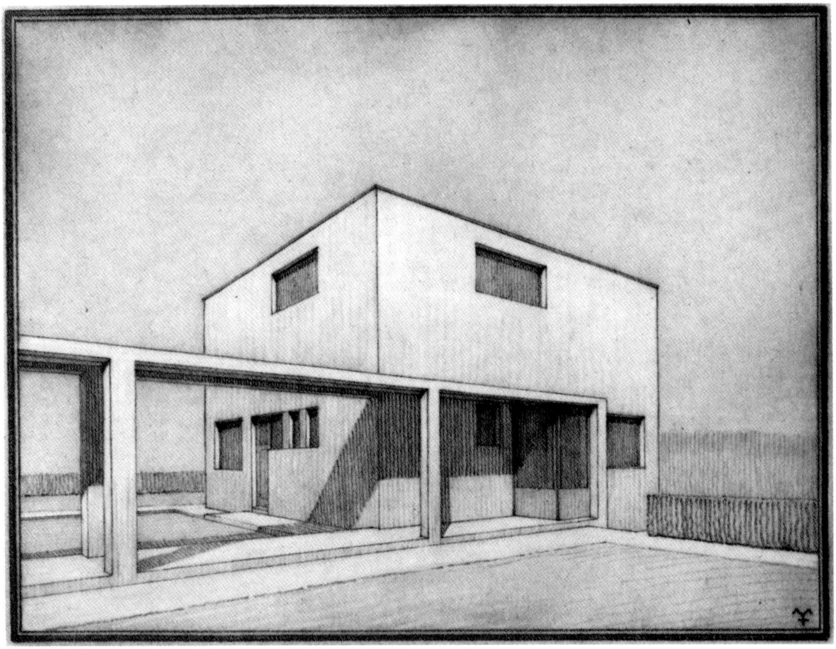

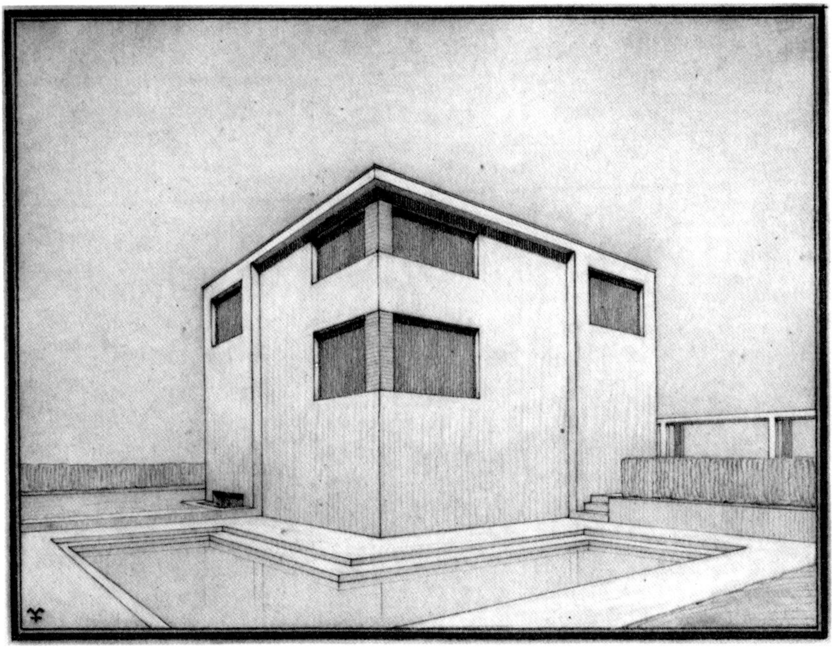

◄ En 1924, con motivo de su 41 cumpleaños, Gropius recibió un cartapacio con colaboraciones artísticas de los maestros de la Bauhaus. La foto del diario *Vossische Zeitung* de 1924, que muestra un altavoz, sirvió de modelo. Raras veces se puede ver con tanta claridad como en estas hojas la multiplicidad de posiciones artísticas en la Bauhaus. La subjetividad de Feininger (il. pág. 248) y el frío constructivismo de Moholy-Nagy (il. pág. 247, abajo) describen extremos opuestos. Pero el portafolio no era solo un regalo de cumpleaños, sino que también demostraba el apoyo de los maestros a Gropius en la difícil situación política de aquella época. Al mismo tiempo, el cartapacio recordaba el quinto aniversario de la Bauhaus.

► László Moholy-Nagy: lámina del cartapacio para Walter Gropius, 1924.

► Georg Muche: lámina del cartapacio para Walter Gropius, 1924.

La Bauhaus había sido apoyada, efectivamente, por el SPD, el USPD y por los comunistas. Los partidos conservadores y de derechas habían luchado contra ella desde el principio como instituto reformador pedagógico, igual que contra muchas otras instituciones educativas de este movimiento. En la propia Bauhaus comenzaba ahora una fase de inquietud y gran actividad: ¿se cerraría definitivamente la Bauhaus a finales de marzo? A los estudiantes les preocupaba el certificado de sus estudios; algunos maestros comenzaron los trámites para poder trabajar en otros institutos. Gropius intentó conjurar el amenazador final político, previsible ya desde principios de 1924, haciendo un ofrecimiento al Gobierno. Propuso la fundación de una sociedad limitada que llevara la totalidad del trabajo productivo (entretanto suspendido). Ello hubiera supuesto una descarga económica para el Gobierno, ya que así solo tendría que financiar la formación teórica y los sueldos de los profesores.

El capital inicial debía ser de 150 000 marcos, de los que, a principios de diciembre de 1924, tenía Gropius 121 000 en suscripciones de participaciones. Los mayores suscriptores eran la Unión General Alemana de Sindicatos y Adolf Sommerfeld. Gropius daba por seguros los logros económicos de una sociedad limitada. Opinaba que «[...] los productos Bauhaus ya han conquistado un mercado. Nada estorba el buen ritmo de ventas si el negocio se organiza a nivel privado y tenemos capital suficiente a nuestra disposición [...] Una organización del negocio está disponible...»[81].

El Estado podría presentar su derecho de propiedad sobre el inventario de los talleres — según la propuesta de la Bauhaus — como su participación en la sociedad limitada. Y, en

▲ Lyonel Feininger: lámina del cartapacio para Walter Gropius, 1924.   ▶ Wassily Kandinsky: lámina del cartapacio para Walter Gropius, 1924.

efecto, hubo varias discusiones sobre el tema, en las que Gropius pudo exponer su oferta, pero solo le dieron largas. Puesto que el Gobierno mantenía la decisión política de cerrar la Bauhaus, poco podía interesarle la seguridad material de la misma.

Hasta la época de Dessau no lograría Gropius la fundación de una sociedad limitada. Además, fundó un Círculo de amigos de la Bauhaus, un *lobby* político cultural con renombradas personalidades en el Consejo de Administración. Incluso Albert Einstein se había hecho socio, probablemente por intercesión de Moholy.

Sin embargo, ni esta iniciativa ni la publicación de «Ecos de prensa para la Bauhaus estatal» tuvieron el efecto deseado. A pesar de crisis internas, a pesar de la continua escasez de dinero y los acosos políticos, la Bauhaus de Weimar se había desarrollado con bastante éxito durante los seis años de su existencia.

El «sistema de dos maestros», integrado por el engranaje de teoría y práctica, había demostrado su eficacia. La Bauhaus elaboró en estos años una serie de soluciones estéticas que determinarían el diseño de las décadas de los veinte y los treinta.

Tipo, norma y función se convirtieron en los talleres en conceptos guía de la búsqueda estética. Formas y colores elementales continuaron siendo una base importante de la labor creadora, de modo que finalmente surgió, contra las previsiones de Gropius, algo así como un «estilo Bauhaus».

El balance económico de estos años es, sin embargo, poco satisfactorio. Los intentos de independizar a la Bauhaus del Estado mediante ganancias propias fracasaron por muchas

Weimar 18 mai 1924

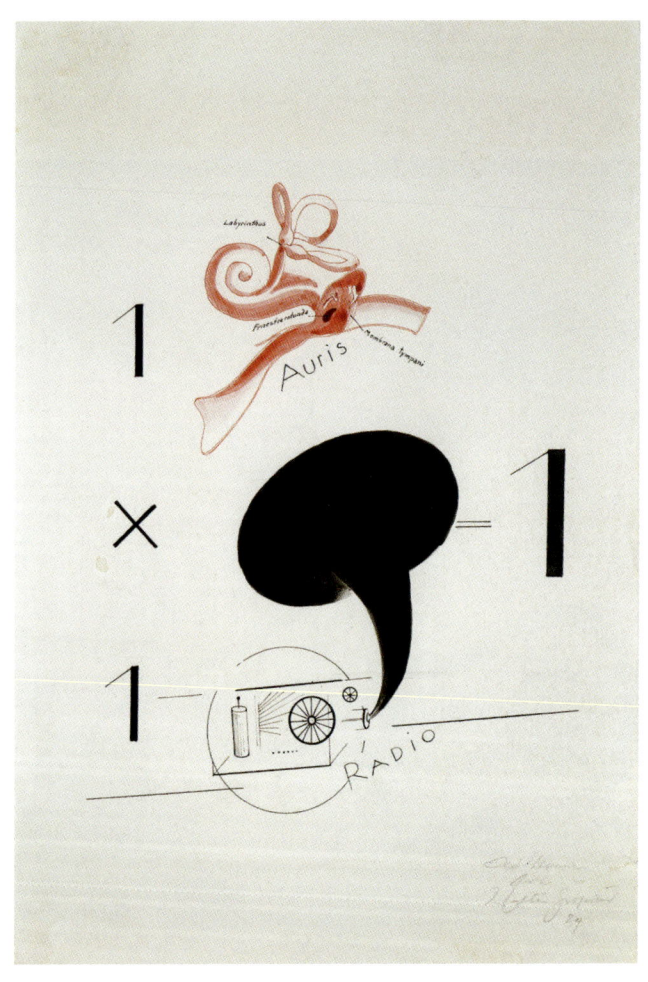

▲ Oskar Schlemmer: lámina del
cartapacio para Walter Gropius, 1924.

▶ Paul Klee: *Lösung «ee.» der
Geburtstagsaufgabe* (Solución «ee.»
de la edición del nacimiento), 1924.

Lösung, ee." der Geburtstags aufgabe

▲ Herbert Bayer: *Letzter Tanz* (Último baile). Tarjeta de invitación para la última fiesta de la Bauhaus en Weimar, celebrada el 28 y 29 de marzo de 1925.

▶ Wolfgang Tümpel: cartel *Letzte Dinge/ Letzte Drehung/Letzter Danz* (Últimos asuntos/Último giro/Último baile), 28 y 29 de marzo de 1925.

razones. La escasez de capital y la deficiente instalación de los talleres desempeñaron un papel tan importante como la falta de experiencia empresarial o los efectos de la inflación.

Con muchos de los diseños la Bauhaus se había adelantado varios años, y los éxitos serían cosechados a largo plazo.

El diseño moderno, que se desarrolló en Alemania en el curso de la revolución de 1918, tenía fama de «bolchevique» e «izquierdoso» entre los conservadores. Desde el principio estuvieron contra la Bauhaus y lucharon políticamente contra ella con todas las cartas a mano. Gropius, aunque disputaba la idea de que el diseño moderno tuviera carácter político, no podía evitar que la Bauhaus, que se había convertido en el símbolo de la modernidad, fuera combatida.

253

La Bauhaus de Dessau:
Escuela Superior de Diseño

◄◄ Esta fotografía de la esquina noroeste del ala de talleres, tomada por Lucia
Moholy en el año 1926, sigue siendo una
imagen icónica de la historia de la arquitectura moderna. El muro queda difumi-
nado mediante la estructura acristalada,
permitiendo que se vean simultáneamente
el espacio exterior e interior.

▲ **Carl Fieger:** primer diseño para el edificio de la Bauhaus en un dibujo del estudio
privado de Gropius, 1925.

Los maestros de Weimar habían revocado sus contratos con el Estado, sin tener ninguna
alternativa. Ello hubiera podido ser el final de la Bauhaus. En los meses siguientes se hizo
evidente que la Bauhaus, como un nuevo tipo de escuela, tenía tan buena fama que otras
ciudades se interesaron por ella. De «Dessau, Frankfurt, Mannheim, Múnich, Darmstadt,
Krefeld, Hamburgo, Hagen de Westfalia… llegaban propuestas y ofertas para la continuación de los trabajos de la Bauhaus»[82].

Pero, en último término, solo la oferta de Dessau tuvo consistencia, de modo que la comunidad de maestros (il. pág. 280) decidió trasladarse a esta ciudad regida por los socialdemócratas y cuyo alcalde, Fritz Hesse, tomaba personalmente partido por la Bauhaus. De la
hasta entonces escuela estatal se formó una institución comunal. Dessau era entonces, como
ahora, una ciudad de construcción de máquinas. Entre las empresas más importantes destacaban las factorías Junkers, que construían aviones y máquinas. En la cuenca hidrográfica
de Dessau había grandes fábricas químicas, como la IG Farben (colores), cuyos empleados
también vivían en Dessau. En 1925 la ciudad tenía alrededor de 50000 habitantes; en
1928 eran 80000. La escasez de vivienda era grande, pero faltaba un plan de desarrollo
de la ciudad. Una de las razones para la rápida decisión de Dessau de retomar la Bauhaus
fue la falta de espacio habitable: Gropius propagaba entonces la tecnificación y racionalización en la construcción de viviendas, idea que fue acogida en esta ciudad con los brazos
abiertos. No tardó en obtener el encargo de una colonia modelo, según su concepto, en
Dessau-Törten (ils. págs. 276-279). Gropius aún iba a dirigir la Bauhaus de Dessau durante

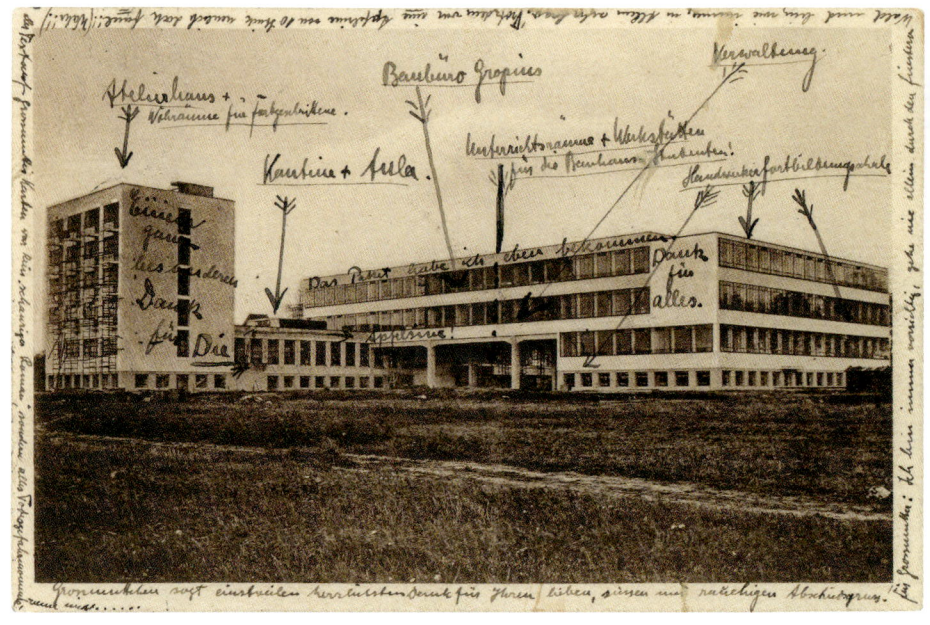

◄◄ **Walter Gropius:** edificio de la Bauhaus en Dessau, 1925/26. Vista aérea, 1926 (il. arriba) y vista del edificio desde el sudoeste, ala de alleres (il. abajo), 1926.

Rudolf Arnheim escribió en 1927 sobre la Bauhaus: «La voluntad de limpieza, claridad y generosidad ha logrado aquí un triunfo. Desde el exterior, a través de los grandes ventanales, se puede supervisar a quienes trabajan y observar la vida privada de quienes reposan. Cada objeto muestra su estructura, no se esconde ningún tornillo, ningún cincelado decorativo oculta la materia prima que se ha trabajado. Uno se siente tentado a otorgar también un valor moral a esta honestidad».

▲ Un desconocido alumno de la Bauhaus envió esta postal a su familia en 1927 y luego marcó la ubicación de la casa-taller, el comedor y el aula magna, el estudio de Gropius, las aulas y los talleres, la oficina de administración y la escuela de formación de artesanos.

Para explicar la libre disposición de las construcciones, Gropius comparó el edificio de la Bauhaus con la arquitectura histórica: «El típico edificio renacentista y barroco presenta una fachada simétrica, y un acceso que lleva a su eje central […] un edificio creado con el espíritu de nuestro tiempo se aleja del modelo representativo de la fachada simétrica. Es preciso caminar alrededor de este edificio para captar su cualidad física y la función de sus partes».

▲ En la oscuridad, el luminoso edificio de la Bauhaus, con sus amplios ventanales y grandes superficies acristaladas, parecía a los observadores un cubo de luz flotante.

▼ Gropius se presentaba como un director de la Bauhaus radicalmente moderno. En la imagen, su esposa Ise Gropius en la limusina Adler frente al edificio de la Bauhaus en Dessau. El nuevo modelo Adler Standard 6 no se presentó hasta finales de 1926 en el Salón del Automóvil de Berlín y entró en producción en serie en 1927. Unos años más tarde, el propio Gropius diseñó dos modelos para este fabricante de automóviles de Frankfurt.

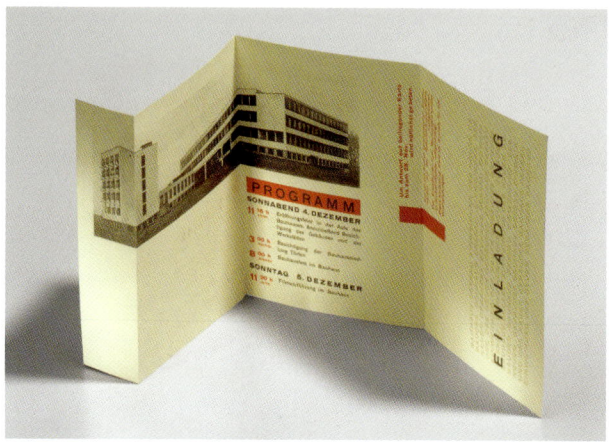

▲ **Herbert Bayer:** invitación para la inauguración del nuevo edificio de la Bauhaus el 4 y 5 de diciembre de 1926.

▶ Algunos maestros de la Bauhaus posan en la inauguración del nuevo edificio de la Bauhaus en Dessau en 1926 para el fotógrafo de prensa Walter Obschonka. De izquierda a derecha: Wassily Kandinsky, Nina Kandinsky, Georg Muche, Paul Klee y Walter Gropius.

tres años (de marzo de 1925 a marzo de 1928). En estos tres años la escuela alcanzó un nuevo punto álgido en su desarrollo. El nuevo edificio escolar y las casas para los profesores, construidos por Gropius, se convirtieron en el compendio de la arquitectura moderna en Alemania. La Bauhaus llegó a ser una especie de centro de peregrinación, visitado mensualmente por cientos de alemanes, y cada vez más extranjeros. Los estudiantes de la Bauhaus organizaron guías regulares para los visitantes. En la colonia Törten pudo Gropius demostrar por primera vez la industrialización de la construcción, y su oficina de empleo para la ciudad de Dessau (1927-1929) resultó ser su edificio más consecuente y hermoso.

El edificio de la Bauhaus en Dessau

«La ciudad de Dessau ha concedido la construcción de un edificio conjunto para la nueva Bauhaus y la ya existente Escuela de Artes y Oficios, ahora subordinada a la Bauhaus; se ha aprobado asimismo la edificación de casas independientes y una casa-taller para los estudiantes»[83]. Este encargo permitió a Gropius y la Bauhaus traducir en hechos los progresos alcanzados en la producción, desde el más simple utensilio de cocina hasta la casa completa. Al igual que había sucedido con la edificación de la casa Am Horn (ils. págs. 229-231), todo el trabajo de la Bauhaus se centraba ahora en esta obra, que, oficialmente, se comenzó el 1 de abril de 1925. Tampoco ahora se contaba con una sección de construcción —ni la hubo hasta el 1 de abril de 1927—, de modo que toda la planificación se dirigía desde el estudio privado de Gropius.

De 1925 es el primer diseño sobre el papel (il. pág. 256), que muestra los tres complejos principales del nuevo edificio Bauhaus: la extensa ala de talleres de cuatro pisos acristalados, una sección para la Escuela de Artes y Oficios, ambas comunicadas mediante una extensión común dedicada a la administración. Poco después fue erigido el edificio de tres alas (ils. págs. 257 y 259), en el que los distintos compartimentos se hallaban claramente divididos de acuerdo con su función. Además de una sección de aulas, una de talleres y una administrativa, contenía un anejo de cinco pisos, el llamado *edificio taller*. En el primer piso de este edificio se instalaron un aula magna, un escenario y el comedor escolar; el piso podía transformarse en una superficie corrida, para celebraciones. Con ello se engranaban los espacios de trabajo, vivienda, comida, deporte, fiesta y teatro como en un «pequeño mundo», y el sueño de Gropius, «construir es diseñar los procesos de la vida»[84], se había realizado.

A Gropius le gustaba mostrar su edificio en perspectiva aérea (il. pág. 257), ya que así era como mejor se apreciaba la clara diferenciación de los cuerpos y su consecuente orden espacial. «Hay que rodear el edifico para hacerse una idea de sus dimensiones y la función de sus miembros», decía Gropius. La «rigurosa claridad con que Gropius separó las funciones y buscó visualizar el contenido a través de materiales y forma de construcción, elevan el edificio Bauhaus a uno de los más significativos e influyentes del siglo XX»[85].

Pues este edificio concebido con arreglo a su función, con su fachada acristalada en el ala de talleres, fue considerado entonces, y aún hoy, como un sensacional hito del diseño.

▲ Vista del vestíbulo del edificio de la Bauhaus con lámparas de techo de Max Krajewski. Las tres puertas de la derecha de la imagen conducen al aula magna (il. pág. 265).

► Hinnerk **Scheper:** plano de organización coloreado de la Bauhaus de Dessau, 1926.

El visitante veía el edificio en primer lugar como un enorme cubo equilibrado, luminosamente transparente. Una visitante de la época comenta: «Llego a *Dessau* al alba. Hay niebla sobre la ciudad. Luces inseguras penetran aquí y allá el aire húmedo. A lo lejos, una luminosa bola de luz atrae la mirada. Un enorme *cubo de luz:* el nuevo edificio de la Bauhaus. Más tarde, bajo el sol radiante y el cielo azul, se intensifica en el edificio este efecto de punto de concentración de toda la luz, de toda la claridad. Cristal, cristal, y las paredes, allí donde se elevan, irradian un blanco cegador. Nunca antes había visto semejante reflector de luz. Y el *peso de las paredes queda suspendido* en estos dos factores: en los elevados muros de cristal, que muestran las ligeras construcciones de hierro sin ornato, y en el radiante color blanco [...] De *noche* ofrece el gigante edificio una vista especial, inolvidable, como cuando, el día de la inauguración, se iluminaron todas las habitaciones, configurando en el lado exterior un cubo de luz enmarcado y cuadriculado por las estructuras de hierro»[86].

El edificio de la Bauhaus fue inaugurado el 4 y 5 de diciembre con un gran acto festivo (ils. págs. 260 y 261). Exposiciones, conciertos y representaciones del teatro Bauhaus ofrecían un amplio programa a los invitados, algunos venidos de lejos. Las curiosidades más importantes eran el propio edificio de la Bauhaus y las cuatro casas de maestros a poca distancia, también recién construidas (ils. págs. 268 y 269). El equipamiento completo procedía de los talleres de la Bauhaus. La clase de pintura mural había pintado el edificio como se describe en un informe: «Las aulas y, especialmente, la *biblioteca* están revestidas

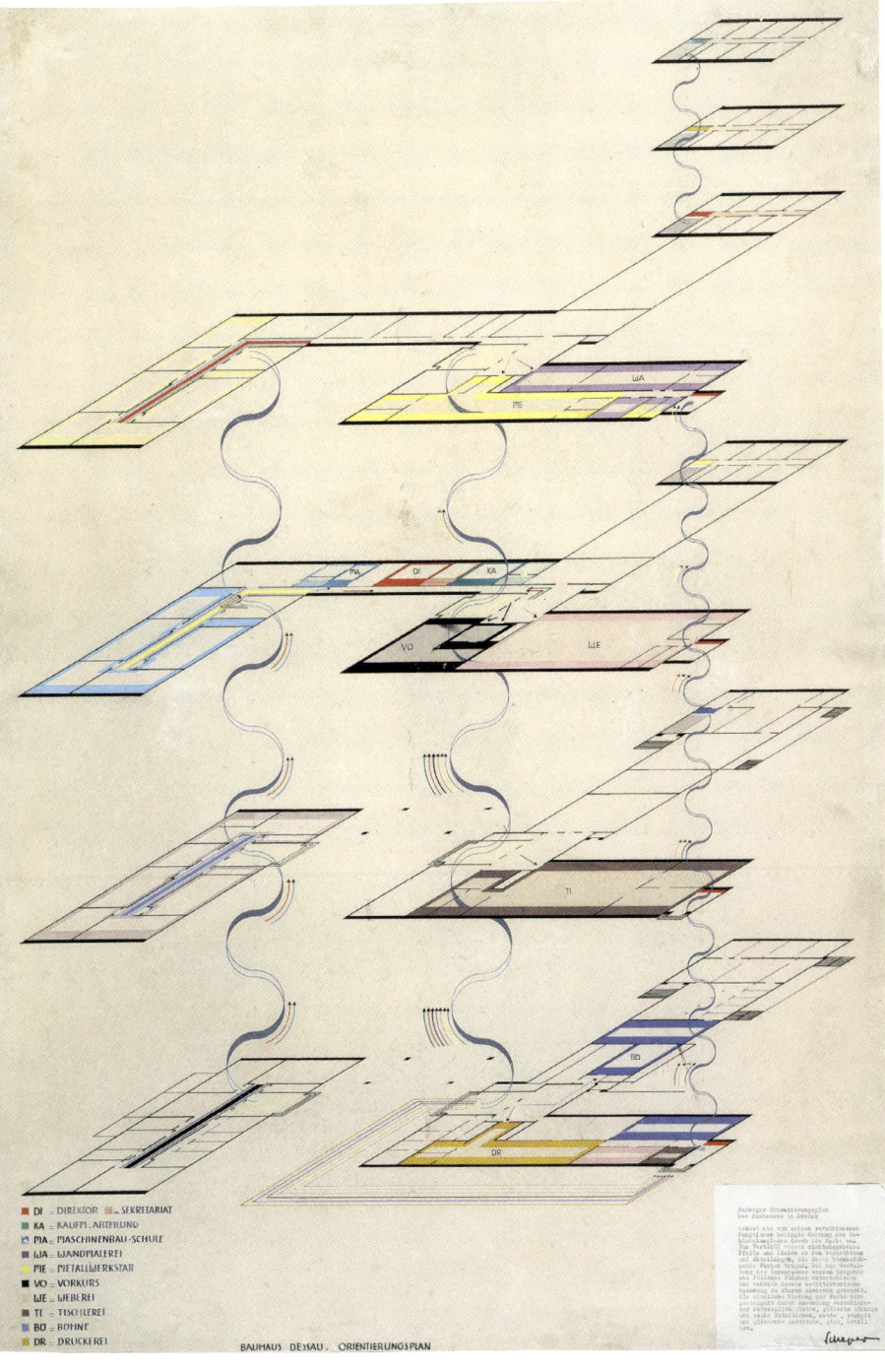

Farbiger Orientierungsplan
des Bauhauses in Dessau

Lehrst als vom selben verschiedenst
Fügplatt und belegte Ordnung der Be-
stimmtheiten desto die Sprit an.
Zur Verhält viere abschangsgenau.
Fälle und und die des Unverwendbar
und Abteilung, die dann Gesamsmäh-
hanst Punkt Bruns, bei der Verhält-
hätt die inzwischen werden hingzeig
und folloem Flächen unterscheiden
und rahmph damie architektonisch
Spannung zu klaren deausend gesucht.
Die nleniche Wiriung der Farbe wird
geschärpft durch Anmehning verschie-
der Materialien-Plätte, polierte Stühle
und nach Schildlohn, werde : stehpft
und nleliende anstreich, die : verst :
nen.

■ DI = DIREKTOR ■■ = SEKRETARIAT
■ KA = KAUFM. ABTEILUNG
■ MA = MASCHINENBAU-SCHULE
■ WA = WANDMALEREI
■ ME = METALLWERKSTATT
■ VO = VORKURS
■ WE = WEBEREI
■ TI = TISCHLEREI
■ BÜ = BÜHNE
■ DR = DRUCKEREI

BAUHAUS DESSAU , ORIENTIERUNGSPLAN

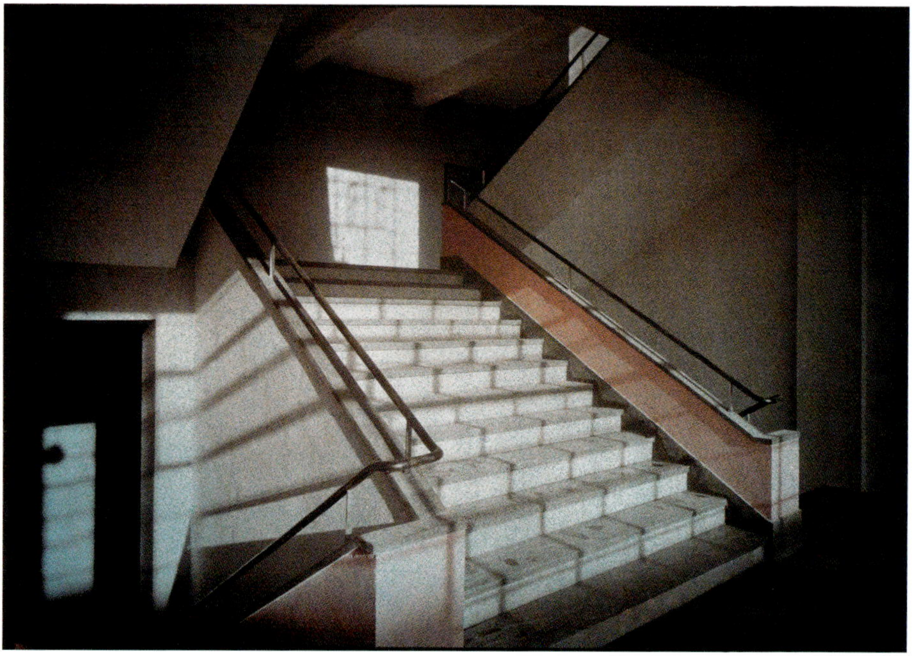

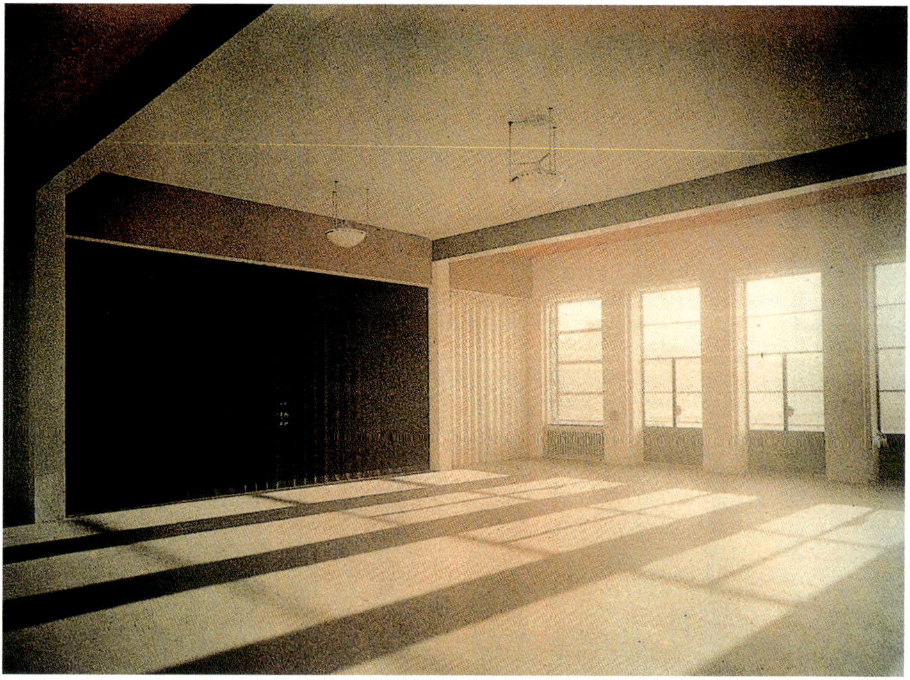

▶ Vista desde el escenario al aula magna, con asientos de Marcel Breuer y lámparas de techo de Max Krajewski. A través de las puertas abiertas se contempla el vestíbulo.

◀ Vista de la escalera de la Escuela de Artes y Oficios de Dessau. Esta parte del edificio estaba conectada con el ala de talleres mediante un puente de dos plantas.

◀ Vista del comedor de la Bauhaus en el edificio de conexión entre las alas de estudios y talleres. Detrás del telón se encuentra el escenario, de modo que el auditorio (derecha), el escenario y el comedor pueden unirse formando una gran sala.

de colores claros. Los balcones se han resaltado con tonos especiales. El comedor de la escuela ha salido especialmente bien parado: la división tripartita del techo se acentúa con los colores rojo y negro, mientras que las paredes, exceptuando las ventanas, son completamente blancas»[87].

El mobiliario del taller, del aula magna (ils. págs. 262 y 265), del comedor y de los talleres se había realizado en la carpintería bajo la dirección de Breuer. Uno de los puntos ópticos de atracción lo constituyen los muebles de tubos de acero (ils. págs. 316 y 317), presentados por primera vez ante un amplio público. Inspirado en el manillar de su bicicleta, Breuer había doblado tubos de acero con ayuda de la factoría Junkers de Dessau; para asientos, respaldos y brazos utilizó telas tensadas. Los contemporáneos veían en los muebles de tubos la máquina de sentarse por excelencia. Todos los diseños de lámparas procedían del taller de metal, muchos de ellos fueron elaborados según ideas de Max Krajewski y Marianne Brandt. La imprenta había realizado las señalizaciones. La meta ideal de la Bauhaus —la cooperación de todas las artes en la construcción— se había realizado aquí con radiante claridad y modernidad; las discutidas ideas del nuevo construir y del nuevo vivir se habían transformado sin compromisos y resultaban convincentes.

Las casas de los maestros

En un pequeño pinar, al que se podía llegar a pie desde la Bauhaus, había erigido Gropius simultáneamente las «casas de los maestros», igualmente financiadas por la ciudad

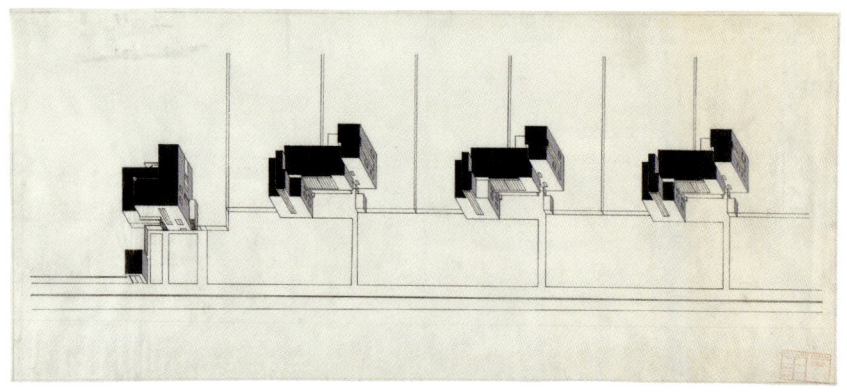

▲ Walter Gropius: casas de maestros en Dessau, isometría de todo el complejo, 1925/26. De izquierda a derecha: casa de Gropius, casa de Moholy-Nagy/Feininger, casa de Muche/Schlemmer y casa de Kandinsky/Klee.

▶ Alfred Arndt: plano de colores para el diseño exterior de las casas adosadas de maestros en Dessau, 1926.

(ils. págs. 268-275): tres casas para profesores, cada una con dos viviendas y talleres, y una casa independiente para sí mismo. Al principio Klee y Kandinsky habitaron una casa; Muche y Schlemmer, otra y Feininger y Moholy-Nagy, la tercera. Los planos de las casas dobles se ensamblaban en un ángulo de 90 grados, sirviendo así de ejemplo a la «caja de construcción en grande» defendida por Gropius, y demostraban que se podía trabajar con elementos prefabricados. El equipamiento de las casas (ils. págs. 272-275), que la ciudad alquilaba a los artistas, era desacostumbradamente generoso y asombró incluso a los artistas. Schlemmer escribió: «Me asusté en el momento en que […] vi las casas. Tenía la sensación de que aquí se congregaría un día la gente que no tiene un techo a mirar cómo los señores artistas toman el sol en la terraza»[88].

Klee se lamentaba más tarde sobre el alto coste de la calefacción e intentó, junto con Kandinsky, obtener un suplemento de la ciudad para el alquiler. La decoración interior se realizó en parte según planes de colorido de los propios artistas: el taller de Klee (il. pág. 274) había sido pintado en negro y amarillo según sus propias indicaciones, Kandinsky quiso el suyo con brochazos extraños, y también Muche experimentó con el colorido de la pared. El dormitorio de Muche se pintó a propuesta de Breuer. Nina Kandinsky recordaba su vivienda: «La sala estaba revocada de rosa claro y había una hornacina recubierta de lámina de oro. El dormitorio estaba pintado de verde almendra; la oficina de Kandinsky, de amarillo claro; el taller y el cuarto de invitados, de gris claro. Las paredes de mi pequeño cuarto relucían en rosa claro […] cada habitación era un individuo arquitectónico»[89]. Una visitante de la época

MEISTER DOPPELHÄUSER von unten gesehen 1926 A.ARNDT

267

▲ **Walter Gropius:** casa de maestros de Dessau, 1925/26. Fotografía del lado noroeste de Lucia Moholy. Las casas de los maestros de la Bauhaus no estaban lejos del edificio de la Bauhaus, en un pequeño bosque de pinos.

▼ **Walter Gropius:** casa de Gropius, 1925/26. Vista sur y suroeste con una entrada lateral y vista de las terrazas superior e inferior (arriba a la derecha) y la vista norte de la calle con la entrada principal (abajo). Fotografía de Lucia Moholy.

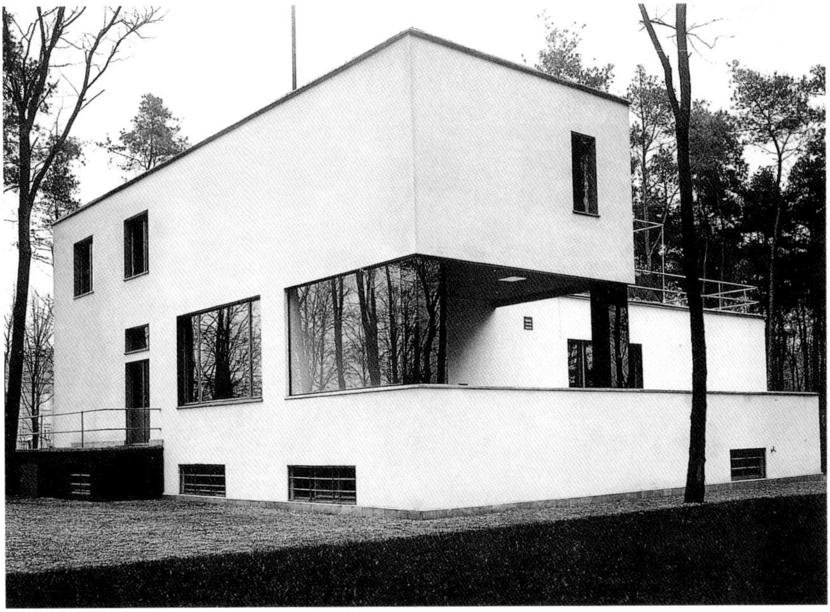

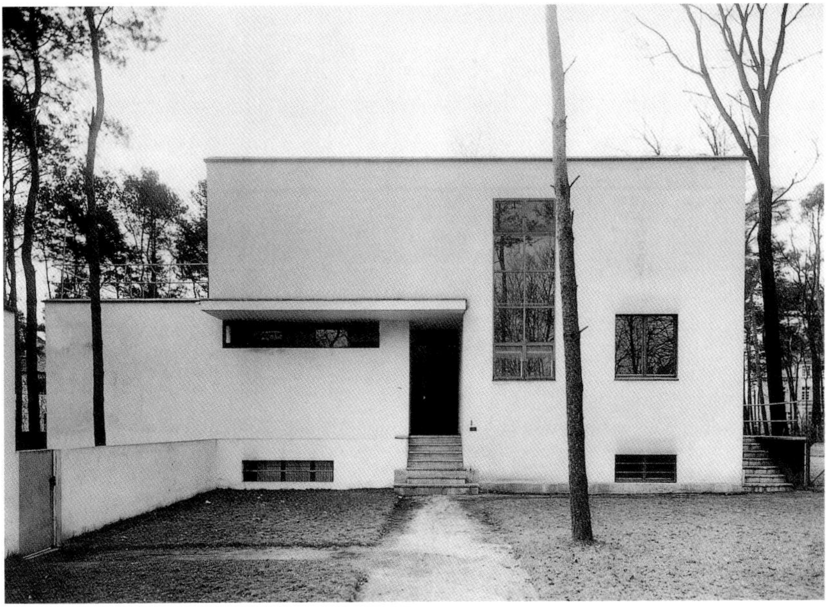

▲ Los hijos de Hannes Meyer, Hinnerk Scheper y Oskar Schlemmer en una terraza de una de las casas de los maestros, 1927.

▶ Las familias de los maestros de la Bauhaus en una de las casas de los maestros: Lou Scheper y Oskar Schlemmer (arriba), Georg y El Muche (centro), Hinnerk Scheper con su hija y Natalie Meyer con sus hijas Claudia y Livia (abajo).

describía así la colonia de artistas: «Por todas partes las mismas funcionales capas horizontales, los mismos techos planos y las líneas rectas de las puertas y ventanas sin marco; a todo ello se sobreponía la pared de cristal del taller. Un sentido práctico de máquina de vivir en la que el frío ser uniforme adoptaba como componente artístico el beneficioso juego de luces y sombras de los grupos de árboles que rodeaban la colonia»[90]. La casa de Gropius fue destruida en la guerra y en 2014, tras años de discusiones, fue reconstruida por los arquitectos Bruno Fioretti Márquez. El diseño sigue la antigua planta y la cubicación del edificio, pero se aleja del original en las fachadas para marcar de forma visual la distancia histórica. La destruida casa adosada en la que había vivido László Moholy-Nagy se rediseñó de la misma manera. Las demás se conservan, y desde la década de 1990 una gran parte de ellas se ha restaurado conforme a su diseño original. Algunos de los maestros, entre ellos el mismo Gropius, Muche y Moholy, aprovecharon la mudanza para adaptar sus nuevas viviendas al ideal de la Bauhaus. Especialmente la casa de Gropius (ils. págs. 268, 269 y 272), en extremo representativa, con apartamento para invitados, vivienda para el portero en el sótano, habitación para el servicio y garaje, era una especie de objeto demostrativo que se enseñaba a los visitantes prominentes y que incluso fue motivo de una filmación.

El crítico Max Osborn comparó entonces las casas de maestros con la casa modelo de 1923: «Recuerdo todavía la casa modelo de la exposición de 1923, incómoda, ortodoxo-puritana, vacía y fría. La distribución de las nuevas casas y su decoración interior brindan comodidad, bienestar y confort»[91]. Quedaba pendiente la cuestión de si la Bauhaus

271

▲ Walter e Ise Gropius en el salon de
su casa de maestros de Dessau, 1927.
Fotografía de Lucia Moholy.

▶ Vista del comedor de la casa de
Moholy-Nagy, 1927. Fotografía
de Lucia Moholy.

Marcel Breuer diseño los interiores y el
mobiliario de las casas de maestros. En
particular la casa de Gropius constituía
un alarde de la vida moderna, tanto en
pequeños e ingeniosos detalles como
en el equipamiento técnico. Gropius veía
su sofisticada vivienda como una casa de
prueba para el modo de vida del futuro:
«Muchas cosas que hoy aún parecen un
lujo serán habituales pasado mañana».

▲ Paul Klee en su taller de la casa de maestros, 1926. Fotografía de Lucia Moholy.

▶ Lyonel y Julia Feininger en el estudio de su casa de maestros adosada, 1927. Después del traslado a Dessau, Feininger se liberó de todas las obligaciones docentes en la Bauhaus.

▼ Sala de estar de Josef y Anni Albers, hacia 1929. Tras la salida de la Bauhaus de László Moholy-Nagy en 1928, el joven maestro Josef Albers y su esposa se mudaron a la casa de aquel.

275

▲ Vista de la colonia Dessau-Törten, primera fase de construcción.

▶ Plano general de la colonia Dessau-Törten, 1926-1928.

había cambiado tanto, o era el público quien empezaba a acostumbrarse a la moderna cultura del vivir.

La colonia Törten

A raíz de la festiva inauguración de la Bauhaus podían contemplarse por fuera y por dentro las primeras casas terminadas de la colonia Törten. En la primera fase, en 1926, se construyeron 60 casas independientes. El trazado de la colonia se debe a Gropius. Se trataba de una colonia de viviendas (no contaba con escuelas) que constaba únicamente de casas independientes de un solo piso y con jardín; más tarde se completó con un edificio de Consumo de tres pisos. Durante las fases en que se erigió la colonia, Gropius pudo poner a prueba por primera vez una de sus ideas centrales para solucionar la escasez de vivienda. Gropius llevaba tiempo investigando la forma de abaratar los costes de construcción mediante el empleo de material prefabricado y la estandarización.

Para Törten se realizó un plan de trabajo y tiempo, al que, en lo esencial, se ajustaron las obras. Trabajo manual y mecánico se coordinaban al minuto. Dado que en el terreno a edificar había grava y arena, podían producirse los bloques de construcción en el lugar. A pesar de la planificación exacta y correcta, el «efecto de ahorro» apenas resultó eficiente, pues la colonia era una obra de poca monta. Sin embargo, las casas eran en conjunto tan baratas, que incluso los obreros podían permitírselas. En una segunda fase, en 1927, se edificaron otras 100 casas, en la tercera, en 1928, 156 más. En las dos últimas fases Gropius evitó

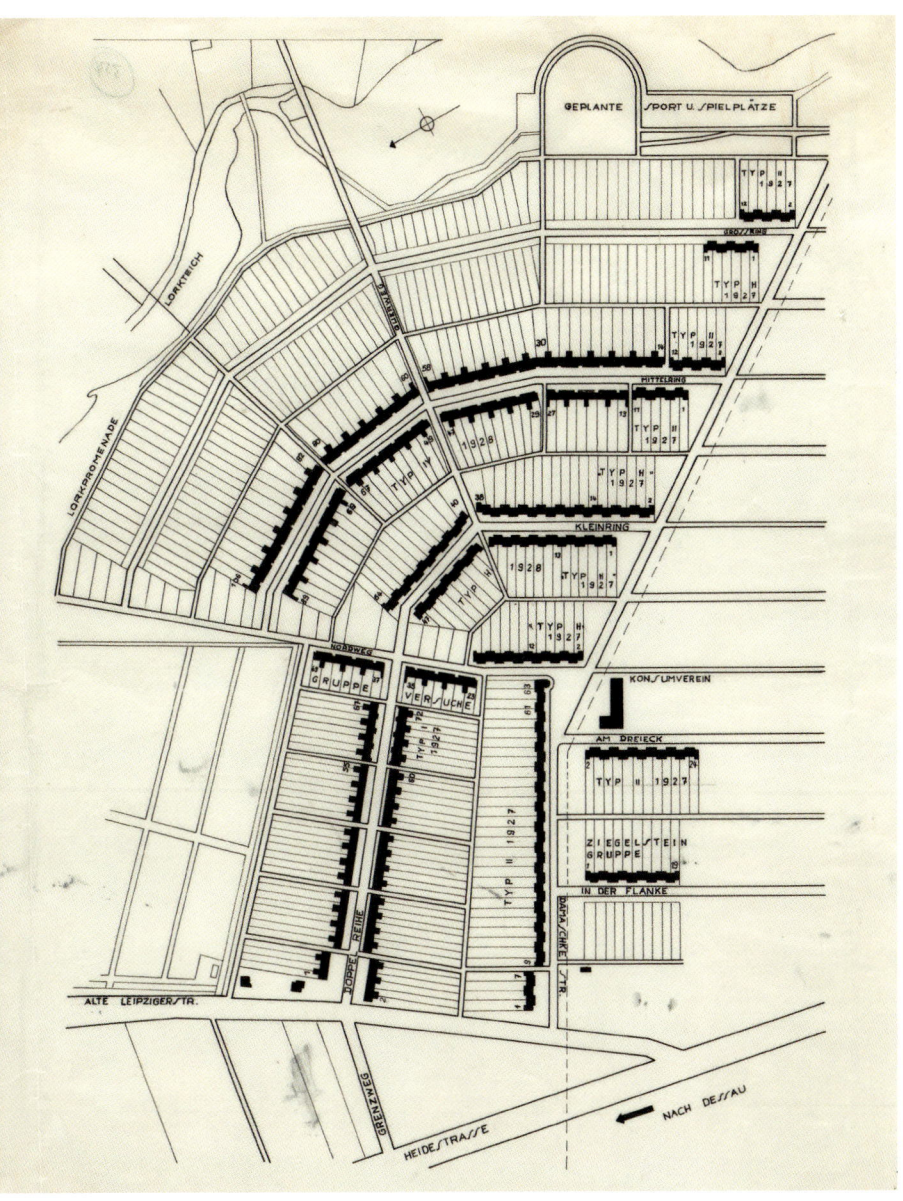

GEPLANTE SPORT U. SPIELPLÄTZE

TYP H 1927

USO/KIRE

TYP H 1927

TYP II 1927

MITTELRING

TYP II 1927

JYP H 1927

TYP IV 1928

KLEINRING

1928 TYP II 1927

TYP H 1927

LORKPROMENADE

LORKTEICH

ZAHNKER

KONSUMVEREIN

AM DREIECK

TYP II 1927

ZIEGELSTEIN GRUPPE

IN DER FLANKE

GRUPPE VERSUCHE

TYP H 1927

TYP II 1927

DOPPEL REIHE

SCHRAWEG

DAPASCHKEL STR.

ALTE LEIPZIGERSTR.

GRENZWEG

HEIDESTRASSE

NACH DESSAU

bauhaussiedlung dessau-törten

▲ **Walter Gropius:** colonia Dessau-Törten, proyecto de construcción isométrico, 1926-1928.

▶ **Heinrich Koch:** colonia Dessau-Törten, estudio de color para una planta.

◀ Una típica vivienda modelo en la colonia. La vivienda está amueblada con muebles tipo, de madera barnizada en distintos colores y pulida.

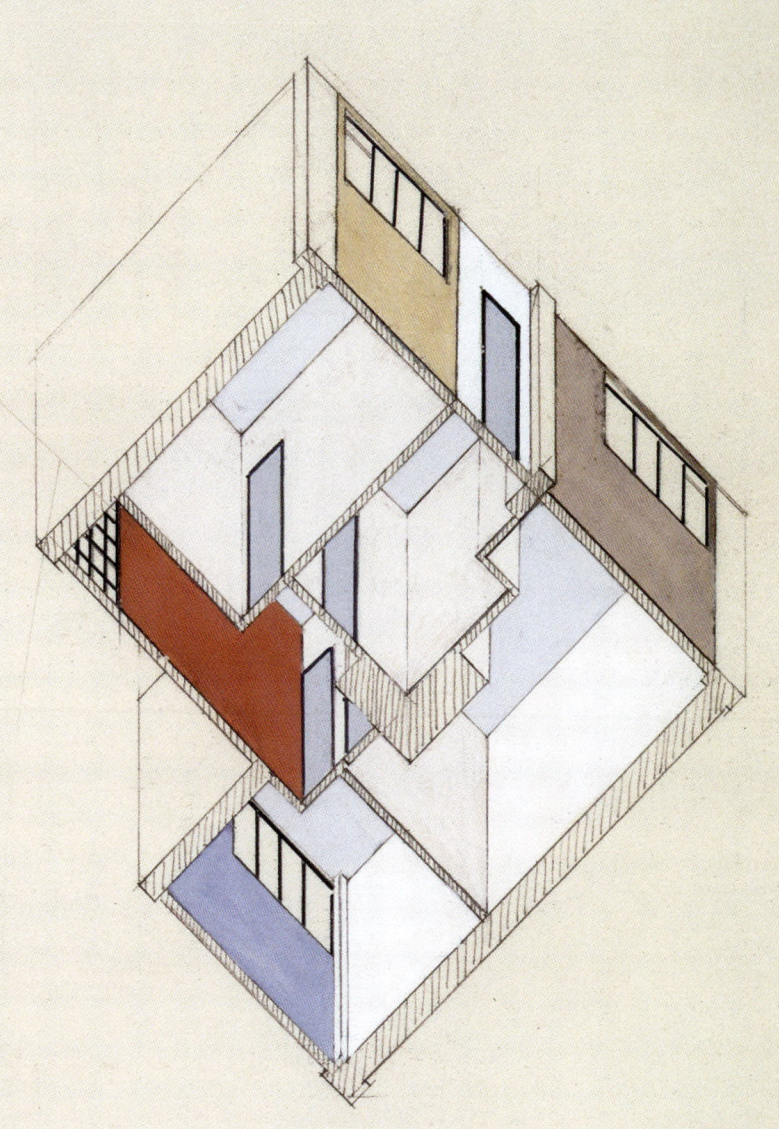

▲ Los maestros en el tejado transitable de la casa-taller, de izquierda a derecha: Josef Albers, Hinnerk Scheper, Georg Muche, László Moholy-Nagy, Herbert Bayer, Joost Schmidt, Walter Gropius, Marcel Breuer, Wassily Kandinsky, Paul Klee, Lyonel Feininger, Gunta Stölzl y Oskar Schlemmer.

▶ Certificado de la Bauhaus de Gunta Stölzl, 1928. Stölzl fue la primera mujer en recibir el título de «maestra de la Bauhaus de Dessau». Había asumido la dirección general del taller textil en abril de 1927.

algunos de los fallos del primer plan —como el alféizar de las ventanas demasiado alta o la poco efectiva calefacción—, fallos que sus detractores políticos enarbolaron contra él durante años, y que también perjudicaron a su sucesor, Hannes Meyer, que no obtuvo más que un pequeño encargo estatal.

Los talleres de la Bauhaus habían erigido una vivienda modelo (il. pág. 278) en Törten, cuyo mobiliario podía ser adquirido en la Bauhaus. El sencillo salón desempeñaba también la función de comedor. Las paredes y el suelo iban revestidos en parte, y cubiertos con esteras en lugar de alfombras. Un armario asimétrico, en parte con estantes abiertos, sustituía al típico aparador.

Las reformas escolares de 1925 y 1927

La Bauhaus de Dessau retomó, en principio, el trabajo interrumpido en Weimar. Se proponía servir al desarrollo de la vivienda, abarcando desde el más simple útil de cocina hasta la casa completa. Ello se conseguiría «a través de la experimentación sistemática tanto en la teoría como en la práctica, en los campos formal, técnico y económico»[92]. Pero Gropius ya había revisado repetidas veces la organización de la Bauhaus en Weimar con vistas a la producción, y una y otra vez había impuesto cambios en la educación. Los objetivos de la Bauhaus eran continuamente reajustados a la cambiante realidad. Ahora, tras el traslado de la Bauhaus a Dessau (1925) y de Gropius a su nueva casa (1927), llevó a cabo, con renovada energía, nuevos y profundos cambios.

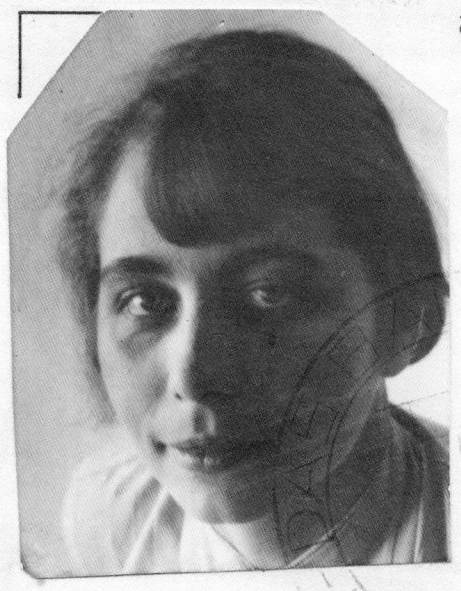

gültig für die auf der rückseite gestempelten semester

ausweis

bauhaus dessau

gunta stölzl

meister

ist ~~studierende~~ des bauhauses in dessau

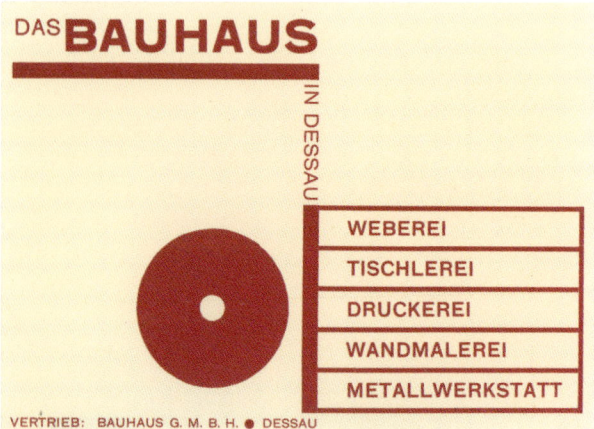

▲ **Joost Schmidt:** tarjeta publicitaria para la venta de productos de la Bauhaus a través de la sociedad limitada.

▶ El plan de estudios de noviembre de 1925 registraba solo cinco de los hasta entonces diez talleres. La sección experimental práctica constituía una novedad; aquí debían desarrollarse modelos para la artesanía y la industria.

El número de talleres se había reducido a seis: carpintería, metal, pintura mural, textil, grabado e impresión y escultura. El teatro no se mencionaba en el plan de 1925 (il. pág. 283), aunque luego sí se implantó. Cuatro de los talleres eran dirigidos, ya a partir de 1925, por antiguos alumnos, los llamados «jóvenes maestros»: Hinnerk Scheper a cargo de la pintura mural; Marcel Breuer, de la carpintería; Joost Schmidt, del taller de escultura y Herbert Bayer del taller de grabado y publicidad. Todos habían terminado sus estudios con éxito en dos especialidades, y ahora tenían la responsabilidad de formar a una nueva generación en el espíritu de la Bauhaus. En 1927, cuando Muche abandonó la Bauhaus, Gunta Stölzl pudo finalmente tomar las riendas del taller textil en calidad de joven maestra (il. pág. 281).

Gropius no olvidaba la meta de transformar la Bauhaus en un negocio económicamente productivo. La división, ya practicada en Weimar, del trabajo de taller en una sección formativa y una productiva regía ahora en todos los planes de estudio.

Gropius ya había logrado fundar la largamente planeada sociedad limitada, fundamentalmente con el dinero de Adolf Sommerfeld. El capital inicial de esta empresa ascendía solo a 20 000 marcos. Una de sus primeras actividades fue la impresión del «Catálogo de modelos», en el que se describían, acompañados de foto (ils. págs. 180 y 187), los productos a la venta más importantes de la Bauhaus. Diseñado por Herbert Bayer, se imprimió en la Bauhaus. Mediante la fundación de una sociedad limitada y la contratación de un asesor jurídico en la misma, se creaba la base organizativa para la explotación económica de los

das bauhaus in dessau

lehrplan

zweck:

1. durchbildung bildnerisch begabter menschen in handwerklicher, technischer und formaler beziehung mit dem ziel gemeinsamer arbeit **am bau.**
2. praktische versuchsarbeit für hausbau und hauseinrichtung. entwicklung von standardmodellen für industrie und handwerk.

lehrgebiete:

1. **werklehre** für

    a. holz (tischlerei)
    b. metall (silber- und kupferschmiede)
    c. farbe (wandmalerei)
    d. gewebe (weberei, färberei)
    e. buch- und kunstdruck

    ergänzende lehrgebiete:
    material- und werkzeugkunde
    grundbegriffe von buchführung,
    preisberechnung, vertragsabschlüssen

2. **formlehre:** (praktisch und theoretisch)

    a. **anschauung**
        werkstoffkunde
        naturstudium

    b. **darstellung**
        projektionslehre
        konstruktionslehre
        werkzeichnen und modellbau für alle räumlichen gebilde
        entwerfen

    c. **gestaltung**
        raumlehre
        farblehre

    ergänzende lehrgebiete:
        vorträge aus gebieten der kunst und wissenschaft

lehrfolge:

1. grundlehre:
dauer: 2 halbjahre. elementarer formunterricht in verbindung mit praktischen übungen in der besonderen werkstatt für die grundlehre. im zweiten halbjahr probeweise aufnahme in eine lehrwerkstatt.
ergebnis: endgültige aufnahme.

auskunft erteilt die geschäftstelle des bauhauses: dessau mauerstr. 36

11a

▶ **Herbert Bayer:** portada del folleto de la escuela, 1927. El plan de estudios reproducido aquí (ils. págs. 286 y 287) informaba, por primera vez, de la sección de arquitectura, inaugurada en abril de 1927 y dirigida por Hannes Meyer. Los talleres se agruparon bajo el título de «decoración de interiores» y fueron subordinados junto a la construcción de edificios a la arquitectura.

productos de la Bauhaus. Pero fue en este terreno en el que se presentaron grandes dificultades, pues los ingresos no igualaron a las previsiones que la ciudad dio por supuestos. El trabajo de la sociedad limitada y la concesión de licencias iban a dar ganancias solo muchos años después de lo previsto.

Más o menos coincidiendo con la apertura del nuevo edificio escolar logró Gropius el permiso para subtitular a la Bauhaus «Escuela Superior de Diseño». El *Reichskunstwart* Edwin Redslob (una especie de ministro de Cultura, que posteriormente actuaría como censor), que continuamente apoyó a la Bauhaus, se había manifestado a favor de la explotación económica. Con ello, la Bauhaus no solo era una escuela comunal, sino que se equiparaba a las tradicionales academias, escuelas técnicas superiores y escuelas de artes y oficios. Ahora se prescindía también de la denominación artesanal de aprendiz, oficial y maestro, aunque los estudiantes seguían recibiendo, en parte, el certificado de estudios en las cámaras de artesanos. Se llamaban simplemente estudiantes y los maestros se convirtieron en profesores.

Gropius obtuvo otro resultado positivo en aquellos meses: el nombramiento del arquitecto suizo Hannes Meyer como director, a partir de 1927, de la por fin instaurada sección de arquitectura. Ambos sucesos dieron ocasión a un cambio de organización en el programa. En un prospecto impreso en 1927 se reordena toda la docencia (ils. págs. 286 y 287). En primera línea se menciona la arquitectura, a la que se subordinan «construcción y equipamiento interior». Aquí se incluían los talleres del metal, textil, de carpintería y de pintura

bauhaus dessau

semesterplan

	1. semester	2. semester

1

architektur
a. bau
b. innenein-
   richtung

2

reklame

3

bühne

4

seminar für
freie plastische
und malerische
gestaltung

---

vermittlung der grundbegriffe der gestaltung

allgemeine einführung:

a) abstrakte formelemente   ca. 2 std.
    analytisches zeichnen
b) werklehre, materialübungen   ca. 12 std.

allgemeine fächer:

a) darstellende geometrie   ca. 4 std.
b) schrift   ca. 2 std.
c) physik oder chemie   ca. 2 std.
d) gymnastik oder tanz (fakultativ)   ca. 2-4 std.

---

einführung in die specialausbildung

praktische arbeit in einer bauhauswerkstatt   ca. 18 std.

vorträge und übungen:

a) primäre gestaltung der fläche   ca. 2 std.
b) volumen raumkonstruktion   ca. 2 std.

allgemeine fächer:

a) darstellende geometrie   ca. 2 std.
b) fachzeichnen   ca. 2 std.
c) schrift   ca. 2 std.
d) physik oder chemie   ca. 2 std.

für fortgeschrittene:
baukonstruktion   ca. 4 std.
statik   ca. 2 std.
übungen   ca. 2 std.

4

3. semester	4. semester	5. semester u. folg.
spezialausbildung a. bau prakt. arbeit in einer werkst. 18 std. baukonstr. 4 „ statik 4 „ entwurf 4 „ veranschlag. 2 „ baustofflehre 2 „	entwurfsatelier mit anschließender baupraxis einzelvorträge über baukonstruktion eisenbetonbau statik wärmelehre installation veranschlagen ausschreibung normenlehre sonderkurse über stadtbau verkehr wirtschaftliche betriebsführung	wie im 4. semester
b. inneneinrichtg. praktische arbeit in einer werkstatt, mit entwerfen, detaillieren, kalkulieren 36 std. fachzeichnen 2 „	praktische arbeit wie im 3. semester 18 std. gestaltungslehre fachzeichnen fachwissen	wie 4. semester selbständige laboratoriumsarbeit in der werkstatt 36 std.
einführung in das werbewesen untersuchung der werbemittel praktische übungen	wie im 3. semester und einzelvorlesungen über fachgebiete	selbständige mitarbeit an praktischen werbeaufgaben
werkstattarbeit gymnastisch-tänzerische, musikalische, sprachliche übungen	werkstattarbeit choreographie dramaturgie bühnenwissenschaft	werkstattarbeit, selbständige mitarbeit an bühnenaufgaben und aufführungen
korrektur eigener arbeiten nach vereinbarung selbstwahl der meister praktische arbeit in einer werkstatt 18 std.	wie im 3. semester ohne werkstatt	wie im 4. semester

spezialausbildung unter bevorzug. der theorie

reifere (siehe abteilungsplan 1a vorbedingung 1–3) können bereits nach dem 1. semester auf antrag an den lehrgängen des 4. semesters teilnehmen.

erhöhte spezialausbildung
wie im 4. semester mit wachsender selbständigkeit der aufgaben.

◄ **Farkas Molnár:** tapas del primer libro de la Bauhaus, *Internationale Architektur* (Arquitectura internacional), de Walter Gropius, 1925.

► **Theo van Doesburg:** Tapas del 6.° libro de la Bauhaus, *Grundbegriffe der neuen gestaltenden Kunst* (Principios básicos del nuevo arte plástico), 1924.

► **László Moholy-Nagy:** tapas del 14.° libro de la Bauhaus, *von material zu architektur* (Del material a la arquitectura), 1929.

mural. Como segundo grupo autónomo se nombra la publicidad. Con ello se alude al antiguo taller de grabado, en el que se incluye la escultura y, más tarde, la fotografía. El teatro no había podido nunca exigir tanto espacio en un programa oficial como tenía en este.

Otra novedad más la constituye el «Seminario de formación pictórica y escultórica libre», nombrado en último lugar, que enmarcaba las clases de «pintura libre» de Klee y Kandinsky. Klee y Kandinsky habían exteriorizado el deseo de impartir en el futuro no solamente el curso de forma, sino también pintura artística, una osadía de lo más tradicional, de la que la Bauhaus había huido hasta entonces. En el plan semestral de 1927 aparece esta clase bajo la denominación «Seminario de formación pictórica y escultórica libre». Posteriormente se realizaría el seminario como «clase de pintura libre», impartido una vez a la semana por Klee o Kandinsky en privado. Además, ambos habían sido liberados del trabajo en el taller, donde hasta entonces habían sido maestros de forma. En la sección de arquitectura se nombra el diploma como título de fin de estudios. Más tarde también se instauraría el diploma en las demás especialidades. En el plan de estudios, por tanto, se revolucionaba la arquitectura frente a las demás especialidades, pero por otra parte ocupaban las artes libres un puesto sorprendentemente importante. En la práctica apenas se notaba este nuevo orden, puesto que la sección de arquitectura contaba con pocos estudiantes.

También los sucesores de Gropius partieron de esquemas semejantes —con otras ponderaciones—, en los que la arquitectura ocuparía en lo sucesivo el lugar central. Este acento en la arquitectura —junto con la concentración en el trabajo de maquetas para la industria—

fue la causa probable de que muchas mujeres se abstuvieran de estudiar en la Bauhaus. También en los años siguientes se redujo constantemente su participación.

Los libros Bauhaus y la revista *bauhaus*

Gropius ya había planeado en Weimar, con Moholy-Nagy, una serie de escritos, los «libros Bauhaus» (ils. págs. 288 y 289), que debían tratar en 50 tomos «las cuestiones artísticas, científicas y técnicas de diversas especialidades»; de forma parecida a como los cartapacios Bauhaus habían recogido trabajos de los más prominentes artistas contemporáneos de pintura y gráfica. Los primeros ocho tomos, que salieron juntos al mercado en 1925 en Dessau, habían sido realizados, excepto dos de ellos, por los maestros mismos. Proporcionaban una amplia visión de la arquitectura, el teatro, la fotografía y el trabajo en los talleres de la Bauhaus. Moholy había dispuesto la tipografía de casi todos los tomos.

Pero este, que se ocupaba especialmente de nuevos artistas, quería llevar a cabo en los dos tomos siguientes un perfil de la nueva era. Todos los parentescos de corrientes modernas debían estar documentados gráficamente y por escrito. Moholy daba amplia libertad de acción a los autores invitados; ellos mismos podían componer la portada a su gusto y a menudo también la compaginación. En total aparecieron 14 tomos hasta 1930.

A raíz de la apertura del edificio la Bauhaus sacó al mercado la revista cuatrimestral *bauhaus* (il. pág. 291), en la que se daba información sobre la Bauhaus y sobre nuevos productos y contratos. Estaba abierta a colaboraciones de autores ajenos a la Bauhaus.

toko

◄ **Herbert Bayer:** portada de la revista *bauhaus*, número 1, 1928. Bayer unió virtuosamente en su diseño diferentes niveles y métodos de representación, por ejemplo, al dibujar sus instrumentos de grafista. Bayer se despidió de la Bauhaus con este número.

► Portada para la revista *bauhaus*, número 1, 1926. El primer volumen se publicó con motivo de la inauguración del edificio de la Bauhaus en diciembre de 1926.

Al principio casi todos los números se centraban en un tema: mientras en el primer número estaban representados casi todos los talleres (redacción: Gropius; diseño: Moholy-Nagy), se dedicó el número 1927/3, realizado por Schlemmer, al tema teatro. Hannes Meyer, recién nombrado profesor de arquitectura, fijó el contenido del número siguiente, y la entrega de 1928/1 (il. pág. 290), concentrada en el tema publicidad, fue preparada por Herbert Bayer. Los seis números que siguieron fueron publicados bajo los auspicios del nuevo director, Hannes Meyer. Bajo Mies van der Rohe solo pudieron financiarse tres exiguas entregas. A finales de 1925 se decidió escribir solo en letra minúscula e imprimir según las normas DIN (Instituto Alemán de Normalización). Al pie de cada carta aparecía: «escribimos todo en minúscula porque así ahorramos tiempo. además: ¿por qué dos alfabetos, cuando uno es suficiente?, ¿para qué escribir mayúsculas, cuando no pueden pronunciarse?».

Hoy categorizamos este tipo de medidas publicitarias y formales como un aspecto de las claves «imagen publicitaria» y «relaciones públicas». Pero hemos de tener en cuenta el contexto político en que se movía la Bauhaus. En Dessau, como antes en Weimar, pronto se constituyó una comisión de ciudadanos con el objeto de combatir y difamar a la Bauhaus. Lentamente, pero con constancia, la Bauhaus fue perdiendo el respaldo político de la ciudad de Dessau. Así pues, una imagen positiva de los progresos era parte de la lucha por la supervivencia. A ello contribuyó la activación del Círculo de Amigos de la Bauhaus», que ya había sido fundado en Weimar. El Círculo, cuyo número de miembros iba en aumento,

bauhaus 1
1926

die zeitschrift erscheint vierteljährlich ● bezugspreis: jährlich mk 2.—; einzelnummer 60 pfennig ●
mitglieder des „kreis der freunde des bauhauses" erhalten die zeitschrift kostenlos ●
schriftleitung: walter gropius und l. moholy-nagy ●
geschäftsstelle: bauhaus dessau ●

bauhausneubau dessau   junkers luftbild

bauhausneubau - westseite   foto lucia moholy

statt einer vorrede:

walter gropius:
bauhaus-chronik 1925/1926

weihnachten 1924 auflösungserklärung des staatlichen bauhauses weimar durch die meister des bauhauses.

april 1925 die stadt dessau, ein zentrum des mitteldeutschen braunkohlenreviers mit aufsteigender wirtschaftlicher entwicklung, faßt den beschluß, geleitet von dem kulturellen weitblick seiner stadtverwaltung, das bauhaus zu übernehmen.

alle bisherigen meister — feininger, gropius, kandinsky, klee, moholy, muche, schlemmer — verbleiben am bauhaus, mit ausnahme von marcks, der — da die keramische abteilung, die er leitet, aus räumlichen und finanziellen gründen nicht mit übernommen werden kann — eine berufung nach halle annimmt.

5 ehemalige bauhaus-studierende — albers, bayer, breuer, scheper, schmidt — werden als meister an das bauhaus berufen. mit ihrem eintritt erfährt das bauhaus-programm eine wesentliche änderung.

bauhausneubau dessau
architekt w. gropius

der bau wurde ende september vor. js. begonnen, der rohbau wurde am 21. 3. 26 fertiggestellt, das atelierhaus wurde am 1. september, die übrigen räume des bauhauses wurden am 15. oktober bezogen.

der gesamte bau bedeckt rund 2600 qm grundfläche und enthält 32000 cbm umbauten raums. daurher ist der magistrat der stadt dessau. der preis pro cbm umbauten raums bleibt unter m. 26,-

der gesamte baukomplex besteht aus 3 teilen:

1 das **fachschulgebäude,** enthaltend die berufsschule (lehr- und verwaltungsräume, lehrerzimmer, bibliothek, fysiksaal, modellräume). maße: 18,54 m breit; 7,98 m lang; 13,53 m hoch.

ganz ausgebautes souterrain, hochpartere und zwei obergeschosse. im ersten und zweiten obergeschoß führt eine auf 4 pfeilern über eine fahrstraße gespannte brücke, in der unten die bauhausverwaltung, oben die architekturabteilung untergebracht ist, zu dem bau

2 **laboratoriums-werkstätten** und lehrräume des bauhauses. im souterrain die bühnenwerkstatt, druckerei, färberei, bildhauerei, packund lagerräume, hausmannswohnung und heizkeller mit vorgelagertem kohlenbunker.

im hochpartere die tischlerei und die ausstellungsräume, großes vestibül, daran anschließend die aula mit der vorgelagerten, überhöhten bühne.

im 1. obergeschoß die weberei, die räume für die grundlehre, ein großer vortragsraum und die verbindung von bau 1 zu bau 2 durch die brücke.

im 2. obergeschoß die wandmalereiwerkstatt, metallwerkstatt, sowie zwei vortragssäle, die durch klappwand zu einem großen ausstellungssaal verändert werden können. daran anschließend die zweite brückenetage mit den räumen für die architekturabteilung und baubüro gropius.

die aula im erdgeschoß dieses baues führt in den eingeschossigen trakt zu bau

3 **atelierhaus,** das die wohlfahrtseinrichtungen des instituts enthält. die bühne zwischen aula und speisesaal kann bei vorführungen nach beiden seiten geöffnet werden, so daß die zuschauer auf beiden

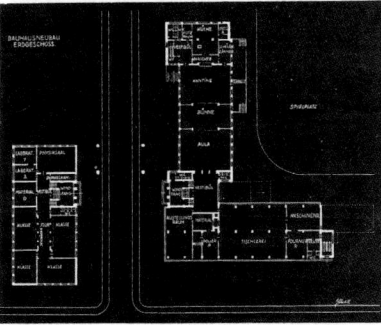

bauhausneubau dessau - grundriß des erdgeschosses

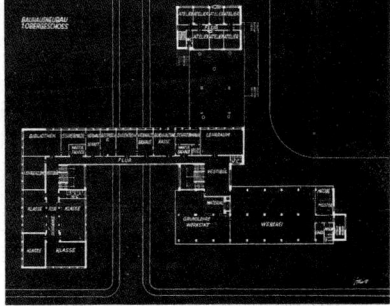

und des 1. obergeschosses

proporcionaba cuantiosos donativos a la Bauhaus. Financió la revista *bauhaus* a partir de 1926, compraba productos de la Bauhaus y organizaba numerosos actos.

Los cursos preparatorios de Josef Albers y László Moholy-Nagy

Los cursos preparatorios de Klee y Kandinsky continuaron siendo en Dessau parte fundamental del programa educativo, e incluso se cursaban, en parte, en los últimos semestres. Los cursos no dejaron de evolucionar durante los años de Dessau y sufrieron, parcialmente, cambios esenciales. El estudio requería más tiempo y dedicación por parte de los alumnos. Como contrapunto a la presentación de la primera parte del libro, expondremos aquí una vez más las clases de Klee, Kandinsky, Albers y Moholy.

De decisiva importancia para la educación integral de los alumnos fue el curso preparatorio de Josef Albers (ils. págs. 292-295). El Consejo de Maestros había decidido ya en Weimar, tras la marcha de Johannes Itten, ampliar el curso preparatorio a un año. Una espacio de «formación artesana» debía promocionar la preparación técnico-artesana con vistas a un mejor rendimiento en el taller.

Albers, que había sido maestro de escuela primaria, había venido a la Bauhaus para ser pintor. Tras terminar el curso preparatorio de Itten trabajó en el taller de pintura en vidrio, que, debido a la escasez de materiales, no pudo funcionar independientemente por mucho tiempo. Albers dio un curso de 18 horas semanales en el primer semestre a partir del otoño de 1923, mientras Moholy se encargaba del segundo semestre del curso preparatorio, de

◄ Josef Albers examina los trabajos del curso preparatorio, 1928/29. Fotografía de Umbo (Otto Umbehr).

► Josef Albers en su taller de Dessau, sentado en el nuevo modelo de sillón de tubos de acero, de Marcel Breuer. La foto fue tomada en 1928 por Umbo. En la pared cuelga un cuadro en vidrio realizado por Albers en 1927.

ocho horas. En el programa del curso de Albers se incluían visitas a artesanos y fábricas. Sin máquinas, y solo con los utensilios más corrientes, los alumnos diseñaban recipientes, juguetes, pequeños utensilios; primero con un único material, más tarde combinándolos. De este modo debían transmitirse las características esenciales de los materiales y los rudimentos de la construcción. El reparto del curso preparatorio entre Albers y Moholy y su duración de un año se conservaron también en Dessau. Los alumnos podían ingresar en los talleres, a modo de prueba, ya en el segundo semestre. Albers enseñaba en Dessau por las mañanas, 12 horas semanales repartidas en cuatro días. Este curso era obligatorio para todos los alumnos del primer semestre. Moholy-Nagy daba clase a los alumnos del segundo semestre, pero solo cuatro horas semanales. Cuando este abandonó la Bauhaus en 1928, se ocupó Albers de todo el curso preparatorio, que estuvo a su cargo hasta el cierre de la escuela en 1933.

Albers retomó, como es de suponer, elementos del curso de Itten —los estudios de materiales, por ejemplo—, pero bajo una nueva sistematización, como ejemplifican los estudios de materia. A partir de 1927 los alumnos no podían trabajar con cualquier material, sino en secuencia fija, primero con cristal, luego con papel (ils. págs. 292-295) y, por último, con metal (il. pág. 297): el primer mes solo con cristal, el segundo solo con papel y el tercero con materiales que, según las investigaciones de los propios alumnos, estuvieran emparentados. En el cuarto mes se permitía a los estudiantes elegir libremente los materiales.

Albers aconsejaba: «El material ha de ser trabajado de tal modo, que no se desperdicie nada: la economía es el más elevado principio. La forma definitiva surge de la tensión entre

293

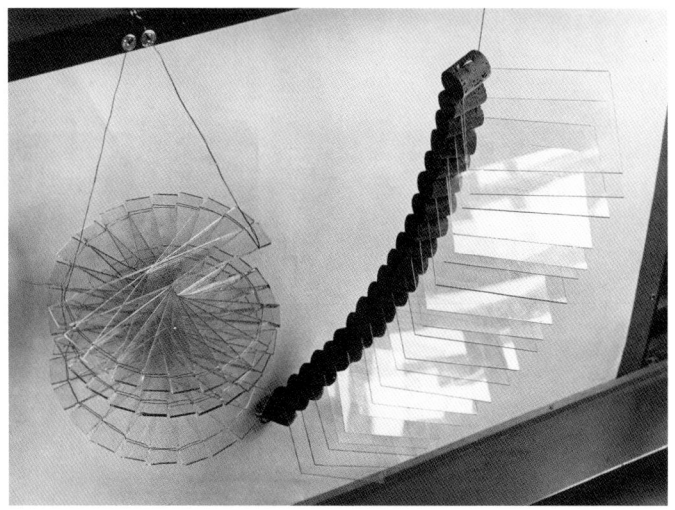

▲ Dos estudios de diseño del curso preparatorio de Albers sobre el tema de «ejercicios con vidrio», hacia 1927.

▼ Ejercicios de diseño y solidez del curso preparatorio de Albers sobre el tema de «plegado de papel», hacia 1927.

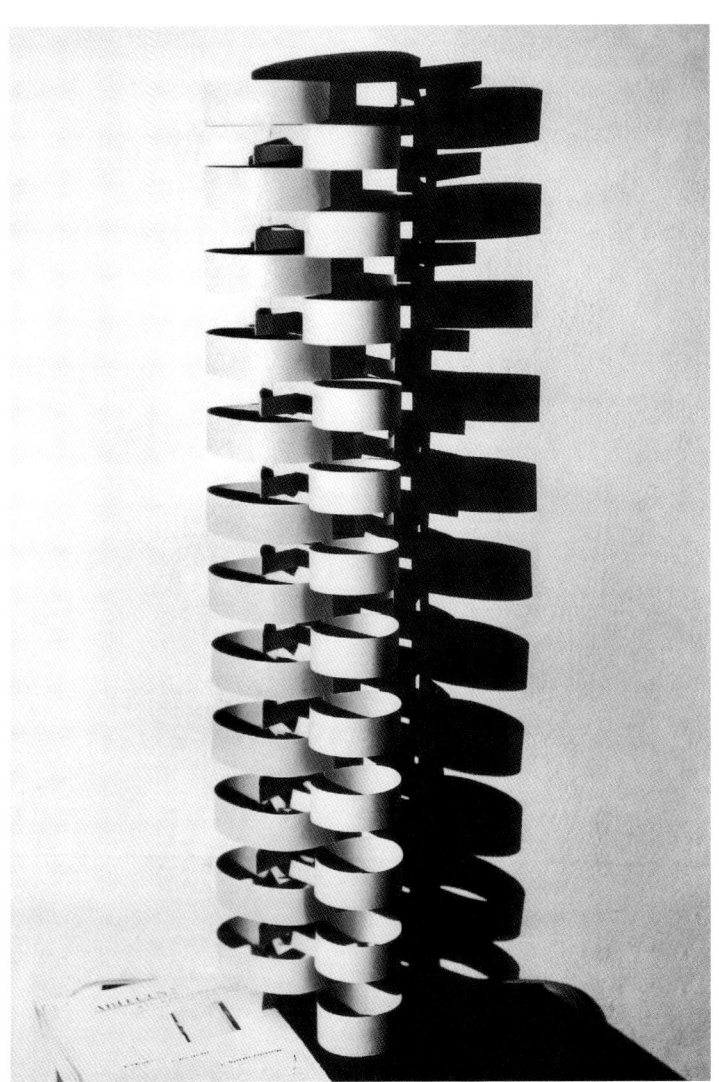

▲ Este trabajo de papel fue realizado en 1928 por Gustav Hassenpflug en el curso preparatorio de Albers. Altura: 80-90 cm. Mediante habilidosos cortes y arqueos, el papel se sostiene por sí mismo. Ningún trozo de la hoja de papel ha sido desechado, formas positivas y negativas son parte por igual de la solución formal válida, concebida también como «ilusión de penetración».

◄ En la escultura colgante realizada por
Hin Bredendieck para la clase de Moholy-
Nagy (1928) se combinan tubos de cristal
y alambre metálico en un sistema oscilante.
Moholy describió un trabajo colgado de
un fino alambre como forma previa a una
plástica oscilante: las relaciones material-
volumen existen únicamente en el marco
de sus componentes, no hacia el exterior,
como por ejemplo mediante un zócalo.

► Alfons Frieling: ejercicio de material
plástico del curso reparatorio de Albers,
hacia 1927.

el material tallado y el material replegado». Mientras el objetivo primordial de la clase de
Albers era utilizar el material con creatividad y economía, las clases de ejercicios de Moholy-
Nagy, que en 1924 aún se llamaban «estudios de forma», se concentraban en la forma en
el espacio. También aquí, como con Itten y con Albers, se elaboraban tablas sensoriales
(ils. págs. 298 y 299) para entrenar el sentido del tacto, pero la mayoría de las fotos de
construcciones tridimensionales, escultóricas, hay que calificarlas como sencillos ejercicios
espaciales. De cristal, plexiglás, madera, metal y alambre surgieron construcciones casi
siempre asimétricas, equilibradas en sí mismas, «ejercicios de equilibrio», estudios sobre
«esculturas flotantes» (il. pág. 296) y «estudios de volumen y espacio».

En especial la clase de Albers ha influido a posteriori en muchos estudiantes y ha determinado su forma de trabajar. El pintor Hannes Beckmann describía así su primer día de
clase: «Recuerdo todavía el primer día de clase como si lo estuviera viviendo: Josef Albers
entró en el aula con un atillo de periódicos bajo el brazo, que luego repartió entre los estudiantes. Después se dirigió a nosotros y dijo, más o menos: "Damas y caballeros": nosotros
somos pobres y no ricos. No podemos permitirnos perder material ni tiempo. Tenemos que
hacer de lo peor lo mejor. Cada obra de arte tiene un material de partida muy concreto y,
por eso, lo primero que tenemos que hacer es investigar cómo se ha logrado este material.
A este objeto vamos a experimentar antes de nada, sin necesidad de que produzcamos
algo. De momento anteponemos la destreza a la belleza. La prodigalidad de la forma
depende del material con el que trabajemos. Recuerden que a menudo se consigue más

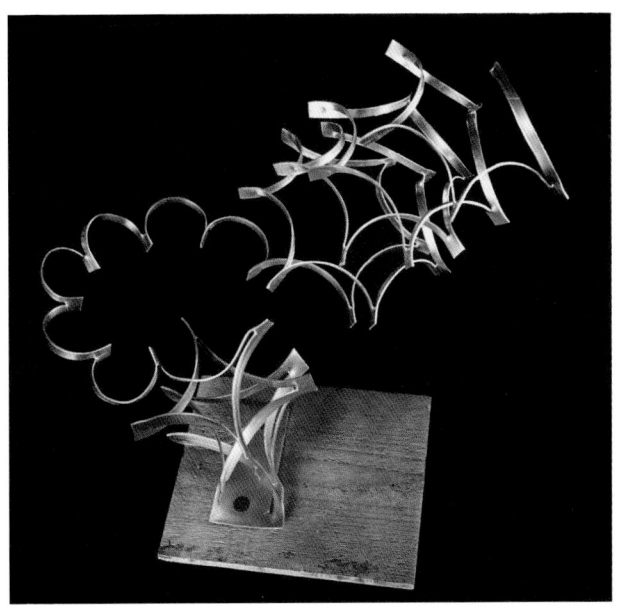

con el menor esfuerzo. Este estudio deberá motivar a pensar constructivamente. ¿Me han comprendido? Quiero que ahora tomen los periódicos que han recibido, y que hagan de ellos más de lo que por el momento son. También quiero que respeten el material, que lo usen adecuadamente y sean conscientes de sus cualidades. Si pueden arreglárselas sin otros medios, cuchillos, tijeras o cola, tanto mejor. ¡Que se diviertan!» Pasadas unas horas regresó al aula y nos hizo extender los resultados de nuestros esfuerzos en el suelo. Había máscaras, barcas, castillos, aviones, animales y diversas figuritas ingeniosamente discurridas. El calificativo que nuestras creaciones merecieron fue "cosa de parvulitos". Albers opinaba que para esas composiciones había materiales más adecuados. Luego señaló una composición extremadamente simple; un joven arquitecto húngaro la había realizado. No había hecho otra cosa que doblar el periódico a lo largo, de tal modo que se sostenía de pie como un ala.

Ahora nos explicaba Josef Albers qué bien había sido entendida la naturaleza del material y qué bien había sido utilizado y qué acorde era el proceso de doblar trabajando con papel, pues con este proceder se transformaba un material tan blando en rígido, tan rígido, que podía sostenerse sobre su parte más delgada, sobre el canto. Continuó explicándonos que un periódico sobre una mesa tiene solamente un lado activamente visual, el resto queda oculto. Si el periódico está de pie, entonces es activamente visual por los dos lados. Con ello pierde el papel su aburrido aspecto exterior, su cansancio. El curso preparatorio era como una terapia de grupo.

◄ Walter Kaminski: escala táctil de dos piezas del curso preparatorio de Moholy-Nagy, 1927.

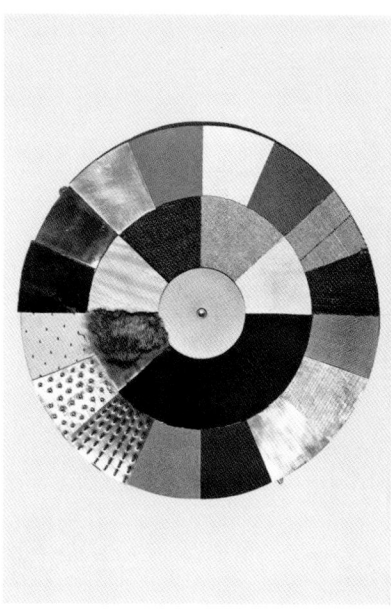

► Wera Meyer-Waldeck: estudio de composición técnica (delante) y Takehito Mizutani: estructura elástica para valores de presión. Ambas obras corresponden al curso preparatorio de Moholy-Nagy, hacia 1927.

A través de la comparación de todas las soluciones halladas por los demás estudiantes, aprendíamos con rapidez a encontrar la solución más deseable de una tarea. Y aprendíamos a criticarnos a nosotros mismos; eso era más importante que criticar a los demás. Esta especie de "lavado de cerebro" por el que pasábamos en el curso preparatorio nos llevaba, sin lugar a duda, a pensar con claridad»[93].

Las clases de Paul Klee y Wassily Kandinsky

Durante casi toda su actividad docente en la Bauhaus de Dessau, Klee dirigió la formación de los alumnos del curso preparatorio del segundo semestre. Su especialidad era la «enseñanza de la forma pictórica», que ya había desarrollado en Weimar; este curso incluía también la enseñanza del color, demostrada en la esfera cromática. En invierno de 1927 Klee amplió su campo de acción: tras la marcha de Muche, se hizo cargo de la clase de forma de las tejedoras. Solía impartir este curso para alumnos de dos semestres: jóvenes del segundo o tercer semestre, y los de cuarto o quinto semestre.

Además, a partir de 1927 daba, por propia iniciativa, el curso de pintura libre, para el que ya en en la primera sesión se habían matriculado diez alumnos y alumnas. También este curso continuó durante toda su estancia en la Bauhaus. A diferencia de Kandinsky, cuyas propuestas de ejercicios en dibujo analítico desde 1922 y en el aprendizaje del color desde 1925 se repetían una y otra vez, Klee desarrollaba continuamente las tareas, en parte con ayuda de libros especializados. Normalmente realizaba primero algunas

◄ Ernst Kállai: caricatura de Paul Klee como Buda de la Bauhaus, 1929.

► Lena Meyer-Bergner: ejercicios de la clase de Klee: radiación/centro variante (il. arriba) y luminosidad-oscuridad (il. abajo), ambos de 1927.

demostraciones y luego ponía ejercicios (il. pág. 301), que los alumnos debían resolver por medio del dibujo y color. Se trataba, en el sentido más amplio, de las reglas de la composición de superficies y aplicación del color, cuya ejemplificación era fácil al principio: «Textil tercer semestre. Escalas blanco y negro», y se complicaba después. «Semestres cuarto a quinto. Aprendizaje formal con claroscuro»; por último: «Primeras construcciones elípticas», «Construcción interna de elípticas»[94]. Las alumnas traducían estos contenidos educativos en muestras de tejido o de colorido. Klee también enjuiciaba los productos textiles: «Luego volvieron a criticarse los materiales que se empleaban para tejer, se realizaron muchas cosas nuevas, algunas especialmente buenas. Las mujeres pueden ser extraordinariamente laboriosas». Tal arrogancia no impedía a Klee comprar productos textiles de la Bauhaus como, por ejemplo un tapiz de Ida Kerkovius o una cubierta para piano de Otti Berger.

Aunque Klee se lamentaba sobre las clases en sus cartas: «Yo hago todo a medias: arte, ganar dinero, dar clase, escribir cartas [...]», siempre trabajaba en la escuela con exigencia y teniendo una meta: «La Bauhaus no se va a calmar, sino dejaría de serlo, y quien a ella pertenece, ha de colaborar, aunque no quiera».

El escritor Ernst Kállai, que dirigió la revista de la Bauhaus durante corto tiempo, le caricaturizó como una especie de Buda ante el que se arrodillaban las alumnas para rezar (il. pág. 300), pero a pesar de su retraimiento, Klee reconocía y comentaba continuamente los cambios de la escuela como un pensador crítico.

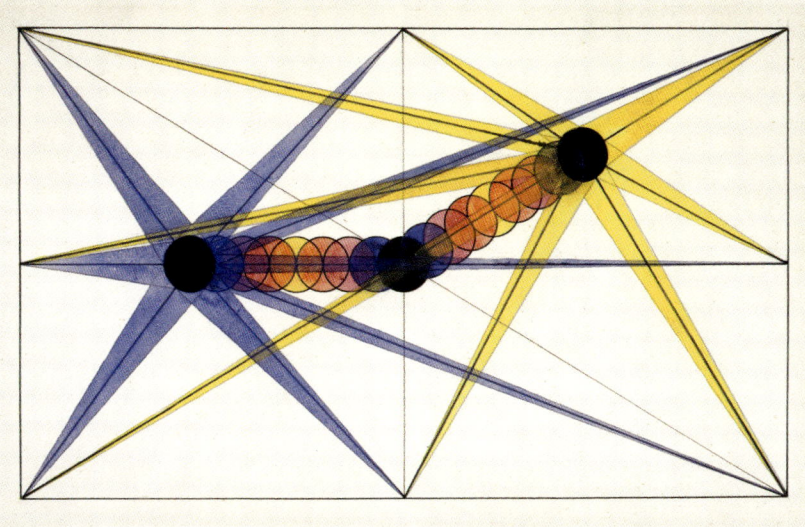

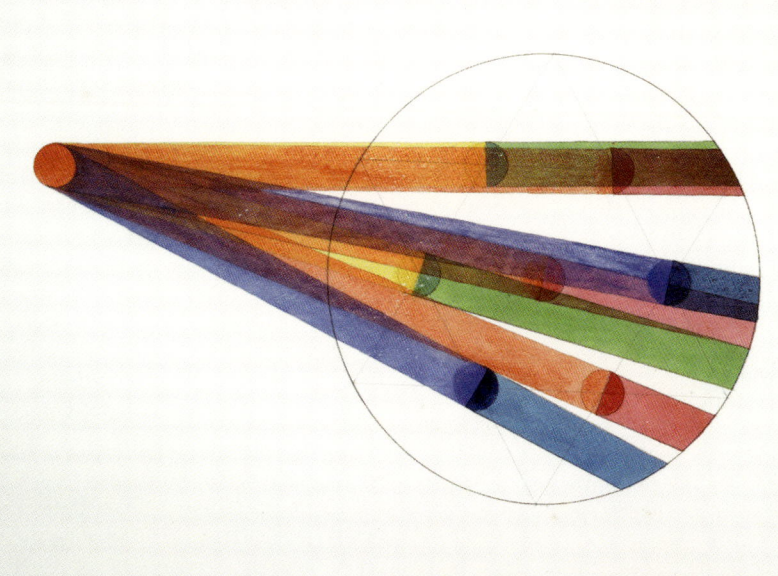

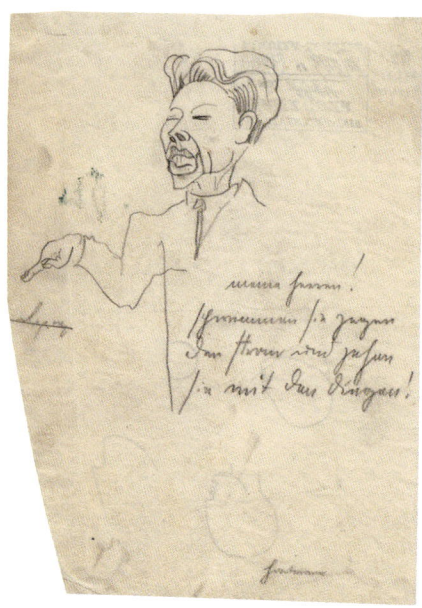

◄ **Georg Hartmann:** caricatura de Wassily Kandinsky, 1927. «Caballeros, naden a contracorriente y sigan a las cosas.»

▶ **Lothar Lang:** forma verde libre y triángulo amarillo. Ejercicio de la clase de Kandinsky, 1926/27. Lang presenta dos contrastes al mismo tiempo, uno de color y otro de forma: el pequeño triángulo es amarillo porque este es el color idóneo para esta forma (punzante, aguda, afilada). La superficie verde (color inmóvil y tranquilizador) tiene que afirmarse a través de su extensión y perfil inquietante.

Al igual que en la Bauhaus de Weimar, el arte libre de Klee y sus elaboraciones para la clase mantuvieron un continuo movimiento. Klee tenía al principio la esperanza de poder unificar en un sistema cerrado sus experiencias y los resultados de su trabajo. Pero sus intentos se ampliaron a una «interminable historia natural», cuyos resultados procedían en igual medida de la ciencia y de la práctica artística, dos campos que no pueden constituir ningún sistema unitario.

También la clase de Kandinsky se incluía en el campo del aprendizaje del color, curso obligatorio en los semestres segundo y superior en Dessau. Además, a partir de 1927 dio, como Klee, un curso de pintura libre. Puesto que de las clases de Kandinsky en Weimar se han conservado sorprendentemente muchos «dibujos analíticos», pero apenas trabajos sobre teoría del color, deducimos que se profundizaba en los ejercicios correspondientes progresivamente. De su estancia en Dessau se conservan, solo en el Archivo Bauhaus de Berlín, 200 trabajos de alumnos del curso de color. Al contrario que los trabajos de las clases teóricas y prácticas de Klee, que se sustraen a cualquier clasificación, podemos dividir las tareas de la clase de Kandinsky en cuatro grandes grupos: sistemas de color y secuencias (il. pág. 451), correspondencias entre color y forma (il. pág. 303), interrelaciones de los colores y color y espacio. Se partía normalmente de los colores primarios rojo, azul y amarillo, así como del negro y el blanco. Kandinsky se orientaba en la teoría del color de Goethe, en la que la pareja cromática azul-amarillo es considerada la de más fuerte oposición. La cuestión de la escala de valores de la clase de Kandinsky no

◄ Charlotte Voepel: estudio de color y forma de la clase de Kandinsky. Correspondencia entre colores y líneas, 1927/28.

◀ Joost Schmidt: portada del número 7 de la revista *bauhaus*, «Offset, Buch- und Werbekunst» (Impresión offset, ilustraciones de libros y publicidad), 1926.

▶ Josef Albers: Plantilla de fuente, 1926. Albers diseñó la fuente a partir de los elementos geométricos básicos: círculo, triángulo y cuadrado. La ilustración de arriba muestra la ejecución de la fuente en vidrio opaco, hacia 1931.

tiene fácil respuesta. Especialmente bajo la dirección de Hannes Meyer debían exponerse abiertamente las críticas a las clases de Kandinsky y Albers. Kandinsky se esforzaba en considerar estas críticas y los estudiantes podían exponer problemas del trabajo en los talleres durante sus clases.

La producción y las clases en los talleres

Cuando la Bauhaus se trasladó a Dessau en marzo/abril de 1925, hubo que contentarse con las salas provisionales de un viejo almacén en la Mauerstraße. Solo una parte de los alumnos —entre ellos los mejor dotados— se trasladó con la Bauhaus de la idílica Weimar a la sórdida ciudad industrial de Dessau. También Lyonel Feininger, el hasta entonces director de la imprenta gráfica, fue a Dessau, pero aquí había sido descargado de toda actividad.

En contraste con Weimar, en Dessau se eliminaron los talleres económicamente inefectivos (vidrio, madera y piedra), pero, por otro lado, no solo no se instaló de nuevo el lucrativo taller de reproducción gráfica, sino que se sustituyó por un taller de impresión en el que era posible el trabajo creativo. Los talleres de madera y piedra se habían modernizado, por así decirlo, en taller de escultura. Decisiones económicas y pedagógicas mantienen, pues, el equilibrio en la balanza.

Los cambios más profundos tuvieron lugar en el completamente reorientado taller de impresión, dirigido por Herbert Bayer, y en el textil, que recibió un nuevo equipamiento

abcdefghijklmn
opqrfsætuvw
xyz ff ch ck fz

ABCDEFGHIJKL
MNOPQRSTU

abcdefghi jklmnopqr stuvwxyz

HERBERT BAYER: Abb. 1. Alfabet
„g" und „k" sind noch als
unfertig zu betrachten

Beispiel eines Zeichens
in größerem Maßstab
Präzise optische Wirkung

sturm blond

Abb. 2. Anwendung

▲ **Herbert Bayer:** diseño para una escritura universal, 1926. Con su escritura universal Bayer intentaba, frente a formas históricas o «caracteres característicos o artísticos» individuales, crear una escritura que fuera comprensible y válida internacionalmente: «Al igual que la maquinaria, la arquitectura y el cine modernos son la expresión de nuestro tiempo exacto, también ha de serlo la escritura».

▶ **Joost Schmidt:** portada de la revista *Die Form*, 1926. Esta revista fue publicada por la Werkbund desde 1925.

DIE FORM

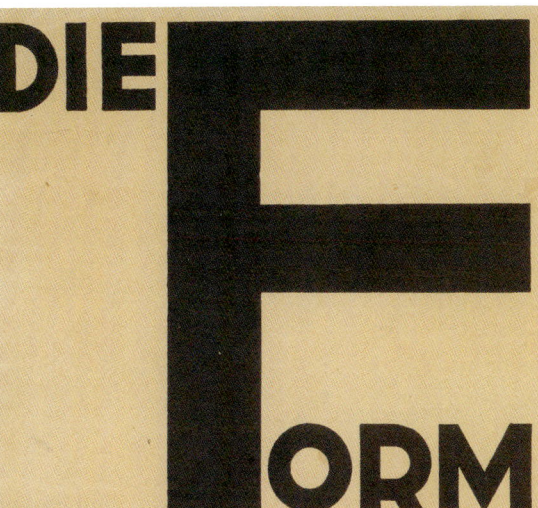

ZEITSCHRIFT FÜR GESTALTENDE ARBEIT

VERLAG HERMANN RECKENDORF, BERLIN W 35

DEZEMBER :	1926
HEFT :	15
JAHRGANG :	I

► Foto de grupo en el taller textil. Arriba
vemos a Gunta Stölzl, con corbata, a su
lado el maestro tejedor Wanke y delante
Gertrud Arndt. Abajo, agachadas, vemos
a Grete Reichardt medio oculta y, a su
derecha, Anni Albers.

técnico —más consecuente que el anterior y que el de los demás talleres—, y para el que
Gunta Stölzl preparó un nuevo sistema educativo. En ambos talleres se educaba a los jóvenes con vistas a la enseñanza de profesiones, algo que no existía hasta entonces. En estos
años se produjeron en la Bauhaus no solo nuevos diseños industriales en muebles, metal,
textil e impresión, sino que se desarrollaban al mismo tiempo nuevos cauces educativos y
se preparaban nuevas profesiones, cuyo alcance se situaba en torno a la línea de contacto
entre diseño y técnica en el más amplio sentido.

El taller de impresión y publicidad

En Dessau se transformó el taller de grabado artístico en una imprenta, que más tarde se
denominaría «taller de impresión y publicidad». Ahora contaba con una pequeña sala de
cajas con grafía grotesca en todos los tamaños y grados, combinada con una minerva y una
impresora de papel continuo.

Max Gebhard da cuenta del trabajo: «Todos los estudiantes que aquí trabajaron componían por sí mismos sus diseños y los imprimían bajo la dirección de alguien [...] Se hacían
muchos intentos con impresiones comprimidas, impresiones sobrepuestas y composiciones
de tipografías con tipos de madera de formato grande. Todos los impresos, carteles y folletos publicitarios que necesitaba la Bauhaus se elaboraban, por supuesto, en la imprenta
de la Bauhaus, según diseños de Herbert Bayer o de los estudiantes»[95]. Así pues, diseño y
realización dependían de una sola persona, lo que permitió «estructurar los requisitos para

una nueva profesión: el diseño gráfico»[96]. No hubo una enseñanza en el sentido escolar de la palabra, recordaba Max Gebhard. Pero Herbert Bayer revisaba y dirigía incansable el trabajo en los encargos encomendados.

Bayer se interesaba profundamente por las exigencias de la ciencia, surgida entonces, de la publicidad psicológica. «Sistemática de la publicidad» y «efectos de la consciencia» debían ser parte del programa educativo.

Estilísticamente pueden encuadrarse los trabajos realizados en esta época como tipografías «nuevas» o «elementales», introducidas en la Bauhaus por Moholy. Sus colores de impresión son el rojo y el negro; una tipografía informal (grotesca, más tarde también futura), trabajo con fotos y material tipográfico como puntos, líneas, bandas y tramas, son elementos de esta tipografía. La distribución en la superficie ya no se orienta en la simetría, sino en la significación de las palabras, y puede ser oblicua o vertical.

El taller textil

Mientras que en el taller de impresión y publicidad no se expedían certificados de estudios, el aprendizaje en el taller textil comenzaba después de haber obtenido el certificado y duraba tres años. Tras este periodo, las alumnas tenían que hacer el examen de oficialas y podían, además, obtener el diploma de la Bauhaus. Aunque Gunta Stölzl no llegó a ser joven maestra de la tejeduría hasta 1927, todo el trabajo organizativo y de contenido estaba en sus manos desde 1925.

► **Anni Albers:** tapiz, 1926. Este tapiz fue elaborado mediante un tejido triple, en el que los tejidos superpuestos se unen con hilos. Donde la tela es doble, sobresale el motivo plásticamente. Anni Albers trabajó este tapiz, lleno de vida pese a su estricta forma, con solo cuatro colores, organizados en bloques y listas.

El maestro tejedor Wanke era responsable de los problemas técnicos. Gunta Stölzl adquirió los más diversos sistemas de telares —adecuados tanto para el aprendizaje como para la producción industrial— y elaboró un programa educativo de tres años. El aprendizaje constaba de dos niveles y se dividía en una formación en el taller y, luego, en un taller de experimentación y muestras. Gunta Stölzl elaboró lecciones de ligaduras y materiales y, puesto que la Bauhaus contaba con una tintorería, el tinte se incorporó a las clases.

El salto al diseño industrial se había dado en la tejeduría ya al comienzo del trabajo en Dessau. Se sistematizó en parte el proceso creativo; por ejemplo, una cadena trabajada por diferentes estudiantes o un material tejido en distintos colores. Los tejidos se exponían numerados en cupones de muestra para la venta, con precio y medidas. Las alumnas se familiarizaban de este modo con todo el proceso industrial, desde teñir y tejer hasta encargar materiales. Al mismo tiempo aprendían en la clase de forma de Paul Klee las reglas del dibujo y distribución del color.

Con ello se instituyo una nueva profesión que hasta entonces no existía, la de diseñadora de tejidos. Pero, dado que las alumnas adquirían sus conocimientos básicos en el telar manual, estaban asimismo capacitadas para dirigir pequeños talleres artístico-artesanos. Muchas mujeres preferían en aquellas fechas este tipo de actividad independiente a la de empleada de la industria.

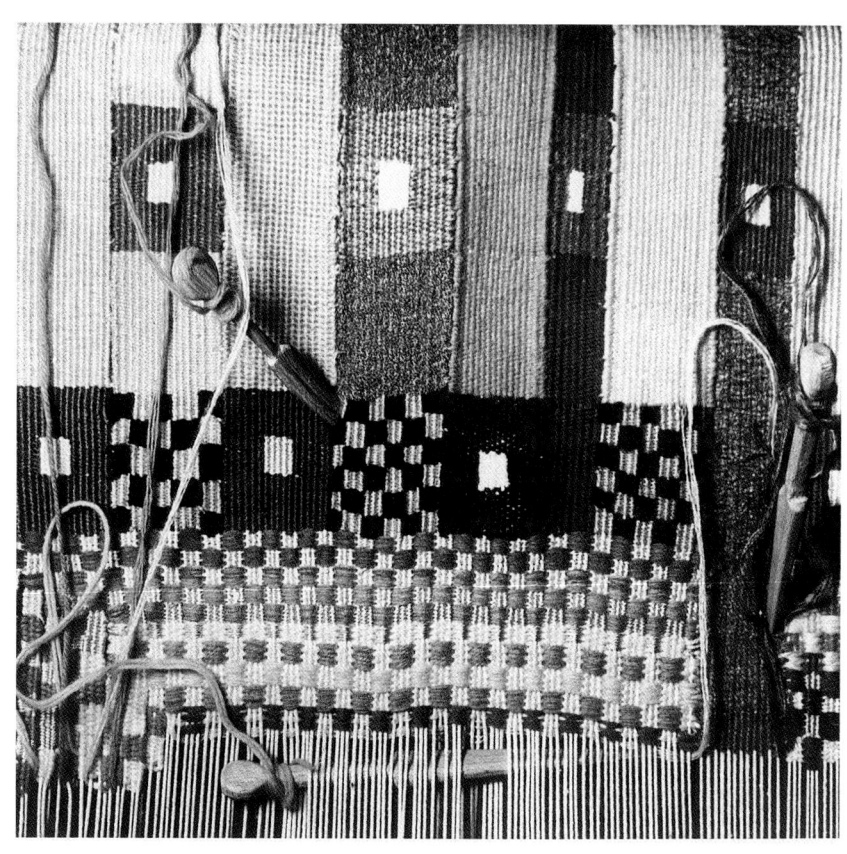

▲ Foto de detalle durante el trabajo en el gobelino acanalado (derecha).

▶ **Gunta Stölzl:** gobelino acanalado *Rot-Grün* (Rojo-verde), 1927/28.

◄ Glacé de algodón. Este resistente tejido de algodón fue desarrollado para
los asientos y respaldos de las sillas de
tubos de acero. Las telas tejidas en la
Bauhaus iban marcadas con una especie de marchamo.

► Vista del nuevo taller textil de la
Bauhaus de Dessau con telares y una
bobinadora, 1927-1929. Del techo
penden lámparas de Marianne Brandt
y Hans Przyrembel.

Los talleres de carpintería, metal, pintura mural y escultura

Bajo la dirección de Breuer, la carpintería en la época de Dessau se perfila mediante dos destacados logros: por una parte, amueblando el nuevo edificio de la Bauhaus y las casas de los maestros y, por otra, continuando el desarrollo de muebles de tubos de acero. Estos interiores, hoy clásicos, de las casas de Gropius, Moholy, Muche y Kandinsky son piedras filosofales en la historia de la nueva forma de vivir. Paredes claras, sin adornos, y amplias ventanas con grandes cristales contribuyen a crear habitaciones de corte generoso, equipa-das con pocos muebles, como escogidas piezas únicas. La habitación y los muebles pare-cen revalorizarse mutuamente y a un tiempo se mantienen en un sensible equilibrio. Estos interiores fueron presentados como higiénicos, de fácil cuidado, prácticos y funcionales. En conjunto eran portadores de un alto carácter artístico, convertían la vida misma en obra de arte, y su mobiliario tenía que volverse, para cumplir su función de a diario, más sencillo y más barato. Este fue el camino a seguir en el taller de carpintería que fue el primer taller en imprimir un folleto con muebles a la venta, en la línea del reto productivo.

Breuer, partiendo de su primera silla, más tarde bautizada *Wassily* (il. pág. 316, arriba), diseñó sistemáticamente otros muebles, cada tipo imaginable en dos variantes: silla de teatro, sillón de club, mesa, silla, taburete. Puesto que era él —y no la Bauhaus— quien poseía los derechos sobre los muebles de tubos de acero, intentó probar suerte en los negocios, pero no la tuvo. Si Breuer hubiera vendido los derechos a la Bauhaus en vez de al comerciante Lengyel —quien, a su vez, los vendería a la empresa Thonet—, la historia de

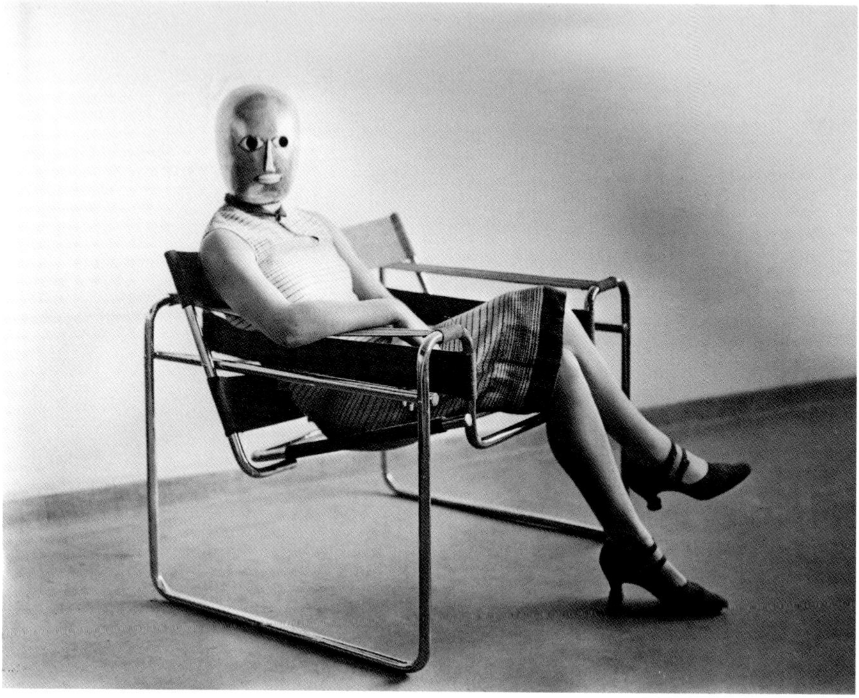

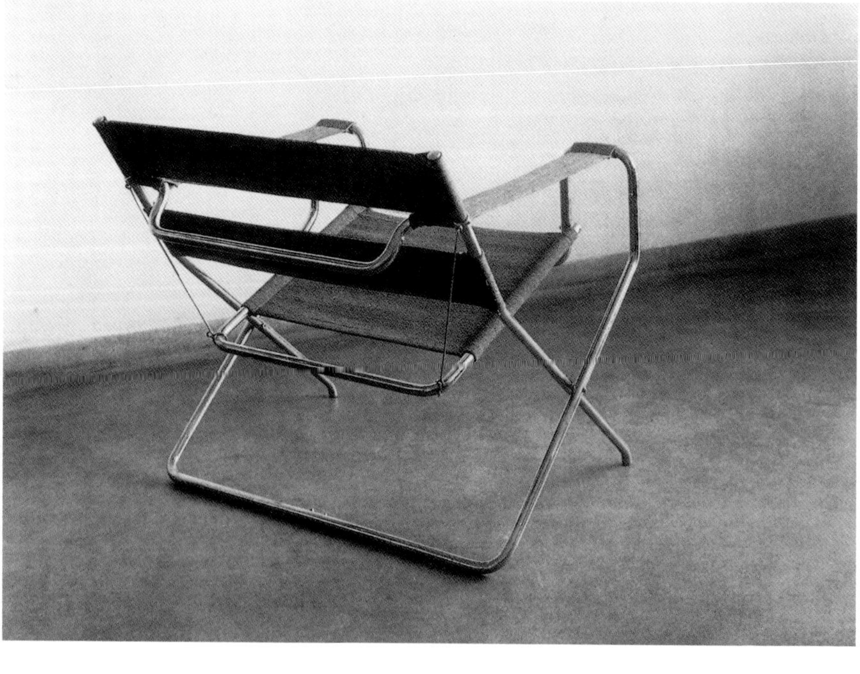

▶ Documento de patente para el sillón plegable de Marcel Breuer. Patentado en el Reich alemán el 26 de marzo de 1927.

DEUTSCHES REICH

AUSGEGEBEN AM
22. NOVEMBER 1928

REICHSPATENTAMT

PATENTSCHRIFT

№ 468 736

KLASSE **34** g GRUPPE 6

B 130518 X/34g

Tag der Bekanntmachung über die Erteilung des Patents: 8. November 1928

Marcel Breuer in Dessau

Zusammenklappbarer Sessel

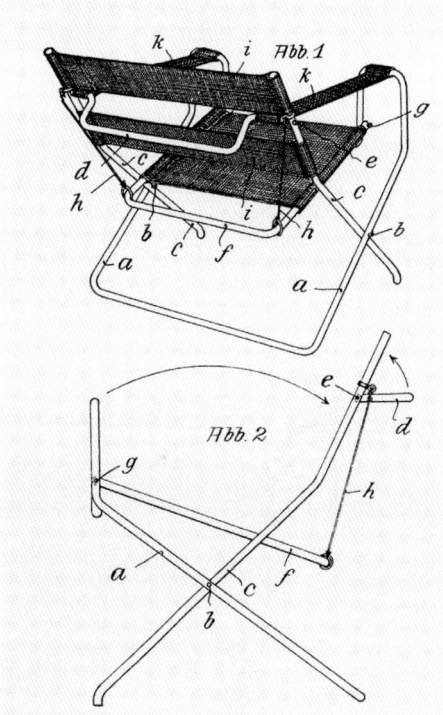

◀ Mujer con máscara de Schlemmer en uno de los primeros sillones de tubos de Marcel Breuer. La foto es de Erich Consemüller, quien hizo cientos de fotografías para el archivo de la Bauhaus.

◀ Muchos de los muebles se realizaban en dos versiones, como esta butaca plegable de Breuer (1927), desarrollada a partir de su primer sillón de tubos de acero.

◄ Los visitantes examinan el mobiliario de tubos de acero del comedor de la Bauhaus, hacia 1929.

► Marcel Breuer: *ein bauhaus-film. fünf jahre lang* (Una película de la Bauhaus. Cinco años), 1926. La «película» de Breuer muestra el desarrollo de los diseños de sus sillas, desde la silla africana (1921) hasta la silla de listones inspirada en De Stijl (1924) y el sillón de tubos de acero (1925). A modo de mirada visionaria al futuro, finalmente una dama se sienta «sobre una elástica columna de aire».

la Bauhaus hubiera podido correr de manera bien distinta, pues los altos dividendos de la licencia hubieran asegurado la base financiera de la Bauhaus.

En el taller el metal se había mejorado considerablemente el equipamiento técnico, de modo que ahora los problemas de producción industrial ocupaban un lugar central. El punto fuerte lo constituía el desarrollo de tipos de lámparas (ils. págs. 320 y 321), y ya en 1927 se cerró un trato con la empresa berlinesa Schwintzer und Gräff, que producía diversas series de modelos siguiendo diseños de la Bauhaus.

Sobre las clases en el nuevo taller de pintura mural, que dirigía Hinnerk Scheper, sabemos poco. Los alumnos se familiarizaban con el aprendizaje del color, aprendían sistemáticamente a distinguir materiales cromáticos y los diversos comportamientos de color y fondo. Una pared pintada al fresco tenía un aspecto distinto de otra pintada al temple, etc. El taller realizaba todos los trabajos de pintura mural para la Bauhaus, así como numerosos encargos externos. Muchos proyectos interesantes de este taller no llegaron a realizarse: por ejemplo, una especie de sistema directivo del color desarrollado por Scheper para el edificio de la Bauhaus no se llevó a cabo.

En 1925 se instaló el taller de escultura libre, dirigido por Joost Schmidt; pero, debido a la carencia de material, prácticamente no *entró en acción*. Los alumnos Loew y Ehrlich realizaron aquí sus primeros experimentos con fotos: fotografiaban diferentes objetos. Joost Schmidt investigaba, por medio de la fotografía, el giro, la simetría y la rotación de volúmenes (il. pág. 322, arriba). No fue hasta mucho más tarde, a partir del semestre de invierno

ein bauhaus-film

fünf jahre lang

autor:
das leben, das seine rechte fordert

operateur:
marcel breuer, der diese rechte
anerkennt

1921

1921$^{1}/_{2}$

1924

1925

19??

es geht mit jedem jahr besser und besser.
am ende sitzt man auf einer elastischen luftsäule

▲ **Marianne Brandt:** lámpara esférica
suspendida con cadenas, hacia 1927.
Fotografía de Lucia Moholy.

▲ **Max Krajewski:** lámpara de techo,
1925. Fotografía de Lucia Moholy.

▶ **Marianne Brandt y Hans Przyrembel:**
lámpara colgante con dispositivo de
tracción, 1926.

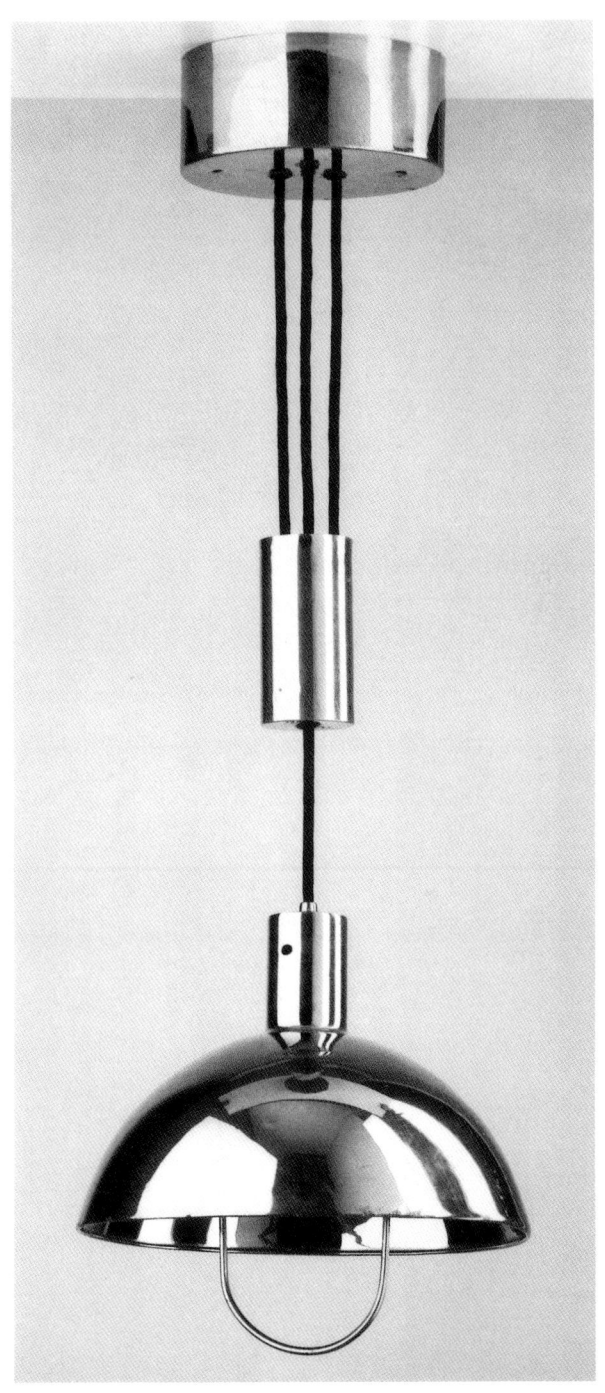

◄ Estudios de composición y luz con cuerpos elementales. Taller de escultura, hacia 1928.

► Estudiantes en el taller de escultura. En la parte superior izquierda de la estantería se observa uno de los cuerpos elementales del estudio de composición y luz reproducido abajo.

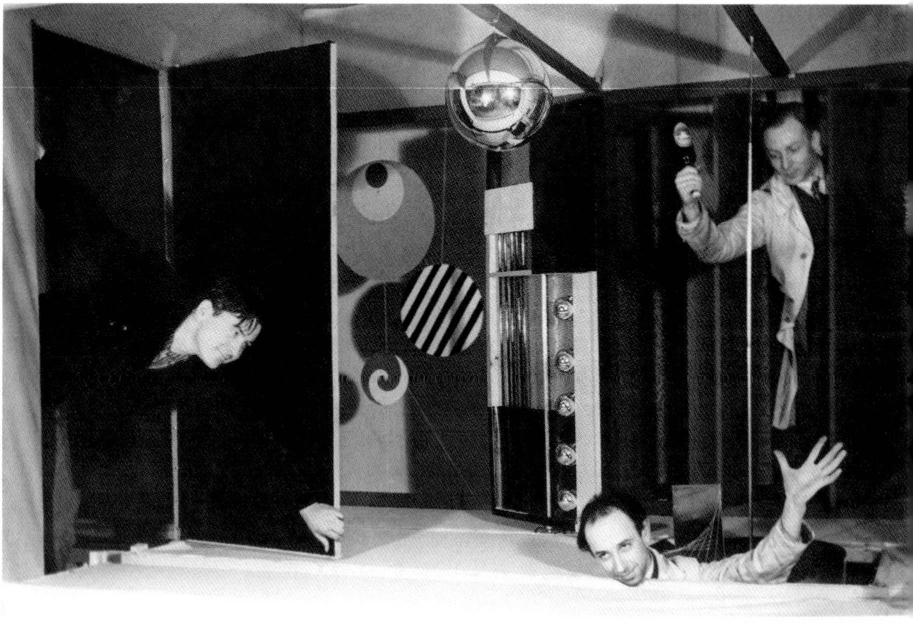

◄ **Heinz Loew:** modelo de diseño para un escaparate móvil mecánico con tabiques móviles y plataforma giratoria abatible, 1928. El modelo de escaparate se utilizó posteriormente como decoración en la Fiesta del Metal.

En la Bauhaus de Dessau, los talleres de escultura en piedra y de talla se fusionaron en un taller de escultura. Inicialmente estaba vinculado al taller de teatro y bajo la dirección del joven maestro Joost Schmidt. Sin un presupuesto propio, en un principio el taller solo existía sobre el papel, y no se estableció como taller hasta 1927. Hasta esa fecha, Schmidt impartía clases teóricas y los alumnos de la Bauhaus analizaban composiciones gráficas de formas básicas y de los cuerpos elementales que se derivaban de ellas: cubo, cuboide, cilindro, esfera y cono.

► **Fritz Kuhr:** plano a color para el estudio de Paul Klee (il. pág. 274, arriba) en las casas de los maestros de Dessau, 1926.

► Vista del taller de pintura mural. En el centro se observa a Philipp Tolziner trabajando. En la parte derecha de la pared cuelgan los experimentos con frescos de Tolziner.

de 1930/31, cuando se aplicaron estos resultados al dibujo en perspectiva y a la producción de folletos publicitarios.

El teatro en la Bauhaus de Dessau

En las primeras proclamas y programas de la Bauhaus de Dessau se echa de menos el teatro. Gropius quería suprimirlo por razones económicas; lo consideraba uno de los constituyentes superfluos de la Bauhaus, aparte de que no podía registrar ingresos. Finalmente se halló el modo de financiarlo, aunque Schlemmer —al contrario de Klee y Kandinsky— se quejaba constantemente de la pobre retribución económica. En el plan de estudios de 1927 (ils. págs. 286 y 287) aparece de nuevo el teatro como una parte esencial de la formación en la Bauhaus.

Schlemmer había presentado ya en 1923 un concepto para el trabajo que, aunque formalmente ostentaba un gran parecido con los postulados de Schreyer, se distanciaba en los resultados. La aspiración de Schlemmer en esta época era: «Investigar los elementos fundamentales de la creación y configuración teatrales: espacio, forma, color, tono, movimiento y luz»[97]. Así pues, Schlemmer se sometía a la «elementarización» y análisis palpitantes en la Bauhaus, y las ambiciones de la Bauhaus fecundaban su línea de trabajo. En Dessau Schlemmer comenzó con la investigación de los elementos básicos en las llamadas *danzas de las Bauhaus*. En pocos años desarrolló la serie de las hoy clásicas danzas Bauhaus (ils. págs. 333-335, 337), que eran en parte «sistematizadoras de principios»:

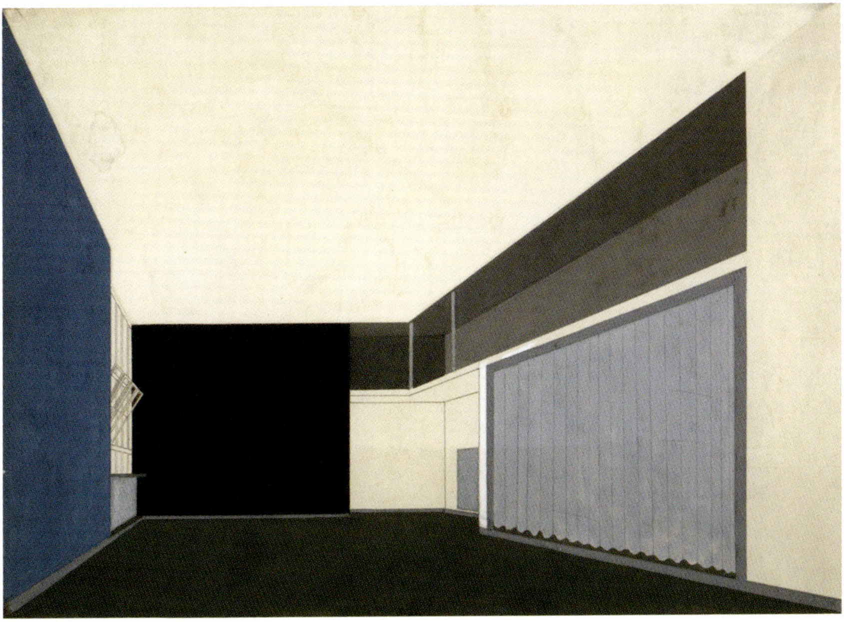

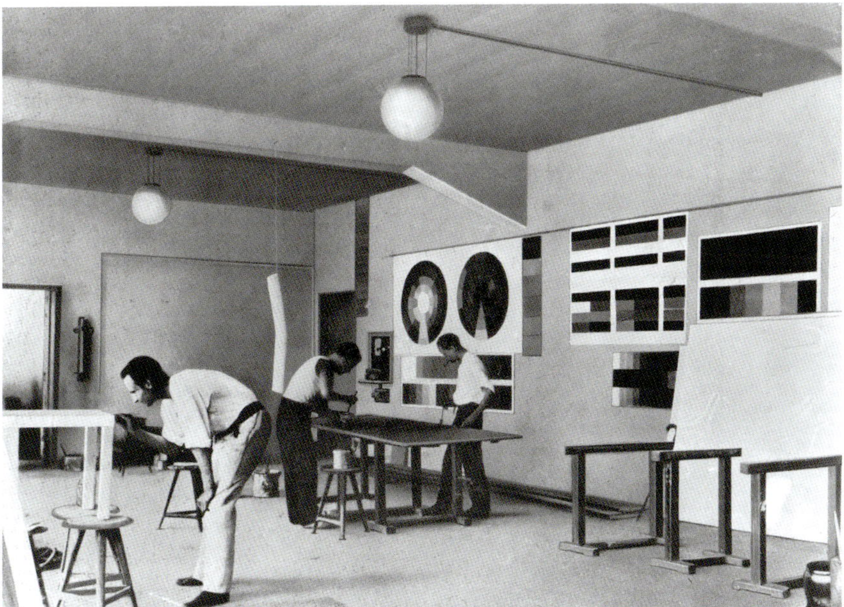

▲ Miembros del taller de teatro
ensayan sobre el tejado de la
casa-taller de Dessau, 1927.

►► Oskar Schlemmer: «La bailarina» de
Das triadische Ballett (El ballet triádico),
hoja 5 del libreto del director para
Hermann Scherchen, 1927. El movimiento
giratorio de la gran falda es capturado
mediante múltiples exposiciones.

►►► Oskar Schlemmer: esquema de
personajes de *Das triadische Ballett*
(El ballet triádico), hoja 2 del libreto del
director para Hermann Scherchen, 1927.

▶ *Der Bau als Bühne* (El edificio como escenario), 1927. En la parte sur de la Bauhaus, seis personajes de *Treppenwitz* con la «gran máscara» de Schlemmer y el «payaso musical» posan en las escaleras, la balaustrada y los balcones de la casa-taller.

I. t ä n z e r i n . (grosser rock)

    einleitend.- wesentlich: r o t i e r e n . wirbel-
tanz,möglichst von einer drehung in die andere ent-
gegengesetzte (ohne jedoch die tänzerin durch dauern-
des rotieren zu überanstrengen). gelegenheit zum
v o r neigen des ganzen rocks als ruhepause,schluss-
pose. (das ganze event. auf spitze).
früher: musik von tharengi. possierlich,kokett. einfach rythmisch.--

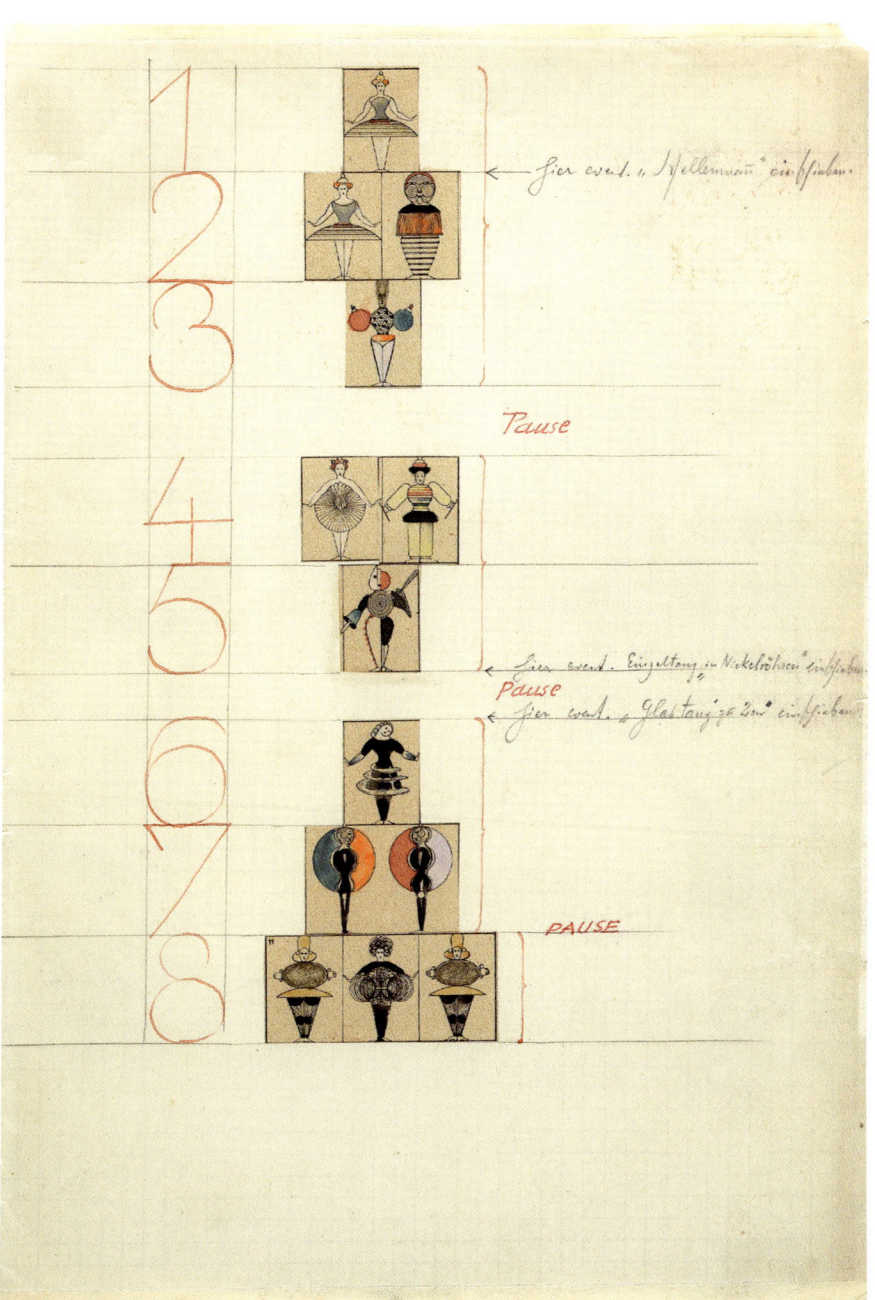

▲ En el «Equilibrismo», los actores llevaban a cabo sus ejercicios ataviados con
máscaras y accesorios simples. Al fondo,
la gran máscara de Schlemmer. La escena
tiene lugar en el teatro de la Bauhaus.

Como director del taller de teatro, Oskar
Schlemmer creó una serie de danzas
de la Bauhaus. Estas incluían la *Danza del
espacio, Danza de la forma, Danza de
los gestos, Danza de las pértigas, Danza
de los aros, Danza escénica, Danza
de vidrio y de metal,* así como el *Juego
de caja de construcción,* la *Sociedad
de la máscara,* la *Danza de las mujeres*
y el *Sketch.* En 1929 se presentaron las
danzas de la Bauhaus en una gira por
Berlín, Breslavia, Frankfurt, Stuttgart y
Basilea (il. pág. 395).

► Foto de escena de una representación
de la *Danza de la forma,* 1927. Bailan
Oskar Schlemmer, Werner Siedhoff
y Walter Kaminski.

► Foto de escena de la *Danza de los
gestos,* 1927.

◄◄ Oskar Schlemmer: los disfraces de
Das triadische Ballett (El ballet triádico) en
la revista *Wieder Metropol* de 1926,
en el Teatro Metropol de Berlín.

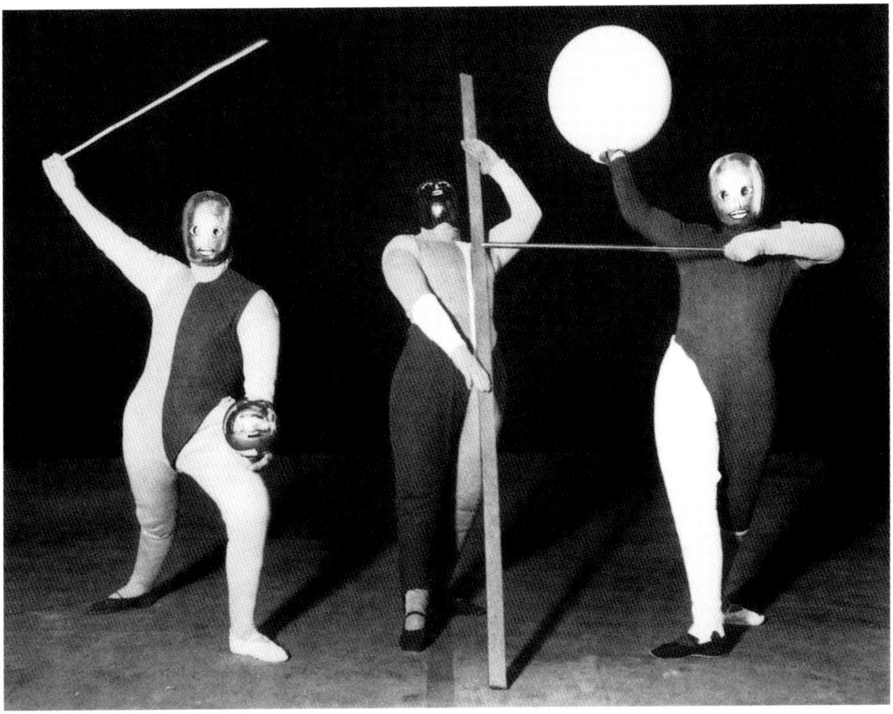

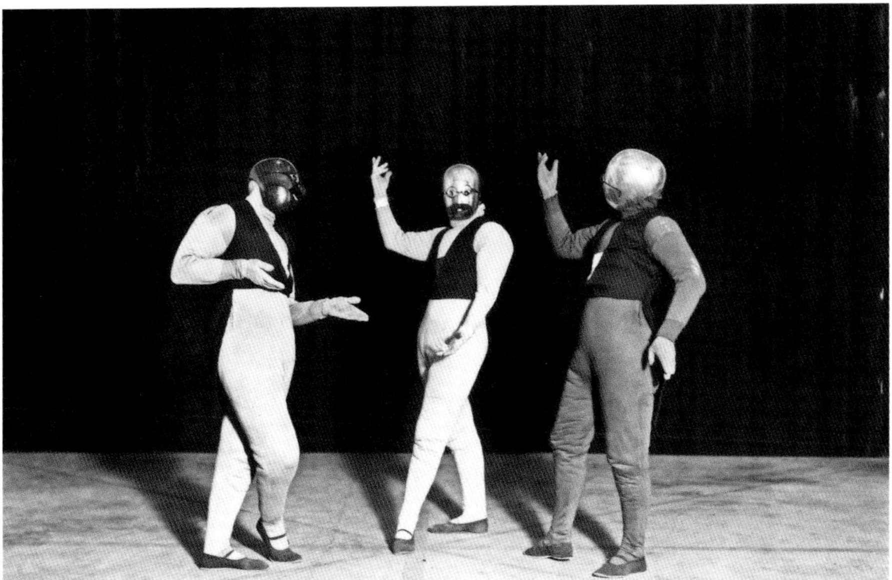

▲ Foto de escena de una representación de la *Danza de los aros* con Manda von Kreibig, 1928/29.

▶ Foto de escena de una representación de la *Danza de las pértigas* con Manda von Kreibig, 1928/29.

Danza de la forma, Danza del gesto, Danza del espacio, Danza de los bastones, Danza del escenario, Danza de los aros y también el *Juego de la construcción* y el *Paseo de las cajas.*
    Estas danzas eran interpretadas por estudiantes, pero Schlemmer las probaba también con bailarines y actores profesionales. El mayor éxito lo cosechó el teatro de la Bauhaus durante una gira en 1929 (il. pág. 395) por incontables ciudades alemanas y suizas. Las personas aparecen en estas danzas no como «portadoras de la expresión individual, sino —unificadas mediante mallas y máscaras— como prototipos de un determinado comportamiento, en oposición a los elementos teatrales formales […] La trama se desarrolla a partir de los elementos estéticos»[98]. «Así logró Schlemmer —como Chaplin, aunque de forma diferente— la síntesis de persona y marioneta, de figura natural y figura artística; síntesis en la que podía introducir su escala completa de posibilidades expresivas: desde la ingrávida gracia hasta la monumental violencia, de la grotesca picardía a la hierática plasticidad»[99].

Tiempos difíciles (1926/27)

En 1926 Georg Muche afirmaba, en un artículo dogmático publicado en el primer número de la revista *bauhaus,* que el arte libre era superfluo en el proceso creativo del diseñador de formas industriales. El punto de partida del proceso formal debía ser, no las formas y colores básicos estudiados por los artistas, sino el modo de trabajar de la máquina.
    Sus intereses regían una nueva localización de la posición, del nuevo papel del artista, pues él mismo era pintor y dirigía el curso de forma en un taller. Su deducción del papel

del artista: «el elemento formal artístico es un cuerpo extraño en el producto industrial. el compromiso técnico convierte al arte en un algo inútil»[100]. Ya antes de que Muche escribiera el artículo, había considerado la Bauhaus este desarrollo, pues los pintores del curso de forma habían sido sustituidos por los jóvenes maestros (excepto Moholy-Nagy), y Klee y Kandinsky no mantuvieron su cargo en el taller por mucho tiempo. Muche escribió este texto porque quería «salvar» el arte. Su rechazo a la actividad de artistas en la Bauhaus —también Muche dimitió de su puesto, pues tenía dificultades en su taller textil y quería dedicarse de nuevo a la pintura— bosquejaba el desplazamiento que habría de tener lugar en la Bauhaus en los años siguientes. La función del pintor se relativizó aún más. Bajo la dirección del sucesor de Gropius, Hannes Meyer, los temas social y científico iban a ocupar un lugar privilegiado en el proceso creativo.

Ise Gropius anotaba: «la etapa de los pintores en la Bauhaus parece realmente tocar a su fin; están alejados del auténtico centro del trabajo actual y resultan casi inhibitorios en lugar de motivadores»[101]. Cuando Moholy-Nagy escribió en 1928 una especie de discurso de despedida a la Bauhaus, opinaba que Klee y Kandinsky permanecían en la Bauhaus solo para «crear atmósfera». Y, un año más tarde, Schlemmer decía sobre su enseñanza: «¿Es acaso otra cosa que la llave de su propio reino?». Los jóvenes maestros, cuyo salario era claramente inferior al de los maestros viejos, apremiaron con exigencias: igualdad de salarios con Klee y Kandinsky, casa propia, título de profesores. Schlemmer tenía que contentarse con un salario exiguo y extremo. La posición social de los pintores parecía hallarse

▶ Manda von Kreibig con máscara y accesorios de las danzas de la Bauhaus, 1928/29. Fotografía de T. Lux Feininger.

en contradicción con sus prestaciones a la Bauhaus como totalidad. Esta jerarquía estalló en llamas al plantearse su importancia en el proceso creador.

A pesar del impresionante balance de resultados a raíz de la apertura de la Bauhaus de Dessau, muchos talleres eran claramente inefectivos. Hacia enero de 1926 Gropius redactó, tras un recorrido por los talleres, un informe a los maestros, y habló de «importantes anomalías». Quería imponer una «fuerte productividad» en los talleres. Pero, especialmente entre los estudiantes mayores y los más capacitados, parecía haberse generalizado un cierto temor a la falta de perspectivas. Este sobrante de viejos estudiantes habitaba la casa-taller con «la constante sensación de no tener nada más que hacer aquí», como el representante de los estudiantes Hans Volger formulara en una carta a Gropius. Reclamaban en especial el establecimiento de una clase de arquitectura, pues solo con una formación arquitectónica veían su carrera finalizada y, al mismo tiempo, la posibilidad de traducir las ideas de la Bauhaus en realidades. La falta de una sección de construcción, en la que el trabajo de la Bauhaus debía desembocar —de acuerdo con el programa—, ponía en duda el sentido y la meta de la Bauhaus.

En efecto, la sección de construcción fue inaugurada poco más tarde. Su profesor, Hannes Meyer, sucedería a Gropius poco después. Meyer logró, con su entendimiento social de la arquitectura, motivar de nuevo a los estudiantes a trabajar en los talleres y a elevar la productividad. La probada multitud de dificultades que asoló la Bauhaus entre 1926 y 1927 tenía también sólidas causas económicas.

337

◄ Hugo Erfurth: Walter Gropius, 1928.

► Lou Scheper: collage *Männer* (Hombres), 1928. Aquí se puede ver a los «hombres» del taller de pintura mural y probablemente fue pensado para el cartapacio «Nueve años de Bauhaus».

El ayuntamiento de Dessau había acogido la Bauhaus en 1925 con deberes financieros relativamente humildes. Gropius había fijado en la planificación unos dividendos de producción para los años siguientes que luego no pudieron ser alcanzados.

No fue hasta 1929 cuando las ganancias hicieron realmente rentable la producción. Muchos de los productos de la Bauhaus habían sido llevados demasiado pronto al mercado: eran demasiado modernos o técnicamente todavía inmaduros para la producción industrial. La situación financiera era tan precaria, que en agosto de 1926 Gropius propuso que los maestros renunciaran al diez por ciento de su salario en favor de la Bauhaus. Se envió un escrito a la industria solicitando donativos de material. De puertas adentro se discutió qué taller podía ser clausurado. «Un aumento de la subvención era, debido a las garantías ofrecidas al Consejo de Maestros, impensable»[102], decía el alcalde Fritz Hesse, rememorando el año 1926. Con el incremento del número de estudiantes podía esperarse un aumento potencial de ingresos, pero ahora el inventario era insuficiente. También en este punto Hesse denegó una subvención, lo mismo que descartó un aumento de presupuesto para 1928.

Ise Gropius opinaba en su diario que la Bauhaus «no podía vivir con tal presupuesto y tampoco morir». De los 30000 marcos que se esperaban de subvención estatal llegaron finalmente a la Bauhaus solo 10000. Todavía en diciembre de 1927 Gropius sopesó lo que había que hacer en la Bauhaus «para llevar un poco de viento fresco a la situación», pero no quería adelantarse a un posible sucesor: «es posible que Meyer construya algo completamente nuevo, pero ya no sería la vieja Bauhaus.»

◄ **Herbert Bayer:** portada para el cartapacio «Nueve años de Bauhaus», 1928. Esta crónica de los años transcurridos desde 1919 fue compilada por maestros y alumnos juntos como despedida para Walter Gropius en 1928.

▶ **Hermann Trinkaus:** collage *grundlehrewerkstatt josef albers* (Taller de formación básica de Josef Albers) del cartapacio «Nueve años de Bauhaus».

▶ **Gunta Stölzl:** autorretrato, collage del cartapacio «Nueve anos de Bauhaus».

La dimisión de Walter Gropius

Cuando, en enero-febrero de 1928, Gropius dio a conocer su dimisión del puesto de director de la Bauhaus, la escuela se encontraba, con su edificio inaugurado un año atrás, en la cúspide de su prestigio y disfrutaba de creciente fama internacional. Entre los estudiantes, pero también entre los maestros, despertó esta repentina decisión una ola de consternación. Una Bauhaus sin Gropius parecía impensable. Gropius justificó su decisión diciendo que la Bauhaus estaba ahora bien afianzada y él quería volver a dedicarse más a la construcción. Y, en efecto, ya había proyectado con Sommerfeld la fundación de una «fábrica de casas», y estaba a punto de ser contratado el tercer grupo de la colonia Törten y la oficina de empleo de Dessau, obras que serían traspasadas a Gropius poco después de su dimisión.

Retrospectivamente se puede apreciar que en la época de Dessau habían surgido una serie de problemas internos de carácter fundamental que, aunque no fueron la causa de la dimisión de Gropius, de su solución dependía el éxito de la evolución de la Bauhaus. Hannes Meyer, el arquitecto suizo propuesto por Gropius como su sucesor, heredó estos problemas.

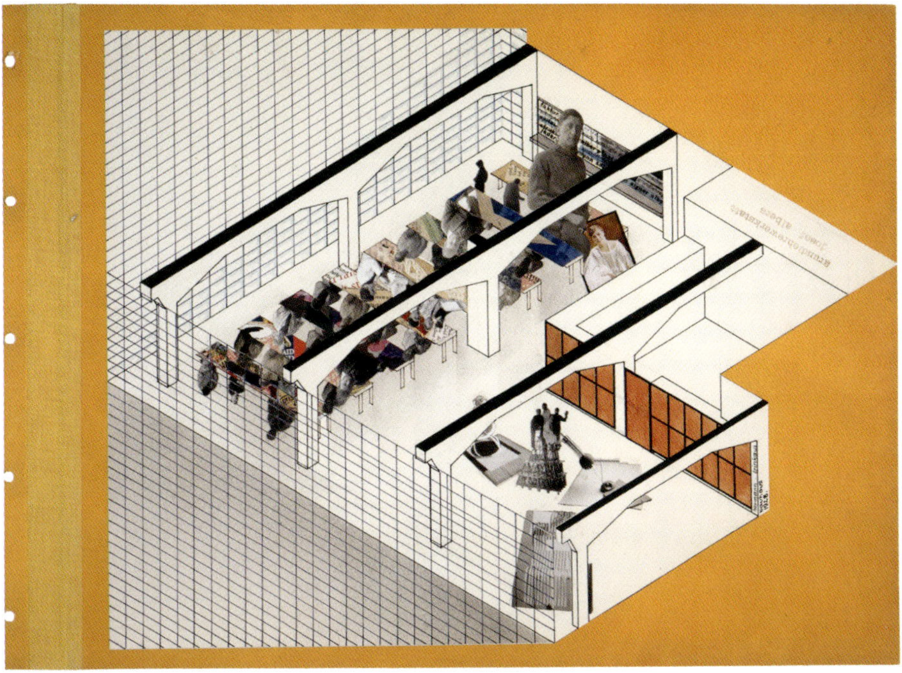
grundlehrewerkstatt
josef albers

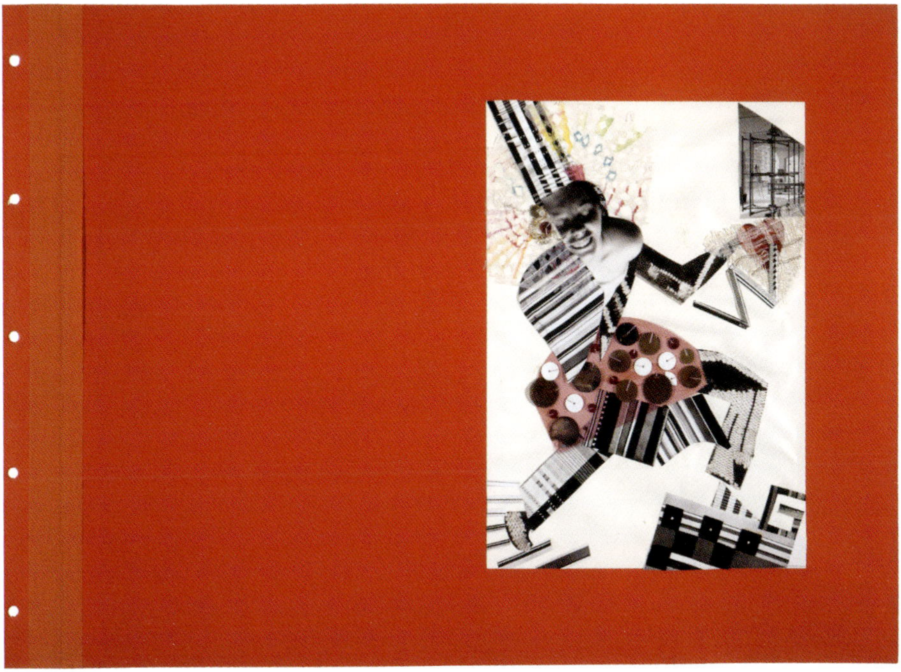

Hannes Meyer: necesidades populares en vez de lujo

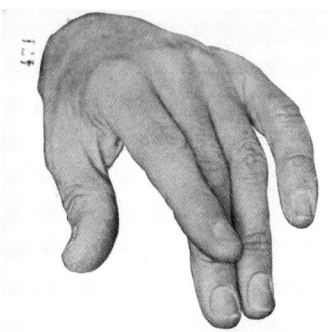

**junge menschen
kommt ans bauhaus!**

◄◄ Hannes Meyer, Hans Wittwer y la sección de arquitectura de la Bauhaus de Dessau: Escuela Federal de la Unión General Alemana de Sindicatos (ADGB) en Bernau, cerca de Berlín, 1928-1930.

▲ En 1929 Hannes Meyer compuso un folleto sobre la Bauhaus. La mano que reprodujo en él proviene de una fotografía de Lyonel Feininger.

► Hannes Meyer en 1928 durante una inspección del lugar de las obras para la Escuela Federal ADGB.

Hannes Meyer (il. pág. 345) es todavía hoy el «desconocido director de la Bauhaus». Sus tres años de activo en la Bauhaus —desde abril de 1927 hasta agosto de 1930— se reducen a menudo en la historia de la escuela a una frase. Y, sin embargo, su mandato como director duró tres meses más que el de su sucesor, Mies van der Rohe. Meyer ha sido tachado de la historia debido no a su competencia como arquitecto y director de la Bauhaus, sino a su compromiso político. La ciudad de Dessau le cesó en 1930 ante el temor de que las actividades comunistas de los estudiantes de la Bauhaus pudieran costar votos. Entre los instigadores de este despido se encuentran Albers, Kandinsky y Gropius, quien todavía en sus últimos años lamentaba que fuera menguada y falseada la parte de Hannes Meyer en la historia de la Bauhaus. No fue hasta hace pocos años cuando se revisó su importancia a escala internacional.

Meyer era suizo y procedía de una antigua familia de Basilea, muchos de cuyos miembros habían sido arquitectos. Había tomado parte en la planificación de la colonia Margarethenhöhe de Essen, realizada por la oficina de arquitectos Metzendorf para la empresa Krupp. En 1919 obtuvo el contrato de la colonia de la cooperativa Freidorf, cerca de Basilea. El movimiento de cooperativas buscaba un término medio entre el capitalismo y el socialismo, un modelo de vida y pensamiento que influyó profundamente a Meyer. En los años siguientes entró en contacto con el círculo de la revista suiza de arquitectura *ABC Beiträge zum Bauen* (Aportaciones a la construcción), en la que colaboraban Mart Stam, El Lissitzky y Hans Schmidt. Estimulada por los más relevantes artistas de la corriente vanguardista holandesa

◄ Pausa para desayunar del curso pre-paratorio, en torno a 1927/28. Desde la izquierda: Gustav Hassenpflug, tras él August Agatz, una mujer desconocida en primer plano, Wera Meyer-Waldeck (centro), y escondidos tras ella Franz Ehrlich, Hermann Bunzel (segundo por la derecha) y Albert Buske (derecha).

►► El plan de organización de Meyer de 1930 refleja la nueva orientación de la clase sobre la base de problemas científicos. Todo el plan está organizado entre los polos arte y ciencia. Deporte, teatro y banda musical (en el primer círculo a la izquierda) están al servicio de la recuperación física y espiritual. Tras terminar el curso preparatorio elaborado por Meyer, el alumno puede ingresar en una de las especialidades de taller (recogidas en cuatro círculos). Textil y publicidad son círculos por sí mismos, mientras metal, carpintería y pintura mural integran el taller de montaje. El último círculo está dedicado a la arquitectura. En conjunto, aumentó la duración del estudio. La representación gráfica en «círculos de trabajo» o «células» carece de la exaltación utópico-simbólica de la etapa de Gropius en la «construcción»; la «obra» realizada (en el extremo derecho) ha pasado a ocupar de forma natural el puesto de la utopía.

De Stijl y del constructivismo ruso, *ABC* desarrolló la idea de una arquitectura radicalmente funcional que renunciaba por completo al concepto «arte». Para ellos, la construcción era el resultado de la planificación sistemática, tenía que ser desarrollada a partir del material, y había de estar acorde con las necesidades del usuario. Pero ¿por qué había llamado Gropius al arquitecto suizo a la Bauhaus? Llevaba meses buscando un director para la sección de arquitectura. Su primera elección había favorecido al arquitecto holandés Mart Stam, pero este rechazó la oferta. Stam había asistido a la apertura de la Bauhaus con Meyer, a quien recomendó para el puesto. Poco más tarde Meyer visitó nuevamente la Bauhaus: «hannes meyer está aquí desde ayer para inspeccionar la bauhaus a fondo y decidir si viene o no. sostuvo una pequeña conferencia sobre sus construcciones, de algunas de las cuales tenía dibujos consigo. especialmente bueno es su proyecto para el edificio de la sociedad de las naciones en ginebra. gr[opius] está muy satisfecho y descubre en él más de lo que esperaba, sobre todo en lo que toca a experiencia práctica [...] como persona es muy agradable, aunque con cierta aspereza suiza. muy claro, abierto, terminante, sin grandes tensiones o contradicciones de carácter»[103]. En efecto, Meyer no se retractó en sus críticas a la Bauhaus: «los trabajos expuestos con motivo de la inauguración de la bauhaus me parecen [...] en su mayoría criticables [...] muchos me recordaban espontáneamente a "dornachrudolf steiner", o sea, sectarismo y esteticismo [...]»[104]. Poco después decidió aceptar el nombramiento; debía incorporarse al trabajo a principios de abril, para el semestre de verano de 1927. Su campo de acción era la recién instalada sección de arquitectura. Ya

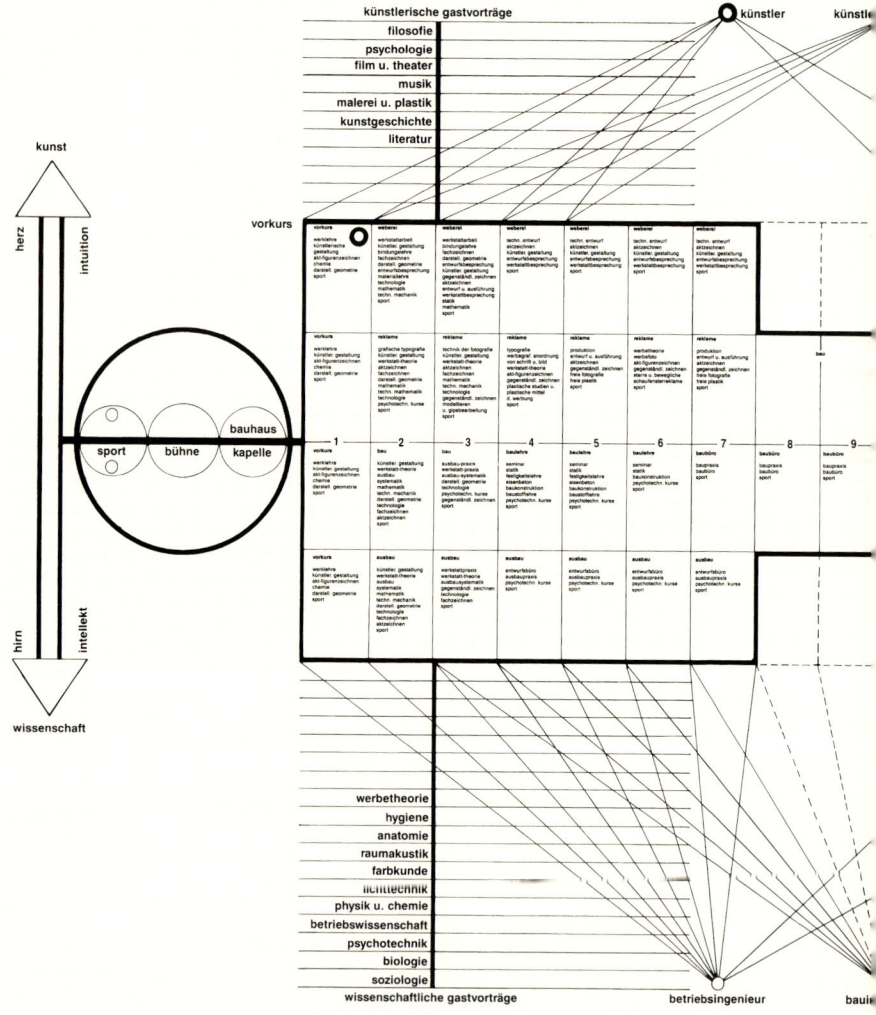

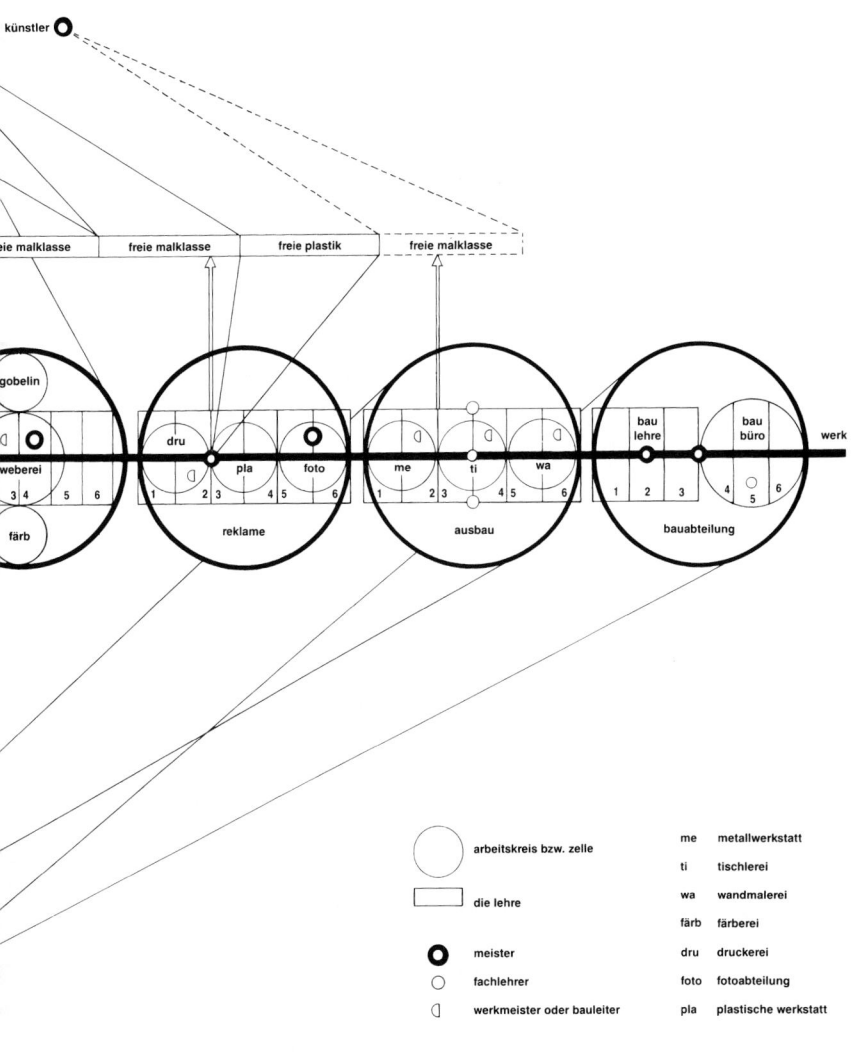

künstler

freie malklasse freie malklasse freie plastik freie malklasse

gobelin

weberei   dru   pla   foto   me   ti   wa   bau lehre   bau büro   werk

3 | 4   5   6   1 | 2 | 3   4 | 5   6   1 | 2 | 3   4 | 5   6   1 | 2 | 3   4 | 5   6

färb   reklame   ausbau   bauabteilung

arbeitskreis bzw. zelle

die lehre

meister

fachlehrer

werkmeister oder bauleiter

me   metallwerkstatt

ti   tischlerei

wa   wandmalerei

färb   färberei

dru   druckerei

foto   fotoabteilung

pla   plastische werkstatt

► Lena (Helene) Bergner (Meyer)
(1906-1981): ejercicio de color de
la clase de Klee en el taller textil de la
Bauhaus, hacia 1927. Seis ejercicios
de color; pluma y acuarela sobre papel,
29,6 x 21 cm. Centro Paul Klee, Berna.

entonces sentó las líneas directivas de su actividad posterior: «la tendencia primordial de mi clase será funcionalismo-colectivismo-constructivismo […]».

La relación entre Gropius y Meyer, al principio armónica aunque no libre de crítica mutua, cambió después de curso: «con pocas excepciones, apenas hay contacto entre nosotros […] gropius vive completamente alejado de mí. no nos entendemos en absoluto», escribía en noviembre de 1927 a Willi Baumeister. Una de las razones era que Meyer y su sección de arquitectura no habían obtenido ningún encargo. «llevamos tres cuartos de año estudiando solo teoría en nuestra sección de arquitectura; eso sí, se nos permite mirar cómo el estudio privado de Gropius se hincha a construir»[105]. A pesar de todo, a comienzos de 1928 Gropius propuso a Meyer como su sucesor en la labor directiva. Sus conocimientos y su capacidad didáctica pudieron influir en esta decisión. Al mismo tiempo, tanto los estudiantes como el Consejo de Maestros esperaban nuevos impulsos. Meyer, que ya había dispuesto de casi un año para familiarizarse con la escuela, aceptó la propuesta para convertirse en director y, poco más tarde, el ayuntamiento y el Consejo de Maestros dieron su aprobación.

La nueva organización de la Bauhaus

Ya antes de la toma de posesión de su cargo de director de la Bauhaus, Meyer describió el estado de la situación de la Bauhaus en una carta a Adolf Behne: «aquí han tenido lugar violentas discusiones sobre el futuro de la bauhaus. sé que los estudiantes y la mayor parte de los maestros están de mi parte cuando hacemos frente, de forma categórica, a lo

hauptgegensatz unvermittelt

indirekt vermittelt

hauptgegensatz unvermittelt

direkt vermittelt

nebengegensatz bei
verschiebung des zentrums
unvermittelt

direkt vermittelt

30°

60°

90°

120°

150°

180°

▲ Petra Kessinger-Petitpierre: tarea
«Los ángulos en relación con el color»
de la clase de Kandinsky (teoría del
color), 1929/30.

farbige winkel und elementare farbbeziehung

▲ Petra Kessinger-Petitpierre: tarea
«Ángulos de colores y relaciones elementales entre colores» de la clase
de Kandinsky (teoría del color),
1929/30.

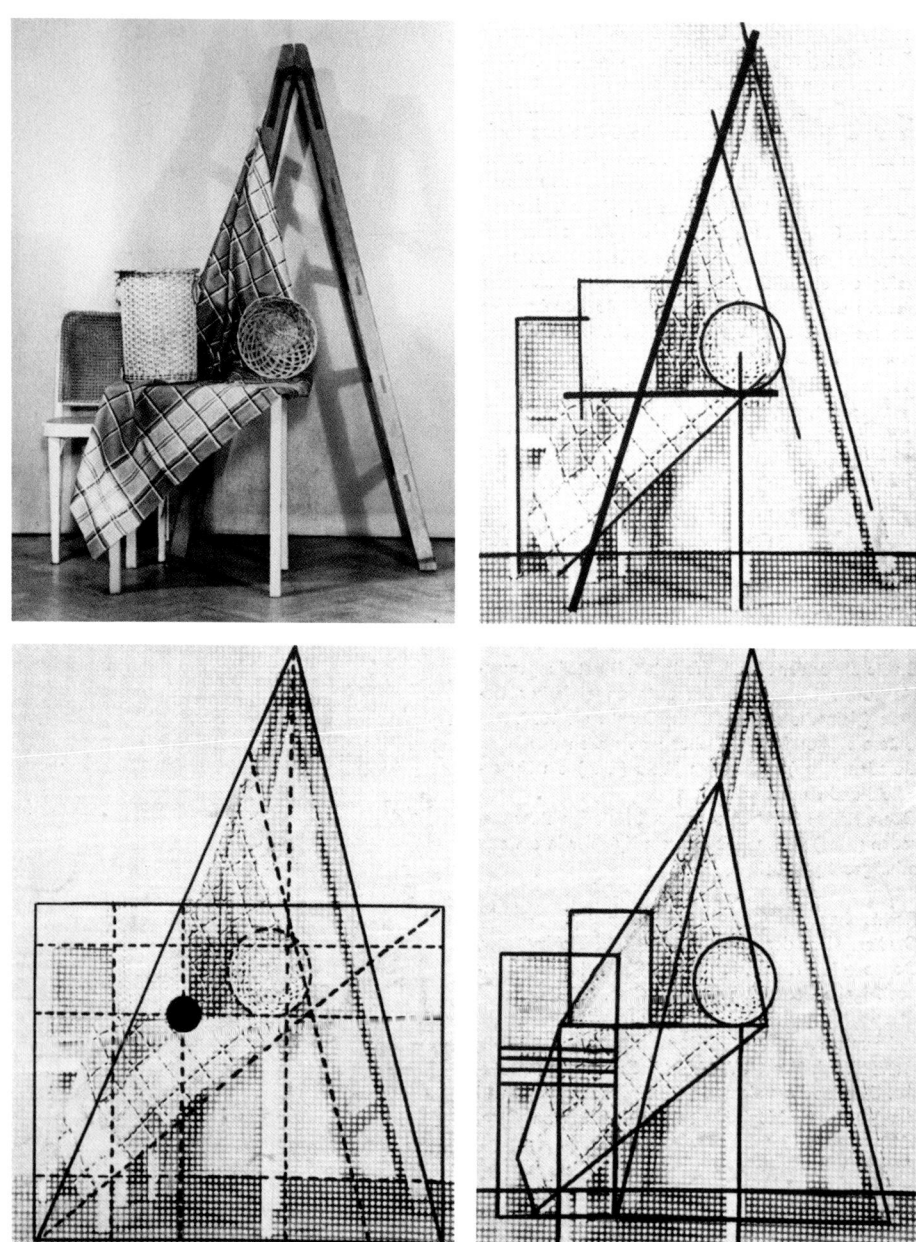

◄ **Hannes Beckmann:** dibujo analítico de la clase de Kandinsky (primer semestre), diferentes abstracciones a partir de un bodegón construido en clase con una escalera.

▲ Los estudiantes de la Bauhaus disponen una naturaleza muerta con los típicos objetos utilizados en las clases de Kandinsky, entre ellos la escalera, estructuras espaciales del taller de escultura, letras del taller de publicidad, una bicicleta y un taburete. La fotografía es un barullo cuidadosamente escenificado como crítica a la enseñanza formalista de Kandinsky.

355

▲ Bella Ullmann: *Bicicleta* y *Taburete* invertido de la clase de Kandinsky de dibujo analítico, 1929/30.

► Estudio de vestuario teatral en la Bauhaus de Dessau, Karla Grosch se prueba un traje para la Danza del metal. En la pared, una «B» de gran tamaño reaparecerá en la parodia (il. pág. 355).

fraudulento-propagandístico-teatral de la anterior Bauhaus. nuestro presupuesto es tan humilde que no podemos permitirnos el lujo de todos estos miramientos y de hacernos publicidad privada»[106].

Hannes Meyer inició, en efecto, con su dirección de la Bauhaus, una reforma inmediata y consecuente de la estructura interna. Ya en enero de 1928 había abierto intensas discusiones sobre el tema, que se prolongaron durante semanas y en las que participaron los alumnos. En el semestre de verano se introdujeron cuatro importantes novedades organizativas:

1. Ampliación de la instrucción básica. Se elevó la remuneración de Klee y Kandinsky y se acordó que Kandinsky daría clase en los semestres primero y cuarto; Klee, en el segundo y Schlemmer, en el tercero. El primer semestre tenía que pasar ahora por el curso de taller de Albers (curso preparatorio), de doce horas, y por los cursos de elementos formales abstractos y de dibujo analítico (ils. págs. 354-356) de Kandinsky; era obligatorio un curso de escritura con Joost Schmidt. En el semestre estival de 1930 se añadió otro curso obligatorio de representación y norma, impartido por Hans Volger. En el segundo semestre se continuaba con las clases de Albers y Joost Schmidt, además de un nuevo curso de distribución elemental de la superficie, dado por Klee (il. pág. 351). Como ya era uso en 1924, los alumnos podían incorporarse al taller en el segundo semestre. En el tercer semestre se añadían los cursos de Schlemmer de dibujo de desnudo y de la persona (ils. págs. 358 y 359). En este último dividía Schlemmer a la persona en tres unidades: ser corpóreo, mediante la

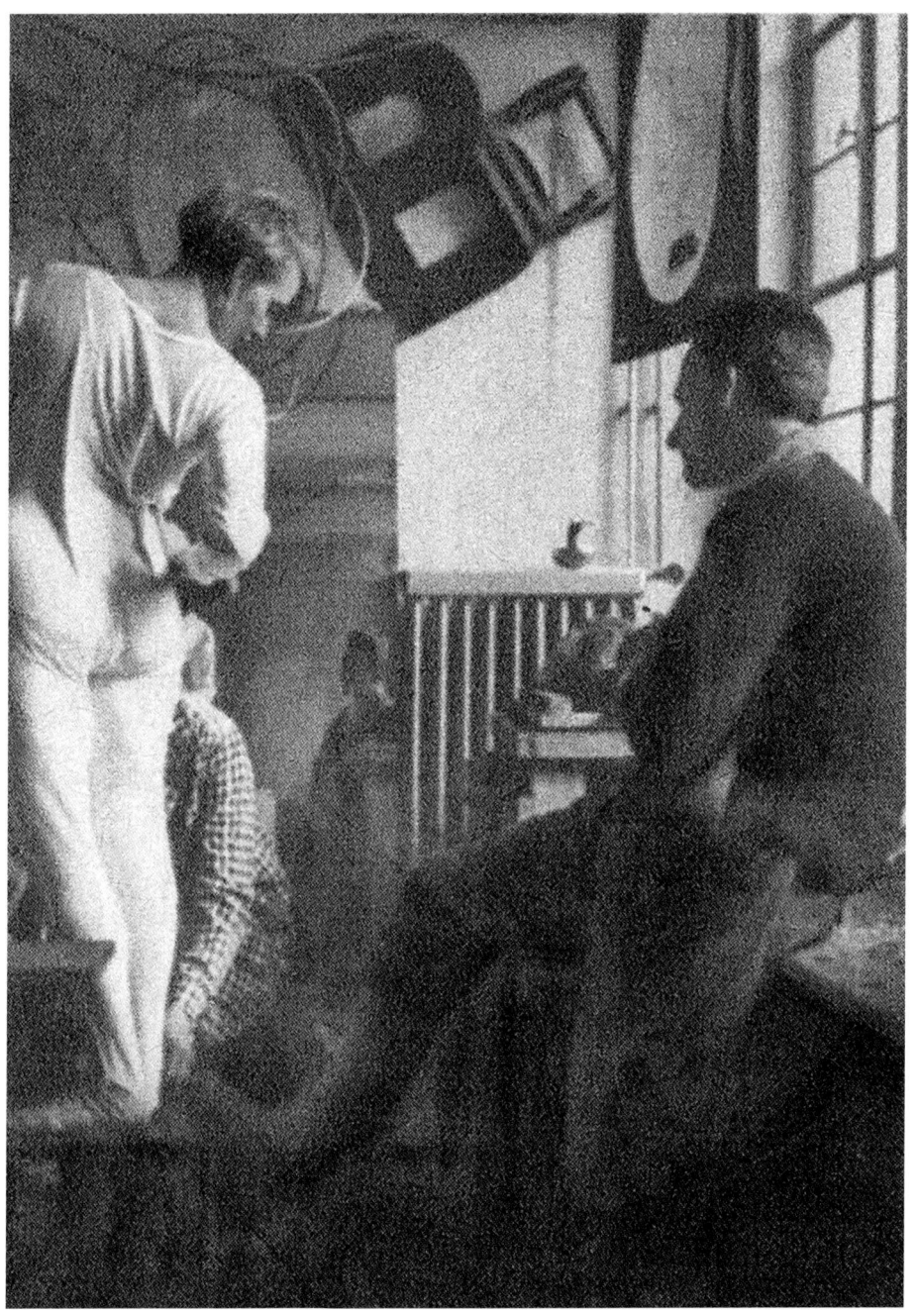

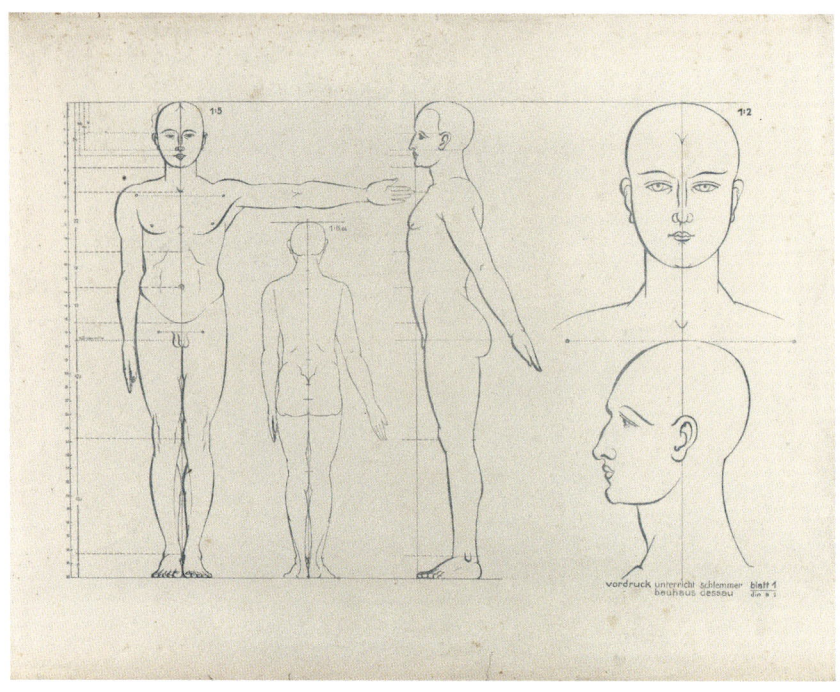

▲ Para su clase de La persona, Schlemmer imprimió pliegos de gran tamaño, en los que se facilitaba a los estudiantes importantes sistemas de medidas y proporciones del cuerpo humano y de la cabeza, 1928.

► Oskar Schlemmer: visión esquemática de la clase de la persona, 1928. Schlemmer colocó a la persona en el centro de su enseñanza. Junto a una parte gráfica, incluía un apartado biológico y otro filosófico. La clase de la persona de Schlemmer se convirtió en obligatoria en 1928 para los estudiantes de segundo año. Esta clase se canceló en 1929, cuando Schlemmer dejó la Bauhaus y se trasladó a la Academia de Bellas Artes de Breslavia.

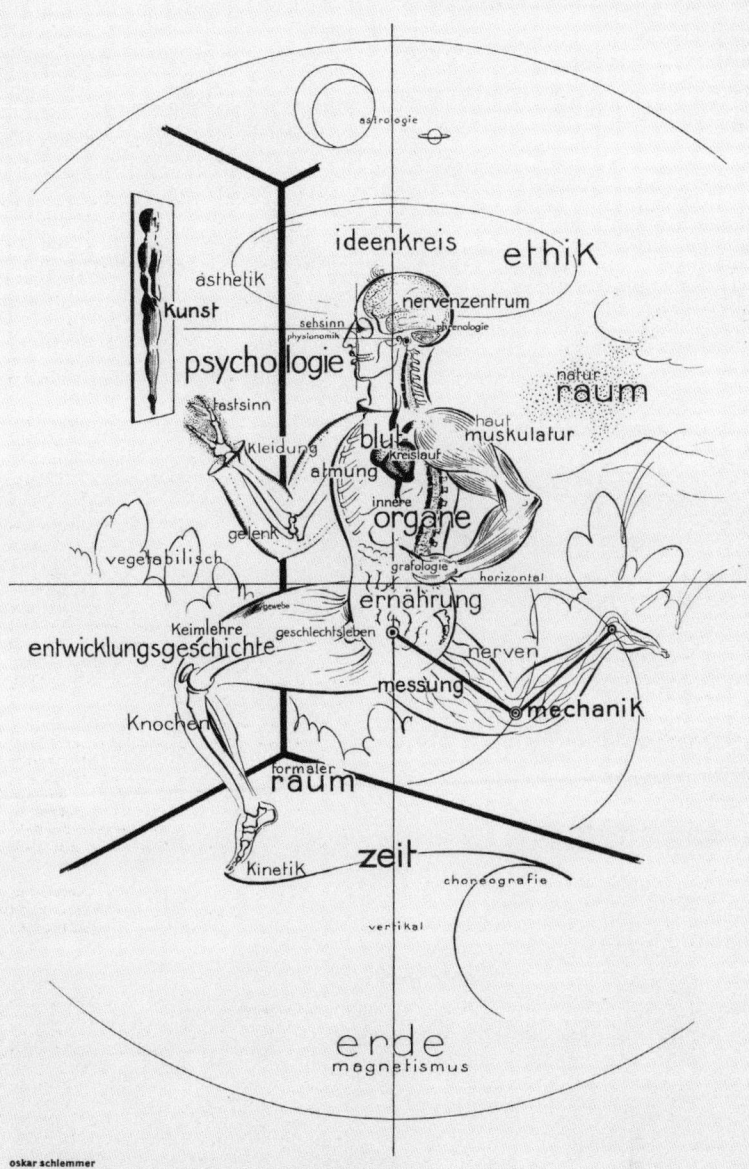

astrologie

ideenkreis   ethik

ästhetik   nervenzentrum
Kunst   sehsinn   phrenologie
             physionomik
psychologie   natur
                               raum
tastsinn
                    haut
Kleidung   blut   muskulatur
            kreislauf
atmung
             innere
gelenk   organe
vegetabilisch   grafologie   horizontal
                 ernährung
          Keimlehre geschlechtsleben
entwicklungsgeschichte   nerven
                   messung
Knochen   mechanik
        formaler
        raum
     Kinetik   zeit
                   choreografie
             vertikal

erde
magnetismus

oskar schlemmer
schematische übersicht des unterrichtsgebietes „der mensch"

22

◄ El estudiante de la Bauhaus Kurt Stolp en clase de dibujo de desnudo, hacia 1930. Esta clase se ofrecía como asignatura optativa en el programa de 1921/22 (il. pág. 44). Bajo la dirección de Hannes Meyer, el dibujo de desnudo pasó a formar parte del curso preparatorio.

▲ Clase de dibujo de desnudo, 1930. Después de que Schlemmer dejara la Bauhaus en 1929, el estudiante Fritz Kuhr dirigió la clase de dibujo figurativo, de desnudo y de figuras hasta 1930, con una menor carga teórica.

proporción y el movimiento; ser espiritual, a través de la psicología y existencia intelectual, a través de la filosofía y la historia del pensamiento. Técnica y política no tenían cabida en esta representación ideal de la persona integral. Este curso fue impartido durante apenas un año, pues Schlemmer abandonó la escuela en verano de 1929. Los estudiantes de cuarto semestre tenían un curso más con Kandinsky. Meyer entendía las clases de estos cuatro profesores como el «polo artístico» de la educación.

2. Para los estudiantes que ya trabajaban en los talleres se repartía la educación entre los dos polos, el artístico y el científico. Un día a la semana, el lunes, se dedicaba a las musas, mientras que el viernes estaba al servicio de la educación científica. De martes a jueves se trabajaba en el taller, ocho horas al día, siguiendo el horario de la industria. Los sábados se ofrecía deporte en el programa (ils. págs. 362 y 363). El estudio se había prolongado ahora a siete semestres. Lo novedoso era la clara división entre arte y ciencia, así como la tendencia científica del diseño, que Meyer aseguró gracias a una serie de nuevos profesores y profesores invitados.

3. Meyer subdividió la sección de arquitectura en aprendizaje y ejercicio de la construcción, fijando la duración del estudio en nueve semestres. Al principio era pequeña, pero era la más importante de la Bauhaus. En torno a ella se organizaban todas las secciones.

4. Meyer reguló de nuevo la base financiera de los talleres y reorganizó el trabajo interno, de tal modo que aumentaron los ingresos tanto de los estudiantes como de la Bauhaus. En conjunto se amplió la producción.

▲ Karla Grosch con alumnas de gimnasia   ► Saltador de altura delante de la casa
en el tejado de la casa Preller, hacia   Preller, 1930.
1930. Fotografía de T. Lux Feininger.

5. Un quinto punto podría ser el que Meyer abriera la escuela también a estudiantes aparentemente poco dotados. «La Bauhaus […] no quiere hacer una selección de talentos […] sino que simplemente desea atraer a tantos estudiantes como sea posible, para luego poder integrarlos correctamente en la sociedad». Meyer veía en esta correcta integración en la sociedad la única pedagogía a la medida de la Bauhaus. «Cada alumno ha de ser componente de una simbiosis a la que sirve»[107]. El número de estudiantes aumentó perceptiblemente en el semestre de invierno de 1929/30: de 150 a 190-200. Solo entonces reconoció Meyer que esta había sido una falsa decisión. La Bauhaus y los talleres estaban ahora sobrecargados de alumnos. Se comunicó a través de la prensa que la Bauhaus reduciría el número de alumnos a un máximo de 150.

Con Gropius habían abandonado la escuela otros tres profesores: Herbert Bayer, Marcel Breuer y Moholy-Nagy. Meyer aprovechó la ocasión para reorganizar los talleres al año siguiente. Los talleres de metal, carpintería y pintura mural se unieron en el taller de montaje, dirigido por Alfred Arndt, a cuyo efecto había sido llamado por Meyer a la Bauhaus. Ello provocó la dimisión de Marianne Brandt, hasta entonces directora interina del taller de metal, y por poco también la de Hinnerk Scheper, quien había tomado vacaciones en su dirección del taller de pintura mural para pasar un año (15 de julio de 1929-1930) en la Unión Soviética. Meyer explicó así la fusión de los tres talleres: «Con la dirección conjunta se busca que la producción de los talleres de carpintería, metal y pintura mural sea más acorde con las necesidades populares»[108]. En la sección de publicidad se habían integrado

► Bajo la dirección de Hannes Meyer se utilizan nuevos materiales y estructuras en el taller de muebles. Los muebles construidos ahora son a menudo abatibles o plegables, se pueden desmontar y volver a montar. Aquí se reproduce una página del folleto «junge menschen kommt ans bauhaus!» (Jóvenes, venid a la Bauhaus).

impresión, propaganda, organización de exposiciones, fotografía y escultura. «Mediante la ampliación de la sección de publicidad (anexión de un taller de fotografía bajo la dirección del conocido fotógrafo Peterhans de Berlín) [...] deberán mejorar las posibilidades productivas de la Bauhaus». En el prospecto «jóvenes venid a la bauhaus» (il. pág. 344), confeccionado por el propio Meyer en las vacaciones de verano de 1929 e impreso en una tirada de 500 ejemplares, se presentaba el estudio ya reorganizado, aunque todavía sin el nuevo taller de montaje. Meyer elaboró a principios de 1930 dos gráficas —probablemente para la exposición «10 años de Bauhaus» en Dessau (antes había sido mostrada en Basilea y en Breslau y luego viajó a Essen, Mannheim y Zúrich)— en las que ilustraba esquemáticamente la nueva estructura de la escuela (ils. págs. 348 y 349) y, por primera vez, la relación con la ciudad y otras organizaciones. Meyer había planeado más reformas para el semestre de invierno de 1930-1931. A ellas se refiere Albers de forma tendenciosa: 1. «Ampliación de la clase» /2. «Eliminación de los pintores» /3. «Instrucción exclusivamente materialista»[109]. «Queríamos cambiar toda la infraestructura pedagógica del instituto y diluirla en una instrucción básica sociológica, una económica y una psicológica»[110], resumía Meyer poco después de su cese. Klee había informado a Meyer en mayo de 1930, a más tardar, de su intención de dimitir en la Bauhaus para hacerse cargo de un puesto de profesor en Düsseldorf. Su marcha hubiera podido propiciar nuevos cambios. Ya en mayo de 1929 aclaraba Meyer: «Los campos de la sociología y la biología deberán, mediante conferencias y cursos de personalidades prominentes, tener más cabida en la Bauhaus»[111]. En octubre de 1929

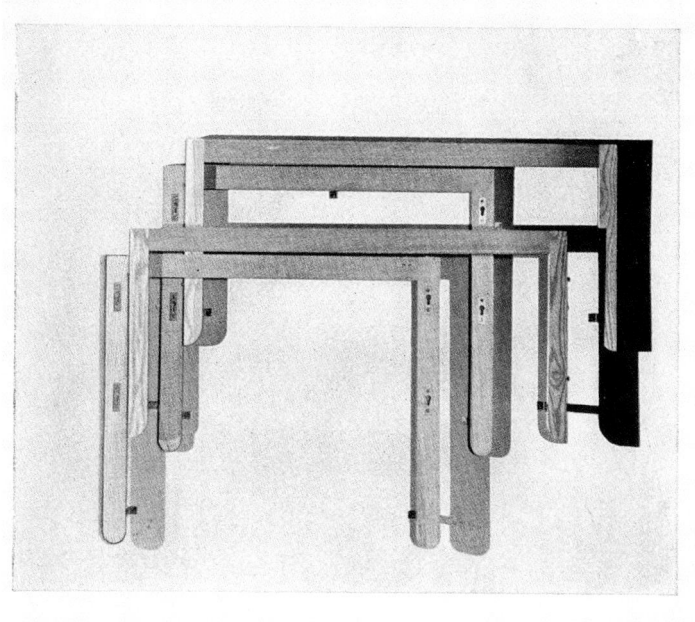

ti 207 tischgestell zerlegt

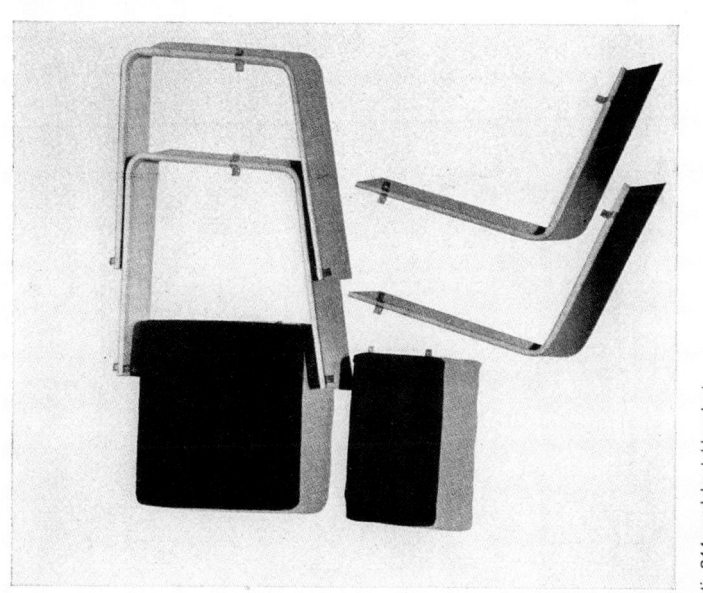

ti 244 armlehnstuhl zerlegt

der bauhaus-tischlerei

365

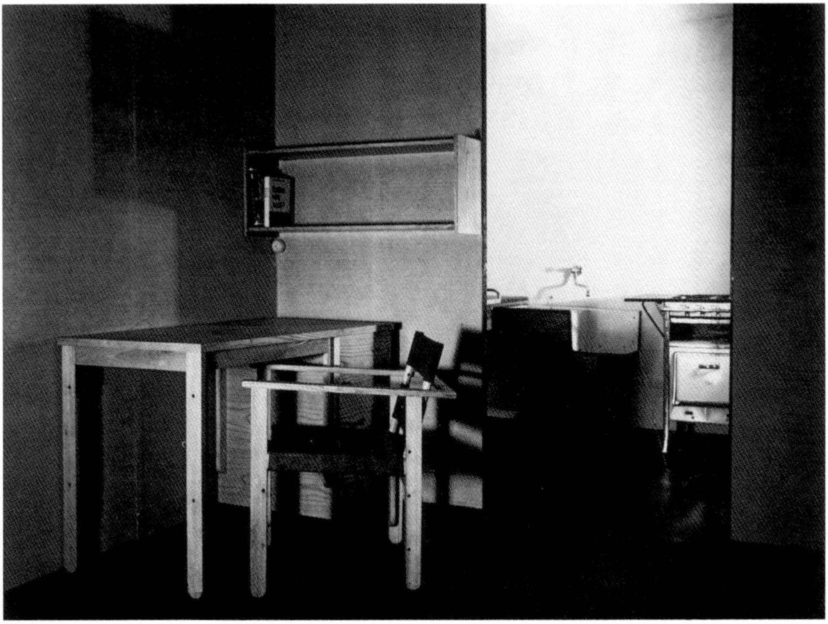

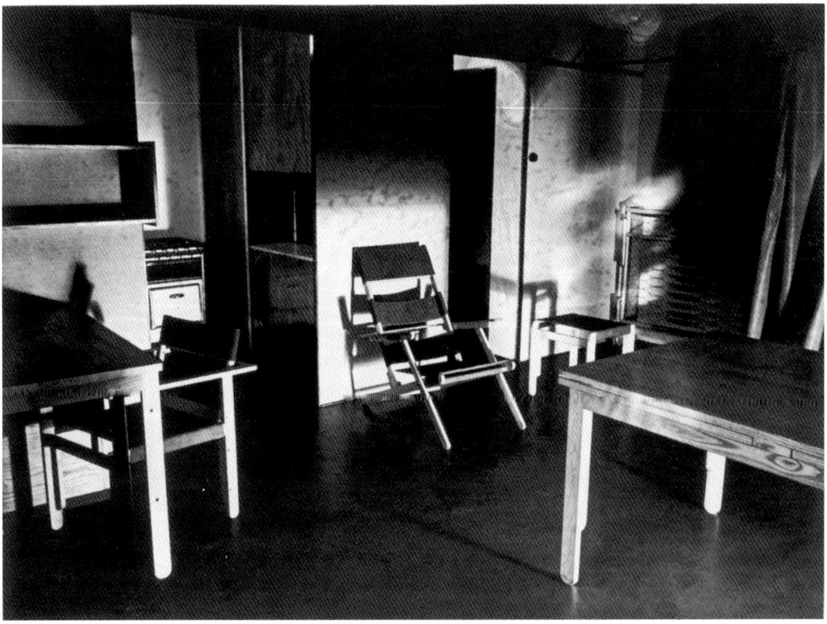

◄ Vistas de la Volkswohnung (Vivienda popular), un apartamento mínimo amueblado por la Bauhaus de Dessau con una mesa adaptable (il. pág. 369) y la silla plegable para ahorrar espacio.

▲ Anuncio de la exposición «die Volkswohnung» (La vivienda popular) en el Museo Grassi de Leipzig, 1929.

preguntaba Meyer por escrito a J.J.P. Oud, Willi Baumeister, Karel Teige y Piet Zwart si estarían dispuestos a trabajar en la Bauhaus. El cese de Meyer el 1 de agosto de 1930, planeado con meses de anterioridad, impidió estas reformas del estudio.

La nueva organización de los talleres

Ya antes de introducir el nuevo taller de montaje el 1 de julio de 1929, Hannes Meyer había proclamado las nuevas líneas directivas para los talleres el 1 de noviembre de 1928. Tres directrices se ponen de relieve: «máxima rentabilidad», «autoadministración de cada célula», «pedagogía productiva».

Cada taller se componía de un director, un maestro técnico, los estudiantes y los llamados colaboradores. Los colaboradores eran los estudiantes que tenían la obligación de trabajar ocho horas diarias, obtenían una paga y no abonaban cuotas de matrícula. En estos términos trabajaron durante un tiempo Marianne Brandt y Hin Bredendieck en el taller de metal. Estos nuevos colaboradores contribuían, sin duda, a la eficiencia de los talleres. Carpintería y metal contaban con dos colaboradores por taller; pintura mural y textil, con uno. El taller y los estudiantes participaban en las ganancias y en las licencias. Muchos estudiantes financiaron así su estudio.

Meyer dio también nuevos impulsos al contenido del trabajo en los talleres: Gropius había declarado en los «principios de la producción de la Bauhaus» el desarrollo de modelos para bienes industriales como objetivo principal. Meyer dio un paso más al respecto. La

▶ Wils Ebert, sentado sobre la silla plegable diseñada por él mismo, lee el número 3 de la revista *Die Form*, marzo de 1931.

▶ **Gustav Hassenpflug:** mesa plegable en tres posiciones, 1928. En posición plegada tiene una anchura de 9 cm.

▶ **Wils Ebert:** silla plegable en tres posiciones, 1929. Esta silla formaba parte del mobiliario de la vivienda popular equipada por la Bauhaus (il. pág. 366).

Bauhaus debía desarrollar modelos para «el pueblo», para «el proletariado». De este modo asignaba Meyer una meta social al trabajo de la Bauhaus, meta que no tardaría en concretarse con la divisa «necesidades populares en vez de lujo». La palabra *standard* era ahora uno de los conceptos directivos del trabajo. La idea de Meyer era crear un número reducido de productos *standard* corrientes que, producidos industrialmente, fueran asequibles al más amplio sector de la población, y se integraran anónimamente en la vida diaria.

Pero ¿no había sentado ya Gropius exigencias semejantes en sus «principios de la producción Bauhaus» en 1925? «Un objeto se determina mediante su carácter. Para darle tal forma que el objeto funcione correctamente —un recipiente, una silla, una casa—, es necesario investigar antes su carácter». Pero mientras Gropius da por sentado que cada objeto tiene un carácter «válido», y por ello promovía que su forma se redujera a «colores y formas típicos que todo el mundo pudiera entender», Meyer propagaba no la investigación del carácter como punto de partida de la actividad creativa, sino la averiguación sistemática de las necesidades de consumo. Con ello sentó el proceso del diseño sobre nuevos principios.

El taller de montaje: carpintería

Es en la producción del taller de ebanistería donde con más claridad se reconocen las consecuencias de la nueva orientación. Ya en octubre de 1928 presentó este taller un folleto con seis sillas (Decker, Bücking, Hassenpflug, Breuer) que más tarde serían típicas para la producción.

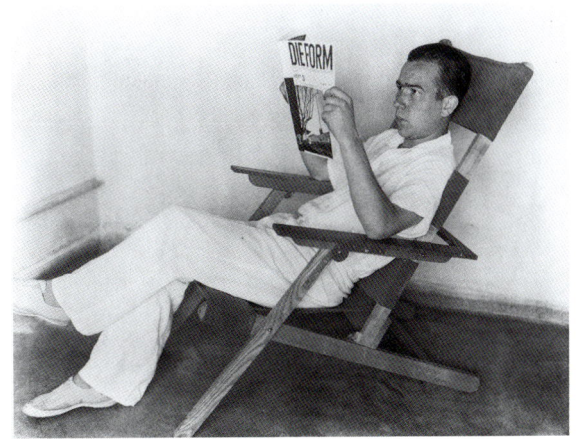

▲ Vista del taller de metal y la mesa de trabajo de Marianne Brandt y Hin Bredendieck, hacia 1930.

▶ Josef Pohl: armario con ruedas para solteros, hacia 1929.

El barato contrachapado (más tarde también en combinación con metal) se convirtió en uno de los materiales más importantes. Se sacaba provecho a la elasticidad de esta madera. Una nueva estructura para las patas contribuyó al abaratamiento de sillas y mesas: el pie consistía no en un poste, sino en dos tablas unidas en ángulo recto, al principio encajadas, más tarde atornilladas. De este modo no solo se ahorraba material, sino que los muebles eran también más ligeros y a menudo plegables. Los pies se redondeaban en el extremo inferior para asegurar la estabilidad, a pesar de la mínima superficie de asiento.

Formas organoides caracterizaban en gran medida los muebles de la época Meyer, así como algunos trabajos en metal. Tales formas son, por una parte, aplicación consciente de los muebles «constructivos» de Breuer; por otra, el resultado de la experimentación sistemática. Casi todos los muebles poseen gran movilidad: se pueden plegar, y son separables o componibles en varios niveles (il. pág. 369). Entre los más importantes logros de la carpintería destacan el equipamiento de la Escuela Estatal de la Unión General Alemana de Sindicatos (ADGB) (ils. págs. 408-413), el mobiliario de la oficina de empleo construida por Gropius en Dessau y la Volkswohnung (Vivienda popular) (ils. págs. 366 y 367) realizada en 1929. En la vivienda popular se habían conseguido productos *standard* que hubieran podido realizarse industrialmente; aquí se había alcanzado el ideal del criterio formal determinado por el socialismo. Un significativo éxito individual fue el sillón plegable, integrado en la vivienda popular, de Josef Albers, el cual, realizado en madera estratificada deformada, se incluye entre los más típicos, y al mismo tiempo orientadores, diseños de la Bauhaus.

► La estudiante Irena Blühová en la sala del club, equipada en 1930 por Hans Volger, y la oficina de construcción.

Muchos de los muebles desarrollados de nuevo se caracterizan por una elevada «especialización»; nombremos algunos ejemplos: taburete plegable para el Busch-Quartet, también adecuado para *camping;* taburete de trabajo; silla de taller para trabajo en cadena (con altura regulable, oscilante, giratorio y con apoyo para los pies), desarrollada para el Museo de Higiene de Dresde; ropero con ruedas para solterones (se puede usar por dos lados).

El taller de montaje: metal

En el semestre estival de 1928 había tenido lugar un acuerdo entre la empresa de lámparas Schwintzer und Gräff y la Bauhaus. Fue Marianne Brandt, el sobresaliente talento del taller de metal (il. pág. 370) todavía dirigido por Moholy-Nagy, quien alentó el proyecto. De acuerdo con este contrato, la empresa producía 53 modelos de la Bauhaus, entre ellos una serie de variantes. No se han conservado datos más concretos sobre el tipo y la duración del contrato pero, en cualquier caso, la Bauhaus desistió del contrato, que caducó a finales de 1930. Esta decisión se debe probablemente a Meyer, quien más tarde se vanagloriaba de haber sustituido una gama demasiado amplia de productos por una selección de pocos tipos *standard.*

La producción de estos tipos corrió a cargo de la empresa Körting und Mathiesen, situada en Leipzig, que continuó desarrollando muchas de las lámparas de la Bauhaus y produciendo algunas de ellas todavía en los años cincuenta. También ahora fue Marianne Brandt quien, en el semestre de verano de 1928, inició los contactos con la empresa. Marianne

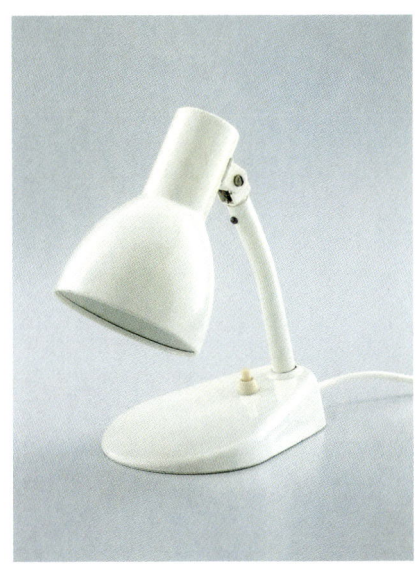

era, junto con Hin Bredendiek, responsable del diseño de las lámparas *standard,* que luego alcanzarían grandes éxitos de venta.

Aparte de las dos lámparas *standard* ya existentes —una de mesa y una de noche (il. pág. 375)—, el taller de metal tenía el objetivo de perfeccionar la forma de una lámpara de estudio. Con pocos cambios, la lámpara de estudio se continuó produciendo durante la década de los treinta. Del mismo modo, la lámpara de noche elaborada por Brandt y Bredendiek se producía a millares y fue imitada con frecuencia. El uso del aluminio en la fabricación de lámparas era nuevo: «Para la gente de entonces, el aluminio era algo fatal, por eso pintamos en algunos casos la pantalla. Habían sido pensadas para todo tipo de usos, para salas de estar, para bares, para el taller», decía más tarde Marianne Brandt.

El taller de montaje: pintura mural

La obra más importante del taller de pintura mural fue el desarrollo de los papeles pintados de la Bauhaus (ils. págs. 379-381), introducidos en el mercado en primicia por la empresa Rasch de Hannover en 1930. Las licencias de este negocio pronto llegaron a ser la fuente de ingresos más importante de la Bauhaus. Como en todos los proyectos que alcanzaron el éxito, diferentes autores se adjudican la paternidad; en este caso, el mismo Hannes Meyer y Hinnerk Scheper, este último al frente del taller de pintura hasta junio de 1929. Por medio de él se produjo el primer contacto entre Meyer y el fabricante de papel pintado Emil Rasch, cuya hermana, alumna de la Bauhaus, era amiga de Lou y Hinnerk Scheper. Meyer estuvo

◄◄◄ **Anónimo:** Lámpara de estudio con pantalla móvil de aluminio.

◄◄ Marianne Brandt y Hin Bredendieck perfeccionaron en 1929 una lámpara de noche (izquierda) y una de estudio (derecha) para la empresa Kandem. Ambos modelos serían más tarde producidos industrialmente en grandes cantidades.

► **Gertrud Arndt:** alumnos de la Bauhaus pintan las casas de maestros, 1929.

de acuerdo, tras las primeras dudas, con la proposición del fabricante, pues veía una oportunidad de crear un nuevo producto *standard*.

Se recopilaron diseños entre los estudiantes de todos los talleres. La Bauhaus se había comprometido a «enviar 12 diseños para la colección, con unos cinco coloridos por modelo». Una comisión de cuatro jurados se encargó de la selección. Los papeles pintados se convirtieron en el producto *standard* de la Bauhaus con más éxito. Eran los primeros papeles de un solo color, sin estampado. En la estructura se podía apreciar un dibujo tenue. Sus características permitían pegarlos en la pared sin miedo a cortarlos mal, y se adaptaban también a espacios pequeños.

El taller de publicidad

Cuando en abril de 1928 Herbert Bayer, director del taller de impresión de 1925 a 1928, abandonó la Bauhaus, Meyer encargó a Joost Schmidt, hasta entonces al frente del inefectivo taller de escultura, la dirección de ambos talleres. Había sido bautizado como *taller de publicidad* en 1927 (il. pág. 383), denominación que conservó también bajo Meyer. El antiguo taller de impresión había ampliado su contenido y se movía en un campo de acción para el que entonces aún no había posibilidades de aprendizaje. Meyer consiguió en 1929 que la ciudad facilitara los medios para que el fotógrafo Walter Peterhans fuera a trabajar a la Bauhaus. Peterhans debía dirigir la sección de fotografía, al lado de Schmidt, y, con él, encargarse de la clase de publicidad. Meyer había comisionado a este taller, más que a los

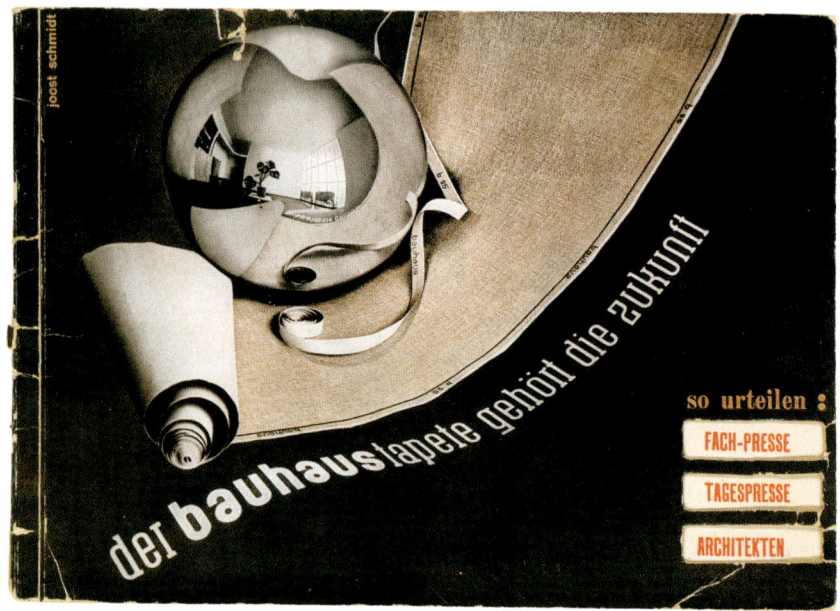

▲ **Joost Schmidt:** catálogo «El futuro es del papel pintado de la Bauhaus», 1931.

► **Kurt Stolp:** anuncio de los papeles pintados de la Bauhaus, 1930.

►► Los papeles pintados (muestras de 1929 y 1930) fueron el producto de la Bauhaus de mayor éxito. En una fina estructuración de líneas, manchas o cuadrículas, se combinan dos matices de un color. Gracias a la superficie mate y su dibujo discreto, estos papeles agrandan ópticamente el espacio, efecto contrario al papel de colores y con grandes flores. La paleta de colores abarcaba desde tonos claros y vivos hasta matices acastañados. Fuera de la Bauhaus, y casi al mismo tiempo, se llevaron ideas parecidas a la producción de papeles de fibra gruesa. Después de 1933, la empresa productora realizaba los papeles en tonos más oscuros, a la moda de la época. Modificados una y otra vez, los papeles pintados de la Bauhaus se encuentran todavía hoy en el mercado.

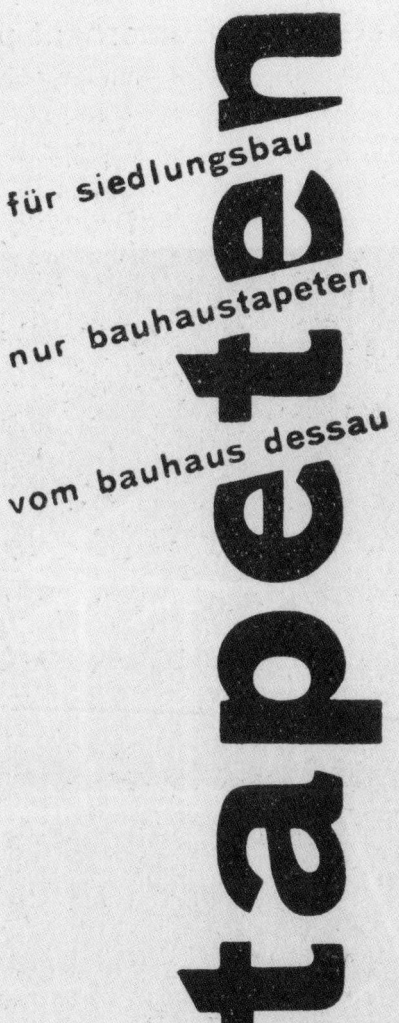

für siedlungsbau

nur bauhaustapeten

vom bauhaus dessau

das neuste produkt
der tapetenfabrik
rasch & co.
bramsche

bauhaus

dessau

im gewerbemuseum
basel

graph. anstalt
w. wassermann
basel

mo.	14-19 uhr
di.	14-19 uhr
mi.	14-19 uhr
do.	14-19 uhr
fr.	14-19 uhr
sa.	14-19 uhr
so.	10-12, 14-19 uhr

eintritt frei

21. IV. - 20. V. 1929

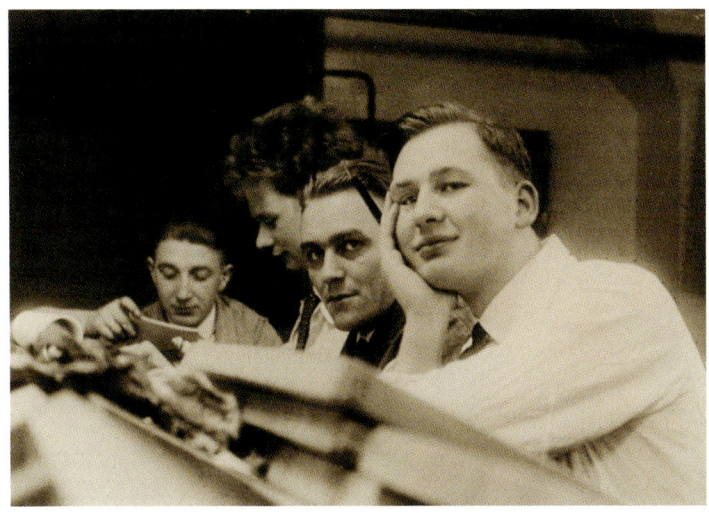

◄ Cartel de la exposición itinerante
de la Bauhaus en Basilea, 1929.

▲ Taller de composición de la Bauhaus,
1931. De izquierda a derecha: Fiedler,
Hajo Rose, Willy Hauswald, Kurt Schmidt.

otros, la tarea de elevar la productividad de la Bauhaus mediante publicidad y exposiciones. El taller de publicidad debía trabajar para los demás talleres, y obtuvo, por ejemplo,
el contrato de los anuncios propagandísticos de los papeles pintados producidos por Rasch
(ils. págs. 378-381) a partir de 1929, y Polytex (il. pág. 390) a partir de 1930.

Se dedicaba la mayor parte del trabajo a la organización de exposiciones. Franz Ehrlich
hizo recuento de los proyectos más importantes: «Como colaborador, estaba obligado a
realizar encargos para la Bauhaus, como elaborar y montar la Exposición «Gas y Agua»
de aparatos de gas, agua y calefacción de la firma Junkers; la Exposición de publicidad en
Berlín; el *stand* de la Bauhaus en la exposición de la Liga de Talleres en Breslau; el *stand*
de la industria conservera alemana en la exposición de higiene en Dresde; la exposición
«Vivienda popular Bauhaus«» en Dessau, Leipzig y otras ciudades; la exposición de la
Bauhaus en la Feria de Leipzig con las primeras ventanas de acero de la firma inglesa
Venestra»[112]. Entre los logros importantes de la Bauhaus en la época de Meyer, se encuen-
tra la exposición ambulante, hasta ahora no valorada en justicia, «10 años Bauhaus»
(il. pág. 382), que fue mostrada con gran éxito durante un año en Basilea, Zúrich, Dessau,
Essen, Breslau y Mannheim (ils. págs. 384 y 385).

A pesar del título «Bauhaus de Dessau», no se trataba de una panorámica completa de
la escuela. Solo se habían expuesto ejercicios y productos de la era Meyer, de modo que el
resultado era un escaparate del progreso de la Bauhaus bajo Meyer.

typenmöbel bauhaus dessau
schema
anwendung
WEBEREI

WEBEREI

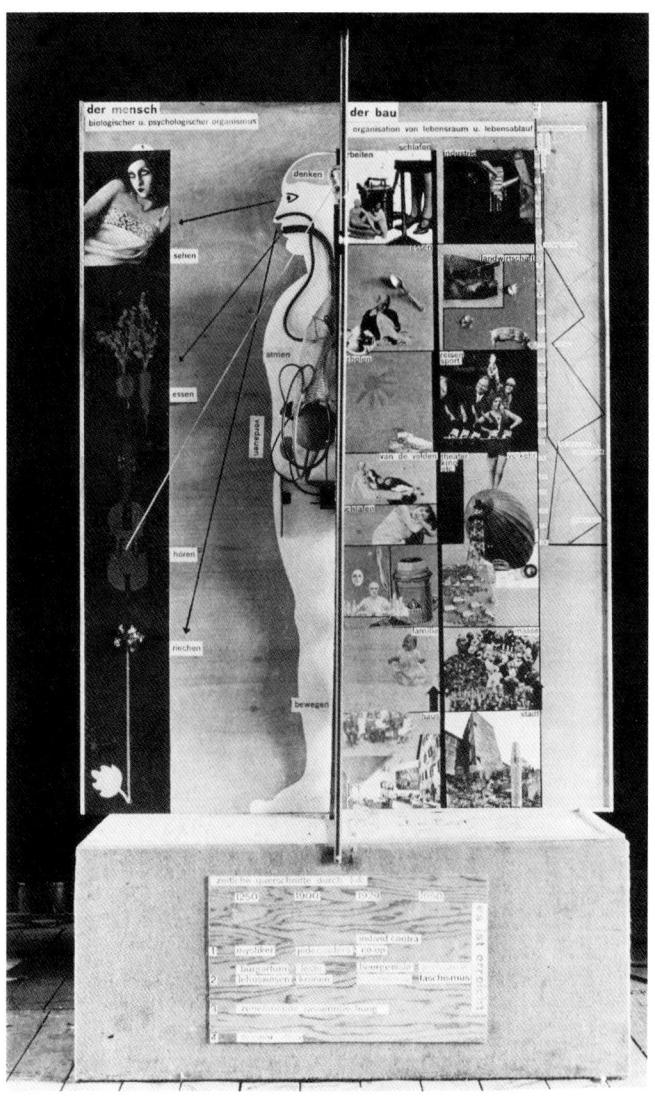

◄ Aspecto de la exposición itinerante de la Bauhaus en Kunsthalle Mannheim en 1930 y en Kunstmuseum Basilea en 1929. La exposición mostraba solamente productos realizados en la Bauhaus bajo la dirección de Hannes Meyer.

▲ Fotografía de una exposición en Breslavia, 1929. A la izquierda: la «persona» como «organismo biológico y psicológico». A la derecha se le yuxtaponen la «construcción» y la «organización del espacio vital y el paso de la vida». Aquí confluyen las propuestas de las clases de Oskar Schlemmer, Joost Schmidt y Hannes Meyer.

▲ Vista de la exposición itinerante de la
Bauhaus en el Museo de Artes y Oficios
de Zúrich con obras de la clase de
fotografía de Walter Peterhans, 1930.

▶ Bella Ullmann y Willi Jungmittag
aprenden a fotografiar, hacia 1930.

El taller textil

También en el taller textil se introdujeron entre las alumnas las nuevas ideas sociales de Meyer. En lugar de «alfombras», había que fabricar ahora «revestimientos para suelos», el «material útil» debía estar ahora en primera línea. Otti Berger (il. pág. 392), una de las mejores tejedoras, hablaba con distancia sobre «materiales en el espacio». Ahora había que partir del análisis, evitando a conciencia las palabras *estética* y *arte*. Las mujeres intensificaron la experimentación científico-sistemática. Así, desarrollaban tejidos resistentes para los muebles de tubos de acero, tejidos para recubrir paredes, tejidos traslúcidos para cortinas. Las pruebas sistemáticas con nuevos materiales —como celofán, rayón, felpilla— habían comenzado antes de la dirección de Meyer.

A Anni Albers se debe uno de los resultados más formidables: un tejido con características distintas en sus dos caras; un lado era insonorizante y el otro, reflector de la luz (il. pág. 390). Anni Albers había realizado este tejido para mejorar la acústica del aula magna de la Escuela Federal de la Unión General Alemana de Sindicatos (ADGB). Algunas de las mejores alumnas cursaban un semestre externo en la industria, y estaban luego en condiciones de aplicar sus conocimientos teóricos y prácticos en el taller.

Georg Muche había equipado el taller con telares de *jacquard* para poder intensificar la producción. Las alumnas habían rechazado al principio estos telares, e incluso habían llevado a cabo una especie de sublevación en toda regla contra Muche, con la consecuencia de que este dimitió; sin embargo, la decisión de Muche era, a largo plazo, correcta. Su

◄ Lena Meyer-Bergner: diseño para la cubierta de un diván, 1928.

▲ Paul Klee: *Vermessene Felder* (Campos mal medidos), 1929, 47 (N7). Acuarela y lápiz sobre papel. Mies van der Rohe compró el cuadro en 1938.

sucesora, Gunta Sölzl, había reformado el taller en 1925 en Dessau y elaborado un nuevo programa educativo. Aunque hoy criticaríamos su forma de trabajo como «acentuadamente estética», Stölzl se adaptaba a la nueva instalación del taller y la integraba en sus clases. Su «Desarrollo del taller textil de la Bauhaus» (1931) se lee en algunas partes como si el mismo Meyer lo hubiera escrito: «Toda Escuela [...] debe relacionarse directamente con el proceso vital [...] los tejidos [...] tienen su "función" en el espacio [...] el reconocer y tratar de comprender los problemas espirituales de la construcción nos mostrará el camino consecuente»[113].

En 1930 se llegó a un acuerdo de colaboración con la empresa textil berlinesa Polytex, que tejía y comercializaba diseños de la Bauhaus (il. pág. 390). El trato cerrado con esta empresa seguía el modelo del acordado con la firma de papeles pintados Rasch. Con ello se aseguró la Bauhaus no solo las licencias, sino también la realización de la publicidad.

El teatro bajo Hannes Meyer

Aunque siendo director Meyer Schlemmer podía permanecer en la Bauhaus, tenía que terminar su actividad (pagada) en el teatro, puesto que su salario —ahora equiparado al de Klee y Kandinsky— dependía de sus nuevos cursos de la persona y el dibujo de desnudo. El teatro contaba solo con un pequeño presupuesto para gastos materiales. No obstante, Meyer se esforzó, al comienzo de su dirección, por conservar el teatro y asegurar su financiación.

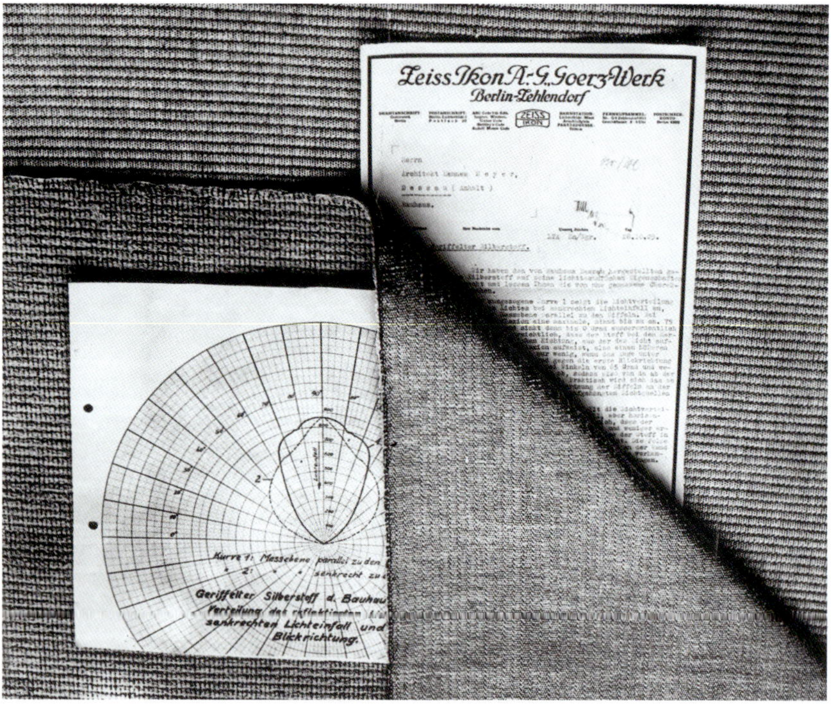

▲ Stefan Schwarz: portada del folleto «polytex». En abril de 1930, la empresa berlinesa Polytextil GmbH se comprometió a producir y comercializar una colección de unas veinte muestras de tejido diseñadas en la Bauhaus.

▲ Anni Albers: tejido con propiedades reflectantes de la luz y absorbentes del sonido, revestimiento de paredes para el aula magna de la Escuela Federal ADGB de Bernau, 1929/30.

ZUM GELEIT

erziehung am fließband

Tempo, Tempo

Tüchtiger Webmeister

sie brauchen
übernimmt
das bauhaus
moderne qualitätsarbeit

WIE ? WEBEN

Prüfen Sie,
bleibt dann noch Zeit
für Versuchsarbeit ?
aufträge von mai – september
vorgelegt u.

0/293	9 mtr.
0/300	5 mtr.
0/305	7 mtr.
0/354	6,60 mtr.
0/364	2 mtr.
0/368	2,30 mtr.
0/340	3,50 mtr.
0/380	1 mtr.
0/385	2 mtr.
0/391	1 1/2 mtr.
0/396	2 mtr.
0/402	4,30 mtr.
0/408	2 mtr.
0/411	4 mtr.

GR. REI

SEMESTERABSCHLUßAUSSTELLUNG WINTER 28

◄◄ **Grete Reichardt:** *Sie brauchen das Bauhaus* (Necesitan la Bauhaus), 1928. Collage. Critica los numerosos encargos del taller textil y pregunta: «¿Seguirá habiendo tiempo para el trabajo experimental?».

▲ Otti Berger en telar de asiento elevado, 1929.

► **Otti Berger:** alfombra para una habitación infantil, 1929.

▲ Obra de la Bauhaus *Besuch aus der Stadt bei Professor L.* (El profesor L. recibe visita de la ciudad), 1929.

▶ Cartel para la gira del teatro de la Bauhaus, 1929. Schlemmer incluyó también los *sketches* del «Joven Teatro de la Bauhaus» en el programa.

Schlemmer no abandonaba el ideal de crear en el teatro un contrapunto a la arquitectura —como ya había sido el caso en Weimar—: el teatro podía ser un «globo de ensayo» cuyo «diámetro, estando el globo hinchado, igualara al de la sección de arquitectura», escribió en 1928[114]. Pero ya en el transcurso del año 1928 se había constituido un «Grupo Joven» que no tenía el menor interés en las escenografías de Schlemmer (representaciones de elementos teatrales elementales). Este «Grupo Joven» realizaría tres obras teatrales, con diferentes actores. Dos aspectos parecen haber sido importantes para el grupo: el trabajo «colectivo» y la exposición de temas de actualidad. Por eso volvieron a incluir la palabra en las representaciones, al contrario de Schlemmer. La inspiración escenográfica venía, sobre todo, del teatro soviético.

La primera obra, *Sketch n,° 1, Tres contra uno,* se estrenó el 17 de noviembre de 1928, y se editó como «trabajo colectivo» de «texto, dirección y representación». Más tarde fue incorporada a una importante gira que Schlemmer había logrado organizar con gran acierto.

La segunda obra, *El profesor L. recibe visita de la ciudad,* se estrenó el 22 de julio de 1929 con el título *Bauhausrevue* (Trabajo colectivo del teatro joven) (ils. págs. 394, 396 y 397), sobre la que Schlemmer escribió: «una revista-bauhaus que servirá de expresión al programa revolucionario de la nueva bauhaus. más o menos así: república de consejeros de la bauhaus, los maestros son los reyes capitalistas, y deben ser destronados y despojados de sus derechos ("yo ya me voy")…»[115]. Schlemmer tenía que arreglárselas en aquellos años con un presupuesto extremadamente reducido y, encima, adaptarse a las exigencias

sonntag,
24.
märz

11,30 uhr

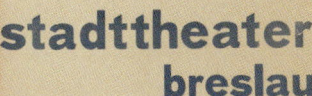

stadttheater
breslau

matinee der

bauhaus
bühne

tanz
pantomime
sketch

pressestimmen über die berliner aufführung:

berliner tageblatt: „es war ein besonders beglückter und neuest erschließender tanzvormittag."
die welt am montag: „die bauhausbühne feierte einen ehrlichen triumph."
berliner börsencourier: „warum ist das publikum so begeistert? aus primitivität, aus opposition, aus gefühl der zeitkultur"
vossische zeitung: „wesentlich ist, die bauhausbühne hat mit diesen versuchen soeland betreten"
vorwärts: „es man kann sich sogar denken, daß eine völlig eigene bühnenkunst aus dieser entdeckung hervorgeht."
tempo: „hier wird ein kampf gegen den tanz als rausch, als kitsch, als illustration der musik als seelisches problem geführt."
berliner morgenpost: „es wurde zweifellos ein richtiger erfolg . . . . mit diesen schöpfungen haben oskar schlemmer und
seine „junge gruppe" die bauhausbühne in berlin durchgesetzt."

märz 1929 an der stadttheater-kasse. preise: gruppe l: 0,50 rmk. bis 3.– rmk.

▲ El «Joven Teatro de la Bauhaus» en su *sketch Besuch aus der Stadt bei Professor L.* (El profesor L. recibe visita de la ciudad), 1929. Sobre el escenario se ve a Naftali Rubinstein (profesor L.), Lotte Rothschild (esposa del maestro) y Werner Siedhoff (maestro cantor y dama de la sociedad) (il. pág. 394), así como un coro formado por 12 alumnos del maestro (ils. págs. 396-397).

Utilizando los medios del teatro *agit-prop*, la compañía trató cuestiones políticas actuales y observaciones sobre el funcionamiento de la Bauhaus. El «Joven Teatro» se disolvió con el despido de Hannes Meyer en agosto de 1930.

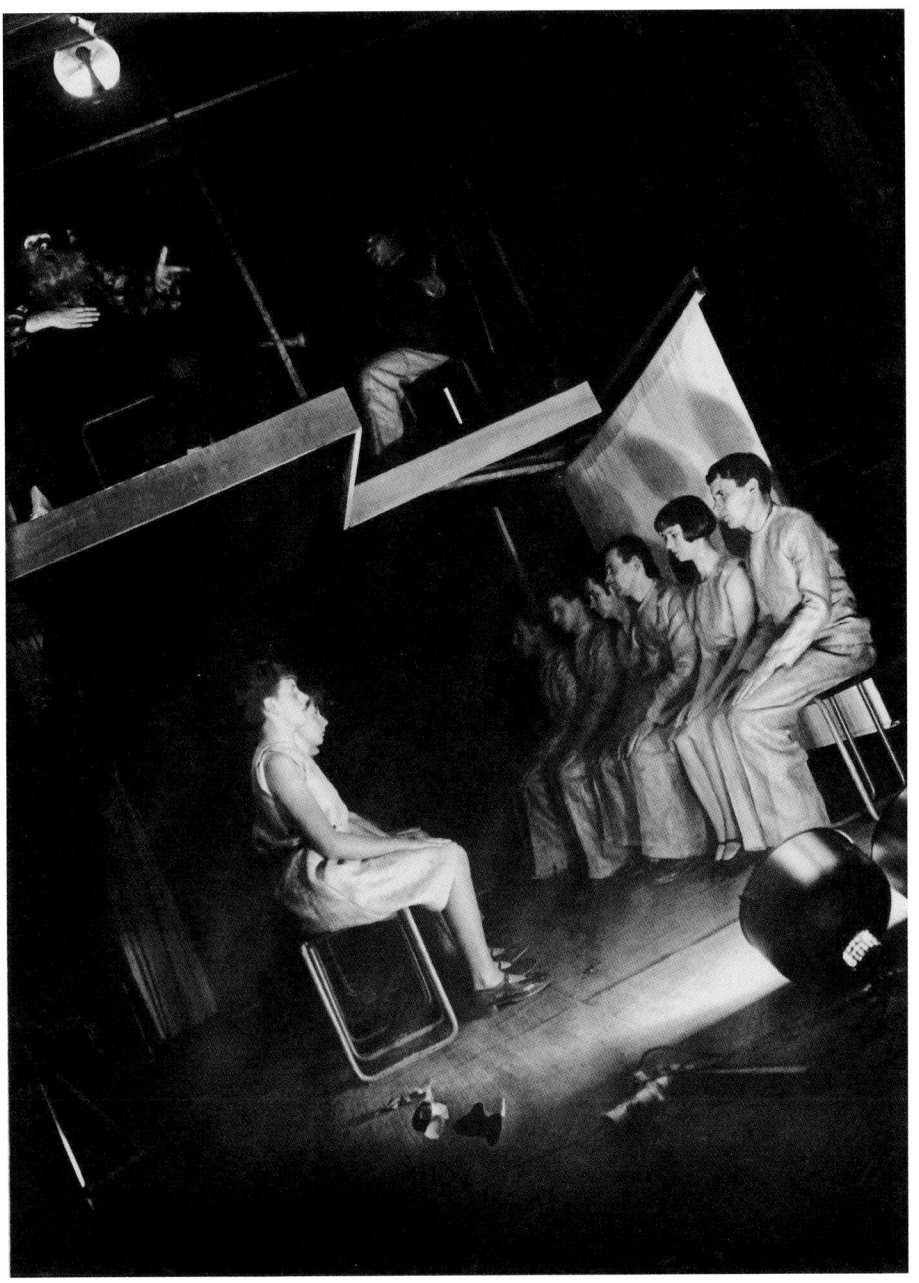

Alles andere bleibt anonym. Diskretion Ehrensache.

Hans Thiemann

◄ Hans Thiemann:
autorretrato, hacia 1928.

► Fritz Winter: monotipia, hacia 1929.

estudiantiles de teatro político, con las que él no estaba de acuerdo, pero que Meyer apoyaba. «No esperen de mí que dibuje como George Grosz o que haga teatro como Piscator. En mi opinión, deberíamos dejar oportunamente el teatro político a los rusos, que lo hacen mucho mejor y, además, creo que el problema alemán tiene sus raíces en otro lugar»[116]. A pesar de este claro rechazo del teatro político, Schlemmer creía que podía continuar su trabajo escenográfico en la Bauhaus. Después de su aclamada gira por Alemania con el programa teatral de la Bauhaus (il. pág. 395), quería suprimir su curso de la persona (que «no había encontrado apenas resonancia, pues es una nimiedad», según Schlemmer) y dedicarse únicamente al teatro. Al mismo tiempo se concretizó su nombramiento para un puesto en Breslau, que aceptó en seguida, pues ya llevaba años dando vueltas a la idea de abandonar la Bauhaus. Tras el semestre de verano de 1929 Meyer decidió clausurar el teatro por «razones económicas», y tampoco volvió a saberse nada del «Joven Teatro».

Las clases de pintura libre
Con el traslado de la Bauhaus a Dessau en 1925 Klee y Kandinsky habían solicitado el establecimiento de clases de pintura libre. En 1927 se incluyeron por primera vez estas clases en el plan de estudios, y también Hannes Meyer las conservó en el programa. Pero Meyer intentó darles un nuevo sentido: el arte libre debía ser una especie de compensación y fructificar, en combinación con la educación fuertemente científica, el trabajo de taller. La existencia de las clases de pintura libre motivó numerosas discusiones en la Bauhaus sobre

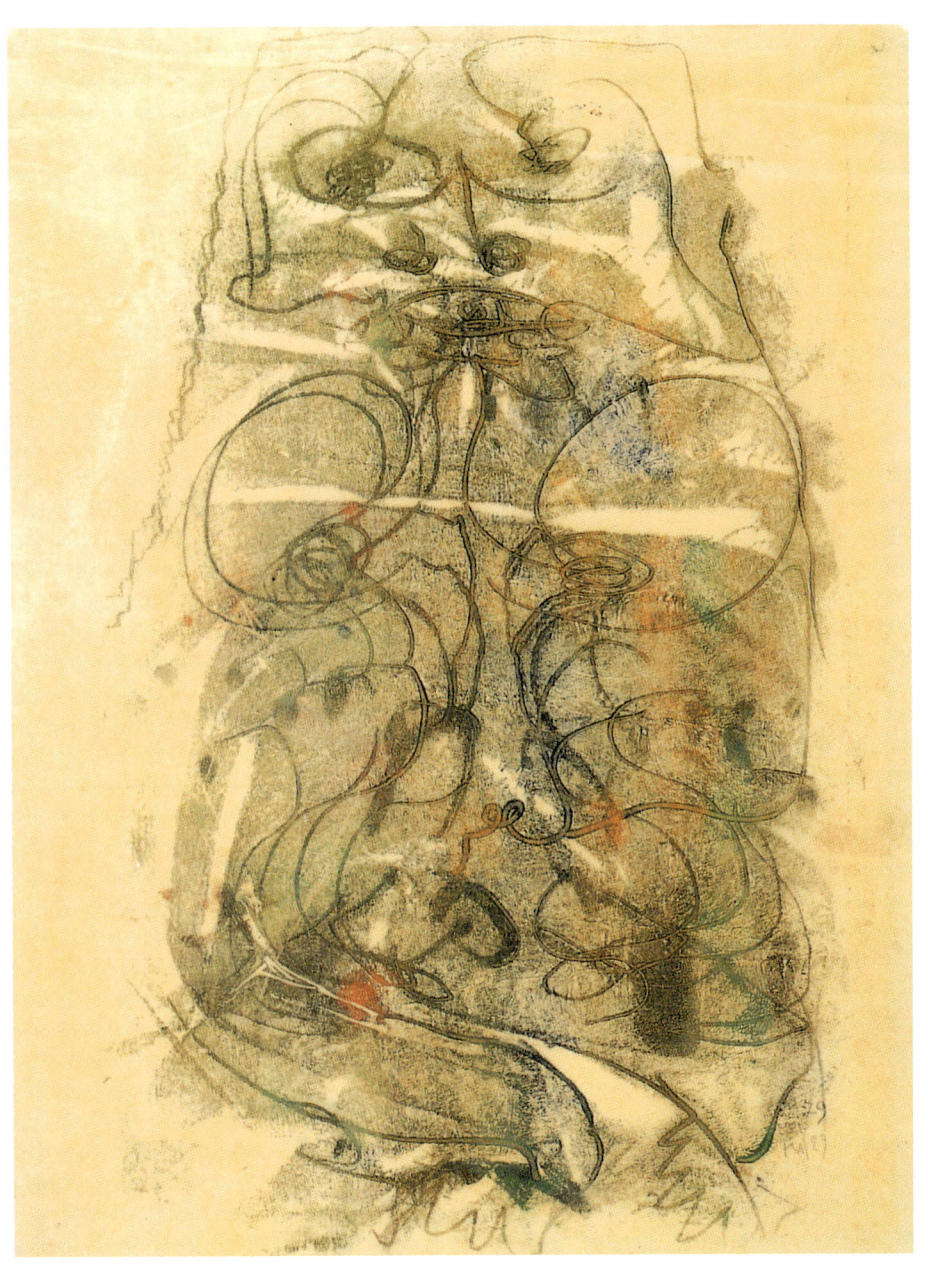

399

alexander schawinsky

junge bauhausmaler

hallescher kunstverein

▲ Los pintores de la Bauhaus exponían
hacia 1929/30 como grupo propio, así
tenían más posibilidades de éxito. Aquí,
la portada del catálogo de una exposición
en la Hallescher Kunstverein, 1929.

► Alexander (Xanti) Schawinsky:
Fließende Architektur (Arquitectura
fluida), 1927.

▲ Lotte Beese y Helmut Schulze ante la mesa de dibujo en la sección de arquitectura, hacia 1928. Lotte Beese fue la primera mujer que estudió en esta sección de la Bauhaus.

▶ Philipp Tolziner y Tibor Weiner: diseño de una casa comunitaria para los trabajadores de una fábrica en régimen socialista, 1930.

su papel en el proceso del diseño. La «pintura de la Bauhaus» de los estudiantes era increíblemente visionaria y surrealista (ils. págs. 400 y 401), casi siempre entremezclada con fragmentos de objetos, a menudo técnicamente influida por Klee. Gerhard Kadow, alumno de textil y participante de las clases de Klee, recordaba: «[…] Klee examinaba los trabajos con tiempo y tranquilidad, y luego comenzaba a hablar […] no sobre las cualidades o deficiencias del trabajo, sino sobre problemas pictóricos que se le ocurrían a la vista de nuestros cuadros». El arte de la nueva objetividad era rechazado con el mismo rigor que la pintura constructivista de Moholy-Nagy. La relación entre Klee y Meyer se describe a menudo como negativa, pero ambos se estimaban y aceptaban a pesar de sus diferencias. Klee se negó a colaborar en las intrigas del despido de Meyer, y fue el único que le envió una carta de despedida. Aceptaba el concepto educativo de Meyer, no quería llevar por mucho tiempo la doble carga de enseñar y dedicarse a su propio arte. Cuando la Academia de Düsseldorf le ofreció un puesto con menos horas de clase, rescindió su contrato con la Bauhaus. Este paso no fue en absoluto, como se ha dicho con frecuencia, una protesta contra la dirección de Meyer, sino que surgió de la necesidad de Klee de poder dedicarse a su propio arte.

Las clases de arquitectura bajo Hannes Meyer

Hannes Meyer basaba sus clases de arquitectura en un amplio entendimiento de la construcción. Edificar era para él un «proceso elemental» que tenía en cuenta necesidades biológicas, espirituales, intelectuales y corporales, y, por ello, hacía posible el «vivir». Era, pues,

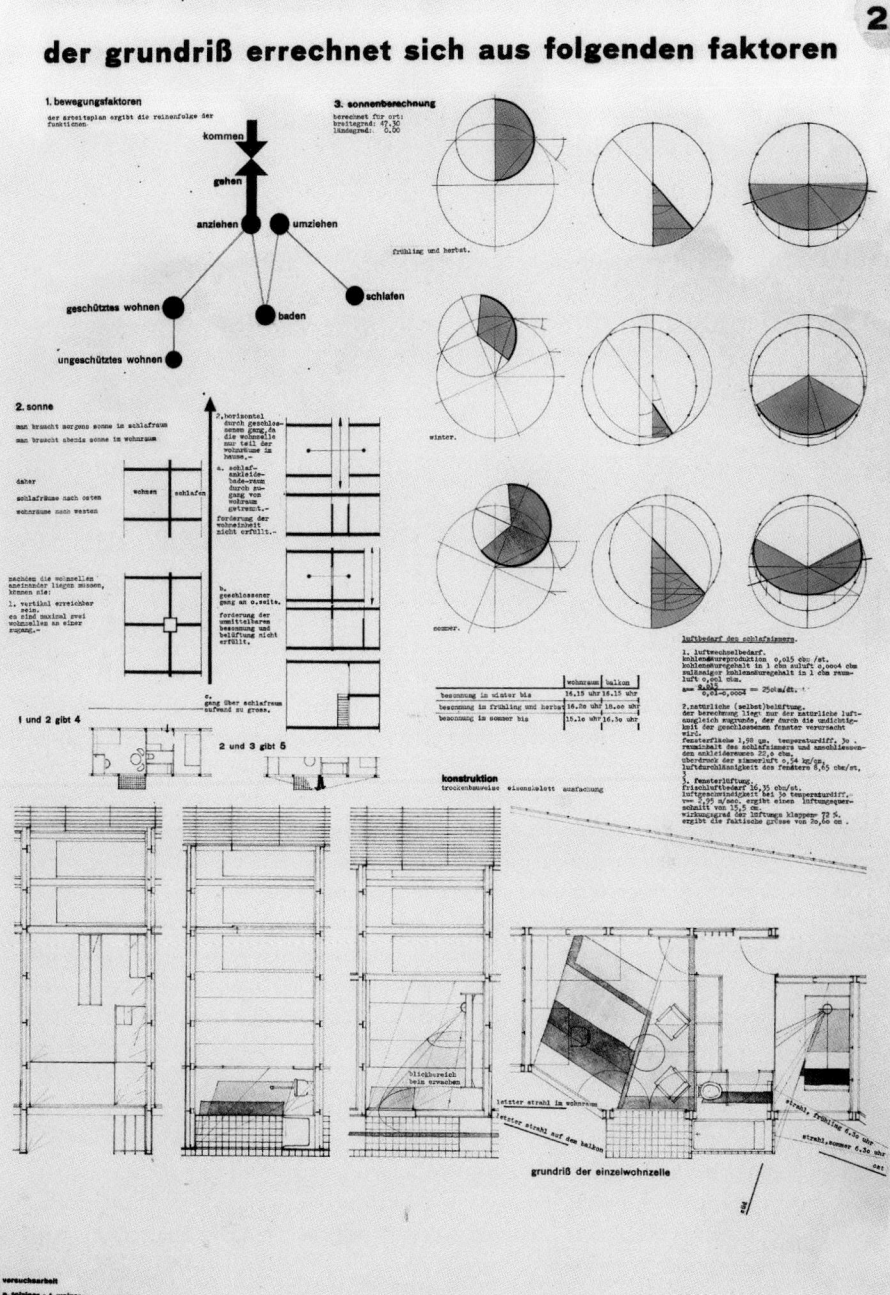

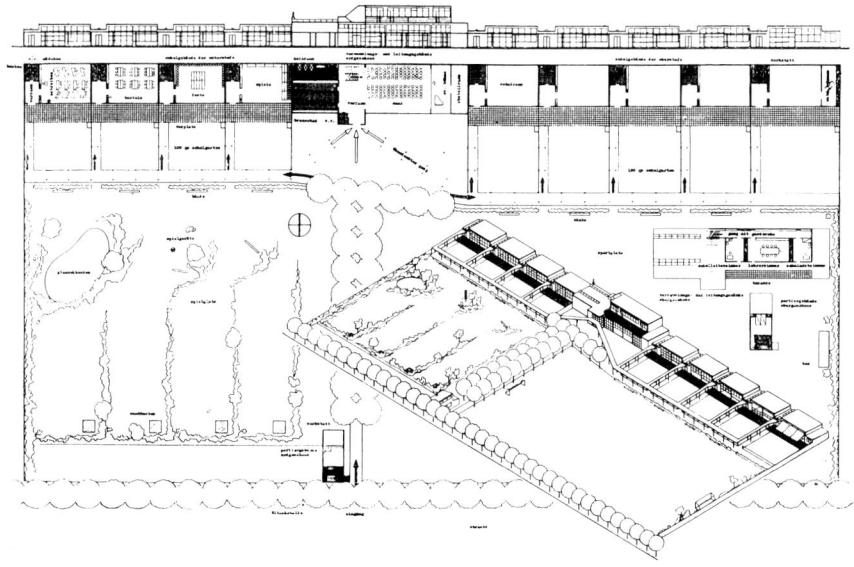

imprescindible tener en cuenta la existencia humana en su totalidad. La meta de esta forma de edificar era el bienestar popular. Había que igualar como «colectivas» las necesidades personales y las sociales a través de la arquitectura. ¿Cómo trasladaba Meyer estas reivindicaciones a sus clases? Los alumnos (ils. págs. 402, 405-406) contaban con una preeducación de lo más variada. Algunos ya habían realizado estudios arquitectónicos, pero la gran mayoría había pasado por la educación artesana de la Bauhaus y querían cambiar ahora a la «construcción», la meta declarada de la Bauhaus. El primer paso de Meyer fue la división de los estudiantes de arquitectura, desigualmente preparados, en un grupo de aprendizaje y uno de trabajo. En el semestre de invierno de 1927/28 hay ocho alumnos en el grupo de aprendizaje y 13 en el de trabajo. En el aprendizaje de la construcción, cuya duración era de cuatro semestres, se impartían asignaturas de la teoría de la construcción, como calefacción, estática, ventilación, edificación, materiales de construcción, cálculo de las horas de luz solar y dibujo técnico. Estas clases eran impartidas normalmente por ingenieros. También el socio de Meyer, Hans Wittwer, daba clases aquí. Cuando Wittwer, pasado un año, abandonó la Bauhaus para trabajar como arquitecto en Halle, Meyer llamó al arquitecto berlinés Ludwig Hilberseimer, cuya enseñanza sistemática de la edificación de viviendas y planificación urbana no tardó en convertirse en parte esencial del programa educativo.

Meyer trataba en el curso de aprendizaje cuestiones generales de la arquitectura, pero también podía ocuparse de detalles concretos.

◄ **Ernst Göhl:** planos para una escuela de educación básica, 1928. La escuela-pabellón, de planta baja y techo plano, está orientada hacia el sur, donde están los jardines y el campo de juego. La Escuela Federal ADGB de Bernau (ils. págs. 408-413), proyectada por Meyer/Wittwer y por la sección de arquitectura de la Bauhaus, ha servido de modelo.

► Estudiantes de la sección de construcción, de izquierda a derecha: Hermann Bunzel, Erich Consemüller, Hubert Hoffmann, Ernst Göhl.

Los trabajos del grupo de arquitectura se pueden dividir en tres partes:

1. Tratamiento sistemático de tareas de construcción pequeñas y concretas.

2. Participación en «células cooperativas» en tareas de envergadura, como la Escuela Estatal ADGB y la colonia Törten.

3. Tesinas y trabajos por libre.

Un ejemplo de los pequeños encargos de construcción podrían ser los planos realizados por Heiner Knaub para la colonia de fin de semana Klein Köries, en Berlín. Estos planos habían motivado un contrato, que no parece haber llegado a realizarse.

A razón del contrato de una casa independiente para la familia Caravagno en Metone (Italia) se representaron gráficamente y se buscaron soluciones constructivas para el esquema evolutivo de la familia, para la topografía de las ciudades dormitorio, y para los esquemas de la casa y su función. En un curso del profesor invitado Mart Stam, los estudiantes elaboraron un proyecto para el concurso de la colonia Haselhorst, en Berlín; el proyecto no fue enviado, pero los estudiantes se familiarizaron con el trabajo para este tipo de concursos.

Los múltiples problemas que los alumnos tuvieron que resolver quedó reflejada en las hojas de los planos: están llenas de análisis, tablas y experiencias únicas, cuya valoración habría de dar como resultado el edificio a construir. La arquitectura, pues, se enseñaba como el resultado, prácticamente natural, de un cuidadoso análisis. Meyer dio una definición radical: «Construir no es ningún proceso estético», y «construir es solo organización:

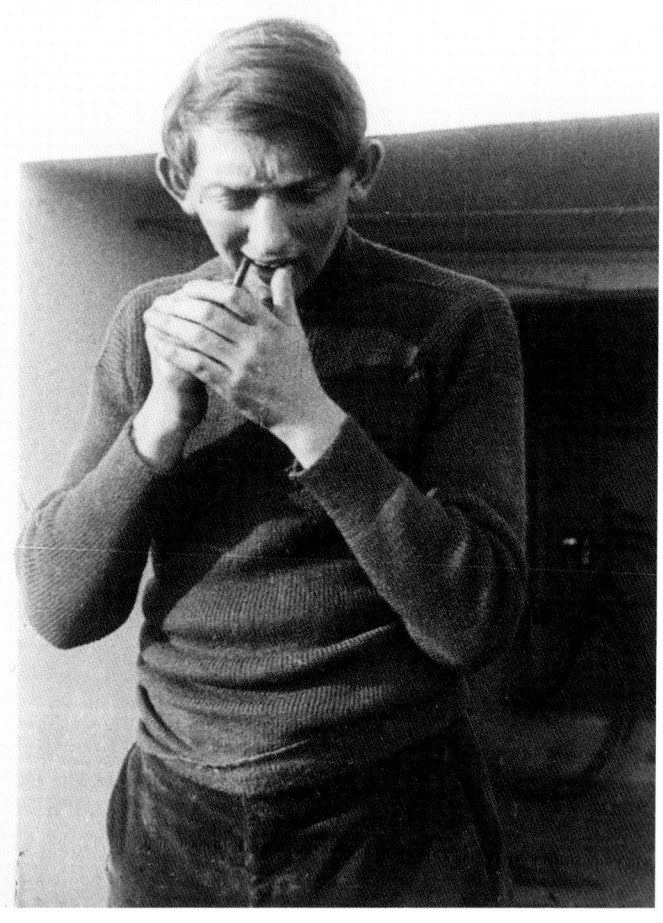

▲ Arieh Sharon fue uno de los primeros alumnos del curso de arquitectura
de Hannes Meyer. Gracias a su experiencia práctica en la construcción
de *kibutzim* en Palestina, Sharon pudo
inscribirse en esta clase ya en su
segundo semestre.

▶ En noviembre de 1929, Arieh Sharon
recibió el diploma de la Bauhaus. En él,
Hannes Meyerdio fe de su participación en el concurso y la ejecución de la
Escuela Federal ADGB en Bernau, en
la que Sharon asumió temporalmente
las funciones de director de obra.

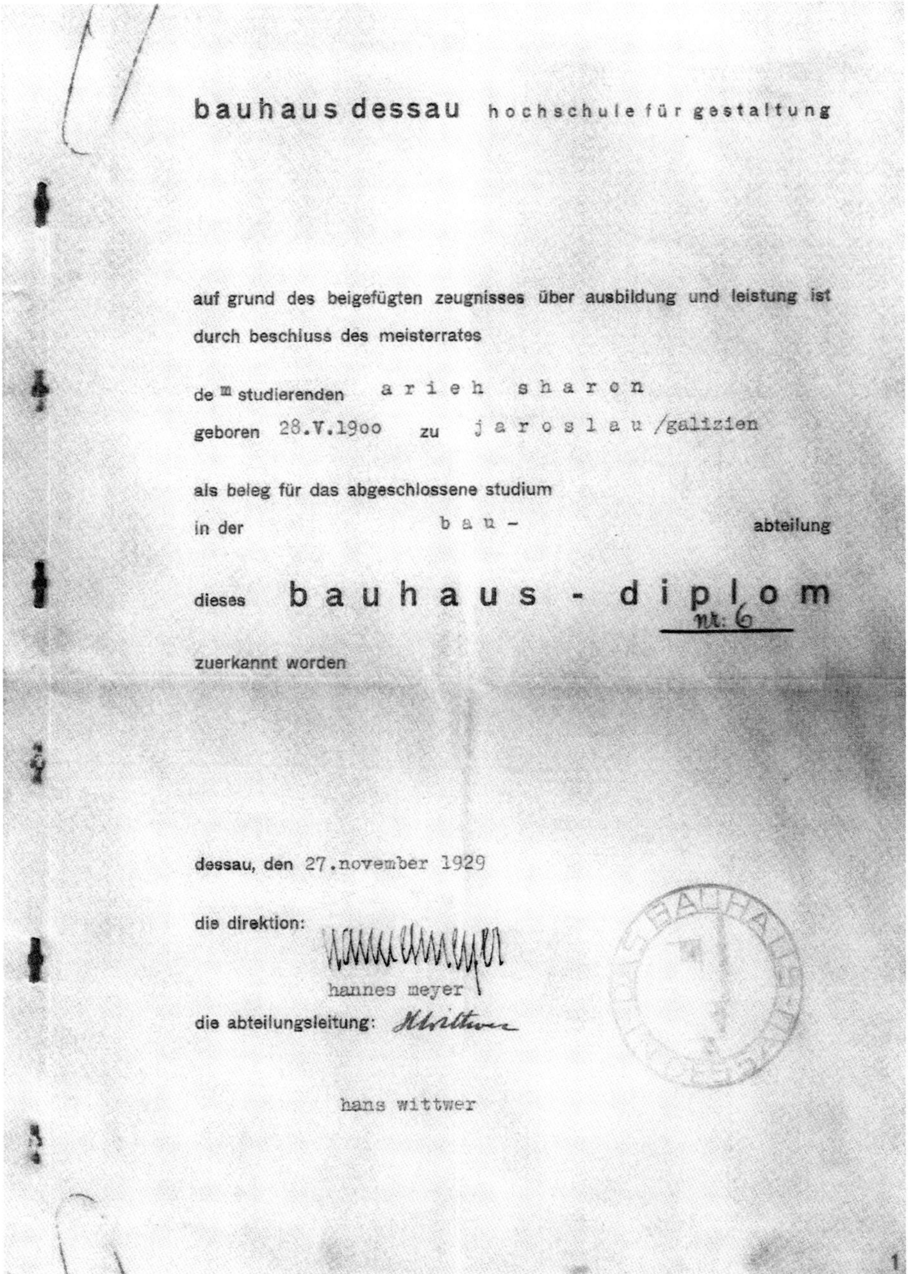

bauhaus dessau hochschule für gestaltung

auf grund des beigefügten zeugnisses über ausbildung und leistung ist
durch beschluss des meisterrates

de ^m studierenden   a r i e h   s h a r o n

geboren 28.V.19oo   zu   j a r o s l a u /galizien

als beleg für das abgeschlossene studium

in der   b a u –   abteilung

dieses   **b a u h a u s - d i p l o m**
                                              nr: 6

zuerkannt worden

dessau, den 27.november 1929

die direktion:

hannes meyer

die abteilungsleitung:

hans wittwer

407

▲ El estudiante de la Bauhaus Antonin Urban delante de la Escuela Federal ADGB en Bernau.

▶ Hannes Meyer, Hans Wittwer y la sección de arquitectura de la Bauhaus de Dessau: Escuela Federal de la Unión General de Sindicatos Alemanes (ADGB) en Bernau, cerca de Berlín,

1928-1930. Meyer y Wittwer convirtieron las tres chimeneas de fuel oil del hogar en el motivo dominante de la entrada. Un estudiante calificó la escuela como «fábrica de educación».

▶ Vista del ala de habitaciones de la escuela federal. Fotografía de junio de 1931.

organización social, técnica, económica y psíquica»[117]. Meyer había decidido desde el principio hacer partícipes a los estudiantes en los contratos facilitados por la ciudad, lo mismo que en encargos privados. La primera obra en la que pudieron trabajar los estudiantes fue la Escuela Federal para la Unión General Alemana de Sindicatos (ADGB) en Bernau (ils. págs. 408-413). Para la planificación y realización los alumnos habían sido distribuidos en «células cooperativas», que, como «brigadas verticales», agrupaban en una comunidad de trabajo a viejos y jóvenes, a expertos y novatos. «Practicar el trabajo en común», en palabras de Hannes Meyer.

El arquitecto tradicional debía ser sustituido por estos grupos modelo: «Mis estudiantes de arquitectura no serán arquitectos, el arquitecto ha muerto», anunciaba Meyer en una conferencia. Meyer pretendía educar a especialistas para trabajar en un equipo creativo: «El especialista en materiales de la construcción, el maestro constructor de pequeñas ciudades, el colorista, un instrumento del trabajo en común»[118]. Meyer definía así una nueva dimensión profesional para los arquitectos.

Gracias al *status* de escuela superior, que Gropius había alcanzado para la Bauhaus, la escuela tenía la competencia de expedir un diploma como título de estudios. Fue Meyer quien pudo preciarse de licenciar a los primeros estudiantes con un diploma. En total, se expidieron 133 diplomas hasta la desaparición de la Bauhaus. La tesina para obtener el diploma podía desarrollar un proyecto real o ficticio, y se componía a menudo de planos y un informe explicativo.

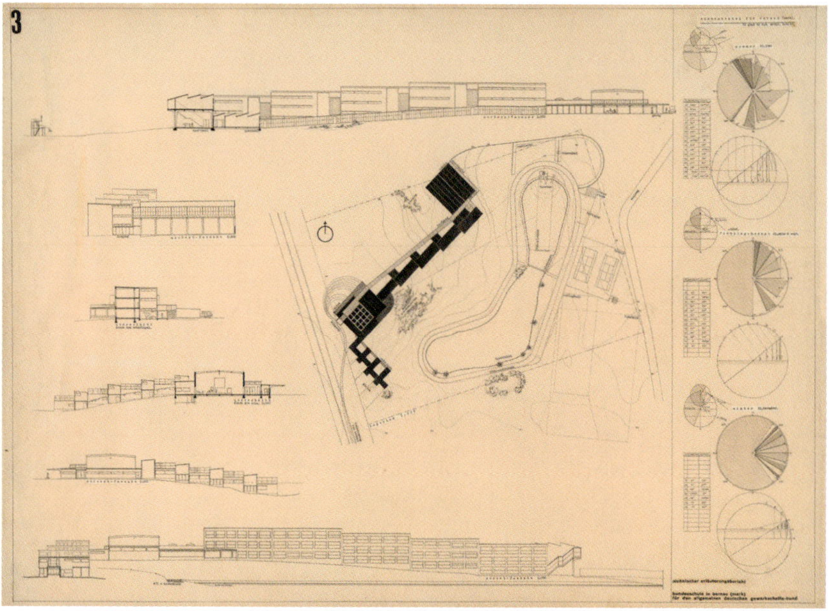

▲ Hannes Meyer, Hans Wittwer y la sección de arquitectura de la Bauhaus de Dessau: diseño del concurso para la Escuela Federal ADGB en Bernau, 1928. Plano general con fachadas, secciones y diagramas con las posiciones del sol y los ángulos de incidencia de la luz.

▼ Vista del comedor, 1930. Los residentes de cada planta se sentaban en la misma mesa.

▲ **Wera Meyer-Waldeck:** mesa de trabajo para las habitaciones de la escuela federal, 1930. Por razones prácticas se ha inclinado ligeramente la superficie. Para evitar la excesiva reflexión de la luz, se ha recubierto con linóleo negro. El cajón lateral está hecho a la medida del papel de formato DIN A4. La lámpara de estudio ha sido realizada también en la Bauhaus, la silla procede de la empresa Thonet.

▼ Vista de una habitación doble, 1928-1930. Fotografía de Walter Peterhans.

► Vista del corredor acristalado que da acceso a las escaleras de los pabellones de habitaciones de la escuela federal. Fotografía de Walter Peterhans.

► El gimnasio, cuyos amplios ventanales se abren a la naturaleza. Sobre el gimnasio hay aulas.

Konrad Püschel, por ejemplo, presentó en su tesina el mayorazgo Vogelgesang en su distribución de pequeña granja, proponiéndolo como granja de una cooperativa.

Vera Meyer-Waldeck presentó el diseño de una escuela primaria con ocho clases y una guardería infantil para 60 niños. Este trabajo era parte de un proyecto comunitario más amplio, que se orientaba en la realidad de Dessau.

Los estudiantes Tibor Weiner y Philipp Tolziner presentaron un trabajo con el título «Intento de crear una casa comunitaria para los trabajadores de una fábrica en régimen socialista con horario unitario». Las más importantes prestaciones de Meyer a la Bauhaus son la sistematización y tratamiento científico del proceso creador, y su división del programa educativo en teoría y práctica. Descubrir las necesidades sociales y poseer una conciencia social son esenciales para el arquitecto. Hannes Meyer quería hacer justicia a la creciente complejidad de la construcción proponiendo como modelo el trabajo en equipo.

La Escuela Federal de Bernau

El proyecto más importante realizado por Hannes Meyer, su socio Wittwery y la sección de arquitectura es la Escuela Federal de la Unión General Alemana de Sindicatos en Bernau (ADGB) (ils. págs. 408-413). Meyer y Wittwer habían ganado con su proyecto un concurso de participación limitada. La ADGB no deseaba ninguna «escuela-cuartel», sino un «modelo ejemplar de cultura arquitectónica moderna», en la que 120 funcionarios y

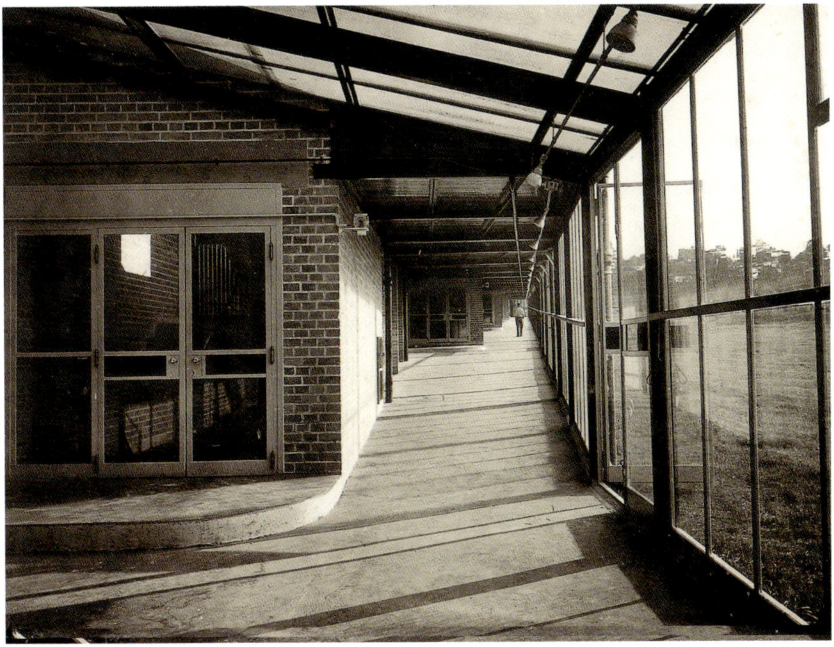

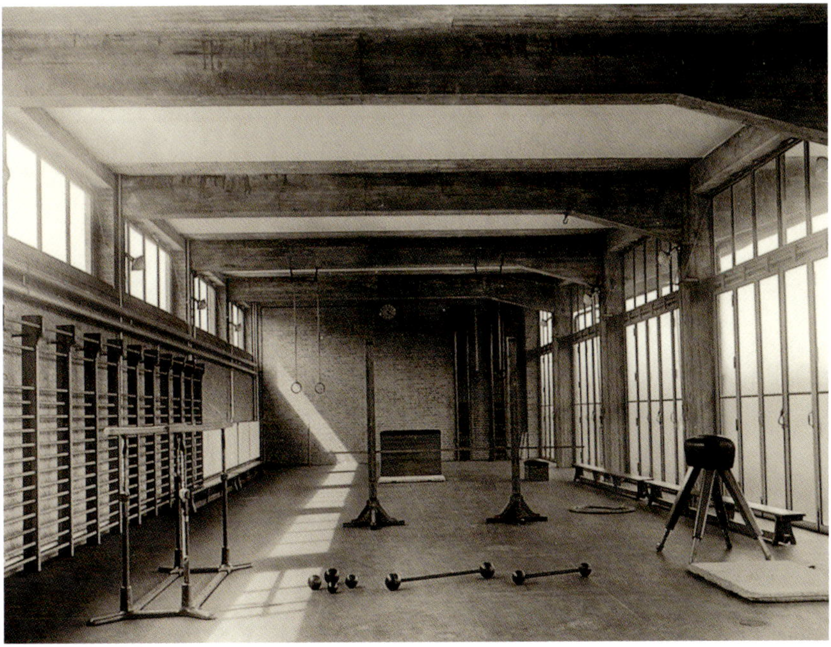

▲ Hannes Meyer y la sección de arquitectura de la Bauhaus de Dessau: casas con galerías en la colonia Dessau-Törten, hacia 1930. Las casas con galerías formaban parte de un plan más ambicioso de ampliación de la colonia Dessau-Törten, y solo se construyeron cinco de ellas.

► Casas con galerías en los años sesenta.

funcionarios del sindicato pudieran ser entrenados en cursos de cuatro semanas y, al mismo tiempo, hallar reposo. En el terreno a construir —un claro en un pinar con un pequeño lago— desarrollaron Meyer y Wittwer una instalación en la que la actividad escolar, la vida diaria y el reposo fueran posibles, sin roces, de forma natural. En las cuatro secciones escalonadas del edificio se alojaban, en habitaciones dobles (il. pág. 411), los alumnos. Cada cinco alumnos formaban una unidad que, durante las cuatro semanas del curso, se reunía para comer (il. pág. 410), jugar y estudiar. En cada uno de los cuatro bloques de habitaciones vivían tres grupos de diez personas, diez por piso. Los arquitectos habían planeado no solo la vida en común, sino que habían hallado también una forma arquitectónica acorde con las relaciones sociales.

Para evitar corredores anónimos de hotel, Meyer y Wittwer colocaron una pared acristalada por delante de los pabellones, que abría una puerta a la naturaleza y debía invitar a la comunicación (il. pág. 413). Toda la instalación interior de la Escuela Federal de Bernau (ils. págs. 410 y 411) corrió a cargo de los talleres de la Bauhaus. Meyer aseguraba que la escuela federal era el resultado del análisis científico de las necesidades humanas. Y de hecho puede comprobarse que los problemas de diseño eran para él decisivos. Así, junto a los cuatro pabellones escalonados para los estudiantes, construyó un quinto para el personal. Según su teoría, esta sección del edificio —debido a que tenía una función distinta— debía organizarse de otra forma. Sin embargo, por razones estéticas, su exterior se adaptaba por completo a los bloques contiguos.

▲ Philipp Tolziner (derecha), estudiante de la Bauhaus, con obreros durante la fiesta de cubrir aguas sobre el tejado de una casa con galerías, 1930. Tolziner fue uno de los directores de obra *in situ* de la sección de arquitectura de la Bauhaus de Dessau.

▶ Hannes Meyer y la sección de **arquitectura de la Bauhaus de Dessau:** plan para la ampliación de la colonia Dessau-Törten, 1930. La parte superior del plano muestra la colonia Törten, construida entre 1926 y 1928/29 por el estudio privado de Gropius. A continuación, Hannes Meyer asumió la planificación de la ampliación con una colonia de casas unifamiliares, casas de tres pisos con galerías a lo largo de las calles transversales y construcciones periféricas de cuatro pisos. El objetivo de esta urbanización era mezclar a los residentes.

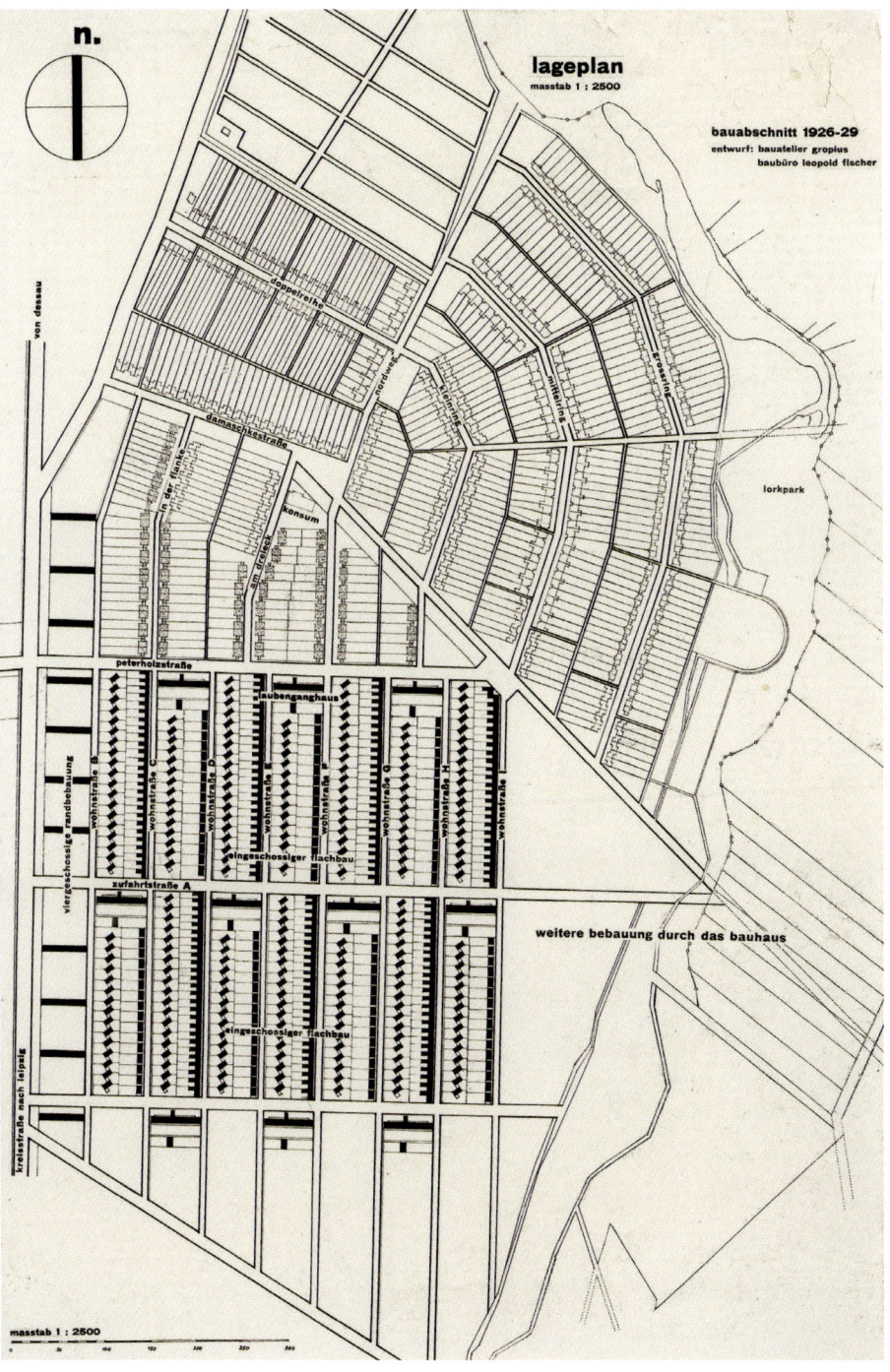

n.

lageplan
masstab 1 : 2500

bauabschnitt 1926-29
entwurf: bauatelier gropius
baubüro leopold fischer

lorkpark

weitere bebauung durch das bauhaus

masstab 1 : 2500

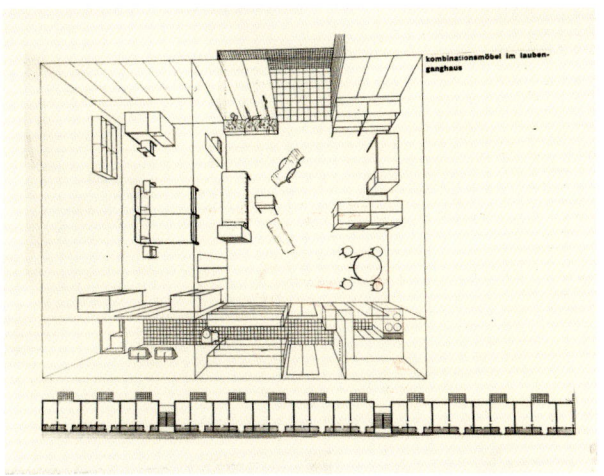

kombinationsmöbel im lauben-
ganghaus

◄ Cada vivienda tiene acceso directo
desde el exterior a través de la galería,
donde los residentes se encuentran
como si de una acera se tratara.

▲ Alfred Arndt y Wilhelm Jakob Hess:
mueble modular en casa con galerías,
1930/31.

«El ritmo, armónicamente equilibrado, de la instalación en forma de «Z», con la parte central escalonada y dos remates en posiciones opuestas, determinaba ostensiblemente la composición». También el motivo de la entrada, con sus tres chimeneas (il. pág. 409), que un alumno definiera como «fábrica de educación», tiene probablemente carácter simbólico: «En círculos sindicales se la caracterizaba como los tres pilares del movimiento obrero: cooperativa, sindicato, partido»[119].

El edificio escolar influyó en una serie de estudios para escuelas (il. pág. 404) que los alumnos diseñaron en los años sucesivos. En muchas de estas escuelas se repetía el motivo de los pabellones en posiciones inversas. Una y otra vez recurrían los alumnos al acceso con escaleras exteriores. Meyer valoró en exceso la energía constructiva del análisis funcional e infravaloró claramente el carácter ejemplar del exterior de su edificio escolar.

Las ampliaciones de la colonia Törten

Las secciones de aprendizaje y construcción trabajaban desde 1928 en las ampliaciones de la colonia Törten (Dessau), de las que se conservan tres planes. Contrariamente a lo edificado por Gropius en la colonia (ils. págs. 276 y 277), se había desarrollado una forma de construcción variada e incluso se habían presentado propuestas para una infraestructura con escuelas y parques. De estas planificaciones solo llegaron a realizarse cinco casas con galerías (il. pág. 414), con 90 viviendas para trabajadores. Nuevamente se encargó la

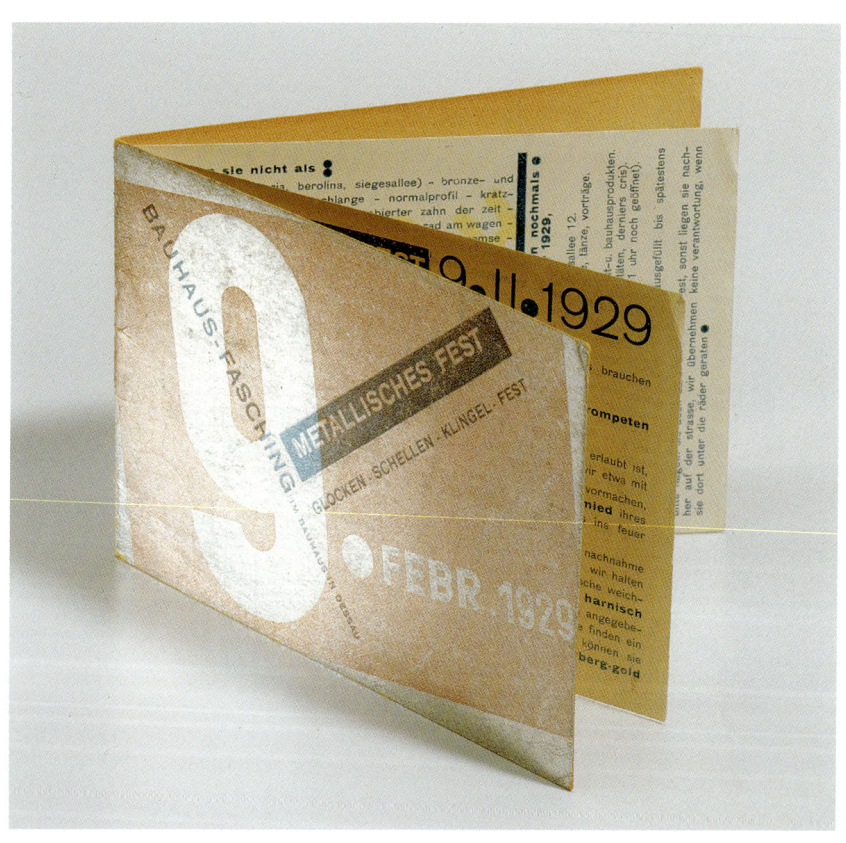

▲ Johan Caspar Hendrik Niegeman: tarjeta de invitación «Metallisches Fest Glocken-Schellen-Klingel-Fest» (Fiesta del Metal. Fiesta de Campanas, Cascabeles, Timbres), 1929.

► El 29 de febrero de 1929 se celebró en la Bauhaus la Fiesta del Metal. Por esta rampa accedían los visitantes al edificio, adornado con innumerables bolas espejadas.

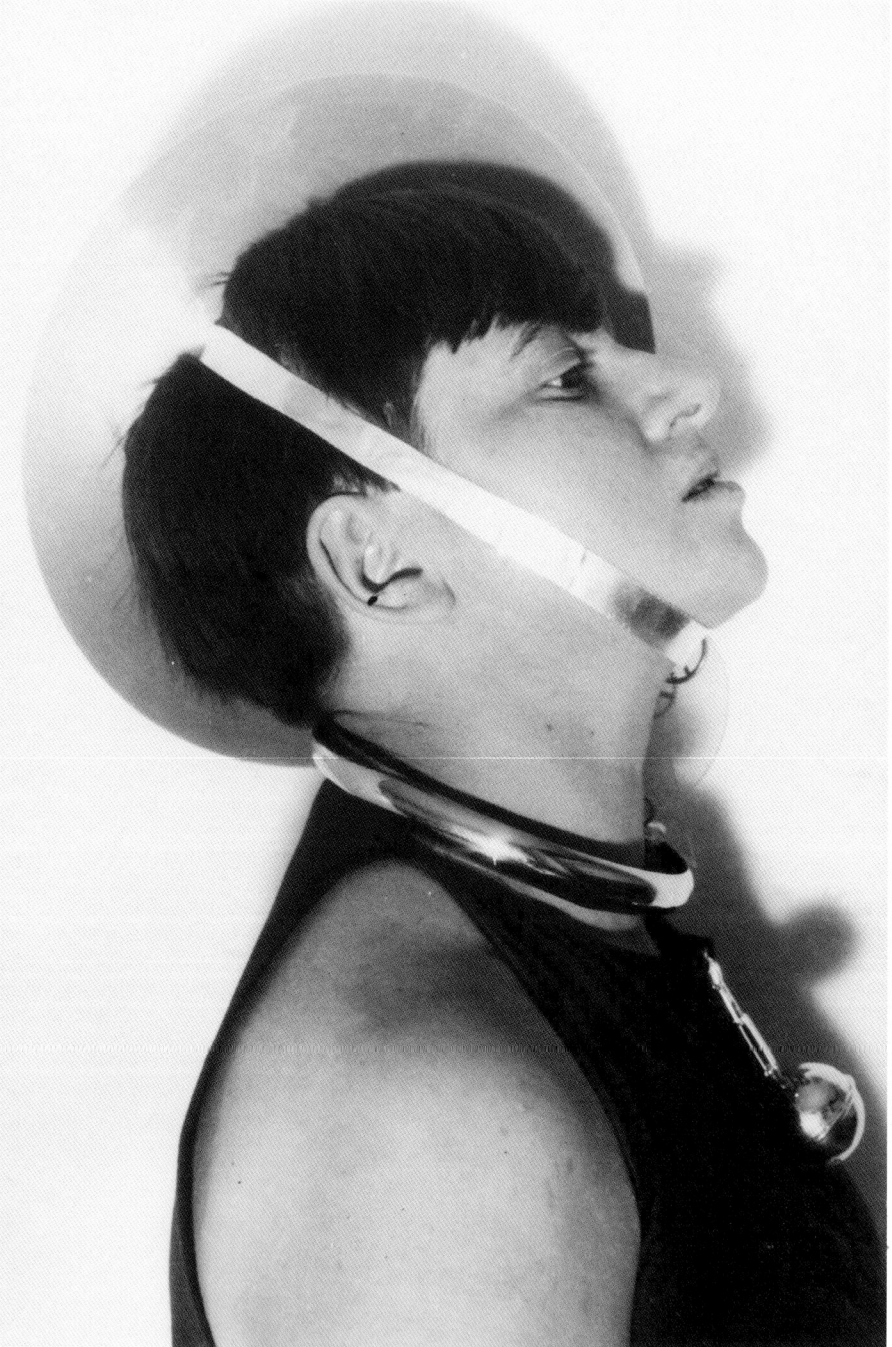

◄ **Marianne Brandt:** autorretrato
con decoración para la Fiesta del
Metal, 1929.

▲ Melusine Herker en la Fiesta del
Metal, 1929.

▲ Una mujer como tornillo de mariposa
en la Fiesta del Metal, 1929.

▲ Foto de grupo en la Fiesta del Metal de la Bauhaus de Dessau, 1929. De izquierda a derecha: desconocida (¿Helene Nonne-Schmidt?), Hannes Meyer, Gertrud Arndt, Alfred Arndt, Joost Schmidt (delante), Lis Beyer (detrás, a la derecha).

Bauhaus de la decoración de interiores. La investigación de Göhl «Relaciones con el vecindario y el mundo exterior en una colonia» es un ejemplo de cómo las tareas impuestas en el aprendizaje de la construcción se relacionaban con la planificación de la colonia Törten. La cadena de plantas en forma de «L» aparece también en el plan definitivo.

Cuando en verano de 1930 fueron presentadas las casas a la opinión pública, el periódico local *Anhalter Volksblatt* escribió: «El modo en que se han distribuido estos 48 m² de superficie, el refinado y funcional aprovechamiento del espacio, la radiante luminosidad, la comodidad; todo ello es producto del saber de los arquitectos, un saber que cubre de honores a la Bauhaus como responsable de los diseños. Espacios amistosos, en los que grandes ventanas —casi excesivamente— dejan pasar luz más que suficiente, están equipados con los requisitos de la era moderna: gas, luz eléctrica, calefacción de agua caliente y cuarto de baño»[120].

Balance de progresos de la Bauhaus bajo Hannes Meyer

Hannes Meyer llevó a la Bauhaus, durante su período de director, a una base acorde con los tiempos: criterios sociales y científicos llegaron a ser decisivos para el proceso creador. Meyer reaccionaba así no solo por la necesidad y extrema pobreza de amplios sectores de la población, sino que, al mismo tiempo, se preocupaba de sistematizar los conocimientos sociales y científicos de la época y de integrarlos en todos los talleres. Formas y colores básicos habían dejado de ser el punto de partida del trabajo de taller; ahora se estudiaba

◄ Dos estudiantes reparten panfletos delante de la escuela.

► Maria Müller: trabajo del curso preparatorio de Albers, 1928. En el ejercicio se habían empleado un número de *Rote Fahne*, entonces el órgano central del Partido Comunista Alemán (KPD), y otro del periódico *Berliner Tageblatt*.

◄◄ Walter Funkat: autorretrato en una de las esferas decorativas que pendían en el vestíbulo de la Bauhaus durante la Fiesta del Metal, 1929.

la utilidad de los objetos y la competencia de sus precios, y el grupo social a quien iban dirigidos los productos. Desaparecen las soluciones estéticas constructivistas; los productos son «necesarios, precisos y tan neutrales […] como uno pueda imaginarse». En general, Meyer consiguió elevar la motivación de los estudiantes en el trabajo. Se llevaron a cabo muchos trabajos colectivos: las viviendas populares (ils. págs. 366 y 367), el equipamiento de la Escuela Federal ADGB (ils. págs. 408-413), viviendas modelo para Törten (ils. págs. 414-419) y cocinas modelo para la Sociedad Imperial de Investigación.

«El representativo comportamiento externo de la temprana Bauhaus cedió paso a un reforzamiento interior en el sentido colectivo. Es indiscutible que la actual Bauhaus se ha proletarizado en cierta medida»[121], enjuiciaba el propio Meyer.

El enorme cambio organizativo de la escuela bajo Hannes Meyer es un indicio del esfuerzo por encauzar el legado de Gropius en una intención política y social. La adopción del ideario cooperativista ocupa una posición privilegiada: cooperación, estandarización, equilibrio armónico entre individuo y sociedad. Muchas de estas ideas fueron tomadas y politizadas por los estudiantes comunistas. Los activos alumnos comunistas supieron alzarse como el grupo dirigente de la opinión interna. «Había una lucha desenfrenada por la estructura de la casa», escribía en 1930 el estudiante comunista Mentzel. Una especie de acantonamiento parece haber sido la consecuencia de esta lucha, como se desprende de un informe del cuartel de derechas: «el partidismo comunista entre los estudiantes había adoptado formas más definidas en esta época… [el alumno de la bauhaus] había sido hasta

Werktätige Frauen

Kämpft mit uns!

Wählt

LISTE 4

KOMMUNISTEN

◄ Max Gebhard y Albert Mentzel:
cartel electoral del Partido Comunista
Alemán (KPD), «Las mujeres trabajadoras
luchan con nosotros», 1930. La estudiante
de la Bauhaus Bella Ullmann hizo las
veces de modelo.

► Bella Ullmann, Etel Fodor y Willi
Jungmittag, alumnos de la clase de
fotografía de Peterhans, con su equipo
fotográfico, hacia 1929/30.

ahora alumno de la bauhaus en primer lugar y había hecho suya la ideología que más se acercaba a sus libres convicciones; ahora, los jóvenes estudiantes eran enganchados para el partido, casi de inmediato por la célula comunista. de este modo fue ganando terreno en la casa el grupo comunista, y este grupo defendía la tesis de que solo el que es marxista puede ser un auténtico alumno bauhaus, porque solo el marxismo propaga la libertad y el progreso y es la única ideología que se adapta a los tiempos modernos. el asunto llegó tan lejos, que este grupo utilizaba la casa como campo de su actividad propagandística. esta posición radical motivó que se formara una división entre el alumnado. surgió un movimiento contrario débil al principio, fue creciendo a medida que una nueva clase de alumnos se unían. mientras al principio eran primordialmente buscadores revolucionarios los que venían a la bauhaus, la extendida fama de la misma atraía ahora cada vez más a alumnos que no querían otra cosa que estudiar su especialidad. estos se sentían marginados a raíz de las actividades políticas comunistas, y con el justificante de que "yo no quiero saber nada sobre política" se aislaban de los demás estudiantes. siempre entraban en oposición con el grupo comunista y rechazaban cualquier posición por él defendida. muy en perjuicio de la bauhaus. pues dado que la tendencia de los comunistas era perfeccionar la casa con la mayor liberalidad, estaban justificadas la mayor parte de sus exigencias. los pocos estudiantes que se encontraban entre estos dos grupos se unían, en las ocupaciones de la escuela, normalmente a los marxistas»[122].

◄ Caricatura de Hannes Meyer, realizada por Adolf Hofmeister, 1930.

► **Judit Kárász:** retrato de Otti Berger con fachada de la Bauhaus, doble exposición, 1931/32.

La destitución de Hannes Meyer

Ya en el transcurso de 1927 se había constituido en la Bauhaus una célula comunista, cuyo número de miembros aumentó hasta alcanzar 36 en 1930. Cuando, en 1930, los estudiantes de izquierdas cantaron canciones comunistas durante la fiesta de disfraces, la prensa de derechas se aferró al acontecimiento para sacar de él provecho político. Uno de los principales activistas, Rubinstein, fue expulsado de la Bauhaus, y a otros 20-25 se les comunicó que no podrían continuar sus estudios. La célula comunista se declaró disuelta. Poco después, el 1 de mayo, tuvo lugar un segundo escándalo político. «Los comunistas proscritos de la Bauhaus» sacaron un periódico a multicopista con el título *schlicht und freudig* (sencillo y alegre), en el que también atacaron a Meyer. El diario de derechas *Anhalter Anzeiger* reaccionó con una editorial contra la Bauhaus, y el 5 de mayo tuvo lugar una entrevista entre el alcalde Hesse, el director Meyer, el doctor Grote y el inspector jefe de primera enseñanza Blum. El curso de esta conversación fue calificado por Hese y Grote de decisivo en su empeño por alejar a Meyer de su puesto de director, para «salvar» la escuela.

«Meyer declaró literalmente en esta entrevista ser filosófico-marxista, y que su ideología influía en este sentido en el trabajo en la Bauhaus»[123], el alcalde Hesse resumía así la entrevista. Meyer, por el contrario, recordaba: «Aunque salieron a discusión puntos contrarios en la apreciación del trabajo en la Bauhaus, en ninguna forma se me dio a entender que mi inmediata dimisión estaba *in mente*»[124]. A pesar de todo, no hubo ninguna reacción inmediata por parte del ayuntamiento. Pocas semanas más tarde Hesse y sus superiores

◄ T. Lux Feininger: la orquesta de la Bauhaus, hacia 1928. Clemens Röseler, Xanti Schawinsky, Werner Jackson y un desconocido (de abajo arriba). La orquesta de la Bauhaus, fundada en 1924 por Andor Weininger, tocaba en sus inicios con instrumentos de fabricación propia. Se mantuvo (aunque con variaciones en su composición) hasta la disolución de la Bauhaus en 1933.

► La revista de Múnich *Baukunst* publicó en febrero de 1930, en su número de carnaval, esta cinta cinematográfica como nueva película de la Bauhaus, *Teoría de la arquitectura*.

►► T. Lux Feininger: *baushäusler* (Estudiantes de la Bauhaus), hacia 1928. De izquierda a derecha: Georg Hartmann, Naftali Rubinstein, Miriam Manuckiam, apodada *koko*, y Albert Mentzel.

aprovecharon un suceso trivial para atacar oficialmente a Meyer. En Mansfeld los mineros (dirigidos por comunistas) hacían huelga y para esta huelga habían donado dinero no solo los estudiantes comunistas de la Bauhaus, sino también Meyer, en privado; esta noticia fue publicada en el *Magdeburger Tribune*. Con fuerzas renovadas la prensa de derechas señaló en qué gastaba su dinero la Bauhaus.

Hesse hizo de este acontecimiento motivo para insinuar a Meyer, en una entrevista el 29 de junio, que dimitiera. Este canceló una cita concertada para continuar la entrevista (el 31 de julio) y declaró el primero de agosto que no dimitiría. En el mismo día Hesse hizo uso de su derecho de destitución sin notificación previa. El transcurso de la destitución solo se puede entender si se parte de que el alcalde Hesse estaba resuelto a alejar a Meyer de su puesto a toda costa. Los argumentos de Hesse eran insuficientes para una destitución sin aviso, e inmediatamente después de la destitución se llegó a un primer compromiso. Los contrayentes acordaron someterse al juicio de un tribunal de arbitraje al objeto de una comparación, y con tal motivo dimitió Meyer de su puesto de director. La destitución se había transformado así en una dimisión. «Presenté mi dimisión inmediata particularmente con la intención de asegurarme la libertad de acción»[125], escribía Hannes Meyer.

El 16 de agosto publicaba el periódico liberal de izquierdas *Das Tagebuch* la carta abierta de Meyer al alcalde «Mi expulsión de la Bauhaus», en el que Meyer extraía un balance crítico de su estancia en la Bauhaus: «Teorías consanguíneas cerraban cualquier puerta al diseño adecuado a la vida: el cubo era el triunfo y sus caras eran amarilla, roja,

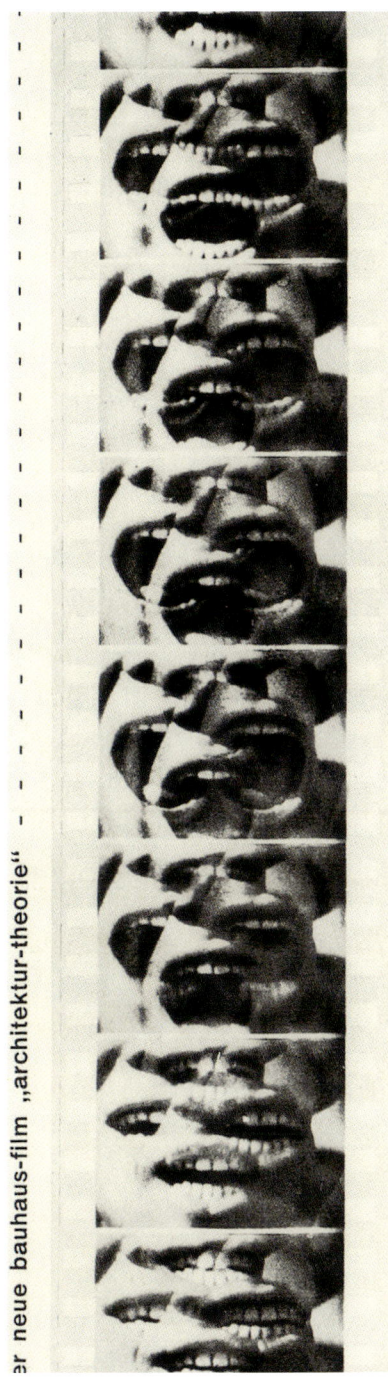

der neue bauhaus-film „architektur-theorie" – – – – – – – – – – – – – – – –

azul, blanca, gris, negra […] Como director de la Bauhaus luché contra el estilo Bauhaus». Hesse (y más tarde también Grote) justificaron su proceder con requisitos políticos. Solo una Bauhaus apolítica, como la que había dirigido Gropius —y como Mies van der Rohe prometía dirigirla— podía ser estable. Pero dos años más tarde la «depurada» Bauhaus de Dessau fue cerrada de nuevo a instigación de los nacionalsocialistas. Hay que decir también que los socialdemócratas se abstuvieron de votar. Solo los representantes de los comunistas dieron su voto a favor de la Bauhaus.

La oposición contra Meyer en el seno de la Bauhaus, encabezada por Albers y Kandinsky, desempeñó un papel esencial en su despido. En el cambio de estructuras que Meyer preveía para todo el curso preparatorio, veían peligrar su posición. Kandinsky albergaba la más profunda desconfianza contra cualquier posición comunista. Fuera de la Bauhaus, nadie tenía más interés —desde mayo de 1930— en alejar a Meyer de la Bauhaus, que el conservador del museo regional, el doctor Ludwig Grote. También él adoptó la posición de Albers y Kandinsky. Gropius seguía desde Berlín la evolución de la Bauhaus. La crítica que Meyer había exteriorizado repetidas veces sobre la «Gropius-Bauhaus» le parecía inaceptable.

En 1928 había publicado Meyer (y Kallái) una exposición dividiendo la Bauhaus en tres fases: una primera fase sería la de Weimar, nacida del caos; una segunda fase en Dessau, anclada en el formalismo y una tercera fase —la de Meyer—, en la que la Bauhaus estudia los problemas de la vida y la sociedad; este sería el propio florecimiento de la Bauhaus. Esta crítica, no sin malicia, expuesta en múltiples ocasiones, no era abiertamente contradicha por Gropius, pero el alumno de la Bauhaus Xanti Schawinsky la calificaba, con la aprobación de Gropius, de «falsificación de la historia». En mayo el círculo de los oponentes se había puesto de acuerdo en que el alejamiento de Meyer de la dirección solo tenía sentido si había un sucesor para el cargo. A Grote le hubiera gustado volver a tener a Gropius en la dirección. Este, que no mostraba el menor interés, inició conversaciones con el arquitecto Otto Haesler, que rechazó la oferta. Ludwig Mies van der Rohe, con quien la Bauhaus estaba en tratos estaba dispuesto a ocuparse del cargo. Así el alcalde podía anunciar, junto con la noticia de la destitución de Meyer, que Mies van der Rohe sería el sucesor.

Los estudiantes protestaron fuertemente durante varias semanas contra la destitución de Meyer y también pudieron movilizar la prensa de izquierdas. El arquitecto Heiberg, recién llegado a la Bauhaus, dimitió como protesta, al igual que la secretaria Margret Mengel. Pero, aparte de lo citado, el despido de Meyer apenas despertó críticas. Ningún arquitecto alemán protestó. Solo la Europa del Este, Dinamarca y algunos de los docentes invitados mandaron sus quejas a la ciudad. Todavía en el mismo año Meyer se marchaba, con una «brigada roja Bauhaus», a Moscú para allí ayudar en la construcción del socialismo.

435

Mies van der Rohe:
la Bauhaus se convierte en
escuela de arquitectura

◄◄ Vista este del edificio de la Bauhaus
en Dessau, hacia 1930.

► Ludwig Mies van der Rohe, fotografiado
en 1934 por Werner Rohde.

Mies van der Rohe (il. pág. 439) tenía ya entonces la reputación de ser uno de los destacados arquitectos alemanes del vanguardismo. Como Gropius, había trabajado en el estudio
de Peter Behrens (il. pág. 23) y había destacado a comienzos de los años veinte con diseños
visionarios para rascacielos de cristal.

Entre 1923 y 1924 había sido uno de los iniciadores de la revista radical G (*Gestaltung*,
diseño). Entre 1926 y 1927 dirigió la planificación de la colonia Weißenhof en Stuttgart,
en la que habían tomado parte casi todos los arquitectos modernos, y que se había erigido
como gran demostración de la nueva forma de construir y de vivir. En 1929 fue elegido por
el Gobierno alemán para construir el pabellón alemán en la Exposición Universal de Barcelona. Aquí liberó Mies a la arquitectura de toda función, y diseñó la construcción como arte
espacial: espacios fluidos, de proporciones armónicas, con materiales nobles en el interior
y mobiliario selecto y caro.

«Su figura alta, autoritaria —recordaba el alcalde Hesse—, con la imponente cabeza,
daba la sensación de gran firmeza y seguridad interior [...] no había duda: él era la personalidad de la que se podía esperar que volviera a dar a la dirección de la Bauhaus lo que
poco a poco había ido perdiendo en los últimos tiempos: "autoridad"»[126].

El nuevo curso en la Bauhaus

La actividad directiva de Mies van der Rohe comenzó con una provocación. Los estudiantes
se sentían impotentes ante la destitución de Meyer y la nueva elección, organizada sin

bauhaus**3**

sprachrohr der studierenden

herr kandinsky, ist es wahr,

dass durch sie oder ihre frau gemahlin nina die nachricht
von der zeichnung hannes meyers für die rote hilfe bei den
zuständigen stellen kolportiert worden ist, sodass sie in d
der presse erschien?

herr kandinsky, ist es ferner wahr, dass sie schon vor ihrer
abreise in die sommerfrische von den dingen gewusst haben
die sich ereignen würden? hatten sie schon vor ihrer abreise mit oberbürgermeister hesse zusammen den nachfolger
bestimmt, oder wie kommt es, dass hesse bei seinem tele-
gramm an die meister sich ausgerechnet auf sie beruft?

herr gropius, ist es wahr,

dass sie im anschluss an den hinauswurf von hannes meyer
herrn oberbürgermeister hesse den vorschlag machten, die
kantine (bis auf die mahlzeiten) und das prellerhaus
ganz zu schliessen? (der versuch, die kantine zu schliessen
ist gemacht worden.)

herr gropius, ist es ferner wahr, dass sie, nachdem der
'ring der architekten' gegen das vorgehen des magistrats
protestiert hatte, fünf minuten später dagegen einspruch
erhoben?

▲ En esta portada de la publicación estudiantil *bauhaus 3* de otoño de 1930 puede apreciarse qué radicalismo alcanzaban las discusiones en la escuela. Hubo duras protestas contra las intrigas del matrimonio Kandinsky y de Gropius en la destitución de Hannes Meyer.

▶ Los estudiantes expulsados por Mies van der Rohe son acompañados a la estación. Bela Scheffler (arriba) y el húngaro Antonin Urban (abajo), saludando con el «puño en alto».

bauhaus dessau

hochschule für gestaltung

september 1930

I. lehr- und arbeits-gebiete

die ausbildung der bauhaus-studierenden erfolgt in theoretischen und praktischen lehrkursen und in den werkstätten des bauhauses.

1. allgemein

werklehre
gegenständliches zeichnen
darstellende geometrie
schrift
mathematik
physik
mechanik
chemie
materialkunde
normenlehre
einführung in die künstlerische gestaltung

vorträge über

psychologie
psychotechnik
wirtschafts- und betriebslehre
farbenlehre
kunstgeschichte
soziologie

2. bau und ausbau

rohbau-konstruktion
ausbau-konstruktion
konstruktives entwerfen
heizung und lüftung
installationslehre
beleuchtungs-technik
veranschlagen
festigkeitslehre
statik
eisen- und eisenbetonkonstruktion
gebäudelehre und entwerfen

städtebau
ausbau-seminar
praktische werkstatt-arbeit in der tischlerei, metallwerkstatt und wandmalerei

3. reklame

typografie
druck- und reproduktionsverfahren
schrift, farbe und fläche
kalkulation von drucksachen
fotografie
werbegrafische darstellung
werbevorgänge und werbsachengestaltung
werbsachen-entwurf
werbe-plastik
praktische werkstattarbeit in druckerei und reklame-
werktatt

4. foto

belichtungs-entwicklungs-nachbehandlungstechnik
abbildungsvermittlung
tonwertwiedergabe und tonfälschungen
farbwiedergabe
struktur-wiedergabe
das sehen, helligkeitsdetails und schärfendetails
materialuntersuchungen
spezifische anforderungen der reklame u. reportage

5. weberei

bindungslehre
materialkunde
webtechniken auf schaftstuhl
schaftmaschine
jaquardmaschine
teppichknüpfstuhl
gobelinstuhl
kalkulation
dekomposition
patronieren
stoffveredelung
entwurfszeichnen
warenkunde und warenprüfung
färberei
praktische arbeit in der weberei

6. bildende kunst

freie malklasse
plastische werkstatt

II. lehrkörper

ludwig mies van der rohe, architekt, direktor des bauhauses
josef albers, werklehre, gegenständliches zeichnen
alfred arndt, ausbau–werkstatt
otto büttner, herrengymnastik und herrensport
friedrich engemann, gewerbe–oberlehrer, darstellende geometrie, berufs–fachzeichnen, technische mechanik
carla grosch, damengymnastik und damensport
wassily kandinsky, professor, künstlerische gestaltung, freie malklasse
paul klee, professor, freie malklasse
wilhelm müller, studienrat, chemie, technologie, baustofflehre
walter peterhans, fotografie, mathematik
hans riedel, dr. ing., psychotechnik, betriebswissenschaft, mathematik
alcar rudelt, bauingenieur, bauwissenschaft, festigkeitslehre, höhere mathematik, eisenbau, eisenbetonbau.
hinnerk scheper, wandmalerei, (z. zt. beurlaubt).
joost schmidt, schrift, reklame, plastische werkstatt.
frau gunta sharon-stölzl, weberei–werkstatt.
ludwig hilberseimer, architekt, baulehre.

III. aufnahmebestimmungen

als ordentlicher studierender kann jeder in das bauhaus aufgenommen werden, dessen begabung und vorbildung vom direktor als ausreichend erachtet wird und der das 18. lebensjahr überschritten hat. je nach dem grad der vorbildung kann aufnahme in ein entsprechend höheres semester erfolgen.

anmeldung.

die anmeldung in das bauhaus muß schriftlich erfolgen.
dem antrag sind folgende anlagen beizufügen:

a. lebenslauf, (vorbildung, staatsangehörigkeit, persönliche verhältnisse und unterhaltsmittel, bei minderjährigen unterhaltserklärung durch eltern oder vormund).
b. polizeiliches leumundszeugnis.
c. ärztliches gesundheitszeugnis (ausländer impfschein).
d. lichtbild.
e. etwaige zeugnisse über handwerkliche oder theoretische ausbildung.
f. selbständige zeichnerische oder handwerkliche arbeiten.

aufnahme.

die aufnahme gilt als vollzogen, wenn
1. das schulgeld und sämtliche gebühren gezahlt,
2. die satzungen, sowie die haus- und studienordnung durch unterschrift anerkannt sind.

gebühren.

an gebühren werden erhoben:
1. einmalige aufnahmegebühr rmk. 10.—
2. lehrgebühren: I. semester „ 80.—
   für inländer: II. „ „ 70.—
   III. „ „ 60.—
   IV. „ „ 50.—
   V. „ „ 40.—
   VI. „ „ 30.—
   ausländer zahlen das eineinhalbfache.
3. allgemeine obligatorische gebühren für unfallversicherung und duschenbenutzung pro semester rmk. 5.—.

IV. studiendauer und -abschluß

die ausbildung dauert normal 6 semester.

der abgang vom bauhaus erfolgt nach beendigung des studiums.

austritt aus dem bauhaus ist der leitung schriftlich mitzuteilen.

studierende, deren leistungen nicht befriedigen, können auf beschluß der konferenz zum austritt aus dem bauhaus veranlaßt werden:

erfolgreicher abschluß der studien wird bestätigt durch das bauhaus-diplom.

teilstudien werden durch zeugnis bestätigt.

---

das wintersemester 1930/31 beginnt am 21. oktober 1930.

schluß des wintersemesters 1930/31 am 31. märz 1931.

---

die studierenden benötigen für den lebensunterhalt in dessau durchschnittlich mindestens rmk. 100.— pro monat.

einfach möblierte zimmer sind in den siedlungen nahe beim bauhaus von rmk. 25.— monatlich an zu haben.

die kantine des bauhauses verabreicht zu selbstkostenpreisen frühstück, mittagessen, nachmittagskaffee, abendessen.

das bauhaus-sekretariat steht für jede spezialauskunft zur verfügung.

◄◄◄ Primer plan de estudios bajo Mies van der Rohe, septiembre de 1930, que continuó lo que ya se perseguía desde 1927: reforzó la coordinación entre los talleres relacionados con la construcción y la sección de arquitectura. La parte general del aprendizaje estaba dominada por asignaturas técnico-científicas: el diseño artístico era solo un aspecto subordinado del plan. Aparte de construcción y montaje, había secciones de textil, publicidad, fotografía y artes plásticas. Los puntos fuertes de estas especialidades se apoyaban en conocimientos y destrezas técnicos. El curso preparatorio, antes base para cualquiera de las especialidades en la Bauhaus, dejó de ser obligatorio. Una pérdida de utopía caracteriza el programa, que deja de prestar atención a la dimensión social del trabajo creativo. La reforma de enseñanza que determinaba el estudio llevó a la formación de especialistas profesionales capaces, pero arrinconó el elemento artístico-creativo.

▶ Alumnos en un balcón de la casa Preller, 1931. Con el comienzo del semestre de invierno 1930/31, las viviendas-taller de la casa Preller se cerraron y se convirtieron en talleres dedicados exclusivamente al trabajo.

roces, de Mies van der Rohe, y convocaron una huelga para el semestre que iba a dar comienzo. Exigían «una discusión sobre el futuro del trabajo en la Bauhaus y, sobre todo, solicitaban que se continuara en la línea del viejo director, Hannes Meyer, es decir: una enseñanza sistemática del diseño, con una base científica, prescindiendo de las anticuadas clases de arte»[127].

En contrapartida, el Consejo de Maestros solicitaba de los estudiantes los nombres de aquellos que, en la revista comunista estudiantil *bauhaus 3* (il. pág. 440), habían criticado duramente la destitución de Meyer y la participación de algunos profesores en el asunto. Los estudiantes, por su parte, se negaron a colaborar.

Mies dominó la situación con estilo autoritario y con la ayuda del alcalde Hesse: «Bajo la presidencia del nuevo director, Mies van der Rohe, en presencia del alcalde Hesse y con exclusión de la representación estudiantil, el Consejo de Maestros dispuso, el 09/09/1930, la inmediata clausura de la institución. Se anulan los estatutos hasta ese momento vigentes y, en su lugar, nuevos estatutos deberá asegurar el "nuevo curso" en la Bauhaus. Para el semestre de invierno venidero, que comienza el 21 de octubre, cada uno de los 170 estudiantes deberá solicitar una "nueva admisión" en la Bauhaus. Por último se les retira la vivienda, con efecto inmediato, a aquellos que disponían de los 26 talleres para estudiantes»[128].

Por mediación de la magistratura, «cinco de los estudiantes extranjeros más aventajados, pertenecientes al círculo de colaboradores de Hannes Meyer, fueron expulsados antes de

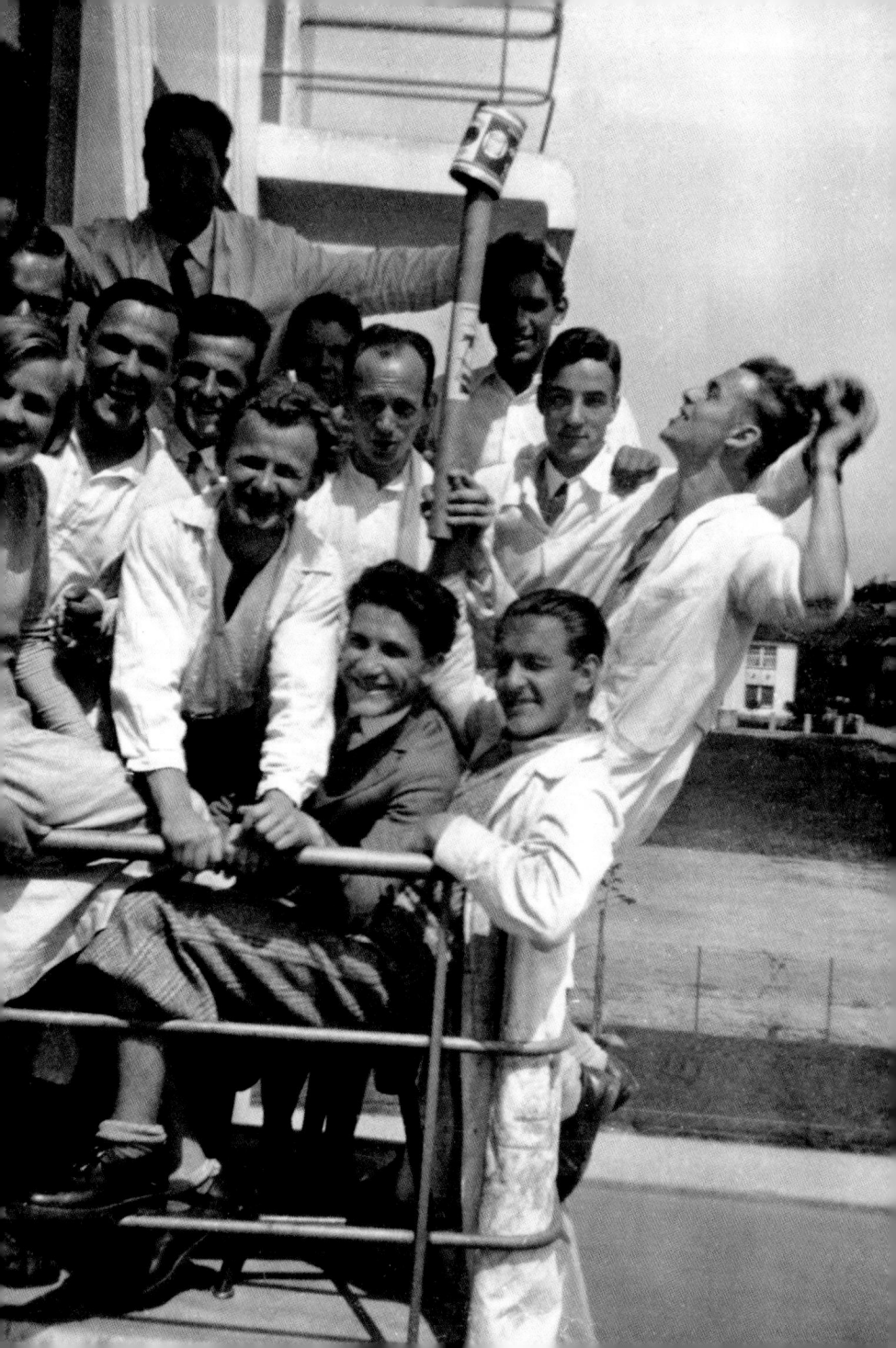

▲ Por primera vez, el curso preparatorio con Josef Albers ya no era obligatorio para todos los estudiantes. La imagen muestra a los estudiantes y a Josef Albers en los talleres de la casa Preller. La tarea consiste en dibujar una botella, 1931.

▶ Hans Keßler: estudios sobre formas blandas: chaquetas y abrigo, curso preparatorio de Albers, 1931/32.

▶ Herbert Schürmann: repetición de un mismo número, curso preparatorio de Albers, 1931/32.

24 horas sin la menor justificación». Sus compañeros les acompañaron en marcha triunfal a la estación (il. pág. 441). El nuevo estatuto entró en vigor el 21 de octubre, junto con «apéndices al estatuto» que los estudiantes debían firmar. Gropius, y también Meyer, había estructurado el trabajo de la Bauhaus en un gran contexto social. Mies van der Rohe prescindió de esta estructura, y señaló la «enseñanza artesana, técnica y artística» como el «propósito de la Bauhaus».

El poder de decisión se concentraba ahora prácticamente en el director; no era ya necesario escuchar a los estudiantes, que habían perdido su representación en el Consejo de Maestros, que ahora recibía el nombre de *Conferencia*. Se prohibía todo tipo de actividad política, algo que los estudiantes criticaron como restricción de su libertad de coalición como alumnos de una escuela superior.

El estatuto prohibía incluso fumar. Un sencillo panfleto sin ilustraciones, perfeccionado de nuevo a principios de año de 1932, informaba sobre el nuevo programa educativo, ahora muy cambiado (ils. págs. 442-445).

El estudio se redujo a seis semestres. La arquitectura constituía ahora, todavía más que bajo Meyer, el centro del programa. Mientras que con este el aprendizaje en el taller era una especie de estación intermedia de la arquitectura —en ello se atenía básicamente al concepto fundamental de Gropius—, Mies intervino con decisión: como se puede ver en el plan de estudios, el alumno podía ya en el segundo nivel acceder a los fundamentos técnicos de la construcción, sin necesidad de pasar por otros talleres. Con ello se atacaba directamente al

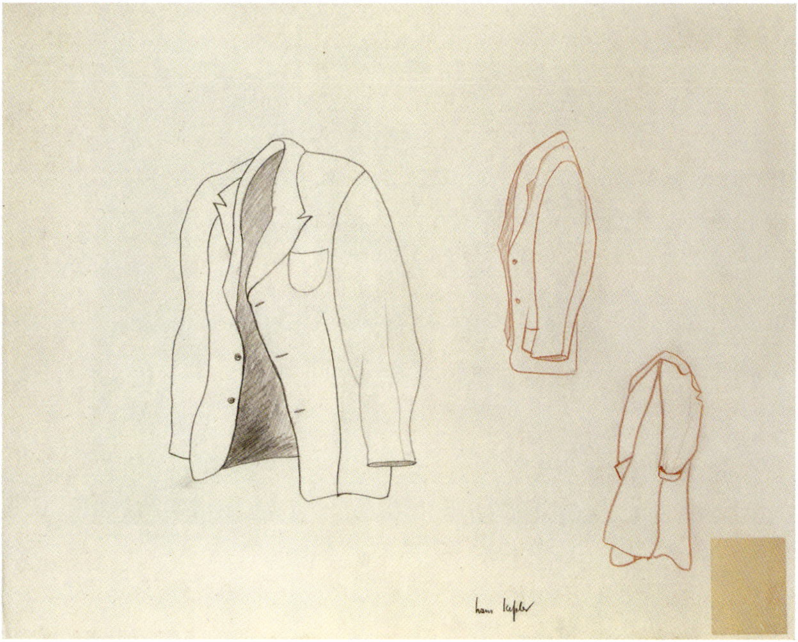

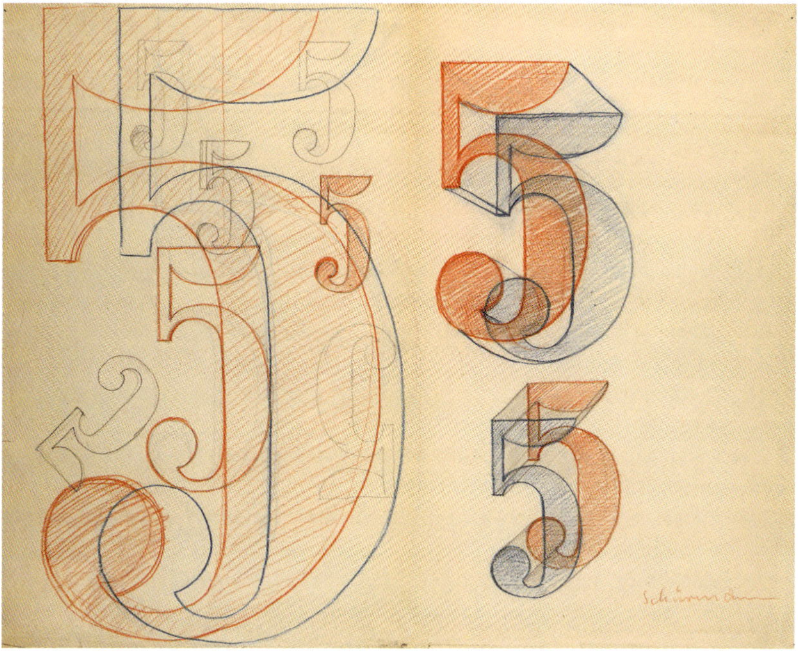

▲ Fotografía tomada durante la clase de
Wassily Kandinsy en la casa Preller, 1931.

núcleo de la pedagogía de la Bauhaus, mientras el camino seguía otra dirección. La Bauhaus
se convirtió en una escuela de arquitectura que contaba con algunos talleres.

Se conservó la sección de montaje instituida por Meyer, a la que pertenecían los talleres
de metal, carpintería y pintura mural. Los talleres textil y publicitario seguían siendo, al igual
que con Meyer, independientes. La fotografía, que bajo Meyer había sido parte del taller
de publicidad, disponía ahora de su propio taller. También el «arte libre» se impartía en
condiciones equitativas. El curso preparatorio, que hasta entonces había sido obligatorio
para todos, era ahora solo en determinados casos obligatorio. Aquellos que ya tuvieran
en su haber una educación equivalente podían terminar aquí su carrera, especialmente
si elegían arquitectura. Al final de cada semestre, a la vista de los trabajos elaborados y
expuestos, se fijaba la materia de estudio para el semestre siguiente. Se suprimió definitivamente el certificado de estudios. En conjunto, las clases sufrieron una considerable transformación, el decurso diario estaba reglamentado y los estudiantes debían hacer prácticas en
las vacaciones.

Esta nueva autoridad se hizo notar incluso en el lenguaje: en un folleto podía leerse, por
ejemplo, que, en el primer nivel de la formación, «el desigual alumnado […] debía unirse en
una tendencia homogénea». Sobre todo en las secciones de construcción y publicidad hubo
importantes novedades en cuanto a material de estudio y resultados.

En la hasta entonces floreciente producción de los talleres se produjo un cambio decisivo.
Mies suprimió la producción y decidió que los talleres debían realizar únicamente modelos

die primärfarben mit den ihnen zugeteilten grundformen
versuch einer formengebung für die sekundärfarben.

von weiß über die farbe zu schwarz

◄◄ **Bella Ullmann:** ensayo de coloración para las formas secundarias, 1931. Partiendo de la clasificación de formas y colores básicos, como el propio Kandinsky la definía, se intentaba hallar los colores correspondientes también para las formas intermedias, creando una especie de «círculo de color y forma».

◄◄ **Bella Ullmann:** del blanco al negro pasando por los colores, clase de Kandinsky, 1931.

► Diploma n.° 43 de la Bauhaus, de Margaret Camilla Leiteritz, 1931. Está firmado por Mies van der Rohe (director) y Hinnerk Scheper (encargado del taller de pintura mural), así como Wassily Kandinsky y Paul Klee, a cuyas clases de pintura libre asistió esta alumna.

para la industria. La Bauhaus dejó de ser productora y no admitía contratos. Con ello satisfacía Mies una de las exigencias de la artesanía de la ciudad, que veía competencia en la Bauhaus, pero retiraba a los estudiantes la posibilidad de ganar algo de dinero durante su formación o de financiarse el estudio con su trabajo. Muchos alumnos criticaron esta medida como socialmente dura, pues, además, permanecían cerrados los talleres para estudiantes y las cuotas escolares se habían elevado notablemente.

Dificultades económicas, conflictos políticos

Aunque Mies van der Rohe intentó despolitizar radicalmente la Bauhaus, no podía eludir las presiones de las circunstancias políticas de Dessau. La situación económica de la Bauhaus es buena prueba de ello.

Si en 1930 y 1931 las subvenciones a la Bauhaus habían sido más bajas que en 1929, en 1932 hubo que tomar drásticas medidas de ahorro. La subvención de la ciudad se reducía ahora a 92 000 marcos, frente a los 162 500 de 1929. La dirección intentó economizar otros 30 000 marcos (a principios del semestre eran ya 10 000). Tales imposiciones de ahorro eran motivadas sobre todo por razones políticas. Solo una Bauhaus que exigiera cada vez menos fondos públicos y reforzara paulatinamente sus ingresos mediante licencias, parecía poder acallar a sus oponentes políticos, en especial el NSDAP (el partido nacionalsocialista). Con estos argumentos pretendía el alcalde Hesse justificar las reducciones del presupuesto. Así las cosas, la supervivencia de la Bauhaus dependía de las elevadas cuotas

bauhaus dessau hochschule für gestaltung

auf grund des beigefügten zeugnisses über ausbildung und leistung ist durch beschluss der konferenz

der studierenden camilla margaret l e i t e r i t s
geboren 19.4.1907 zu dresden

als beleg für das abgeschlossene studium mit erfolg

in der wandmalerei – abteilung
und in den freien malklassen

dieses b a u h a u s - d i p l o m
nr. 43

zuerkannt worden

dessau, den 30. mai 1931

die direktion:

mies van der rohe

mies van der rohe

die abteilungsleitung: der wandmalerei:

hinnerk scheper

hinnerk scheper.

der freien malklassen:

kandinsky

professor w. kandinsky

paul klee

professor p. klee

◄ Clase del ingeniero Alcar Rudelt con estudiantes de arquitectura ante la Bauhaus, 1932. Izq. a dcha: Heinz Nowag, Ernst Hegel, Hans Bellmann, Fritz Schreiber, Albert Kahmke y Alcar Rudelt.

▶ Pius Pahl: trazado para una colonia con casas adosadas (il. arriba) y casas unifamiliares (il. abajo), 1931/32. El trazado de Pius Pahl para una colonia de casas bajas se corresponde con la teoría de Hilberseimer, quien empleaba trazados de este tipo en sus publicaciones. Las pequeñas casas podían ser ampliadas a partir de una célula básica. Los espacios de mantenimiento, cocina, baño y sala de estar se planeaban ya desde el principio relativamente amplios. A este tramo se podían añadir más tarde pequeños dormitorios, previsión considerada hacia 1930 en muchas casas ampliables. Cada una de las pequeñas casas contaba con una terraza orientada hacia el sur y con una huerta.

estudiantiles y de lo que la industria pagaba por las licencias de productos de la Bauhaus. Las cifras de estas fuentes de ingresos fluctúan entre 21 000 y 30 000 marcos. Lo cierto es que el diario de 1931, llevado en el secretariado de la Bauhaus, está lleno de citas para confeccionar colecciones de muestras para tejidos, cristal y papel pintado. Se registraron por precaución varias patentes —en parte de muebles que ya habían sido inventados en la época de Meyer—, aunque no llegaron a ser explotadas. «Registro de la patente del respaldo elástico Pohl, «no deberán registrarse las patentes extranjeras para la silla Alder y el asidero de cristal Bormann»[129], se lee en el diario.

La Bauhaus compró otros diseños hechos por los estudiantes, asegurándose así el derecho de explotación. Estos ingresos eran vitales para la supervivencia de la Bauhaus, tanto, que con ellos se financiaban en parte los honorarios de los profesores. El diez por ciento de los ingresos se empleaba en ayudar a los estudiantes. La forma de administrar los dividendos de las licencias provocó un violento conflicto entre Mies y los alumnos. Los representantes estudiantiles Cornelis van der Linden y Heinz Schwerin solicitaban una reducción de los sueldos de los profesores y más becas. Había que elevar la cuota de ayuda a los estudiantes, puesto que son estos quienes facilitaban las licencias. Cuando estas exigencias iban a ser discutidas en asamblea en el comedor escolar, Mies prohibió la asamblea e hizo que la policía desalojara el comedor. A continuación expulsó a quince alumnos de la Bauhaus, entre ellos a los dos representantes de los estudiantes. Cuando Budkow, uno de los expulsados, se dejó ver de nuevo en la Bauhaus, fue denunciado y tuvo que pasar

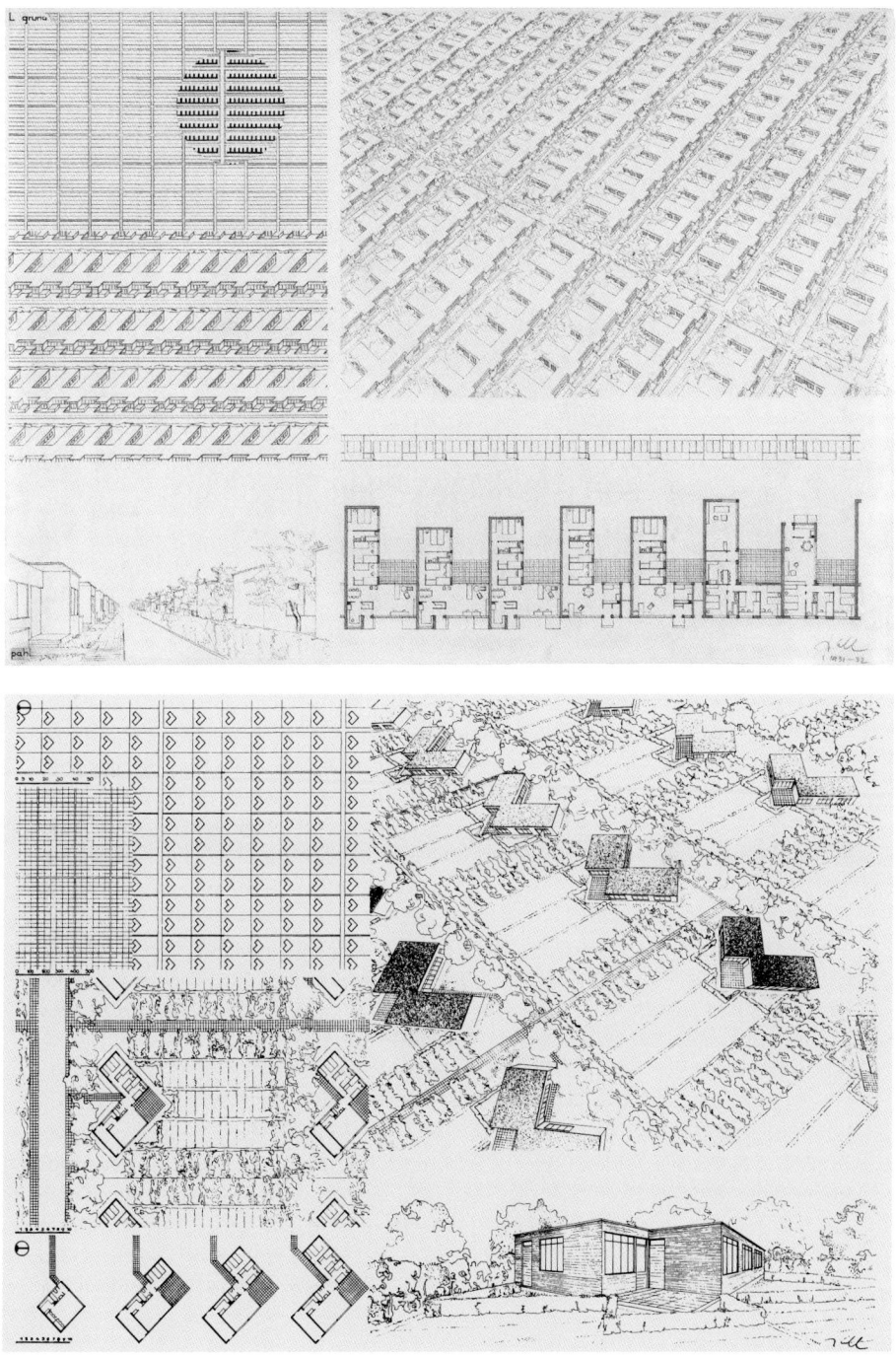

die beste form sl naturgemäss
des freistehends haises erfordert
aber erfahica mehr strassen und
leitungskosten es erfolt dafür
aber anch eine zufledenustellende
des grundrists und auch bei einer
entsprechenden orienfierung eine
maximale besonnung aller räume
isolerung es liesse sich jadoch
denken dass diese nachteilen durch
strassen und leitungen durch eine
vollfkommene industrialiserung eines
solchen freistehenden typs ausgeglichen
werden durch ein freistehender typ,
der auf den zusammenbau mit anderen
häusern Keine rücksicht zu nehmen hat
sich für eine umfassende industriali-
sierung ganz besonders eignet eine aufgabe für die allerdings noch der fond!
des rechnungsbaus gefunden werden muss.

freistehendes einfamilienhaus.
für 6 personen 72 qm .treppenlos.
100 personen pro hectar.

cuatro semanas en la cárcel. Esta segunda expulsión debilitó a los estudiantes izquierdistas de la Bauhaus, pero no acabó con su poder, como pudo apreciarse en las inminentes elecciones de nuevos representantes estudiantiles. Tras la expulsión de los quince alumnos en marzo de 1932, los grupos moderados y de izquierdas realizaron un bloqueo de casi tres meses, hasta conseguir, en el tercer intento, que fueran elegidos dos nuevos representantes estudiantiles. Fueron elegidos el comunista Ernst Mittag (delegado del KPD) y el moderado Hermann Fischer.

El recién llegado Hans Keßler había escrito que, exceptuando una pequeña minoría, los estudiantes eran en 1931 comunistas; un año más tarde, ya en la Bauhaus de Berlín, decía que «aún tenemos tres o cuatro comunistas». La misma apreciación es ratificada en una carta privada de agosto de 1932, donde consta que «la herencia de Hannes Meyer está ya liquidada». Debido a ello, el grupo de los estudiantes comunistas actuó anónimamente hasta el cierre de la Bauhaus en Berlín y distribuía la revista *Kostufra* (fracción comunista estudiantil), que más tarde se llamaría *Organo-Bauhaus de los estudiantes.*

Pero Mies van der Rohe pugnaba no solo por «depurar» la Bauhaus mediante expulsiones, sino que, además, confeccionó un programa de actos y conferencias para 1931 como «baluarte de esta guerra intectual»[130]. El Círculo de Amigos de la Bauhaus con Ludwig Grote, el alcalde y la mayoría de los profesores, estaban de acuerdo en la necesidad de un programa así. La revista comunista de la Bauhaus, por el contrario, lo criticó con dureza: «Las clases apolíticas se organizaron de tal modo [...], que ha sido invitada a la Bauhaus

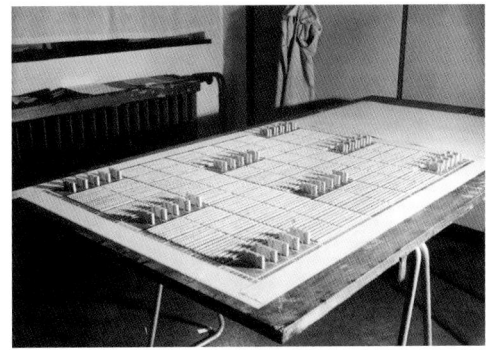

◄ Hilberseimer hacía investigar en sus clases la relación entre densidad de construcción y número de habitantes. A la sazón se planeaban, por principio y sistemáticamente, tipos aislados de casas, pero no se proponía ninguna posibilidad individual. Wilhelm Jakob Hess presentó en un estudio de 1931 tres tipos de construcción: un edificio de once pisos con galerías, una casa adosada de dos pisos y –en la ilustración– la casa unifamiliar aislada. El texto al margen procede de una publicación de Hilberseimer.

▲ Modelo para una edificación mixta con construcciones bajas y altas del seminario de urbanismo de Ludwig Hilberseimer, hacia 1931.

una gama de profesores que va desde el ala derecha hasta el centro de los partidos burgueses, profesores que realizaron con suavidad y sin dolor su cometido de adormecernos [...]» Hans Freyer, más tarde sociólogo y filósofo conservador de derechas, pronunció una conferencia sobre «la revolución desde la derecha». Se criticó a «Prinzhorn, que resultó ser un científico nazi [...] ningún marxista debía hablar»[131]. El psiquiatra Hans Prinzhorn, que ya había sido invitado por Hannes Meyer a dar una conferencia, había escrito a este incluso después de su destitución. Dos años después había de organizar, junto con Ludwig Grote, una iniciativa para favorecer la tolerancia de la Bauhaus en el nacionalsocialismo.

Aparte del programa de conferencias, la dirección de 1931 había elaborado un folleto, en el que se lee: «La pugna de la Bauhaus por el diseño de la nueva cultura no debe, aún en una época de agitación política, adscribirse a un partido político». Era una especie de balance de progresos, que se oponía a la Bauhaus política de Hannes Meyer, pero que reclamaba para sí los logros de aquel, enumerando las licencias de los contratos industriales realizados en la época de Meyer.

Las clases de arquitectura de Hilberseimer y Mies van der Rohe

Las clases de arquitectura son claramente tripartitas. En el primer nivel se imparten, como bajo Hannes Meyer, los conocimientos técnicos fundamentales: legislación relativa a la construcción, estática, calefacción y ventilación, materiales, matemática, física. Estas clases las impartían ingenieros y profesores, algunos de los cuales ya habían trabajado con

▲ Seminario de Mies van der Rohe, 1931. De izquierda a derecha: Annemarie Wilke, Heinrich Neuy, Mies, Hermann Klumpp.

▶ Selman Selmanagic en la Bauhaus de Dessau, 1930.

Meyer, y eran obligatorias también en los semestres superiores. Las clases del arquitecto y urbanista Ludwig Hilberseimer podemos clasificarlas como el segundo nivel de la formación.

Este nivel se denominaba aún en 1930 *enseñanza de la construcción,* como con Meyer, pero luego se le cambió el nombre por Seminario para la construcción de viviendas y urbanización. Aquí se planteaban sistemáticamente problemas teóricos de la construcción de colonias, para cuya solución había diferentes líneas directrices:

1. Todas las viviendas debían estar orientadas, a ser posible, de este a oeste, para tener sol por la mañana y por la tarde, lo que dio lugar al ordenamiento en hileras, que sustituyó a la típica organización en bloques. La orientación este-oeste de viviendas era desde hacía tiempo uno de los más importantes postulados de los arquitectos de la nueva forma de construir.

2. En complejos coloniales más grandes debían alternar edificios altos con construcciones planas (il. pág. 457). Raras veces se daba el caso de este tipo de urbanización mixta, que, sin embargo, se creía requisito para un equilibrado ensamblaje de la población. Meyer, por ejemplo, había previsto una construcción mixta de casas de varios pisos con galerías y casas unifamiliares independientes para una de las ampliaciones de la colonia Törten.

3. Se diseñaban los más diversos tipos tanto para edificios elevados como para casas bajas: casas independientes, casas con planta «L» en cadena o en hileras (il. pág. 455); en cuanto a los edificios altos se discutían los tipos pensión (ofrecía servicios y era ideal para

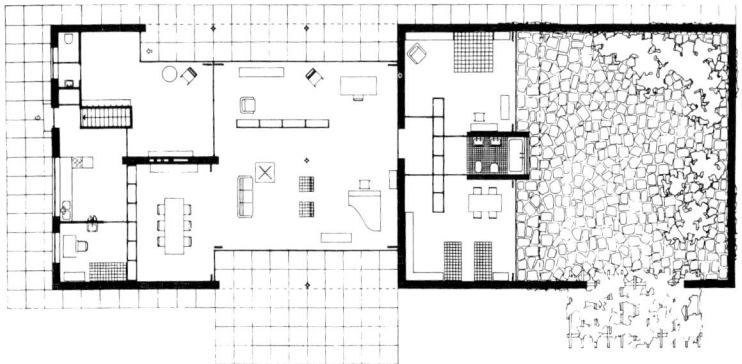

▲▶ **Günter Conrad:** planta y perspectiva del comedor y sala de estar para una casa con atrio, 1931. Mies van der Rohe daba clase solamente en los semestres superiores, y sus clases eran predominantemente —como nivel superior de la formación— una enseñanza estética en el sentido de su propia concepción de la arquitectura. Uno de los puntos principales era la armonía entre el espacio libre y sus límites. Dado que muchos de los alumnos adoptaban las formas y el material de Mies, producían casi exclusivamente plagios del maestro. Günter Conrad instaló a la izquierda de la mesa la silla Weißenhof y a la derecha el sillón Barcelona de su maestro.

personas solteras), pisos de alquiler y casas con galerías; estas últimas eran consideradas especialmente ventajosas porque se ahorraba en escaleras. Muchos de los problemas planteados por Hilberseimer trataban de la relación entre el número de habitantes y la densidad de construcción, otros trataban de tipos de construcción determinados o de soluciones de planta. También se estudiaba el tipo de casa «ampliable», ya que parecía suponer una salida a la pobreza y escasez de vivienda de entonces.

4. La colonia debía contar con una infraestructura adecuada. Las viviendas de los obreros tenían que hallarse cerca de la fábrica, aunque no en su zona inmediata de suciedad y contaminación, como era el caso en Dessau, donde sobre los alojamientos de los obreros caían lluvias de hollín de la fábrica; también las escuelas debían ser de fácil acceso para los niños.

El gran marco humanístico en que parecían ordenarse todas estas tareas impuestas por Hilberseimer era la «ciudad nueva», la visión de una ciudad que hiciera justicia al ser humano y al tráfico, una ciudad en la que la planifificación meticulosa parecía haber hallado la solución a todos los problemas.

Los estudiantes no tenían clase con Mies hasta el cuarto semestre (il. pág. 458). «En los semestres quinto y sexto solo se trabaja con él», informaba el estudiante Keßler sobre el ya citado seminario de construcción. Para Mies era central el estudio del diseño a través del dibujo. Sus propios diseños son obras de arte del dibujo y, al mismo tiempo, documentan una intensa búsqueda de formas ideales. También de sus alumnos esperaba profundidad

analítica. El curso preparatorio de Albers incluía ahora, por deseo expreso de Mies, dibujo a pulso, para que los estudiantes perfeccionaran su habilidad en el dibujo antes de acceder al seminario de construcción. La más importante tarea, que Mies planteaba una y otra vez, consistía en diseñar una «casa de un piso y techo plano en un patio», pues Mies afirmaba que quien es capaz de diseñar una casa, es también capaz de solucionar cualquier problema de construcción. Los alumnos tenían que resolver, además, el problema del ensamblaje del espacio exterior e interior y la relación entre la vida vecinal y privada.

Las casas se clasifican en tres tipos: casa A (vivienda con taller), casa B (casa independiente de dos pisos) y casa C (casa unifamiliar de un piso) (ils. págs. 460 y 461). Keßler describía la clase de Mies como sigue: «con mies [...] construimos una pequeña casa: 50 m² distribuidos entre una sala de estar grande, una pequeña cocina y un cancel. Si hasta ahora habíamos reparado principalmente en la distribución funcional del espacio al resolver nuestras tareas, con mies teníamos que atender a las circunstancias físicas por un lado y a la distribución armónica del espacio por otro [...]; son pocos los que saben que en la arquitectura se puede calcular —digamos el 90 por ciento—, mientras que el restante diez por ciento hay que adivinarlo, sentirlo. a mies no le gusta hablar de esta porción indeterminada, pues teme al parloteo de los "intelectuales" como a la peste»[132]. Mies era muy exigente con sus propios diseños, y el poderoso ejemplo de los edificios hechos por él, en los que material, proporción y espacio se fundían armónicamente, tentaba a muchos de sus alumnos a dibujar espacios fluidos a la Mies y a dotar sus interiores con sus muebles para

◄ **Wilhelm Jakob Hess:** diseño de un
edificio de una planta con correcciones
de Mies van der Rohe, 1932.

► **Eduard Ludwig:** diseño de la remode-
lación del edificio de oficinas Borchardt,
Dessau, 1931. La fachada histórica debía
sustituirse por una moderna construcción
de estructura de acero, fachada acristalada y grandes escaparates en la planta
baja. El proyecto no llegó a realizarse.
Ludwig ha marcado en la imagen de
arriba el retoque para el fotógrafo, con
el fin de montar a continuación la nueva
vista dibujada de la fachada en otra
foto (que se coloreó).

el pabellón de Barcelona o los muebles Weißenhof (il. pág. 461). Con todo, a pesar de «los
pocos años que enseñó en la Bauhaus, Mies van der Rohe hizo escuela»[133]. Muchos de sus
alumnos (Herbert Hirche, Wils Ebert, Eduard Ludwig, Gerhard Weber, Georg Neidenberger,
Bertrand Goldberg, John Rodgers, Munyo Weinraub) divulgaban y transmitían después de
1945 —algunos de ellos en calidad de profesores de escuelas superiores— una concepción
de la arquitectura basada en la disciplina y estética de Mies.

No transmitían la esencia de las enseñanzas de Mies sino que se orientaban en la arquitectura creada por él en los cincuenta y sesenta en EE. UU.

También del lenguaje podemos extraer diferencias entre Mies y Meyer: este hablaba
siempre de «construcción», aquel de «arte de la construcción». Con Meyer los estudiantes
habían aprendido a comenzar por el análisis sistemático de las necesidades humanas. El
educarse para construir (título de un libro que Meyer pensaba publicar) era, por principio, aplicable a cada tarea de construcción. Por eso sus alumnos llenaban hasta el último
centímetro de papel con cálculos y diagramas (ils. págs. 403 y 410) y «legitimaban» así
su diseño de un vistazo. Las hojas de las clases de Mies están vacías, a menudo «nadan»
las exposiciones más detalladas en hojas blancas excesivamente grandes, pues Mies planteaba solo «problemas ideales» con pocas líneas orientativas.

Ya en el aspecto se diferencian las hojas de ejercicios de las épocas Meyer y Mies. Bajo
Mies desapareció por completo un aspecto central de la educación Bauhaus: el engranaje
entre teoría y práctica. Esta característica había sido siempre lo especial de la educación

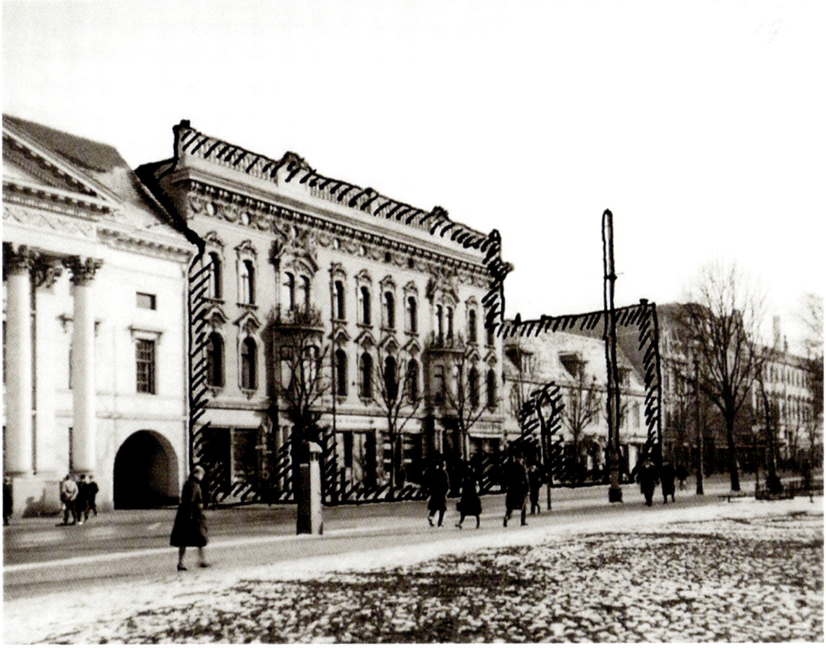

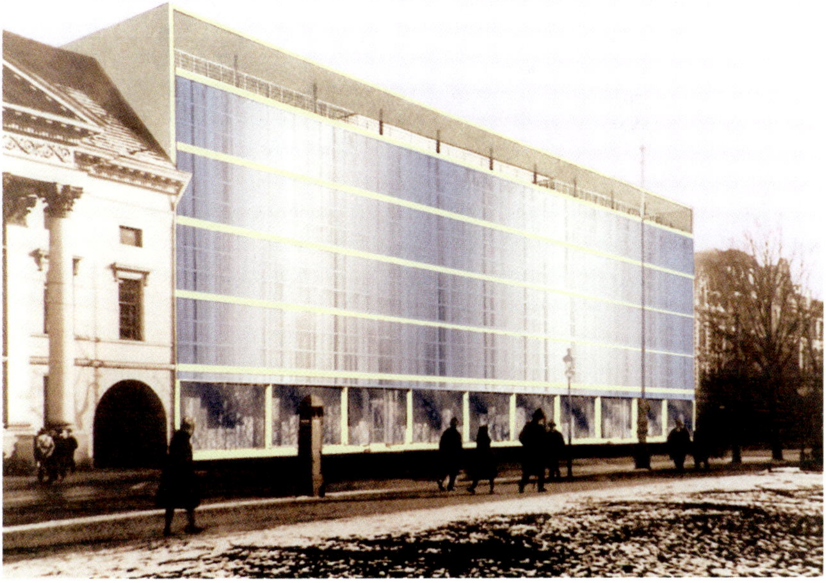

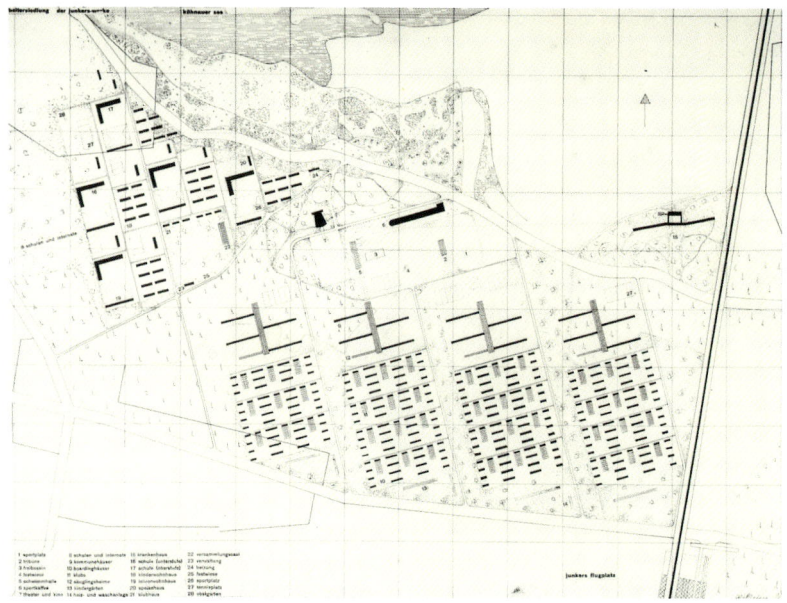

Bauhaus y Meyer la había hecho efectiva. Ahora predominaba la teoría. Por supuesto, no llegaron los contratos de obras anunciados por la ciudad de Dessau en el contrato de servicios. Lo único que Mies y los estudiantes realizaron juntos fue un pequeño pabellón de bebidas.

De la clara organización que distinguiera el trabajo en la Bauhaus bajo Meyer, nada se rastreaba ahora. Mies no daba demasiada importancia a las candentes cuestiones sociales. La arquitectura era para él arte, análisis del espacio, la proporción y el material. Prueba de su propuesta es, entre otras, su casa modelo exhibida en la Exposión Berlinesa de la Construcción (organizada por Mies y Lilly Reich) en 1931.

Los representantes de la Bauhaus Albers, Volger, Fieger y Breuer expusieron, por el contrario, típicas viviendas pequeñas, ideales como aportación al tema de la vivienda mínima. En la comparación con estas casas se aprecia con claridad que la estética de Mies no era tan intemporal como sus admiradores gustan, aún hoy, de decir: quien, al lado de las viviendas para la existencia mínima en las que seis personas tenían que vivir en 50 m², derrocha tanto espacio como Mies hacía, ese demuestra que el espacio era un lujo que solo podían permitirse los ricos.

La colonia Junkers

Una de las planificaciones más impresionantes de la sección de arquitectura fue la colonia para obreros de la empresa Junkers, realizada en 1932 por el curso de Ludwig Hilberseimer (ahora profesor del seminario para la planificación de viviendas y la urbanización).

◄ Siete estudiantes de izquierdas (Waldemar Alder, Wilhelm Jakob Hess, Wera Meyer-Waldeck, Cornelis van der Linden, Hilde Reiss y Selman Selmanagic) se dedicaron intensamente a una nueva colonia en Junkers, 1932. El plano muestra en la parte inferior los diferentes bloques de viviendas, entre ellos, también «casas comunitarias». Sobre los bloques se observan escuelas (izquierda), instalaciones deportivas, el cine y la cafetería (centro), así como un hospital (derecha).

▲ **Wilhelm Jakob Hess:** plano en color para el interior de un apartamento para dos personas de la colonia Junkers, 1932.

Hilberseimer había propuesto esta colonia ficticia como tarea, y un colectivo de siete alumnos (entre ellos dos mujeres) la desarrolló como trabajo de seminario (ils. págs. 464 y 465). Este trabajo tenía poco que ver con las clases de Mies, pues planos y tema eran, en el más amplio sentido de la palabra, políticos. Algunos de los miembros de este colectivo pertenecían al partido comunista, y la colonia que proyectaron solo podría ser concebible en un país socialista.

Toda la colonia estaba orientada de este a oeste. La densidad de construcción y el número de habitantes se habían calculado en base a datos sobre el mundo obrero de Dessau. En el centro de la colonia para 20 000 habitantes se ubicaban áreas de esparcimiento, con campo de deportes, tribuna, piscina, piscina cubierta, cafetería y canchas de tenis. Los habitantes vivirían en «comunas o en pensiones» (para solteros). Disponía de clubs para el esparcimiento en el tiempo libre. Los jardines de infancia y guarderías infantiles quedaban cerca de las viviendas, y también formaba parte del plan un hospital de la empresa. Escuelas e internados se concentraban en una zona aparte, tipo parque. A través de la planificación cuidadosa se pretendía hacer vigentes «las ventajas del colectivo»: había que suprimir la casa individual y administrar conjuntamente todo el complejo. A las mujeres con hijos se las ayudaba con guarderías.

La alimentación debía ser centralizada, por lo que la mayoría de las casas contaban solo con una pequeña *kitchenette*. Incluso las previsiones de tráfico se orientaban, ya entonces, a una situación ideal: «El tráfico rodado ha de estar consecuentemente separado de las zonas

▲ El folleto, que Joost Schmidt diseñó en 1931 para la ciudad de Dessau, exhibe al dorso de su cubierta la más bella aplicación de sus métodos creativos en perspectiva espacial. Sobre una vista aérea de la ciudad flotan los distintivos de la ciudad, desde el más moderno avión Junkers hasta el parque Wörlitz.

▲ Estudio compositivo de Eugen Batz, realizado en la clase de publicidad alrededor de 1930. Joost Schmidt trataba en sus clases preferentemente problemas de representación de objeto, superficie y espacio. Para ello se servía de la escritura, cuerpos tridimensionales y fotografía. El estudio de Eugen Batz es el grado más simple, previo a una refinada mezcla de estratos ilustrativos, como la que el propio Schmidt elaboró en su folleto de 1931 (izquierda). Al igual que otros maestros Bauhaus, Schmidt enseñaba en sus clases la base formal de su propio trabajo. De su limitación a la representación óptica se deduce que su tema era más dibujo publicitario que publicidad en sí, que ya entonces englobaba ideas de *marketing*.

► En esta tarea de la clase de Joost Schmidt se debían crear disposiciones diferentes con nueve cuadrados del mismo tamaño. Esta fue la tercera de un total de 52 tareas para la clase de publicidad.

► Friedrich Reimann: tarea 4 de la clase de Joost Schmidt, 1932. Los elementos dados aquí eran «3 rectángulos de diferentes tamaños».

◄ Friedrich Reimann: tarea 11 de la clase de Joost Schmidt, 1932, «A partir de un recorte de periódico con composición plana», 1932.

◄ Para la tarea 18 los elementos dados eran las letras de «binop», cuya forma y tamaño debían ir variándose.

▲ Friedrich Reimann: collage para la
tarea 13 de la clase de Joost Schmidt,
1932. Se trataba aquí de crear contrastes de imágenes a partir de fotografías
enteras dadas y elegidas libremente.

▲ Friedrich Reimann: collage para la
tarea 34 de la clase de Joost Schmidt,
1932. Se debía dividir una superficie
en campos y a continuación rellenarlos
con diversas composiciones.

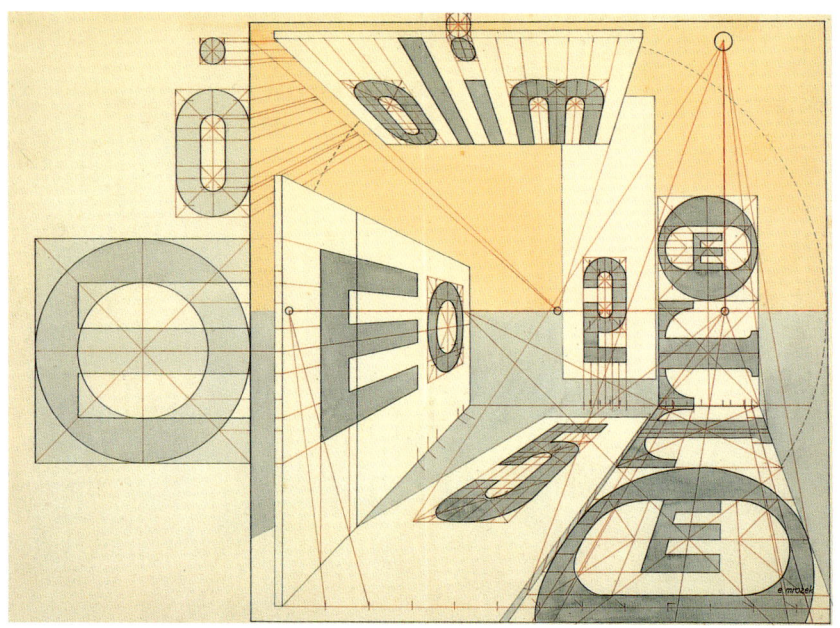

▲ **Erich Mrozek:** ejercicio con escritura y perspectiva, realizado en 1929 en la clase de publicidad de Joost Schmidt. En esta tarea de clase se debían construir letras en el espacio con una perspectiva con punto de fuga.

▶ Tarea de la clase de Joost Schmidt para representar volúmenes girados con perspectiva caballera (perspectiva paralela). Este trabajo de estudio, de 1931 o 1932, muestra en la parte izquierda el esquema constructivo de cada uno de los elementos: botella, vidrio, cubo y caracteres. A su lado, su composición con perspectiva paralela para un anuncio de la marca de licores Bols.

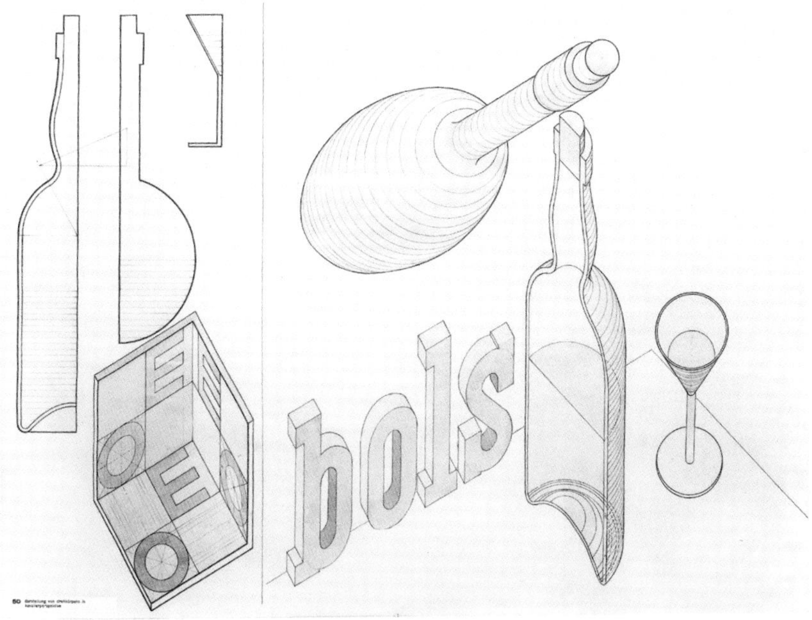
bols

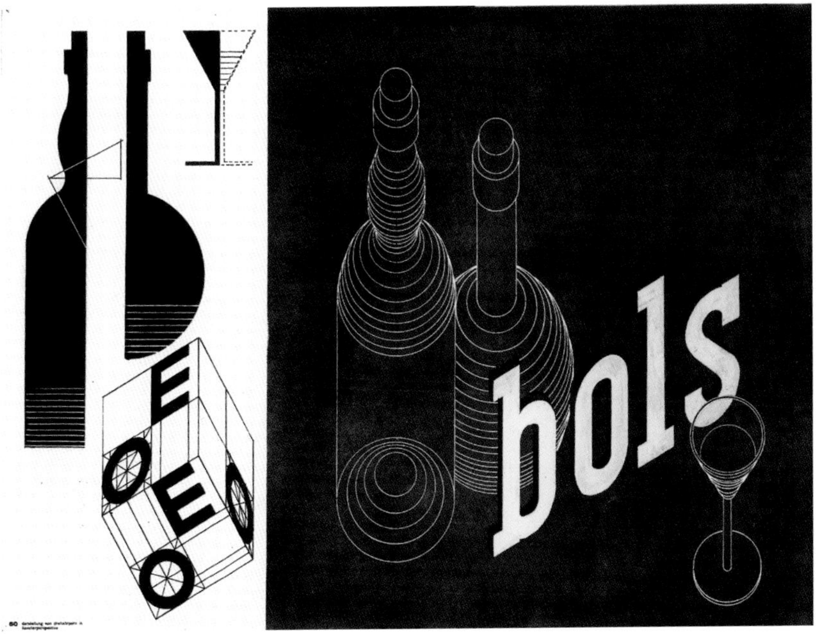
bols

▶ **Hajo Rose:** autorretrato (en la fachada de la Bauhaus), montaje, 1930.
En la clase de Peterhans, los estudiantes aprendían técnicas fotográficas como la iluminación precisa, el manejo de los tiempos de exposición y el proceso químico del revelado. La experimentación fotográfica libre, que había entrado en la Bauhaus con László Moholy-Nagy y gozaba de gran popularidad entre los estudiantes, también formaba parte de la clase.

peatonales. Circunvalaciones y carriles de acceso liberan de tráfico las zonas centrales de viviendas»[134]. En este gran proyecto se traducen, formalmente utopías sociales; en él vive, por última vez, la idea Bauhaus. Sin embargo no podemos calificarlo de obra comunitaria en el mejor estilo de la Bauhaus, pues este proyecto era una clara alternativa político-social al carácter estético de las enseñanzas arquitectónicas de Mies.

Los talleres de publicidad y fotografía

Durante la era Meyer, el taller de publicidad se había ocupado principalmente de la organización y realización de exposiciones. Joost Schmidt no pudo elaborar un programa de estudios regular en este taller hasta que Mies eliminó el trabajo para exposiciones y prácticas.

En el semestre de invierno de 1930/31 comenzó un curso sistemático de publicidad (ils. págs. 466-473) que duraría solo un año, ya que Mies no se llevó consigo al izquierdista Schmidt, políticamente sospechoso, a Berlín, a donde se trasladó la Bauhaus poco más tarde. Schmidt dio clases durante este semestre en cuatro niveles diferentes, pero no pudo completar el programa formativo. Los ejemplos de clases que se conservan reflejan dos tendencias muy distintas: en un tipo de ejercicios se practicaba sistemáticamente la combinación de texto y material fotográfico; a menudo había que buscar de seis a nueve elementos contrastivos a formas dadas, como un círculo, una letra o una foto. Otro tipo de ejercicios consistía en dibujar espacios tridimensionales en perspectiva. De esta forma surgía en la superficie un espacio real que podía ser utilizado, por ejemplo, en la presentación de un

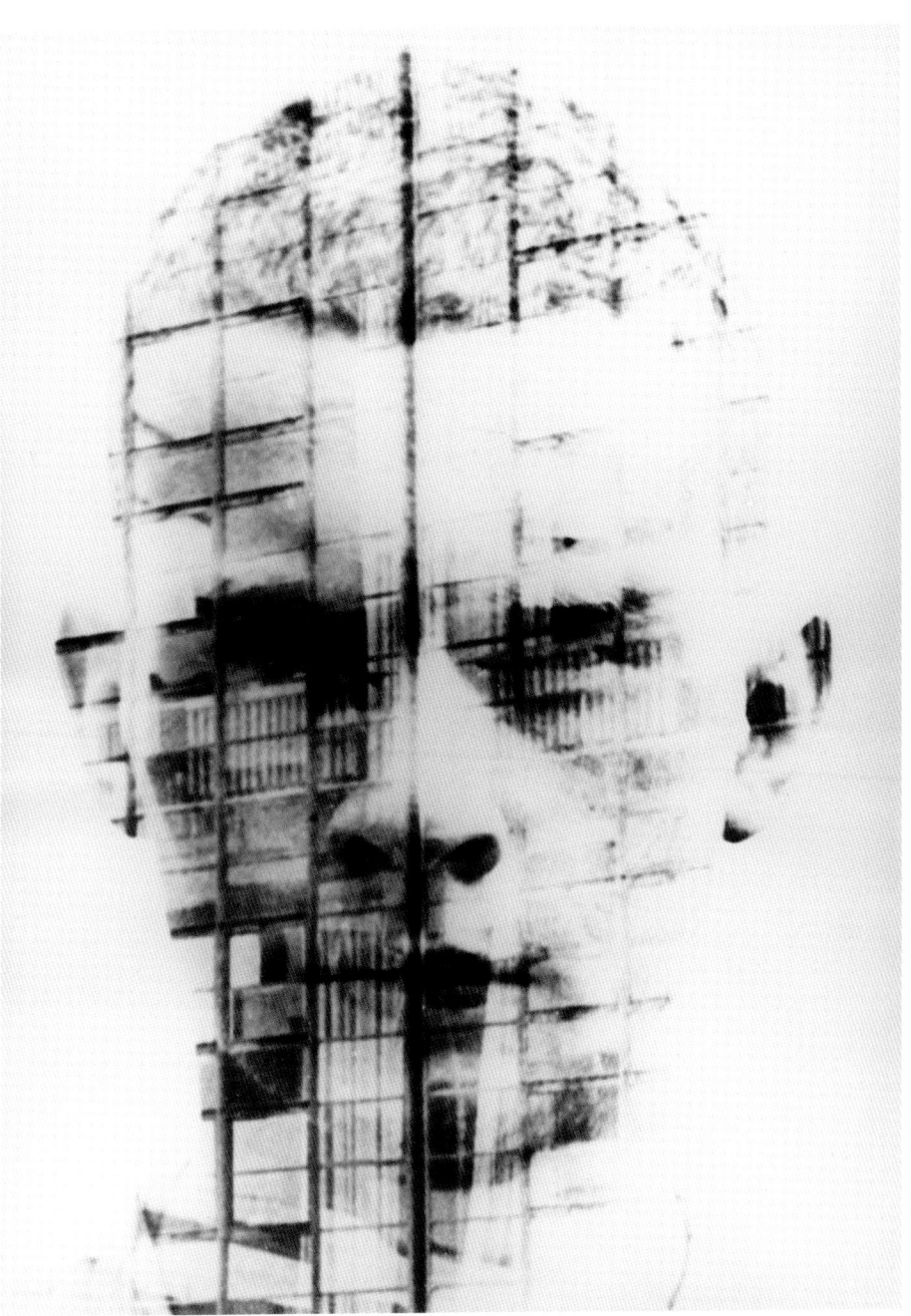

475

▲ Walter Peterhans: *Toter Hase* (Liebre muerta), hacia 1929. La fotografía muestra objetos meticulosamente ordenados sobre una superficie de madera casi cuadrada. La luz viene de la izquierda. Los objetos representados son una lámina metálica reflectora de la luz, un brillante adorno de árbol de Navidad, un cristal y debajo un trozo de papel y plumón o piel. Peterhans tituló la foto *Liebre muerta*, dando así al espectador la posibilidad de asimilar asociativamente los contrastes entre cosas duras y blandas, entre cosas orgánicas y metálico-geométricas.

▶ Horacio Coppola: *Feder* (Pluma), 1932. La obra del argentino, dispuesta y fotografiada con precisión, muestra claramente la influencia de su maestro Walter Peterhans.

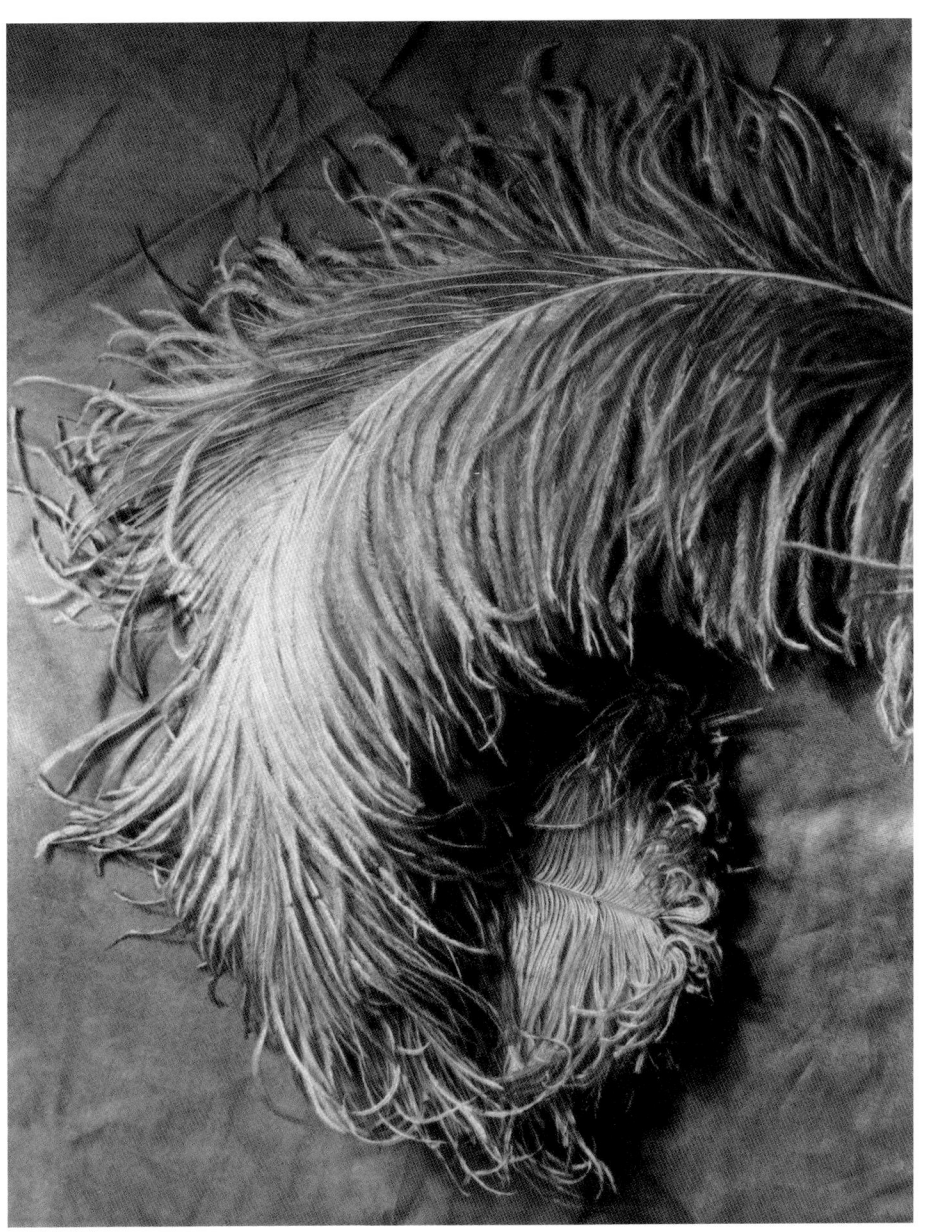

▲ Instantánea del álbum fotográfico de la pareja japonesa Iwao y Michiko Yamawaki, estudiantes de la Bauhaus.

► **Hajo Rose:** Michiko Yamawaki en el telar, 1930/32.

producto (il. pág. 472). Los estudiantes debían familiarizarse por igual con superficies y con espacios tridimensionales. Después de este tipo de ejercicios preparatorios se comenzaba con el diseño de carteles. «Los trabajos han de entregarse en una fecha determinada; las hojas se exponen en la pared —sin nombres— y, lo más importante de toda la clase, son comentadas por el profesor»[135]. Esta formación tenía por meta la actividad en publicidad industrial o en exposiciones. Schmidt entendía la publicidad como comunicación e información. La publicidad debía «convencer mediante una representación gráfica de hechos, de datos económicos y científicos», y no ser propaganda y persuasión. Una parte del programa era el curso de escritura que Joost Schmidt ya llevaba impartiendo desde 1925, y en el que también podían tomar parte alumnos de otras especialidades.

Las clases de fotografía iban a ser, en un principio, parte de la formación en el taller de publicidad, ya que en estos años la fotografía comenzaba a ser un componente congénito de cualquier anuncio publicitario. No obstante, no hubo ningún tipo de colaboración entre ambos profesores, Walter Peterhans y Joost Schmidt, pues aquél no quería servir de material para la tipografía. Peterhans se concentraba sobre todo en enseñar a sus alumnos cómo hacer fotos técnicamente perfectas. Una serie de alumnos que ya habían estudiado fotografía realizaban un segundo aprendizaje con él. En total se formaron unos 16 fotógrafos. Como fotógrafo entendido, Peterhans se oponía radicalmente a Moholy-Nagy y rechazaba su teoría sobre fotografía productiva e iluminación. «La técnica fotográfica es un proceso de meticulosa pormenorización a partir de medios tonos», escribía. Pero el que investigue

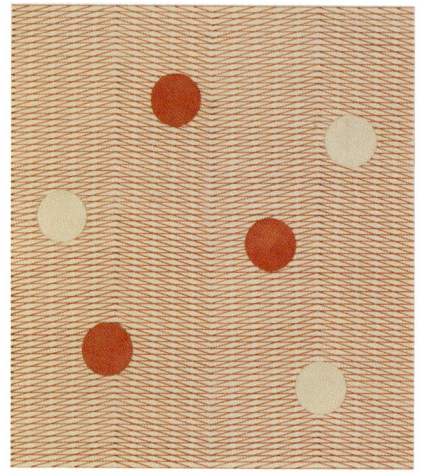 

▲ **Hermann Fischer:** diseños para motivos de estampación, 1932.

▶ **Hajo Rose:** diseño para motivo de estampación, 1932. Se creó en una máquina de escribir y más tarde se confeccionó de manera similar.

metódicamente «el desarrollo de las peculiaridades técnicas de la fotografía», descubrirá «una dulce cercanía y una precisión de la materia»[136].

Mientras Moholy-Nagy fascinaba a numerosos artistas y científicos con su interpretación de la fotografía y entusiasmaba a los aficionados, solo desde hace poco han encontrado resonancia las fotografías de Peterhans. En su mayoría se trata de naturalezas muertas en la tradición de la pintura *trompe-l'oeil.* Peterhans componía cuidadosamente fotos proporcionadas y captaba con la cámara finísimas diferencias de materiales y sombras. Mediante títulos asociativos como *Liebre muerta,* 1929, (il. pág. 476) se transformaban las naturalezas muertas en acertijos.

Los talleres de tejido y montaje

En otoño de 1931 dimitió Gunta Stölzl, al frente del taller textil durante años. Mies colocó en su lugar a la arquitecta de interiores Lilly Reich (il. pág. 485), de Berlín, con la que llevaba un estudio de arquitectos desde 1925. Las exposiciones e interiores elaborados por ambos (la colonia Weißenhof, la casa Tugendhat, el pabellón de Barcelona) abrieron perspectivas en su época, y aún hoy. Aunque Lilly Reich había analizado en profundidad el efecto de los textiles en el espacio, y alcanzado en este campo resultados hasta hoy sin rival, carecía de conocimientos técnicos sobre tejeduría. El curso sobre ejercicios de combinación en material y color, incluido por primera vez en el programa del taller en 1932, llevaba indudablemente la firma de Lilly Reich. Si lo que podemos entresacar de las actas conservadas

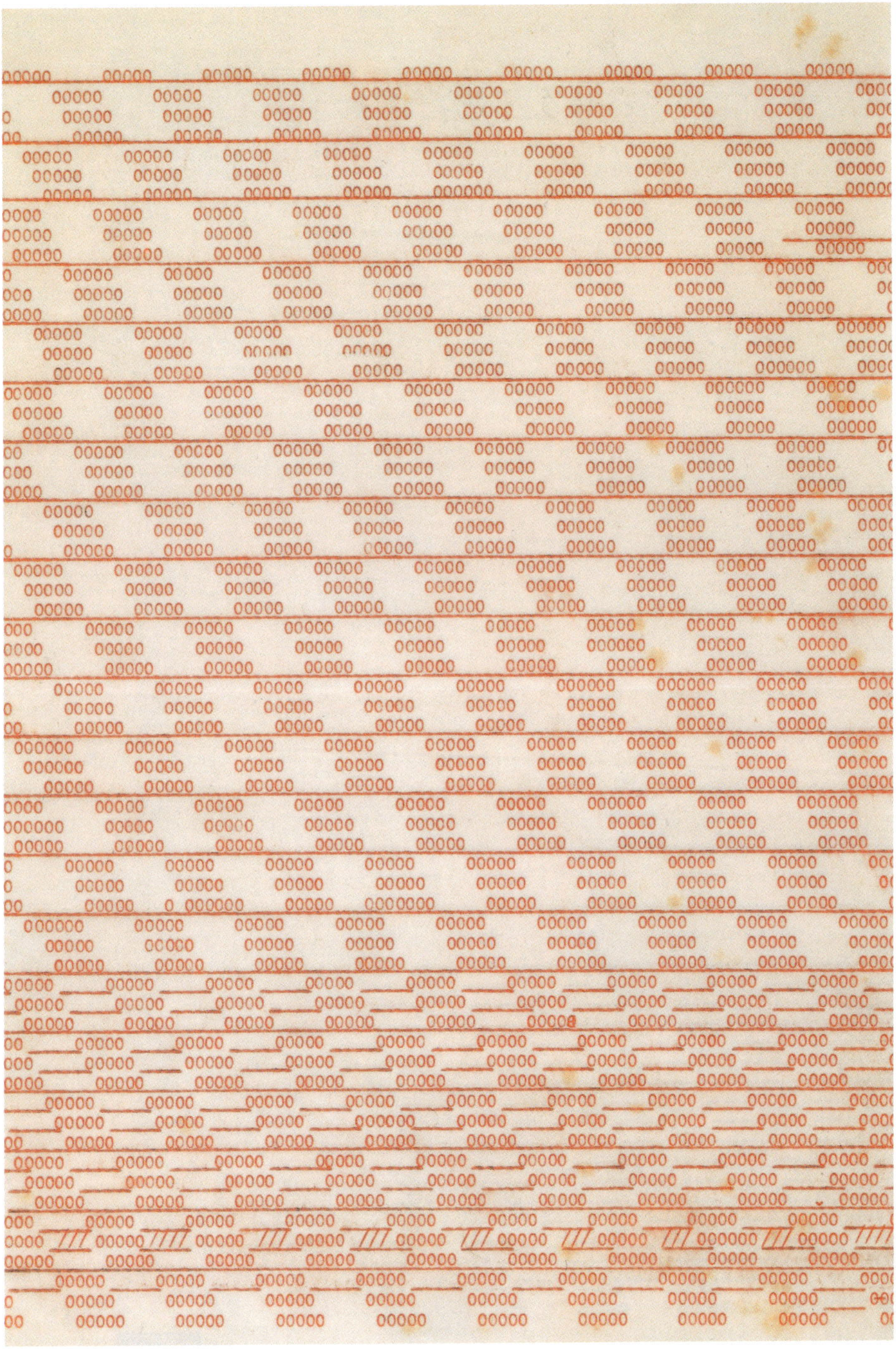

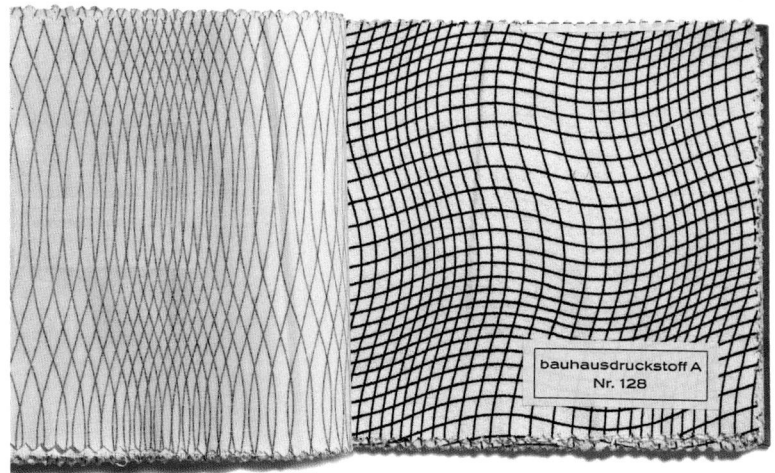

▲ Libro de muestras con telas
estampadas de la Bauhaus, 1932/33.

▶ Lilly Reich: puesto de Van Delden, una
fábrica de hilado y textiles de Westfalia, en la
feria de primavera de Leipzig, 1933. Producía
los tejidos estampados de la Bauhaus.

merece crédito, el taller se concentraba en diseñar muestras de estampado para imprimir
(ils. págs. 480 y 481) y en recopilar colecciones para empresas. En parte eran estudiantes
que ya habían terminado la formación, las que realizaban los trabajos. Se comenzó a
comercializar los tejidos impresos junto con los papeles pintados.

Heinrich König, uno de los representantes generales de productos de la Bauhaus, recordaba la comercialización de los tejidos impresos: «Estos tejidos eran muy baratos para los
precios de entonces: 2,25 marcos el metro. Eran realizados en la tejeduría M. van Delden,
en Gronau; un gran número de estampados habían sido tomados de los diseños de papeles
pintados. Estos tejidos impresos se vendían en grandes cantidades no solo para decoración,
como tela de cortinas, sino también, por ejemplo, para ropa de niños. Existía también un
muestrario, igual de grueso, con tejidos para tapizar muebles y para cortinas. En cualquier
estudio de arquitectura de la época instalado después de 1930, se podían encontrar tanto
los muestrarios de tejidos como los de papeles pintados».

Alfred Arndt dirigió el taller de montaje, con sus secciones de metal y muebles, hasta
1931, fecha en que pasó a cargo de Lilly Reich. Hasta entonces había continuado ininte-
rrumpidamente el programa de muebles tipo desarrollado por Meyer. En 1931 hay, por
ejemplo, tres programas con diferentes grados de refinamiento en los muebles sencillos;
algunos participaron en concursos (il. pág. 484). Después Arndt solo enseñaba monta-
je-construcción diseño y perspectiva y esto solo durante un año; Mies no quiso llevarle a
Berlín por ser, como Schmidt, de izquierdas.

BAUHAUS-DRUCKSTOFFE

M. VAN DELDEN & CO.
GRONAU ⁄ W.

standaufbau: bauhaus-berlin

EINFACH 1931

120

75

75

stollen mit metallrohren verbunden
mittelplatte an federn befestigt.
auszugplatten geführt durch doppelrollen
und nut der platten,bezw.zapfen an den
stollen.

200

	DAT	NAME	**7**	wohn-esszimmer
ENTW.	498.31	Burg		
GEZ.	-	GEN.		
M				
1				
10		auszichtisch		KBL BERLIN

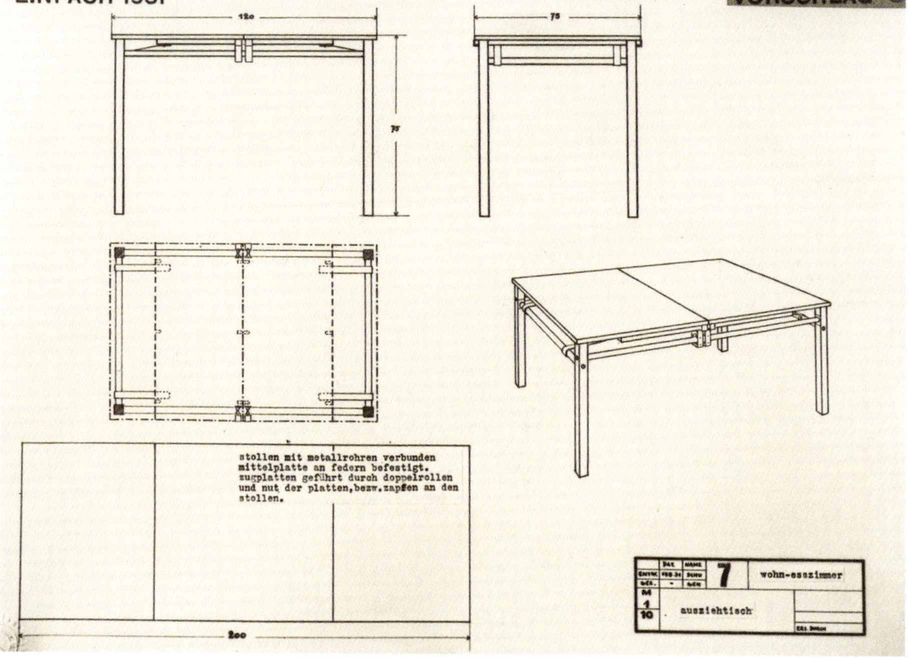

EINFACH 1931

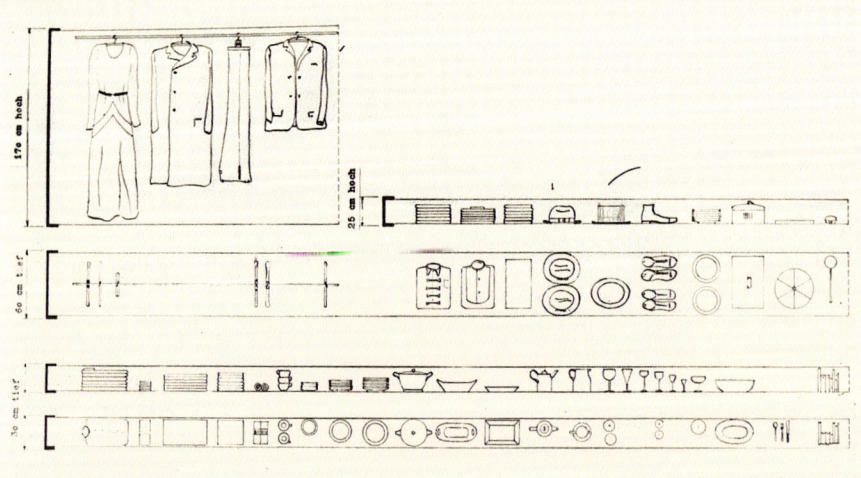

170 cm hoch

25 cm hoch

50 cm tief

30 cm tief

	DAT	NAME	
ENTW.	2.31	BURG	
GEZ.	-	GEN.	
M			tiefen u.höhen-
1			bestimmung für
10			schränke

◄ Propuesta «Einfach» (Sencillo) de la Bauhaus para el concurso de mobiliario de pequeñotamaño de la revista *Bauwelt*, 1931, con una mesa extensible para salón y comedor (il. arriba) y armarios cuya profundidad y altura se determinaron al detalle a partir de los enseres o menaje que albergarían (il. abajo).

▲ Lilly Reich y varios alumnos durante la clase en Dessau, 1931.

El final político en Dessau

La fuerte politización que se hacía notar a finales de los años veinte no dejó incólume a la Bauhaus, cuya existencia futura tanto dependía de la política. Tras la crisis económica mundial de 1929, las elecciones de 1930 significaron la primera irrupción importante de los nacionalsocialistas. Hitler se perfiló —pseudoreligiosamente sublimado— como dirigente de la futura Alemania. Al mismo tiempo, en las elecciones de 1930 había aumentado el número de votos a favor de los comunistas.

Esta polarización de la derecha y la izquierda a costa de las fuerzas moderadas se repitió en las elecciones al Parlamento regional de Turingia y en las elecciones municipales de la ciudad de Dessau.

Las fuerzas de izquierda se habían organizado en la Bauhaus y, a pesar de las numerosas expulsiones realizadas por Mies, resistieron hasta comienzos de 1933; los alumnos de derechas o nacionalsocialistas no se manifestaron en la Bauhaus hasta las últimas semanas berlinesas.

La primera región en que los nacionalsocialistas accedieron al poder fue Turingia, a la que también pertenecía Weimar. El ministro de Interior y Educación, Wilhelm Frick, del partido nacionalsocialista (NSDAP), que ya ocupaba esta cartera desde enero de 1930, estrenó su poder administrativo luchando contra el arte y cultura modernos. En Weimar, tras la marcha de la Bauhaus, el Gobierno había instalado en el edificio Van de Velde una especie de escuela sucesora, la Escuela Superior de Construcción y Artesanía, dirigida por

el arquitecto Otto Bartning. Frick disolvió la escuela, despidió a 29 profesores y encomendó al arquitecto y escritor conservador Paul Schultze-Naumburg, bien avenido con los nazis, la reforma de esta. Pocos meses después fue abierta de nuevo como Escuela Estatal de Construcción, Artes y Oficios. «Culto al más elevado ser alemán» reza la breve divisa, que se leía en un artículo periodístico. Ahora se valorará la «representación de lo heroico», y se considerará el «compromiso racial del arte»[137]. Frick había realizado su primera acción nazi de destrucción de cuadros ya antes de la apertura de la nueva escuela: del Museo Regional de Weimar, cuyo director, Otto Koehler, había comprado ya trabajos tempranos de la Bauhaus y exponía muchos otros en calidad de préstamo, había que retirar todos los cuadros modernos y colocar en su lugar obras del arte antiguo. A pesar de las innumerables protestas llegadas de toda Alemania no se retractaron estas medidas.

Simultáneamente Schultze-Naumburg ordenó picar las pinturas murales realizadas por Oskar Schlemmer en la caja de la escalera del edificio Van de Velde (ils. págs. 196 y 197) y blanquear las paredes. Schlemmer se enteró de ello por la prensa y no tuvo ocasión de volver a ver su obra o hacerla fotografiar.

En 1931 y 1932 continuaron los éxitos electorales de los nacionalsocialistas. En las elecciones de octubre de 1931 en Dessau obtuvieron 19 de 36 escaños. A la cabeza de los concejales se colocó a Gauleiter P. Hoffmann, nazi y representante del partido. Los nazis disponían entretanto de la mayoría absoluta en el Parlamento, y el Gobierno, que, en palabras de Hesse, «hasta ahora había tenido siempre su mano protectora sobre la Bauhaus»[138],

◀ En 1931, Mies van der Rohe organizó la sección «La vivienda de nuestro tiempo» para la Exposición de Arquitectura de Berlín. Kandinsky, aquí con su esposa Nina, diseñó al efecto una sala de música construida con azulejos de cerámica.

▲ Josef Albers: sala de estar para uno de los apartamentos de la Exposición de Arquitectura de Berlín, 1931.

fue derribado. «El partido nacionalsocialista se lanzó tanto a las elecciones municipales en Dessau como a las parlamentarias con la consigna de la lucha contra la Bauhaus bolchevique»[139]. Los nazis de Dessau ya habían propugnado el cierre de la Bauhaus antes de la victoria electoral (il. pág. 489).

«Supresión inmediata de todos los contratos a la Bauhaus. Hay que cesar por plazo indefinido a todos los profesores extranjeros, puesto que no es compaginable con la responsabilidad que una buena dirección municipal tiene con respecto a sus ciudadanos, el que ciudadanos alemanes pasen hambre, mientras los extranjeros reciben sueldos exorbitantes a costa de los impuestos de nuestro pueblo indigente»[140]. Los nazis presentaron, directamente después de la victoria electoral, una serie de mociones contra la Bauhaus, de las que ninguna fue aceptada por mayoría. Incluso fueron concedidos los fondos presupuestarios para el año siguiente, no obstante ya con el aviso de despedida para el 1 de octubre de 1932. Poco más tarde y acompañado por Schultze-Naumburg, el nuevo primer ministro nacionalsocialista, Freyberg, hizo una visita a la Bauhaus y mandó a Schultze elaborar un dictamen cuyo fallo fue completamente negativo para la Bauhaus.

Además, el gobierno regional sustituyó a dos magistrados por nazis, asegurándose así la mayoría para la siguiente votación. Hesse tuvo que volver a presentar en el orden del día, el 22 de agosto de 1932, la moción nazi para la disolución de la Bauhaus. Solo Hesse y los cuatro comunistas votaron en contra. Los socialdemócratas retuvieron su voto con el justificante de que en forma creciente estaban pagando con votos el apoyo que durante años

► Planfleto de los nacionalsocialistas de Dessau para las elecciones generales del 25 de octubre de 1931. En primer lugar, exigían la supresión de presupuesto para la Bauhaus y el derribo del edificio de esta.

habían prestado a la Bauhaus. Con ello se aceptó la moción de los nazis, la Bauhaus tenía que ser disuelta a finales de septiembre (ils. págs. 491 y 493). «La orden de clausura, que se apoyaba en un decreto del presidente del imperio [...], fue impugnado procesualmente por los maestros, ya que vulneraba los contratos (con Hilberseimer, Arndt, Rudelt, Peterhans, Joost Schmidt, Albers, Kandinsky, el propio Mies y otros). Para arreglarlo, el ayuntamiento de Dessau se comprometió a seguir pagando los sueldos, a ceder, en calidad de préstamo, el mobiliario e inventario, así como a transferir las patentes, muestrarios y derechos de licencias en poder de la Bauhaus al último director de la escuela.»[141]

¿Una Bauhaus alemana? El final de la Bauhaus

No ha habido hasta ahora fuentes que informaran sobre el despliegue de actividades políticas de la Bauhaus durante esos meses. Mies confiaba en que se reconocería la calidad del trabajo de la Bauhaus y se aceptaría su carácter apolítico. Uno de los prominentes de Dessau se sintió llamado a tomar partido en la defensa de la Bauhaus: Grote, que por entonces ejercía como conservador de museo en Dessau, director de la galería de pintura de esta ciudad, para la que ya había adquirido obras de maestros de la Bauhaus. En 1925 había contribuido a traer la Bauhaus de Weimar a Dessau; en 1930 había desempeñado un papel clave en la destitución de Hannes Meyer.

Tras las elecciones regionales al Parlamento en mayo de 1932, escribió a su amigo el neurólogo Prinzhorn: «El motivo que me mueve a visitarle son las declaraciones de su última

Wähler und Wählerinnen Dessaus!

Der 25. Oktober gibt in Anhalt dem schaffenden Volke die Möglichkeit, den Grundstein zur Neugestaltung der politischen und wirtschaftlichen Verhältnisse zu legen. Die Not der Gemeinden ist eine Not des Volkes, entstanden aus den ungeheuren Fehlschlägen einer marxistisch-demokratisch-pazifistischen Außen- und Innenpolitik. Dem Elend und der Not durch eigene Kraft restlos zu steuern, wird den Gemeinden so lange eine Unmöglichkeit sein, so lange in Reich und Ländern nicht die letzten Vertreter der sterbenden Welt der Demokratie aus ihren Machtpositionen verschwunden und an ihre Stellen Vertreter des Volkes berufen sind, die es als ihre heilige und ernste Aufgabe ansehen, die nationalen und sozialen Belange des schaffenden Volkes zu vertreten und durchzusetzen.

Am 25. Oktober treten auch in Dessau zur Gemeindewahl erstmalig nationalsozialistische Kämpfer vor das schaffende Volk Dessaus und rufen ihm zu:

Wählt Nationalsozialisten!
Arbeit und Brot

Was wir Nationalsozialisten in der Gemeindevertretung wollen ist

für unsere Mitbürger zu schaffen. Wir stehen grundsätzlich auf dem Standpunkte, daß diese Aufgabe nur durch eigene Kraft gelöst werden muß und nicht durch Aufnahme von Krediten, die das Gemeindevermögen aufzehren und durch eine drückende Zinslast die weitere Aufbauarbeit unmöglich machen.

Wir fordern deshalb größte Sparsamkeit im Gemeindehaushalt und sofortige Streichung sämtlicher Ausgaben, die nicht lebensnotwendig für unsere Mitbürger sind.

Wir fordern:
Sofortige Streichung sämtlicher Ausgaben für das Bauhaus.
Ausländische Lehrkräfte sind fristlos zu kündigen, da es unvereinbar ist mit der Verantwortung, die eine gute Gemeindeführung gegenüber ihren Bürgern zu tragen hat, daß deutsche Volksgenossen hungern, während Ausländer in überreichlichem Maße aus den Steuergroschen des darbenden Volkes besoldet werden. Deutsche Lehrkräfte sind durch Vermittlung der Gemeinde in Dessau oder anderwärts unterzubringen.
Für die im Bauhaus befindlichen Handwerkerschulen ist Unterkunft anderorts zu schaffen.
Der Abbruch des Bauhauses ist sofort in die Wege zu leiten.

Wir fordern:
Abbau der Stadtratsstelle Einsel.
Die dieser Stadtratsstelle bisher obliegenden Aufgaben sind den einzelnen Ressorts zuzuteilen.

Wir fordern:
Streichung sämtlicher Aufwandsentschädigungen für städtische Beamte und Bedienstete.
Festsetzung des Oberbürgermeistergehaltes auf höchstens 9000.— RM jährlich.
Kürzung sämtlicher städtischer Gehälter über 6000.— RM jährlich um 25–30%.

Wir fordern:
Sofortige Einführung einer Filial- und Sondersteuer für Konsumgenossenschaften, Warenhäuser und Einheitspreisgeschäfte.

Wir fordern:
Laufende Winterhilfe für Kleinrentner, Kriegsbeschädigte, Kriegshinterbliebene, kinderreiche Familien und Wohlfahrtsempfänger.

Wir fordern:
Errichtung guter und billigster Kleinwohnungen für Minderbemittelte, dazu Rückführung der Hauszinssteuer zu ihrem eigentlichen Zweck, auch zur Instandsetzung der vielen alten baufälligen Häuser.

Wir fordern:
Unbedingten Mieterschutz, so lange die Wohnungsnot nicht behoben und ausreichende und billige Wohnmöglichkeiten geschaffen sind.

Wir fordern:
Zurückführung der Städtischen Sparkasse auf den ihr zukommenden Zweck, nämlich die Bereitstellung langfristiger Darlehen zu niedrigen Zinssätzen an Handel- und Gewerbetreibende.

Wir betrachten diese Forderungen als Mindestforderungen und erklären, daß wir bei unserer Arbeit im Stadtparlament alle weiteren Wege rücksichtslos aufzeigen und ausschöpfen werden, die geeignet sind, Arbeit und Brot zu schaffen.

Unsere Arbeit wird unter der Losung des erwachenden Deutschlands stehen:

Gemeinnutz geht vor Eigennutz!
Wer diesen Grundsatz zur Tat umgesetzt wissen will, der

Wählt Liste 5

Liste Nationalsozialisten.   N.S.D.A.P. Ortsgruppe Dessau.

► Informe sobre el cierre de la Bauhaus de Dessau y el derribo previsto del edificio de esta, aparecido en el periódico *Berliner Tageblatt* en otoño de 1932.

conferencia en Dessau y de su artículo en *Ring* sobre el movimiento nacionalsocialista, que Mies van der Rohe me ha enviado para que examine [...] A mi entender, el destino alemán se realiza de nuevo en la Bauhaus, gracias a Mies van der Rohe». De Prinzhorn esperaba una respuesta a la pregunta de si sería posible «aclarar las decisivas posiciones político-culturales del partido nacionalsocialista con respecto a la situación de la Bauhaus [...] Si gente como Schultze-Naumburg tienen la decisión, entonces está claro que no hay esperanza»[142]. Grote recalcaba al final que había escrito la carta sin conocimiento de Mies van der Rohe.

Grote no sabía que Mies y Prinzhorn mantenían relaciones amistosas. Ada, la mujer de Mies, había estudiado con la mujer de Prinzhorn en la escuela de Hellerau. Prinzhorn se declaró totalmente dispuesto a colaborar, y se avanzó en dos direcciones: Prinzhorn organizó una «manifestación de voto de confianza» en favor de Mies van der Rohe, que sería entregada a Hesse, quien la utilizó como argumento en su último discurso, antes de la votación definitiva de la moción para la disolución de la Bauhaus.

En este voto de confianza constaba: «Por su carácter, por su altura intelectual, por su capacidad de trabajo y su energía creadora, como se manifiesta en sus edificios y obras, vemos en Mies van der Rohe un modelo del arquitecto alemán. Estamos convencidos de que, bajo su dirección, la juventud aprenderá a diseñar sincera y artísticamente y a trabajar con responsabilidad. Lamentaríamos que, con el cierre de la Bauhaus, se despojara a Mies van der Rohe de la posibilidad de transmitir su saber a los jóvenes. Firman este voto de confianza Peter Behrens, Paul Bonatz (Stuttgart), Adolf Busch, el conde von Dürckheim, el

Es ist, wenn kein Wunder geschieht, wieder mal soweit: die Schüler und Schülerinnen des Bauhauses müssen ihre sieben Sachen zusammensuchen und auswandern. Die Schulglocke holt zum letzten Zeichen aus! Die Jungen und Mädel, verbunden durch den Geist produktiver Studienarbeit, müssen sich trennen und auf Wanderschaft gehen. Wohin? Es wird

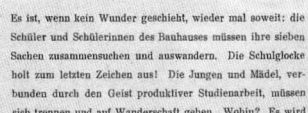

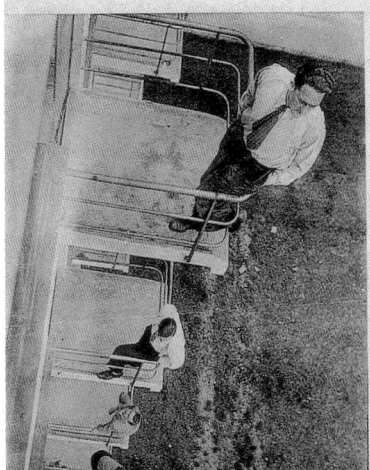

Vier Etagen Balkone des Atelierhauses

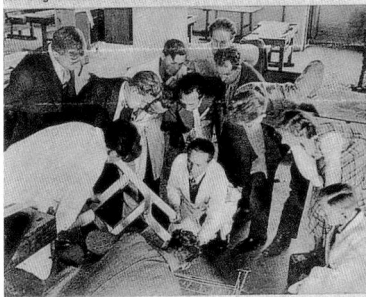

Unterricht in Möbelkonstruktion

Eine Studie auf dem Balkon der Malklasse

ein hoffnungsloser Aufbruch werden — ein Aufbruch ohne Ziel. Als vor Jahren die Gemeinschaft der Bauhaus-Schüler und Bauhaus-Lehrer Weimar verlassen musste, verfolgt von einem zusammengelaufenen Haufen nationalistischer Spiessbürger, war es noch ein Aufbruch mit einem Ziel. Das Ziel hiess Dessau. Heute hat sich in demselben Dessau eine

Aufnahmen A. P.
Alfred Eisenstaedt

DESSAU

Gruppe spiessbürgerlicher Nationalisten zusammengefunden, um die früher freudig begrüssten Emigranten aus Weimar auszutreiben. Mit brutalen Schritten und höhnischem Lachen sind diese Leute in die Bezirke einer freiheitlichen Jugend und eines modernen Studiums eingedrungen. Sie wollen ganze Arbeit machen! Nicht nur die Schüler und Lehrer sollen vertrieben werden — das Schulgebäude soll dem Erdboden gleichgemacht werden. Jungen und Mädchen und Lehrer werden sich in alle vier Winde zerstreuen und vielleicht anderswo lernen und lehren — das Studium des Kunstgewerbes, der Architektur und des Kunsthandwerks aber wird in Deutschland an einer Schule weniger möglich sein: am Bauhaus in Dessau. Wir haben in Deutschland an modernen Kunstgewerbeschulen keinen Ueberfluss. Der Verlust des Bauhauses ist nicht zu verschmerzen.

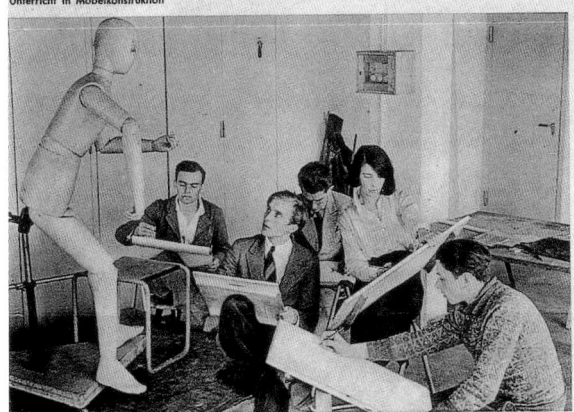

Zeichenunterricht nach einem beweglichen Modell

▲ Tarjeta de felicitación para el año 1932, realizada en el taller de publicidad. En ella se han compuesto con tipos de imprenta las palabras *feliz año nuevo*.

▶ Iwao Yamawaki: *Der Schlag gegen das Bauhaus* (El golpe a la Bauhaus), 1932. Yamawaki parece haber utilizado en este collage la foto del balcón aparecida en el número de otoño de 1932 del *Berliner Tageblatt* (il. pág. 491).

profesor Emge (Weimar), Edwin Fischer, el consejero privado Theodor Fischer, el profesor Dr. H. Freyer (Leipzig), H. von Gleichen, Eduard Hanfstaengl (Múnich), Josef Hoffmann (Viena), Georg Kolbe, Wilhelm Kreis, el profesor Dr. Krüger (Leipzig), la señora Möller van den Bruck, el profesor Dr. en medicina Pinder, H. Prinzhorn, Heinrich príncipe heredero de la casa de Reuss, R. Riemerschmid, el director superior de construcción F. Schumacher (Hamburgo) y Heinrich Tessenow»[143].

Prinzhorn había facilitado a Grote la entrada a la casa de Hugo Bruckmann, en Múnich, quien contaba con estrechos contactos en la dirección de la Liga para la Defensa de la Cultura. De allí salían las más importantes decisiones sobre política cultural de los nazis. Grote podía visitar a Bruckmann y abastecerlo con material informativo sobre la Bauhaus. Con ayuda de Bruckmann se intentó influir en los dos personajes decisivos del nacionalsocialismo: el primer ministro Freyberg y el superior de concejales Hoffmann.[144]

«Bruckmann me notifica que Rosenberg ha escrito a Freyberg pidiendo que se conserve la escuela de Mies van der Rohe, la Bauhaus D[essau], sobre la que se cierne el mal agüero, pero que se disuelva como concepto y que se cambie su nombre»[145]. Se ponderó la «transformación de los talleres alemanes, de Hellerau, cerca de Dresde, en una Escuela de Artes y Oficios nacionalsocialista bajo la dirección de Mies»[146]. Pero ni el voto de confianza ni estas perspectivas, influyeron en la decisión de Hoffmann. La marxista Bauhaus fue disuelta mediante una resolución municipal. Los políticos de Múnich no lograron imponerse a los políticos locales y regionales de Dessau. En la argumentación se pueden distinguir varias

493

▲ El nuevo edificio de la Bauhaus en la Birkbuschstraße 55/56, en Berlín-Steglitz, era una fábrica de teléfonos abandonada. Fotografía de Howard Dearstyne, tomada a finales de 1932.

▶ Los estudiantes visitan los nuevos locales de Berlín, 25 de octubre de 1932.

▶ Mudanza a la nueva Bauhaus de Berlín, octubre de 1932. A la izquierda de la mesa vemos al estudiante Pius Pahl.

vías: Grote considera a Mies «el arquitecto alemán». «Los jóvenes arquitectos le consideran en general fascista, porque acentúa los valores espirituales de la arquitectura que el marxismo de Moscú condena, pues el ideal para Mies v. d. Rohe no es el objetivismo, sino la belleza»[147]. Mies personificaba «lo alemán y lo clásico». Esta valoración fue, evidentemente, difundida por la Liga para la Defensa de la Cultura. Bruckmann planeaba escribir un artículo poniéndose de parte de Mies. Este no se reveló contra la interpretación de «arquitecto alemán», pero tampoco la fomentó. Esperaba, inútilmente, obtener con esta calificación encargos de grandes obras durante el Tercer Reich.

Sobre la valoración de la Bauhaus hay opiniones encontradas. Grote pugnaba por caracterizar el modernismo, el estilo de la Bauhaus, como el estilo alemán: «El nuevo estilo puede ser marxista-comunista, pero también puede ser alemán y clásico»[148].

Los nazis deberían intervenir en favor de la Bauhaus para ganarse a la juventud. En cuanto a la Liga para la Defensa de la Cultura, no parecía tener el menor interés en la permanencia, sin cambios, de la Bauhaus. Mientras Alfred Rosenberg apoyaba claramente una Bauhaus transformada, Schultze-Naumburg, miembro de la Liga, era irrevocablemente contrario a la Bauhaus, y logró imponer sus criterios.

Hoy puede sorprendernos que miembros aislados de la Liga para la Defensa de la Cultura nacionalsocialista se interesaran por la Bauhaus. Pero había entre los políticos de la cultura, en el seno del nacionalsocialismo, numerosas tentativas por hacer del arte y de la arquitectura modernos y del expresionismo, como corrientes «alemanas», el arte estatal. No

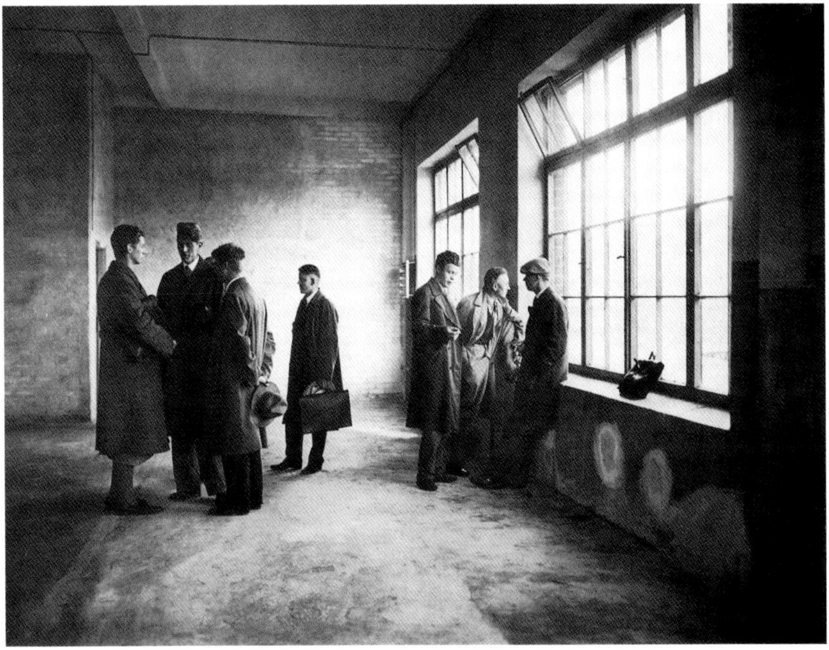

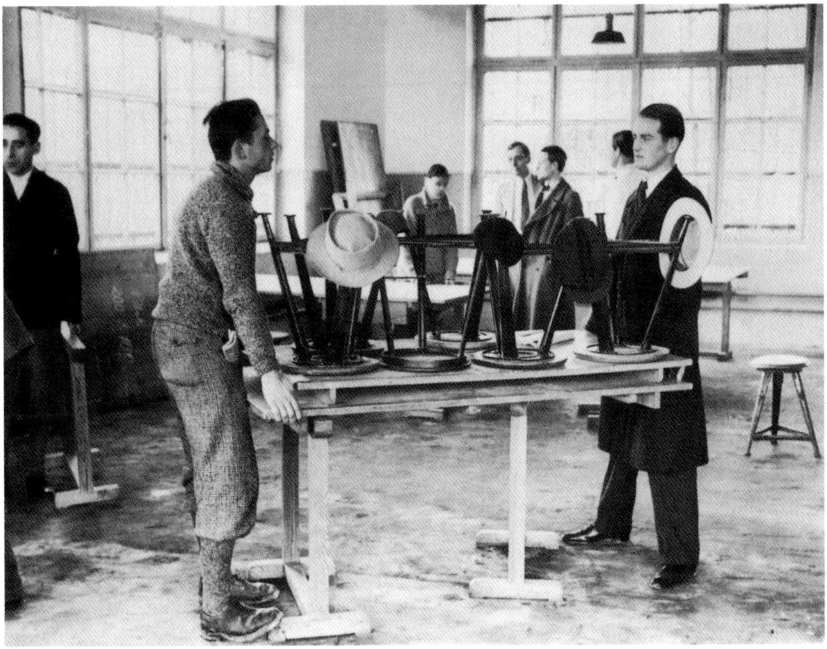

▶ Reportaje gráfico del diario *Berliner Tageblatt* sobre la Bauhaus de Berlín, octubre de 1932. Los estudiantes trabajan en el acondicionamiento de la fábrica de teléfonos cerrada, pintan paredes o llevan los telares a la clase de textiles. Los cursos comienzan ya durante el traslado.

fue hasta 1934 cuando lo moderno llegó a contar con el pleno rechazo nazi por ser «antialemán», «antiarte» y «bolchevique».

La Bauhaus en Berlín

Tras el cierre en Dessau, la Bauhaus obtuvo dos ofertas de sendas ciudades socialdemócratas interesadas en recibirla: Magdeburg y Leipzig. Pero, ya meses antes del cierre, Mies había decidido trasladar la Bauhaus a Berlín como escuela privada. A la antigua escuela de diseño se le añadió el subtítulo de «Instituto Libre de Enseñanza e Investigación». Mies no tardó en encontrar un nuevo local: alquiló —al principio en privado— una fábrica de teléfonos abandonada, en la Birkbuschstraße en Steglitz (ils. págs. 494, 495 y 497).

En una circular había informado a los alumnos sobre las nuevas condiciones. El plan de estudios sufrió un nuevo cambio: la duración de la carrera sería de siete semestres y el precio de la matrícula, más alto. En Berlín expuso Mies sus objetivos pragmáticos: «Nuestra meta es formar arquitectos de tal forma que dominen todo el campo abarcado por la arquitectura, desde la construcción de pequeñas viviendas hasta la edificación de ciudades, no solo el edificio en sí, sino también toda su instalación hasta los textiles»[149].

Puesto que Mies no había traído a Berlín a los maestros Alfred Arndt y Joost Schmidt, no tenía a nadie que pudiera dirigir la rama de publicidad. Cuando cuatro estudiantes comunistas protestaron por esta razón, fueron expulsados por Mies sin la menor consideración. Mies podía comenzar la organización de la escuela en Berlín sobre dos bases financieras:

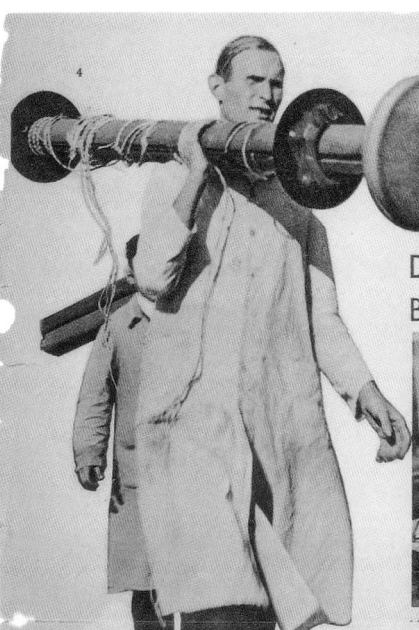

Wegweiser auf dem Fabrikhof

DAS
BAUHAUS IN BERLIN

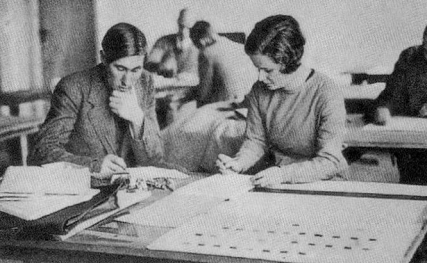

... und inmitten des Einzugs beginnt schon der Unterricht   Aufnahmen Reinke-Degephot

Schüler der Textilklasse bringen die Webstühle in den Lehrsaal

Die Kunstschule
auf dem Fabrikhof

Die Bitte der ordnungsliebenden Polizei

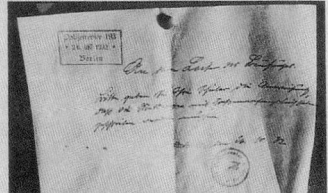

Der Hauptlehrsaal drei Tage vor Beginn des Unterrichts

Eine amerikanische Bauhaus-Schülerin beim Anstreichen der Wände ihres neuen Lehrsaals in Berlin. Hier hat sich das aus Dessau vertriebene Bauhaus in einer stillgelegten Fabrik eingerichtet

los dividendos de las licencias, por valor de 30 000 marcos, y el hecho de poder ahorrar los honorarios de los docentes, que, por contrato, correrían a cargo de Dessau hasta 1935. Pero, también aquí, la política salió al encuentro de la Bauhaus. Poco después de la toma del poder, la fiscalía de Dessau constituyó un comité de investigación con el cometido de buscar pruebas de cargo para un proceso contra el alcalde, acusado de apoyar a la Bauhaus.

El proceso iba a alargarse hasta 1935 y acabaría con una reducción del sueldo y la pensión de Hesse. Este proceso estaba presidido por el interés del nuevo poder por «demostrar» que la Bauhaus había sido una institución «bolchevique», pues esta era la única acusación jurídicamente viable. La Fiscalía de Dessau envió, con motivo de este juicio, un fiscal a la Bauhaus berlinesa con la misión de poner «el material agravante» a buen recaudo. Dessau había enviado poco antes la biblioteca de la Bauhaus a Berlín, y ahora fueron «descubiertas» en las cajas revistas «comunistas». Estas «pruebas de cargo» habían sido, con toda probabilidad, puestas en las cajas antes de su llegada a Dessau[150]. El 11 de abril la Gestapo efectuó el registro y precintado de la Bauhaus para la investigación escenificada desde Dessau.

Las fotos que recogen este acto (il. pág. 502) son evidencia de que se había informado a la prensa. En los meses que siguieron Mies intentó —al igual que los estudiantes—, mediante numerosos contactos con puestos estatales, llevar a cabo una nueva apertura de la escuela.

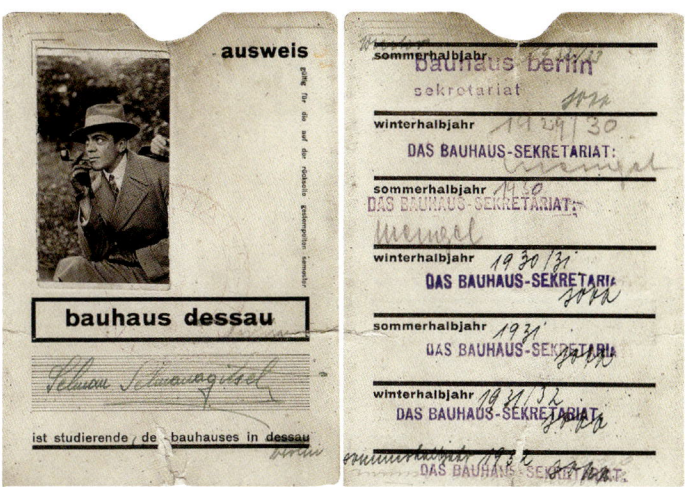

◄ **Franz Ehrlich:** publicidad fotoplástica, 1933.

▲ Los cambios manuscritos en el certificado del alumno Selman Selmanagic suponen un testimonio de los agitados años 1932/33 y del traslado de la Bauhaus de Dessau a Berlín.

Pero ¿quién tenía competencia para aprobarla? Esta cuestión permanece aún hoy sin respuesta, pues, durante semanas, cada autoridad administrativa tomaba a otra como pretexto para no levantar el precinto. Parece que un total de cuatro administraciones estuvieron involucradas en el cierre: la policía secreta (Gestapo), el Ministerio de Cultura (con el ministro Bernhard Rust; encargado de este caso estaba el consejero ministerial Winfried Wendland), el Consejo Provincial de Instrucción Pública y Rosenberg, como director de la Liga para la Defensa de la Cultura Alemana. En quinto lugar habían registrado los estudiantes a Goebbels, como «ministro de Difusión y Propaganda».

Al día siguiente del cierre Mies se entrevistó con Rosenberg, sin resultado. Aunque Rosenberg se había declarado dispuesto a hacer lo posible por una nueva apertura de la escuela, no sucedió nada. Todas las esperanzas se centraban en la Liga para la Defensa de la Cultura. Cuatro días después del cierre los estudiantes de derechas solicitaban ser admitidos en la Liga, ofreciendo su «colaboración positiva a la nueva Alemania». También Lilly Reich había recomendado el ingreso en la Liga para la Cultura, como había hecho Kandinsky. Otra solución parecía ser un comisario del Estado en buenas relaciones con el régimen. Este puesto le interesaba al profesor Engemann, que ya se había hecho miembro del partido. Los estudiantes enviaron un memorial al ministro de Cultura solicitando un comisario para reabrirla.

Entretanto había sido promulgada una nueva ley, según la cual todas las escuelas privadas quedaban subordinadas al Consejo Provincial de Instrucción Pública[151]. Esta medida

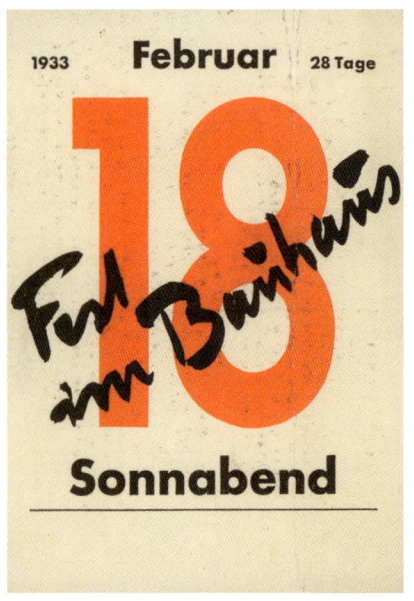

▲▲ Los días 18 y 25 de febrero de 1933 se celebraron las dos últimas fiestas de la Bauhaus. Se decoraron todas las salas para estas grandes celebraciones públicas de carnaval. Kandinsky, Feininger y Albers, así como Marcks, Georg Kolbe, Fernand Léger, Picasso y otros muchos artistas de renombre, habían donado obras para un sorteo destinado a recaudar fondos para la Bauhaus. Estas dos tarjetas de invitación fueron diseñadas por Bertrand Goldberg, un alumno estadounidense de la Bauhaus.

▼ Herbert Schürmann: decoración para la pared posterior del guardarropa, 1933.

▲ Ernst Louis Beck: *caricatura de Lilly Reich en la caja de la escalera*, 1933.

501

Haussuchung im „Bauhaus Steglitz"
Kommunistisches Material gefunden.

Auf Veranlassung der Dessauer Staatsanwaltschaft wurde gestern nachmittag eine größere Aktion im „Bauhaus Steglitz", dem früheren Dessauer Bauhaus, in der Birkbuschstraße in Steglitz durchgeführt. Von einem Aufgebot Schutz- | war jedoch verschwunden, und man vermutete, daß sie von der Bauhausleitung mit nach Berlin genommen worden waren. Die Dessauer Staatsanwaltschaft setzte sich jetzt mit der Berliner Polizei in Verbindung und bat um Durch-

Alle Anwesenden, die sich nicht ausweisen konnten, wurden zur Feststellung ihrer Personalien ins Polizeipräsidium gebracht.

polizei und Hilfspolizisten wurde das Grundstück besetzt und systematisch durchsucht. Mehrere Kisten mit illegalen Druckschriften wurden beschlagnahmt. Die Aktion stand unter Leitung von Polizeimajor Schnabel.

Das „Bauhaus Dessau" war vor etwa Jahresfrist nach Berlin übergesiedelt. Damals waren bereits von der Dessauer Polizei zahlreiche verbotene Schriften beschlagnahmt worden. Ein Teil der von der Polizei versiegelten Kisten | suchung des Gebäudes. Das Bauhaus, das früher unter Leitung von Professor Gropius stand, der sich jetzt in Rußland aufhält, hat in einer leerstehenden Fabriketage in der Birkbuschstraße in Steglitz Quartier genommen. Der augenblickliche Leiter hat es aber vor wenigen Tagen vorgezogen, nach Paris überzusiedeln. Bei der gestrigen Haussuchung wurde zahlreiches illegales Propagandamaterial der KPD. gefunden und beschlagnahmt.

◄ El *Berliner Lokalanzeiger* informa el 12 de abril de 1933 sobre el registro domiciliario de la Bauhaus, con una fotografía.

► El estudiante Pius Pahl fotografió esta reunión en torno a Ludwig Mies van der Rohe, con Alcar Rudelt (derecha), Carl Bauer (centro) y otros alumnos de la Bauhaus, probablemente en abril de 1933.

permitía al nuevo Gobierno aplicar la ley de funcionarios a este círculo de personas y exigirles que acreditaran su origen ario.

Mies se dirigió a finales de mayo a esta administración con objeto de solicitar el permiso para inaugurar una escuela de arte privada. Unas seis semanas más tarde recibió una respuesta afirmativa de este órgano: la Gestapo daría, bajo determinadas condiciones, su consentimiento a la reapertura de la escuela. Dichas condiciones fueron formuladas por Wendland, informante del Ministerio de Cultura. La Gestapo se las envió por correo a Mies en calidad de «informe confidencial» y redactadas en forma casi idéntica. Wendland había escrito: «No es mi deseo ocultarle que me veo en el trance de insistir en que tanto KANDINSKY como HILBERSEIMER deben abandonar la Escuela»[152].

Asimismo, había que comprobar si había Judíos en el cuerpo del profesorado. «También esto sería, en mi estima, inviable para la Bauhaus.» Se aconsejó, además, que algunos profesores deberían entrar en el partido. La Gestapo exigía adicionalmente un plan de estudios orientado en el nacionalsocialismo. Cuando estos documentos llegaron a la Bauhaus (15 de junio y 21 de julio), la magistratura de la ciudad de Dessau ya había asestado un último golpe a la Bauhaus.

La retribución de las pagas de los profesores, a la que Dessau se había comprometido por contrato, fue anulada en razón a la nueva ley de funcionarios, que entraba en vigor en abril. El «permitir que la Bauhaus, que demostró ser germen de bolchevismo, continúe su actividad», no puede menos que calificarse de maniobra política. Una protesta de Mies,

▶ Reunión en el patio de la Bauhaus de Berlín el 12 de abril de 1933, un día después de que la policía registrara y cerrara el edificio. Los esfuerzos para reabrir la Bauhaus continuaron hasta julio. El 19 de julio, los maestros de la Bauhaus decidieron por unanimidad no ceder a las demandas políticas y disolvieron la Bauhaus.

▶▶ El estudiante Ernst Louis Beck ante la Bauhaus de Berlín.

«que el cierre de la Bauhaus castiga únicamente a personas con buenas intenciones para su nación», no tuvo ningún tipo de efecto. Con el cierre desaparecieron las cuotas de matrícula y se paralizaron las licencias. La empresa Kandem ya había rescindido el contrato con la Bauhaus para finales de 1932. El lucrativo contrato con la empresa de papeles pintados Rasch se disolvió el 27 de abril, no está claro bajo responsabilidad de quién.

El 19 de julio, después de que Wendland hubiera expuesto bajo qué condiciones podía tener lugar la reapertura de la escuela, se reunieron los maestros en el taller de Lilly Reich. Mies informó sobre la situación financiera y política e hizo la propuesta de disolver la Bauhaus. Todos los presentes aprobaron esta medida. Esta decisión surgió en una situación de extrema opresión política y económica pero, al mismo tiempo, significó un último manifiesto por la libertad de pensamiento.

505

Apéndice

Notas

1 Heinrich Waentig: *Wirtschaft und Kunst.* Jena 1909, pág. 47

2 Ibíd., pág. 292

3 Ver: Winfried Nerdinger: *W. Gropius.* Cat. de la exp. Archivo Bauhaus. Berlín 1985, págs. 11 y 40

4 Cartas de Walter Gropius a Karl Ernst Osthaus del 24.4.1917 y el 23.12.1918. En: *K. E. Osthaus. Leben und Werk.* Recklinghausen 1971, págs. 469 y 471

5 Carta del 3.3.1919 de Walter Gropius al apoderado del gobierno Paulsen. Archivo Bauhaus

6 Ver: I. B. Whyte: *Bruno Taut. Baumeister einer neuen Welt.* Stuttgart 1981, pág. 51 y ss.

7 Hans M. Wingler: *Das Bauhaus. 1919–1933 Weimar Dessau Berlin und die Nachfolge in Chicago seit 1937.* Bramsche 1975, pág. 13

8 Tut Schlemmer:... *vom lebendigen Bauhaus und seiner Bühne.* En: *Bauhaus und Bauhäusler*, de Eckhard Neumann. Berna y Stuttgart 1971, pág. 124

9 Carta del 14.4.1919 de Walter Gropius a Ernst Hardt. En: Reginald R. Isaacs: *Walter Gropius. Der Mensch und sein Werk.* Tomo I. Berlín 1983, pág. 208

10 Carta del 5.11.1919 de Johannes Itten a Joseph M. Hauer. En: W Rotzler (ed.): *J. Itten. Werke und Schriften.* Zürich 1972, pág. 68

11 Alfred Arndt: *wie ich an das bauhaus in weimar kam...* En: *Bauhaus und Bauhäusler.* 1971 (ver nota 8), pág. 41

12 Ibíd.

13 Carta del 16.5.1921 de Oskar Schlemmer a Otto Meyer-Amden. En: Tut Schlemmer: *Oskar Schlemmer. Briefe und Tagebücher.* Múnich 1958, pág. 112

14 Carta del 16.1.1921 de P. Klee a L. Klee. En: F. Klee (ed.): *Paul Klee. Briefe an die Familie.* Tomo II. 1907-1940. Colonia 1979, pág. 970

15 Paul Citroen: *Mazdaznan am Bauhaus.* En: *Bauhaus und Bauhäusler* (nota 8), pág. 29, ibíd. las citas siguientes y pág. 34

16 Bruno Adler: *Das Weimarer Bauhaus.* Darmstadt, 1963

17 Extracto de una publicación no identificable de la editorial Diederichs, Jena, 1920. Propiedad de la alumna de la Bauhaus H. Hesse-Kube, copia en el Archivo Bauhaus

18 Estatutos de la Bauhaus Estatal de Weimar. Julio, 1922, pág. 3

19 Winfried Nerdinger: *Von der Stilschule zum Creative Design – W. Gropius als Lehrer.* En: Rainer Wick: *Ist die Bauhaus-Pädagogik aktuell?* Colonia 1985, pág. 35

20 Schlemmer, 1971 (nota 8), pág. 124

21 Christian Schädlich: *Bauhaus Weimar 1919–925. Weimar, Tradition und Gegenwart,* núm. 35, 2.ª ed. 1980, pág. 23

22 Helmut von Erffa: *Das frühe Bauhaus: Jahre der Entwicklung 1919–1924.* En: *Anuario Wallraf-Richartz.* 24. Colonia 1962, pág. 413

23 Gunta Stölzl: *In der Textilwerkstatt des Bauhauses 1919 bis 1931.* En: *Werk.* 1968. Núm. 11, pág. 745. La cita siguiente ibíd.

24 Walter Scheidig: *Die Bauhaus-Siedlungs-genossenschaft in Weimar 1920–1925.* En: *Dezennium II.* Dresde 1972, pág. 249

25 Carta del 2.6.1920 de Walter Gropius a Ekkart (Adolf Behne). Cita según: Nerdinger 1985 (nota 3), pág. 58

26 Walter Gropius: *Raumkunde.* s. a. (1922). Manuscrito en el Archivo Bauhaus, pág. 9

27 Walter Gropius: *Die Tragfähigkeit der Bauhaus-Idee. Notas del 3.2.1922.* En: Wingler, 1975 (nota 7), pág. 62

28 Walter Gropius: *Die Notwendigkeit der Auftragsarbeit für das Bauhaus.* Notas del 9.12.1921. En: Wingler 1975 (nota 7), pág. 61

29 Carta del 7.12.1921 de Oskar Schlemmer a O. Meyer-Amden. En: K.-H. Hüter: *Das Bauhaus in Weimar.* Berlín 1983, pág. 186

30 Hüter, 1982 (nota 29), pág. 15

31 *Walter Gropius – Kampf um neue Erziehungsgrundlagen.* En: *Bauhaus und Bauhäusler,* 1971 (nota 8), pág. 10

32 Schädlich, 1980 (nota 21), pág. 104

33 Carta del 15.10.1919 de Walter Gropius a Ferdinand Kramer. En: Bauhaus und Bauhäusler, 1971 (nota 8), pág. 64

34 Vilmos Huszár: *Das Staatl. Bauhaus in Weimar.* En: *De Stijl.* 5.1922. Núm. 9, pág. 136

35 Theo van Doesburg: *Der Wille zum Stil.* En: *T. v. Doesburg 1883–1931.* Cat. de exp. Abbemuseum. Eindhoven 1968, pág. 49

36 Theo van Doesburg: *Stijl-Kurs I.* En: *Theo van Doesburg 1883–1931* (nota 35), pág. 46

37 Theo van Doesburg a Walter Dexel, 24.3.1922. Citado según: Volker Wahl: *Jena als Kunststadt.* Leipzig 1988, pág. 224

38 Peter Röhl: *Die Ausmalung des Residenz-Theaters in Weimar.* En: *De Stijl.* 4. 1921. Núm. 9, pág. 144

39 Werner Graeff: *Mit der Avantgarde.* En: Cat. de exp. de la asociación de arte de Renania y Westfalia. Düsseldorf 1962

40 Werner Graeff: *Bemerkungen eines Bauhäuslers.* En: *W. Graeff: Ein Pionier der Zwanziger Jahre.* Cat. de exp. del museo de escultura de la ciudad Marl. 1979, pág. 7

41 *Bauhaus-Drucke – Neue europäische Graphik.* Prospekt 1921. En: Wingler 1975 (nota 7), pág. 57

42 Carta del 23.3.1923 de Gerhard Marcks a Gropius. En: Hüter, 1982 (nota 29), pág. 213

43 Carta del 5.10.1922 de L. Feininger a Julia Feininger. En: Wingler 1975 (nota 7), pág. 68

44 Acta del Consejo de Maestros del 18.8.1923. En: Claudine Humblet: *Le Bauhaus.* Lausanne 1980, pág. 325

45 Sibyl Moholy-Nagy: *László Moholy-Nagy, ein Totalexperiment.* Mainz y Berlín 1973, pág. 47

46 Carta del 16.4.1921 de Paul Klee a Lily Klee. En: *Paul Klee Briefe.* 1979 (nota 14), pág. 975

47 W. Kersten: *Paul Klee. «Zerstörung, der Konstruktion zuliebe?».* Marburg 1987, pág. 108

48 Jürgen Glaesemer (ed.): *Paul Klee. Beiträge zur bildnerischen Formlehre.* Facsímil. Manuscrito original. Basilea 1979, pág. 150

49 O.K. Werckmeister: *Versuche über Paul Klee.* Frankfurt 1981, pág. 155

50 Carta del 12.3.1919 de C. Marcks a Gerhard Fromme. En: *G. Marcks 1889–1981. Briefe und Werke.* Múnich 1988, pág. 34

51 Acta del Consejo de Maestros del 20.9.1920. Citado según: K. Weber: *Die keramische Werkstatt.* En: *Experiment Bauhaus. Das Bauhaus-Archiv, Berlin zu Gast im Bauhaus Dessau.* Cat. de exp. Archivo Bauhaus. Berlín 1988, pág. 58

52 Gehard Marcks sobre el taller de cerámica de la Bauhaus. En: *G. Marcks,* 1988 (nota 50), pág. 37

53 Carta del 5.4.1923 de Gropius a Marcks. Cita según: Weber 1988 (nota 51), pág. 58

54 Gerhard Marcks a la Bauhaus Estatal el 2.1.1924. En: Hüter, 1982 (nota 29), pág. 219

55 Weber 1988 (nota 51), pág. 59

56 László Moholy-Nagy: *Das Bauhaus in Dessau.* En: *Qualität.* 4. 1925. Núm. 5-6, pág. 85

57 Stölzl 1968 (nota 23), pág. 746

58 Ibíd.

59 W. Wagenfeld: *Zu den Arbeiten der Metall-werkstatt.* En: *Junge Menschen.* 5. 1924. Núm. 8, pág. 187

60 Marcel Breuer: *Die Möbelabteilung des Staatlichen Bauhauses in Weimar.* En: *Fachblatt für Holzarbeiter.* 20. 1925, pág. 18

61 Wolfgang Pfleiderer: *Einleitung.* En: *Die Form ohne Ornament.* Exposición de la Liga de Talleres. Berlín 1924

62 Carta del 22.11.1922 de Oskar Schlemmer al Consejo de Maestros de la Bauhaus. En: Wingler 1975 (nota 7), pág. 72

63 Alma Buscher: *Kind Märchen Spiel Spielzeug.* En: *Junge Menschen.* 5.1924. Núm. 8, núm. especial de la Bauhaus Weimar, pág. 189

64 Hans M. Wingler: *Die Mappenwerke «Neue europäische Graphik».* Mainz y Berlín 1965, pág. 10 y ss.

65 Estatutos de la Bauhaus Estatal en Weimar. Apéndice 3, editorial Bühne. Julio 1922

66 Lothar Schreyer: *Kreuzigung.* 1920. Núm. 158, hoja II. Cita según: Dirk Scheper: *Oskar Schlemmer – Das triadische Ballett und die Bauhausbühne.* Publicaciones de la Academia de las artes. Tomo 20. Berlín 1989, pág. 67

67 Lothar Schreyer: *Das Bühnenkunstwerk.* 1918. Núm. 345, pág. 93. Cita según: Scheper, 1989 (nota 66), pág. 66

68 Karin von Maur: *Oskar Schlemmer.* Múnich 1982, pág. 198

69 Kurt Schmidt: *Das mechanische Ballett – eine Bauhaus-Arbeit.* En: *Bauhaus und Bauhäusler* 1971 (nota 8), pág. 56

70 Hans H. Stuckenschmidt: *Musik am Bauhaus.* Berlín 1978/79, pág. 6 y ss.

71 Erich Michaud: *Das abstrakte Theater der zwanziger Jahre: Von der Tragik erlöste Figuren.* En: *Die Maler und das Theater im 20. Jahrhundert.* Catálogo de exposición de la Schirn Kunsthalle. Frankfurt 1986, pág. 104

72 Teatro en la Bauhaus. En: *Junge Menschen,* 1924 (nota 59), pág. 189

73 Sigfried Giedion: *Bauhaus und Bauhaus-Woche zu Weimar.* En: *Pressestimmen für das Staatliche Bauhaus Weimar.* Weimar 1924, pág. 43

74 Volker Wahl: Jena und das Bauhaus. En: *Wiss. Z. Hochsch. Archit. Bauwes.* Weimar. 26. 1979. Núm. 4-5, pág. 344

75 Nerdinger 1985 (nota 3), pág. 54

76 Carta del 22.6.1922 de Gropius a Lange. En: Humblet, 1980 (nota 44), pág. 320 y ss.

77 Fred Fortbát: *Erinnerungen eines Architekten aus vier Ländern*. Cita según: Nerdinger, 1985 (nota 3), pág. 58 y Fortbát pág. 66

78 Nerdinger, 1985 (nota 3), pág. 60

79 Scheidig, 1972 (nota 24), pág. 258

80 Max Greil: *Die Erdrosselung des Bauhauses*. En: *Das Volk*. 3.1.1925

81 Walter Gropius: *Bericht über die wirtschaftlichen Aussichten des Bauhauses*. 19.10.1924. Manuscrito. Archivo Bauhaus

82 Moholy-Nagy 1925 (nota 56), pág. 84

83 Ibíd.

84 Nerdinger 1985 (nota 3), pág. 74

85 Ibíd.

86 Nelly Schwalacher: *Das neue Bauhaus*. En: Diario vespertino del Frankfurter Zeitung. 31.10.1927

87 Ibíd.

88 Nerdinger 1985 (nota 3), pág. 76

89 Nina Kandinsky: *Kandinsky und ich*. Bergisch Gladbach 1978, pág. 121

90 Fannina W. Halle: *Dessau: Burgkühnauer Allee 6–7*. En: *Das Kunstblatt*. 13.1929. Núm. 7, pág. 203

91 Max Osborn: *Das neue «Bauhaus»*. En: *Vossische Zeitung*. 4.12.1926. En: Wingler, 1975 (nota 7), pág. 134

92 Walter Gropius: *Bauhaus-Produktion*. En: *Qualität*. 7.1925. Núm. 7-8, pág. 127

93 Hannes Beckmann: *Die Gründerjahre*. En: *Bauhaus und Bauhäusler* 1971 (nota 8), pág. 159 y ss.

94 Paul Klee a Felix Klee el 11.9.1929. En: *Paul Klee Briefe*, 1979 (nota 14), págs. 1079 y ss, 1050, 1102 y 1098

95 Max Gebhard: *Arbeit in der Reklamewerkstatt*. En: *form + zweck*. 11.1979. Núm. 3, pág. 73

96 Ute Brüning: *Die Druck- u. Reklamewerkstatt: Von Typographie zur Werbung*. En: *Experiment Bauhaus* 1988 (nota 51), pág. 154

97 Oskar Schlemmer: *Die Bühnenwerkstatt des Staatlichen Bauhauses in Weimar*.1 4.1925. En: Wingler, 1975 (nota 7), pág. 73

98 Dirk Scheper: *Die Bauhausbühne*. En: *Experiment Bauhaus* 1988 (nota 51), pág. 256

99 Karin v. Maur. En: *Oskar Schlemmer*. Catálogo de exp. de la Staatsgalerie de Stuttgart. 1977, pág. 200

100 Georg Muche: *bildende kunst und industrieform*. En: *Bauhaus*. 1.1926. Núm. 1, pág. 6

101 Diario de Ise Gropius, comentario del 3.2.1927. Archivo Bauhaus

102 Fritz Hesse: *Von der Residenz zur Bauhausstadt*. Bad Pyrmont, s.a. (1963), pág. 227

103 Diario de Ise Gropius, comentario del 1.2.1927. Archivo Bauhaus

104 Carta del 3.1.1927 de Hannes Meyer a Walter Gropius. La cita siguiente: Carta del 16.12.1927. En: Léna Meyer-Bergner (ed.): *Hannes Meyer. Bauen und Gesellschaft*. Dresde 1980, págs. 42 y 44

105 Carta del 24.12.1927 de Meyer a Behne. En: *Bauwelt*. 68.1977. Núm. 33, pág. 1096

106 Carta del 12.1.1928 de Hannes Meyer a Adolf Behne. En: M. Droste: *Unterrichtsstruktur und Werkstattarbeit am Bauhaus unter H. Meyer*. En: *H. Meyer 1889–1954. Architekt Urbanist Lehrer*. Cat. de exp. del Archivo Bauhaus y del Museo Alemán de Arquitectura. Berlín 1989, pág. 134

107 *Anhalter Rundschau*. 23.11.1928. Cita según: Droste 1989 (nota 106), pág. 135

108 *Anhalter Anzeiger*. 26.5.1929. Cita según: Droste 1989 (nota 106), pág. 136. La cita siguiente: ibíd., pág. 136 y ss.

109 Carta del 26.3.1930 de Josef Albers a Otti Berger. Cita según: Droste 1989 (nota 106), pág. 137

110 Carta del 2.9.1930 de Hannes Meyer al grupo de arquitectos CA. Cita según: Droste 1989 (nota 106), pág. 137

111 *Anhalter Anzeiger*. 26.5.1929

112 *Franz Ehrlich. die frühen jahre*. Cat. exp. Galerie am Sachsenplatz. Leipzig 1980, pág. 8 y ss.

113 Gunta Sharon-Stölzl: *die entwicklung der bauhausweberei*. En: *bauhaus*. 1931. Núm. 2

114 Scheper 1989 (nota 66), pág. 177

115 Ibíd., pág. 215

116 Ibíd., pág. 179

117 Hannes Meyer: *bauen*. En: *bauhaus 2*. 1928. Núm. 4, pág. 12 y ss.

118 H. Meyer: Conferencias en Viena y Basilea, en 1929. En: H. Meyer, 1980 (nota 104), pág. 60

119 Winfried Nerdinger: *«Anstößiges Rot». Hannes Meyer und der linke Baufunktionalismus – ein verdrängtes Kapitel Architekturgeschichte*. En: H. Meyer, 1989 (nota 106), pág. 21. La cita anterior, ibíd.

120 *Die Laubenganghäuser bezugsfertig*. En: *Volksblatt*. 25.7.1930. Cita según: K.-J. Winkler: *Der Architekt H. Meyer. Anschauungen und Werk*. Berlín 1989, pág. 91

121 Carta del 11.8.1930 de Hannes Meyer a Edwin Redslob. Cita según: Droste 1989 (nota 106), pág. 160

122 Katja y Hajo Rose: *Manuskript von 1932 für die Weltbühne* (no publicado). Cita según: Droste 1989 (nota 106), pág. 161

123 Acta del tribunal de arbitraje de 12.8.1930. Cita según: Droste 89 (nota 106), pág. 162

124 Carta del 11.8.30 de H. Meyer a E. Redslob. Cita según: Droste 89 (nota 106), pág. 162

125 Carta del 15.8.30 de H. Meyer a E. Redslob. Cita según: Droste 89 (nota 106), pág. 163

126 Hesse 1963 (nota 102), pág. 247

127 *Nochmals der Fall Bauhaus.* En: Stein Holz Eisen. 44.1930. Núm. 19, pág. 417

128 Ibíd. La cita siguiente ibíd., pág. 418

129 Diario de la Bauhaus, comentarios del 30.11.1931 y el 11.1.1932. En: *bauhaus berlin.* Ed: P. Hahn. Weingarten 1985, págs. 33 y 35

130 Carta del 23.5.1932 de Ludwig Grote a Hans Prinzhorn. Archivo de Bellas Artes en el Germanischen Nationalmuseum de Nuremberg. NI Grote, BI 213

131 *Politik am Bauhaus.* En: *bauhaus* 11 (1932). En: *bauhaus berlin* 1985 (nota 129), pág. 48

132 Carta del 12.11.1932 de Hans Keßler a su madre. En: *bauhaus berlin*, 1985 (nota 129), pág. 168

133 Wingler 1975 (nota 7), pág. 508

134 *Experiment Bauhaus* 1988 (nota 51), pág. 340

135 Helene Nonne-Schmidt: *Reklame-Unterricht 1930–32.* En: J. Schmidt: *Lehre u. Arbeit am Bauhaus 1919–32.* Düsseldorf 1984, pág. 96

136 Walter Peterhans: *über fotografie.* En: *junge menschen kommt ans bauhaus* (prospecto). Dessau 1929

137 *Eröffnung der umgestalteten Weimarer Lehranstalten.* En: *Deutschland (Weimar).* 10.11.1930

138 Hesse, 1963 (nota 102), pág. 251

139 Carta del 23.5.1932 de Ludwig Grote a Prinzhorn. Archivo Nuremberg (nota 130)

140 *Wähler und Wählerinnen Dessaus!* Prospecto electoral del NSDAP en Dessau, 1932. En: *bauhaus berlin*, 1985 (nota 129), pág. 41

141 Peter Hahn: *Die Schließung des Bauhauses 1933 und seine amerikanischen Nachfolge-institutionen.* En: *100 Jahre W. Gropius. Schließung des Bauhauses 1933.* Berlin 1983, pág. 66

142 Carta de Grote a Prinzhorn 1932 (nota 139)

143 Hans Prinzhorn: Voto de confianza a Mies van der Rohe. Archivo Nuremberg (nota 130), NI Grote, BI 242

144 Ver correspondencia entre L. Grote y H. Bruckmann de agosto a diciembre de 1932. Arch. Nuremberg (nota 130), NI Grote, BI 213

145 Carta del 16.8.1932 de Ludwig Grote a W.A. Fahrenholtz. Archivo Nuremberg (nota 130), NI Grote, BI 213

146 Carta del 18.8.1932 de W.A. Fahrenholtz a Hoffmann. Archivo Nuremberg (nota 130), NI Grote, BI 213

147 Carta del 3.8.1932 de Ludwig Grote a Hugo Bruckmann. Archivo Nuremberg (nota 130), NI Grote, BI 213

148 Ibíd.

149 *Das Steglitzer «Bauhaus».* En: *Steglitzer Anzeiger.* Octubre 1932. En: *bauhaus berlin*, 1985 (nota 129), pág. 93

150 Adalbert Behr: *Ludwig Mies van der Rohe und das Jahr 1933.* En: *Wiss. Z. Hochsch. Archit. Bauwes.* Weimar. 33.1987. Núm. 4-6, pág. 279 y ss.

151 Ibíd., pág. 280

152 Ibíd.

◄◄ Las tejedoras de la Bauhaus, fotografiadas por Lotte Beese, 1928.

► El alumno de la Bauhaus Wolfgang Rössger, 1927.

►► Una alumna de la Bauhaus en Dessau.

Biografías

Josef Albers, 1888-1976
Pintor y docente de arte

Nace en 1888 en Bottrop. Estudios de maestro de primaria de 1905 a 1908, profesión que practicó ocho años. Entre 1913 y 1915 estudia en la Real Academia de Arte de Berlín, y obtiene el diploma de docente de arte. A partir de 1916 estudia en la Escuela de Artes y Oficios de Essen, a la vez que trabaja como profesor. Entre 1919 y 1920 asiste a las clases de Franz von Stuck en la Academia de Múnich. Estudia en la Bauhaus de 1920 a octubre de 1923: curso preparatorio con Itten y, a continuación, formación en el taller de pintura en vidrio. En 1922 es nombrado oficial. Profesor en la Bauhaus de 1923 a 1933: imparte el aprendizaje con materiales y su utilización en el primer semestre como parte más importante de la formación básica, de la que será director

oficial en 1928. De mayo de 1928 a abril de 1929 dirige el programa de carpintería. A partir de 1930 da una asignatura de dibujo figurativo para los cursos superiores. En la Bauhaus se realizan ensamblajes y cuadros de vidrio, y diseños para impresiones, muebles y utensilios de cristal y metal. En 1933 emigra a EE. UU. donde da clases en el Black Mountain College de Carolina del Norte, una escuela vanguardista, hasta 1949. De 1950 a 1959 ejerce como director del Department of Design en la universidad de Yale en New Haven, Connecticut. A partir de entonces, recibe innumerables invitaciones e imparte cursos en escuelas superiores americanas y europeas, entre ellas la Escuela Superior de Diseño en Ulm. Muere en 1976 en New Haven, Connecticut. Albers teorizaba en la Bauhaus sobre la construcción y el material, su pintura y enseñanza se centró a partir de los años cuarenta en el efecto óptico del color. Estimuló la vanguardia americana de las décadas de 1960 y 1970 siendo precursor del op art. El punto culminante de su pintura es la serie «Homage to the Square», en la que trabajó desde 1950.

Bibliografía

Liesbrock, Heinz y **Ulrike Growe** (ed.), *Josef Albers: Interaction*, cat. de exp., Colonia: Verlag der Buchhandlung Walter König, 2018.
Hermanson Meister, Sarah (ed.) *One and One Is Four: The Bauhaus Photocollages of Josef Albers*, cat. de exp., Nueva York: Museum of Modern Art, 2016.
Danilowitz, Brenda y **Frederick A. Horowitz**, *Josef Albers: To Open Eyes*, Londres: Phaidon, 2006.
Fox Weber, Nicholas et al. (ed.), *Josef + Anni Albers: Designs for Living*, cat. de exp., Nueva York: Cooper-Hewitt National Design Museum, 2004. Londres: Merrell, 2004.
Fox Weber, Nicholas et al. (ed.), *Josef Albers: A Retrospective*, cat. de exp., Nueva York: The Solomon R. Guggenheim Foundation y Harry N. Abrams, 1988; edición alemana: Josef Albers. Eine Retrospektive, Colonia: DuMont, 1988.

Alfred Arndt, 1898-1976
Arquitecto

Nace en 1898 en Elbing (Westpreußen). Ejerce como aprendiz de dibujante en una empresa constructora de Elbing. Entre 1919 y 1920 asiste a clases de arte industrial en la Escuela de Artes y Oficios de Elbing. A continuación estudia, hasta el año 1921, en la Academia de Königsberg. Estudiante en la Bauhaus desde octubre de 1921 hasta 1926: asiste al curso preparatorio de Itten y a clases impartidas por Kandinsky, Klee y Schlemmer. Aprendizaje en el taller de pintura mural; examen de oficial. Ejerce como arquitecto en Probstzella (Turingia), construye la Casa del pueblo, entre otros edificios. De 1929 a septiembre de 1932 es maestro en la Bauhaus: dirige la sección de montaje (pintura mural, metal y muebles) hasta 1931, después da clases de construcción, dibujo técnico y perspectiva. En 1933 se traslada a Probstzella, donde colabora en la ampliación de la Casa del pueblo y realiza trabajos de publicidad. A partir de 1935 trabaja por su cuenta para la AEG, escribe publicaciones técnicas informativas. A partir de 1936 diseña edificios industriales en Turingia. Entre los años 1945 y 1948 dirige la Oficina de Ordenamiento y Urbanización de la ciudad de Jena. En 1948 se traslada de la RDA a la RFA; se asienta en Darmstadt como arquitecto autónomo y pintor. Muere en 1976 en Darmstadt.

Bibliografía

Archivo Bauhaus (ed.), *In der Vollendung liegt die Schönheit: der Bauhaus-Meister Alfred Arndt 1898–1976*, cat. de exp., Berlín: Archivo Bauhaus, 1999.
Leistner, Gerhard (ed.), *Alfred Arndt, Gertrud Arndt: zwei Künstler aus dem Bauhaus*, cat. de exp., Ratisbona: Museo Ostdeutsche Galerie, 1991.
Arndt, Alfred, *wie ich an das bauhaus in weimar kam*, en: **Eckhard Neumann** (ed.), *Bauhaus und Bauhäusler: Bekenntnisse und Erinnerungen*, Berna y Stuttgart:

Hallwag, 1971; nueva ed. ampl., Colonia: DuMont, 1985; edición inglesa: **Eckhard Neumann** (ed.), *Bauhaus and Bauhaus People: Personal Opinions and Recollections of Former Bauhaus Members and their Contemporaries*, Nueva York (entre otros): Van Nostrand, 1970.
Wingler, Hans Maria, *Alfred Arndt: Maler und Architekt*, cat. de exp., Darmstadt: Archivo Bauhaus, 1968.

Herbert Bayer, 1900-1985
Diseñador gráfico y pintor

Nace en 1900 en Haag (Austria). De 1919 a 1920, aprendiz en el estudio del diseñador Georg Schmidthammer, en Linz; primeros trabajos tipográficos. En 1921 trabaja en el taller del diseñador Emanuel Margold, en Darmstadt. Estudiante en la Bauhaus de octubre de 1921 a julio de 1923 y de octubre de 1924 a febrero de 1925: aprendizaje en el taller de pintura mural con Schlemmer y Kandinsky, examen de oficial. Profesor y «joven maestro» en la Bauhaus de abril de 1925 a abril de 1928: director del nuevo taller de impresión y publicidad, que más tarde se denominaría «taller de tipografía y diseño publicitario». Diseño de impresos de la Escuela.

A partir de 1928, director de la sucursal berlinesa de la agencia publicitaria studio dorland. Organiza exposiciones, entre ellas la sección alemana de la «Exposition de la société des artistes décorateurs» en 1930 en París. Al mismo tiempo se dedica a la pintura y la fotografía. Emigra a EE. UU. en 1938, en el mismo año organiza la exposición y catálogo «Bauhaus 1910-1928» en el Museum of Modern Art, en Nueva York, después trabaja como diseñador gráfico. A partir de 1946 reside en Aspen (Colorado); trabajos de pintura, diseño gráfico, arquitectura y ordenamiento paisajístico. De 1946 a 1956, consejero artístico de la Container Corporation of America, y desde 1966, de la Atlantic Richfield Company. En 1968 exposición y catálogo «50 años Bauhaus», en Stuttgart. En 1975 se traslada a Montecito (California). Muere en 1985 en Santa Bárbara. Bayer fue el diseñador gráfico y de exposiciones más innovador de la Bauhaus, su trabajo destaca por la temprana introducción de la fotografía en los la década de 1920. En los EE. UU. pudo ampliar su actividad al «diseño del medio ambiente».

Bibliografía

Rössler, Patrick y **Gwen F. Chanzit**, *Der einsame Großstädter: Herbert Bayer. Eine Kurzbiographie*, Berlín: Vergangenheitsverlag, 2013.
Rössler, Patrick (ed.), *Herbert Bayer: Die Berliner Jahre. Werbegrafik 1928–1938*, cat. de exp., Berlín: Vergangenheitsverlag, 2013.
Nowak-Thaller, Elisabeth y **Bernhard Widder** (ed.), *Ahoi Herbert! Bayer und die Moderne*, cat. de exp., Weitra: Bibliothek der Provinz, 2009.
Chanzit, Gwen F., *From Bauhaus To Aspen: Herbert Bayer and Modernist Design in America*,

Boulder: Johnson Books, 2005.
Cohen, Arthur A., *Herbert Bayer: The Complete Work,* Cambridge, Mass. y Londres: MIT Press, 1984.
Droste, Magdalena (ed.), *Herbert Bayer: Das künstlerische Werk 1918–1938,* cat. de exp., Berlín: Gebr. Mann Verlag, 1982.

Marianne Brandt, 1893-1983
Diseñadora en metal

Nace en 1893 en Chemnitz. Nombre de soltera: Marianne Liebe. De 1911 a 1917 estudia pintura y escultura en la Escuela Superior de Arte del Gran Ducado de Sajonia, en Weimar. Estudia en la Bauhaus de enero de 1924 a julio de 1926: realiza la educación básica con Josef Albers y László Moholy-Nagy y asiste a cursos de Klee y Kandinsky. Aprendizaje en el taller de metal, contrato de aprendizaje como orfebre. A partir de abril de 1927 trabaja en el taller de metal de la Bauhaus; de abril de 1928 a septiembre de 1929 ejerce como subdirectora del taller. Abandona la Bauhaus. En 1929 colabora en el estudio de arquitectura de Gropius en Berlín, trabaja en diseño de muebles y decoración de interiores, especialmente para la colonia Karlsruhe-Dammerstock. De 1930

a 1933 trabaja en la fábrica de metal Ruppelwerk, en Gotha, en la renovación de toda la gama de productos. En 1933 no tiene trabajo y regresa a Chemnitz. Actividad privada como pintora y tejedora. De 1949 a 1951, docente en la Academia de Bellas Artes en Dresde, en la sección de madera, metal y cerámica. De 1951 a 1955, docente en la Escuela Superior de Artes Aplicadas en Berlín-Weißensee; trabaja como diseñadora y consultora para la industria en el Instituto de Artes Aplicadas. A partir de 1954 vuelve a dedicarse, en Chemnitz, a tareas privadas. En 1983 muere en Kirchberg (Sajonia). Marianne Brandt era uno de los grandes talentos del taller de metal de la Bauhaus. A ella se deben notables piezas únicas, como teteras y servicios de plata, que son ejemplo de diseños basados en formas elementales precisas. También en la etapa productiva de la Bauhaus se incluyen sus trabajos entre los mejores productos de la Bauhaus.

Bibliografía

Krischke, Roland (ed.), *Modern, aber nicht modisch: Bauhauskünstler in Gotha,* cat. de exp., Gotha: Fundación Schloss Friedenstein Gotha, 2009.
Otto, Elizabeth (ed.), *Tempo, Tempo! Bauhaus-Photomontagen von Marianne Brandt / The Bauhaus Photomotages of Marianne Brandt,* cat. de exp., Berlín: Jovis, 2005.
Wynhoff, Elisabeth, *Marianne Brandt: Fotografien am Bauhaus,* Ostfildern: Hatje Cantz, 2003. Brockhage, Hans y Reinhold Lindner, *Marianne Brandt: „hab ich je an Kunst gedacht",* Chemnitz: Chemnitzer Verlag, 2001.
Lehmann, Hans-Ulrich (ed.), *Marianne Brandt. Hajo Rose. Kurt Schmidt: Drei Künstler aus dem Bauhaus,* cat. de exp., Dresde: Colección Estatal de Arte de Dresde, 1978.

Marcel Breuer, 1902-1981
Arquitecto

Nace en 1902 en Pécs (Hungría). Alumno en la Bauhaus de 1920 a 1924: aprendizaje en el taller de carpintería, examen de oficial en 1924. Estancia en París. Maestro de la Bauhaus desde abril de 1925 hasta abril de 1928: director del taller de muebles. Numerosos diseños de muebles; en 1925 diseña su primer sillón de tubos de acero. Decoración de interiores, para los edificios de la Bauhaus en Dessau, en 1926-1925, y la vivienda Piscator en Berlín, 1927. Desde 1928, autónomo en Berlín, diseño de muebles y decoración de interiores, así como realización de exposiciones. En 1932, Casa Harnischmacher, primer edificio realizado. Desde 1935 hasta 1937, arquitecto en Londres, colaboración con F.R.S. Yorke. A partir de 1937 catedrático de arquitectura en la universidad de Harvard, Cambridge (Massachussets). Estudio de arquitectura en sociedad con Gropius entre 1938 y 1941. Traslado de su estudio a Nueva York en 1946. Al año siguiente

construye su propia casa en New
Canaan (Connecticut). Desde
entonces, responsable de innumerables construcciones, entre ellas el
Whitney Museum de Nueva York,
y participación en el edificio de
la UNESCO de París. En 1956
funda el estudio Marcel Breuer and
Associates en Nueva York. Muere
en 1981 en esta ciudad. Con sus
muebles de tubos de acero y sus
decoraciones contribuyó a crear
una idea nueva de la vivienda,
convirtiéndose en uno de los más
significativos diseñadores de muebles y arquitectos de interiores del
siglo xx. En EE. UU. Breuer obtuvo
notoriedad como arquitecto.

Bibliografía
von Vegesack, Alexander y
Mathias Remmel (ed.), *Marcel
Breuer: Design und Architektur*, cat.
de exp., Weil am Rhein: Verlag
Vitra Design Stiftung, 2003.
Hyman, Isabelle, *Marcel Breuer,
Architect: The Career and the
Buildings*, Nueva York: Harry N.
Abrams, 2001.
Gatje, Robert F., *Marcel Breuer:
A Memoir*, Nueva York: Monacelli
Press, 2000.
Droste, Magdalena y Manfred
Ludewig, *Marcel Breuer: Design*,
Colonia: Taschen, 1994.
Wilk, Christopher (ed.), *Marcel
Breuer: Furniture and Interiors*. cat.
de exp., Nueva York: Museum
of Modern Art, 1981.
Jones, Cranston (ed.), *Marcel
Breuer – Buildings and Projects:
1921–1962*, Nueva York:
Praeger, 1962; edición alemana:
Marcel Breuer 1921–1962,
Ostfildern: Hatje Cantz, 1962.

Lyonel Feininger, 1871-1956
Pintor

Nace en 1871 en Nueva York,
hijo de padres alemanes. Viaja
a Hamburgo en 1887, donde

comienza sus estudios en la
Escuela de Artes y Oficios. El año
siguiente continúa en Berlín en
la Academia de Bellas Artes; al
mismo tiempo realiza dibujos para
editoriales y revistas. Viaje de estudios a París en 1892. Termina su
carrera en 1894 en la Academia
de Berlín. Desde 1896 aparecen
regularmente caricaturas suyas
en publicaciones como *Ulk* y *Das
Narrenschiff*. Primeras litografías y
aguafuertes en 1906. Dibuja tiras
cómicas para el *Sunday Tribune*
de Chicago. En 1907 comienza a
pintar. Estancias en París y Londres
en 1907-1908. En 1913 toma
parte en el Primer Salón de Otoño
Alemán en Berlín con cinco cuadros. En 1917 primera exposición
individual en la galería berlinesa
Der Sturm. Maestro en la Bauhaus
de 1919 a 1925, a partir de
1920 dirige la imprenta gráfica.
Tras el traslado de la Bauhaus a
Dessau, maestro sin obligación de
dar clase, por decisión propia,
de 1925 a septiembre de 1932.
Entre 1924 y 1935, estancias
regulares en Deep (Pomerania),
en el mar Báltico. En 1931,
exposición en la Nationalgalerie
de Berlín con motivo de su 60
cumpleaños. En 1933, se traslada
de Dessau a Berlín, donde vive
hasta 1936. En 1937 abandona

Alemania y se establece en Nueva
York. En 1944, retrospectiva en el
Museum of Modern Art de Nueva
York. Es elegido presidente de la
Federation of American Painters
and Sculptors. Muere en Nueva
York en 1956. Feininger estaba
ya acreditado en los años veinte
como uno de los más significativos
pintores del expresionismo. Sin
embargo, apenas tuvo influencia
artística en la Bauhaus, ya que no
daba clases regularmente ni desarrolló un aprendizaje sistemático.

Bibliografía
Muir, Laura (ed.), *Lyonel Feininger:
Fotografien 1928–1939*, cat.
de exp., Ostfildern: Hatje Cantz,
2011; edición inglesa: Laura
Muir y Nathan Timpano (ed.),
*Lyonel Feininger: Photographs
1928–1939*, Ostfildern: Hatje
Cantz, 2011.
März, Roland (ed.), *Lyonel
Feininger: Von Gelmeroda nach
Manhattan. Retrospektive der
Gemälde*, cat. de exp., Berlín:
G-und-H-Verlag, 1998.
Luckhardt, Ulrich, *Lyonel Feininger*,
Múnich: Prestel, 1989; 2.ª ed.
actualiz., 1998; reimpr., 2004.
Hess, Hans, *Lyonel Feininger*,
Stuttgart (entre otros): Kohlhammer,
1991, reimpr. sin cambios de ed.
orig. de 1959.
Christian, Jens (ed.), *Lyonel
Feininger: Gemälde, Aquarelle
und Zeichnungen, Druckgraphik*,
cat. de exp., Kiel: Carius, 1982

Walter Gropius, 1883-1969
*Arquitecto, fundador y primer
director de la Bauhaus*

Nacido en 1883 en Berlín. Estudios de arquitectura en Múnich
(1903) y Berlín (1905-1907). De
1908 a 1910, colabora en el
estudio de Peter Behrens, después
monta su propio estudio de arquitectura en Berlín. Aquí tienen lugar,

hasta 1925, la mayoría de sus proyectos junto con Hannes Meyer. En 1911 inicia el edificio Fagus-Werk en Alfeld (Baja Sajonia). En 1919, director del Consejo del Arte en Berlín. Va a Weimar como director de la Escuela Superior de Arte de la que surge, cuando toma posesión del cargo el 1 de abril de 1919, la Staatliche Bauhaus in Weimar. Hasta abril de 1928, director de la Bauhaus; de marzo de 1921 a abril de 1925, maestro de forma en la carpintería. Tras el traslado a Dessau, diseño del nuevo edificio Bauhaus (1925-1926). En 1927 diseño de un «teatro total» para Erwin Piscator. Construcción de las colonias Dessau-Törten a partir de 1926 y Karlsruhe-Dammerstock, 1930. Desde 1928, arquitecto en Berlín, intensa labor como conferenciante sobre problemas de la nueva construcción y la Bauhaus. De 1934 a 1937 trabaja en Londres en equipo con Maxwell Fry. En 1937 es llamado a la Graduate School of Design en Harvard (EE. UU.), donde dirige la sección de arquitectura desde 1938. En el mismo año organiza la exposición «Bauhaus 1919-1928» en Nueva York y construye su propia casa en Lincoln (Massachussets). De 1938 a 1941, estudio de arquitectura

junto con Marcel Breuer; en 1946, fundación del estudio The Architects Collaborative en Cambridge (Massachussets). Entre 1964 y 1965 diseña el archivo Bauhaus en Darmstadt, que se realizará entre los años 1976 y 1979 en Berlín. Muere en 1969 en Boston. Gropius es uno de los grandes arquitectos modernos; con su Fagus-Werk y los edificios Bauhaus creó obras clave de la arquitectura moderna. Para la Bauhaus significó, aún después de su marcha, la personalidad inspiradora y la autoridad integradora. Toda su vida se esforzó por cosechar reconocimiento para la idea Bauhaus.

Bibliografía

Medina Warmburg, Joaquín (ed.), *Walter Gropius: Proclamas de modernidad, Escritos y conferencias, 1908-1934*, Barcelona (entre otros): Editorial Reverté, 2018.
Breuer, Gerda y **Annemarie Jaeggi** (ed.), *Walter Gropius: Amerikareise 1928 / American Journey 1928*, cat. de exp., Berlín: Archivo Bauhaus, 2008.
Gropius, Walter, *The New Architecture and the Bauhaus*, Londres: Faber and Faber, 1935; 1.ª ed., Cambridge, Mass.: MIT Press, 1965; edición alemana: *Die neue Architektur und das Bauhaus: Grundzüge und Entwicklung einer Konzeption* (Neue Bauhausbücher), Maguncia (entre otros): Kupferberg, 1963; 3.ª ed. sin cambios, Berlín: Gebr. Mann Verlag, 2003.
Nerdinger, Winfried (ed.), *Der Architekt Walter Gropius*, cat. de exp., Berlín: Gebr. Mann Verlag, 1985; 2.ª ed. ampl. y rev., 1996.
Isaacs, Reginald R., *Gropius: An Illustrated Biography of the Creator of the Bauhaus*, **Boston**: Bulfinch Press – Little, Brown and Company, 1991.
Nerdinger, Winfried y **John C. Harkness** (ed.), *The Walter Gropius Archive: An Illustrated Catalogue of the Drawings, Prints and Photographs in the Walter Gropius Archive at the Busch-Reisinger Museum*, Harvard University, 5 tomos, Nueva York (entre otros): Garland, 1990 y 1991. Isaacs, Reginald R., *Walter Gropius: Der Mensch und sein Werk*, 2 tomos, Berlín: Gebr. Mann Verlag, 1983 y 1984.

Gertrud Grunow, 1870-1944
Profesora de música

Nace en 1870 en Berlín. A partir de 1890 se forma como cantante y profesora de canto. Trabaja como ayudante de Ferdinand Sieber, uno de los primeros profesionales de la pedagogía musical. Colabora con el profesor de canto Giovanni Battista Lamperti. Mantiene relación con reconocidos maestros de piano y canto, como el director y pianista Hans von Bülow, así como con docentes de los conservatorios Stern y Scharwenka, ambos en Berlín. En 1898 se traslada a Remscheid. Allí dirige la escuela de canto Gertrud Grunow; colabora con el conservatorio de Melchers. En 1908 asiste al curso de verano de gimnasia rítmica de Émile Jaques-Dalcroze en Ginebra; luego imparte cursos sobre el método Jaques-Dalcroze en Remscheid

(Renania del Norte-Westfalia). Desarrolla su propia doctrina. A principios de 1916 se traslada a Berlín. Desde 1919 ofrece conferencias; contacta con Johannes Itten para dar una conferencia en la Bauhaus. Desde el invierno de 1919 a 1920 hasta 1923 es profesora en la Bauhaus, donde imparte clases de teoría de la armonización, primero en grupo y luego individuales. Abandona la Bauhaus en 1924 y continúa su actividad docente en Berlín y Hamburgo. En los años siguientes trabaja varios meses en Inglaterra y regresa a Alemania en 1939, durante la guerra. Muere en 1944 en Leverkusen. El punto de partida de la teoría de la armonización de Gertrud Grunow era un círculo cromático con doce partes, tonos concretos o formas básicas. La percepción de estos debía sentirse rítmicamente en el cuerpo y en el espacio. Grunow opinaba que las percepciones se basaban en leyes de validez general y que sensibilizaban a quien las ejercitaba. Lo concebía como una «educación de los sentidos». Grunow dedicó muchos años a poner por escrito su teoría, pero no le dio tiempo a publicarla.

Bibliografía

Müller, Ulrike, *Bauhaus-Frauen: Meisterinnen in Kunst, Handwerk und Design*, Múnich: Sandmann, 2009; Berlín: Insel-Verlag, 2014; edición inglesa: *Bauhaus Women: Art, Handicraft, Design*, París: Flammarion, 2009 y 2015.
Radrizzani, René (ed.), *Die Grunow-Lehre: Die bewegende Kraft von Klang und Farbe*, Wilhelmshaven: Noetzel, 2004.
Preiß, Achim (ed.), *Gertrud Grunow: Der Gleichgewichtskreis. Ein Bauhausdokument*, Weimar: VDG, 2001.
Nebel-Heitmeyer, Hildegard, *Die Grunow-Lehre: Eine Erziehung der Sinne durch Ton und Farbe*, en: *Bildnerische Erziehung*, Ratingen: Henn, 1967.
Grunow, Gertrud, *Der Aufbau der lebendigen Form durch Farbe, Form*, Ton, en: Bauhaus Estatal de Weimar y Karl Nierendorf (ed.), *Staatliches Bauhaus Weimar 1919–1923*, Múnich: Bauhausverlag, 1923.

Ludwig Hilberseimer, 1885-1967
Arquitecto y urbanista

Nace en 1985 en Karlsruhe. Estudia arquitectura en Karlsruhe de 1906 a 1911, entre otros con Friedrich Ostendorf. Se traslada a Berlín, donde trabaja como arquitecto. Intensa actividad como crítico de arte desde 1919; reportajes culturales sobre Berlín en revistas como *Das Kunstblatt* y *Sozialistische Monatshefte*. En 1922 se dedica de nuevo a la arquitectura y urbanización; construye varias casas y un edificio comercial en Berlín, así como una casa para la exposición «La vivienda» en Stuttgart (colonia Weißenhof) en 1927. Al mismo tiempo publica trabajos sobre arquitectura moderna y urbanización, entre ellos *Großstadtarchitektur* (1927) y *Beton als Gestalter* (1928). En la Bauhaus desde comienzos de 1929 hasta abril de 1933: al principio dirige el aprendizaje de la construcción y enseña diseño constructivo, más tarde impartirá el seminario de construcción de viviendas y urbanización. En 1933 se ve obligado a reducir sus publicaciones, trabaja como arquitecto en Berlín. En 1938 emigra a Chicago (Illinois), donde, bajo la dirección de Mies van der Rohe, se ocupa de la cátedra de ordenación urbana y regional en el Institute of Technology de Illinois. Allí, director del Department of City and Regional Planning desde 1955. Muere en Chicago en 1967. Hilberseimer publicó ya temprano importantes ensayos sobre arquitectura moderna. Su labor urbanística fue muy criticada por esquemática, era sobre todo teórico.

Bibliografía

Kilian, Markus, *Großstadtarchitektur und New City: Eine planungsmethodische Untersuchung der Stadtplanungsmodelle Ludwig Hilberseimers*, Karlsruhe, tesis univ., 2002. Disponible en línea en: https://publikationen.bibliothek.kit.edu/1092002/1281
Hays, K. Michael, *Modernism and the Posthumanist Subject: The Architecture of Hannes Meyer and Ludwig Hilberseimer*, Cambridge, Mass. (entre otros): MIT Press, 1992.
Pommer, Richard, David Spaeth y Kevin Harrington: *In the Shadow of Mies: Ludwig Hilberseimer, Architect, Educator, and Urban Planner*, Chicago: Art Institute of Chicago en colaboración con Rizzoli International Publications, 1988.
Gregotti, Vittorio (ed.), *Ludwig Hilberseimer 1885/1967*, núm. especial de rev. *Rassegna*, Bolonia: Editrice CIPIA, 1986.
Archivo Bauhaus (ed.), *Der vorbildliche Architekt. Mies van der Rohes Architekturunterricht*

1930–1958 am Bauhaus und in Chicago, cat. de exp., Berlín: Nicolai, 1986.

Johannes Itten, 1888-1967
Pintor y profesor de arte

Nace en 1888 en Süderen-Linden (Suiza). De 1904 a 1908 asiste a un seminario de profesorado cerca de Berna, después trabaja un tiempo como profesor. Entre 1910 y 1912 estudia matemáticas y ciencias naturales en Berna. En 1913 es alumno de Adolf Hölzel en la Academia de Stuttgart. En 1916 primera exposición individual en la galería berlinesa Der Sturm. Se traslada el mismo año a Viena, donde abre una Escuela de Arte. Se interesa por la filosofía oriental. Desde Viena le acompaña un grupo de alumnos a la Bauhaus, donde enseña de octubre de 1919 a marzo de 1923. Desde octubre de 1920 imparte en el semestre de invierno el curso preparatorio, introducido por él, y eventualmente un curso de forma. Desde entonces dirige varios talleres junto con Georg Muche; a partir de 1921 se ocupa de los talleres de metal, pintura mural y pintura en vidrio. Influido desde 1920 por la doctrina oriental Mazdaznan, que él difunde en la Bauhaus, en 1923 va a un centro de esta filosofía en Suiza. En 1926 funda en Berlín una nueva «escuela moderna de arte privada», Escuela Itten a partir de 1929, que existe hasta 1934. De 1932 a 1938 es director de una escuela textil en Krefeld. Después dirige de 1952 a 1953 el Museo y Escuela de Artes y Oficios en Zúrich. A partir de 1950, organización del museo Rietberg de arte no europeo en Zúrich, que dirige hasta 1956. Desde entonces, perfeccionamiento y publicación de su pedagogía del arte. Muere en 1967 en Zúrich. Itten fue la figura central de la temprana Bauhaus, cuya primera fase influyó decisivamente. El curso preparatorio por él desarrollado fue decisivo para el concepto pedagógico de la escuela. Más tarde, aunque bajo aspectos distintos, el principio del curso preparatorio continuó siendo de vital importancia.

Bibliografía

Thönnissen, Karin, *Johannes Itten: Leben in Form und Farbe,* Wiesbaden: Weimarer Verlagsgesellschaft en Verlagshaus Römerweg GmbH, 2015.
Denaro, Dolores para **Fundación Johannes Itten** (ed.), *Johannes Itten – Wege zur Kunst,* cat. de exp., Ostfildern: Hatje Cantz, 2002.
Badura-Triska, Eva, *Johannes Itten: Tagebücher Stuttgart 1913–1916, Wien 1916–1919,* Viena: Löcker, 1990.
Bogner, Dieter y **Eva Badura-Triska,** *Johannes Itten: Meine Symbole, meine Mythologien werden die Formen und Farben sein,* cat. de exp., Viena: Löcker, 1988.
von Tavel, Hans Christoph (ed.), *Johannes Itten: Künstler und Lehrer,* cat. de exp., Berna: Kunstmuseum, 1984.
Rotzler, Willy (ed.), *Johannes Itten: Werke und Schriften,* Zúrich: Orell Füssli, 1972; 2.ª ed. compl., 1978.

Wassily Kandinsky, 1866-1944
Pintor

Nace en Moscú en 1866. De 1886 a 1892 estudia derecho y economía en Moscú, después trabaja como asistente en la universidad de Moscú. En 1896 se traslada a Múnich, donde estudia pintura en la escuela de arte Azbè. En 1898, rechazado por la Academia muniquesa, trabaja por su cuenta. En 1900 estudia en la Academia con Franz von Stuck. Se establece en Múnich como pintor. En 1906-1907, estancia en París, luego, hasta 1908, en Berlín. Primeras composiciones abstractas en 1910. En 1911 publica «Sobre lo espiritual en el arte». En estos años participa en numerosas exposiciones en varios países. Regresa a Rusia en 1914, trabaja en política cultural desde 1918 en diversas instituciones. A finales de 1921 se traslada a Berlín. Maestro en la Bauhaus de junio de 1922 a abril de 1933: dirige el taller de pintura mural hasta octubre de 1925, imparte cursos de dibujo analítico y elementos formales abstractos en el primer semestre. A partir de abril de 1927 da además un curso de pintura libre. En 1933 se traslada a Neully-Sur-Seine (París). Muere en 1944 en Neully-Sur Seine.

Su pensamiento sintético en todos los campos ha dejado huella en la programación de la Bauhaus. Con sus cursos de forma y color influyó en el diseño desde 1923. Su clase de pintura libre, constituida en 1927, era uno de los puntos de atracción de la Bauhaus de Dessau.

Bibliografía

Weißbach, Angelika para **Société Kandinsky, París** (ed.), *Wassily Kandinsky: Unterricht am Bauhaus 1923-1933. Vorträge, Seminare, Übungen*, Berlín: Gebr. Mann Verlag, 2015.

Wörwag, Barbara (ed.), *Wassily Kandinsky: Briefe an Will Grohmann: 1923–1943*, Múnich: Hirmer, 2015.

Droste, Magdalena (ed.), *Wassily Kandinsky: Lehrer am Bauhaus*, cat. de exp., Berlín: Archivo Bauhaus/Museo de Diseño de Bauhaus, 2014.

Stephan, Erik (ed.), *Punkt und Linie zu Fläche: Kandinsky am Bauhaus*, cat. de exp., Jena: JenaKultur, Museos Municipales, Colección de Arte, 2009.

Derouet, Christian y **Jessica Boissel** (ed.), *Kandinsky: Oeuvres de Vassily Kandinsky (1866-1944)*, cat. de exp., París: Centro Georges Pompidou, 1984.

Solomon R. Guggenheim Museum (ed.), *Kandinsky – Russian and Bauhaus years 1915–1933*, cat. de exp., Nueva York: Solomon R. Guggenheim Museum, 1983; edición alemana: Hahn, Peter (ed.), *Kandinsky: Russische Zeit und Bauhausjahre 1915–1933*, Berlín: Archivo Bauhaus, 1984.

Poling, Clark V., *Kandinsky-Unterricht am Bauhaus: Farbenseminar und analytisches Zeichnen dargestellt am Beispiel der Sammlung des Bauhaus-Archivs*, Weingarten: Kunstverl. Weingarten, 1982; edición inglesa: *Kandinsky's Teaching at the Bauhaus: Color Theory and Analytical Drawing*, Nueva York: Rizzoli, 1986.

Paul Klee, 1879-1940
Pintor

Nace en 1898 en Münchenbuchsee, cerca de Berna. En 1879 realiza estudios de arte en Múnich; de 1900 a 1901, en la Academia con Franz von Stuck. A partir de 1901 vive en Berna; a partir de 1906, en Múnich. En 1910, primera exposición individual en Berna. En 1912 participa en la segunda exposición de Der Blaue Reiter en Múnich. En 1914 viaja a Túnez con August Macke y Louis Moilliet. De 1916 a 1918 participa en la guerra. Maestro en la Bauhaus de enero de 1921 a marzo de 1931, dirige el taller de encuadernación de abril de 1921 a marzo de 1922; el de pintura en vidrio, de octubre de 1922 a 1924. De 1921 a 1922 imparte una clase de aportaciones al aprendizaje pictórico de la forma, y desde octubre de 1923 da un curso de distribución elemental de la superficie para el segundo semestre y, al mismo tiempo, una clase de pintura libre y dibujo de desnudo. A partir de abril de 1927, diseños para el taller textil. De 1931 a 1933, año en que es expulsado por los nacionalsocialistas, profesor en la Academia de Arte de Düsseldorf. Emigra a Berna en 1933. Muere en Locarno-Muralto en 1940. Klee era un artista muy apreciado en la Bauhaus. Con su clase de diseño influyó en la creación de estampados del taller textil.

Bibliografía

Zentrum Paul Klee (ed.), *Meister Klee! Lehrer am Bauhaus*, cat. de exp., Ostfildern: Hatje Cantz, 2012.

Anger, Jenny, *Paul Klee and the Decorative in Modern Art*, Nueva York (entre otros): Cambridge Univ. Press, 2004.

Herzogenrath, Wulf, Anne Buschhoff y **Andreas Vowinckel,** *Paul Klee – Lehrer am Bauhaus*, cat. de exp., Bremen: Hauschild, 2003.

Museo de Arte de Berna, Fundación Paul Klee (ed.), *Paul Klee – die Kunst des Sichtbarmachens: Materialien zu Klees Unterricht am Bauhaus*, cat. de exp. Berna: Benteli, 2000.

Glaesemer, Jürgen (ed.), *Paul Klee: Leben und Werk*, cat. de exp., Stuttgart: Hatje Cantz, 1987; 1.ª reed., 1996; 2.ª reed., 2001; edición inglesa: **Carolyn Lanchner,** *Paul Klee*, Nueva York: New York Graphic Soc. Books (entre otros), 1987.

Hahn, Peter (ed.), *Paul Klee als Zeichner 1921–1933*, cat. de exp., Berlín: Archivo Bauhaus, 1985.

Glaesemer, Jürgen, *Paul Klee, Sammlungskataloge des Berner Kunstmuseums.* Tomo 1: *Die farbigen Werke im Kunstmuseum Bern: Gemälde, farbige Blätter, Hinterglasbilder und Plastiken* (1976); tomo 2: *Handzeichnungen 1, Kindheit bis 1920* (1973); tomo 3: *Handzeichnungen 2, 1921–1936* (1984); tomo 4: *Handzei-*

chnungen 3: 1937–1940 (1979);
Berna: Kornfeld, 1973–1984.

Gerhard Marcks, 1889-1981
Escultor

Nace en Berlín en 1889. Primeros
trabajos escultóricos en 1907. De
1908 a 1912 trabaja en un taller
en común con el escultor Richard
Scheibe. En 1914 relieves para
la fábrica diseñada por Gropius
para la exposición de la Liga de
Talleres en Colonia. En 1914 toma
parte en la guerra. Maestro en la
Bauhaus de octubre de 1919 a
marzo de 1925; desde octubre de
1920 dirige el taller de cerámica
en Dornburg, cerca de Weimar. En
1925 es llamado a la Escuela de
Artes y Oficios Burg Giebichestein
(Halle) como profesor de cerámica; dirige la Escuela de 1930 a
1933, año en que es destituido.
A partir de 1936 reside en Berlín;
participa en exposiciones, pero se
le prohíbe exponer y sus esculturas
son confiscadas. En 1945 es
llamado a la Escuela de Arte de
Hamburgo, en 1950 se traslada a
Colonia. Numerosas exposiciones
y participación en exposiciones
después de la guerra. Realiza
monumentos y encargos para
iglesias, sobre todo en los años
cuarenta y cincuenta. Muere en

1981 en Burgbrohl/Eifel
(Renania-Palatinado).

Bibliografía
Blümm, Anke y **Ulrike Bestgen**
para **Fundación Weimar Clásico**
(ed.), **Deseyve, Yvette** y **Arie**
Hartog para el Museo **Gerhard-**
Marcks-Haus, Bremen (ed.),
Wege aus dem Bauhaus: Gerhard
Marcks und sein Freundeskreis,
cat. de exp., Bremen: Museo
Gerhard-Marcks-Haus y Weimar:
Klassik Stiftung Weimar, 2017.
Feuchter-Schawelka, Anne,
Gerhard Marcks: Formmeister
der Keramik, Wiesbaden:
Weimarer Verlagsgesellschaft in
der Verlagshaus Römerweg GmbH,
2017.
Stephan, Erik (ed.), *Gerhard*
Marcks: Zwischen Bauhaus und
Dornburger Atelier, cat. de exp.,
Jena: Museos Municipales,
2004.
Lammek, Kurt, *Gerhard Marcks:*
Das druckgraphische Werk,
Stuttgart: Hauswedell, 1990.
Frenzel, Ursula para **Archivo de**
Bellas Artes del Museo Nacional
Germano de Núremberg (ed.),
Gerhard Marcks 1889–1981:
Briefe und Werke, Múnich: Prestel,
1988.
Busch, Günter (ed.), *Gerhard*
Marcks: Das plastische Werk,
Frankfurt, Berlín y Viena:
Propyläen-Verl., 1977.

Hannes Meyer, 1889-1954
Arquitecto y urbanista, segundo
director de la Bauhaus

Nace en 1889 en Basilea.
Aprendizaje de albañil en 1905,
posteriormente trabaja en una
empresa constructora y estudia
en la Escuela de Artes y Oficios de
Basilea. Desde 1909 hasta 1912
colabora en el estudio de arquitectura de Albert Froehlich y más
tarde en el de Emil Schaudt en

Berlín. En 1912-1913, realiza un
viaje de estudios a Inglaterra. En
1916 es jefe de oficina en el taller
de Georg Metzendorf; más tarde,-
jefe de la sección de construcción
en la empresa Krupp, en Essen,
hasta 1918. Desde 1919, arquitecto en Basilea; de 1919 a 1924
construye la colonia Freidorf cerca
de Basilea. En 1914, estancia en
Bélgica. En 1926 funda un estudio
de arquitectos con Hans Wittwer,
proyectan juntos la Escuela Peter
en Basilea (1926) y el edificio de
la Sociedad de las Naciones en
Ginebra (1926-1927). Maestro
de arquitectura en la Bauhaus de
abril de 1927 a marzo de 1928,
y después director de la Bauhaus
y de la sección de arquitectura
hasta julio de 1930. Hans Wittwer
es llamado a la Bauhaus (1928-
1929). Con él y la sección de
arquitectura de la escuela realiza
Meyer su obra principal, la Escuela Federal ADGB en Bernau, cerca
de Berlín (1928-1930). Después
de ser destituido de su cargo, es
nombrado profesor en la Escuela
Superior de Arquitectura WASI, en
Moscú, y a partir de 1934 dirige
el gabinete de vivienda en la
Academia de Arquitectura. El ais-
lamiento por motivos políticos que
sufre lo lleva a regresar a Suiza,
donde permanece de 1936 a

1939 y construye el hogar infantil Mümliswil. Entre 1939 y 1949 trabaja en México como arquitecto y urbanista. Finalmente se convierte en director de una editorial. En 1949 regresa a Suiza y muere en 1954 en Crocifisso di Savosa (Lugano). Meyer es uno de los más importantes arquitectos funcionalistas de los años veinte.

Bibliografía

Hays, K. Michael, *Modernism and the Posthumanist Subject: The Architecture of Hannes Meyer and Ludwig Hilberseimer,* Cambridge, Mass. (entre otros): MIT Press, 1992.
Archivo Bauhaus (ed.), *Hannes Meyer 1889–1954: Architekt, Urbanist, Lehrer,* cat. de exp., Berlín: Ernst, 1989.
Winkler, Klaus-Jürgen, *Der Architekt Hannes Meyer: Anschauungen und Werk,* Berlín: Verl. für Bauwesen, 1989.
Meyer-Bergner, Lena (ed.), *Hannes Meyer: Bauen und Gesellschaft. Schriften, Briefe, Projekte,* Dresde: Verlag der Kunst, 1980.
Schnaidt, Claude, *Hannes Meyer: Bauten, Projekte und Schriften / Hannes Meyer: Buildings, Projects and Writings,* Teufen: Niggli, 1965.

Ludwig Mies van der Rohe, 1886-1969

Arquitecto, tercer director de la Bauhaus

Nace en 1886 en Aquisgrán. Durante cuatro años es dibujante de estucados y ornamentos en talleres y estudios de esta ciudad. De 1904 a 1907 trabaja con Bruno Paul, mientras también estudia en la Escuela de Artes y Oficios. De 1908 a 1911, colabora en el estudio de Peter Behrens, después es arquitecto autónomo en Berlín. Entre 1921 y 1924 realiza cinco diseños ideales para edificios elevados, villas y edificios de oficinas. En 1927 dirige la exposición de la Liga de Talleres «La vivienda», en Stuttgart (colonia Weißenhof), y construye un edificio de viviendas. En 1929 realiza el pabellón alemán para la Exposición Universal de Barcelona (Barcelona-Pavillon). Desde agosto de 1930 hasta el cierre definitivo de la Bauhaus en julio de 1933, director de la misma; imparte clases de arquitectura en los semestres superiores. Después trabaja como arquitecto en Berlín y da clases de arquitectura al mismo tiempo. En 1937 emigra a Chicago, de 1938 a 1958 es director de la sección de arquitectura del Armour Institute, más tarde Illinois Institute of Technology. Al mismo tiempo trabaja en su estudio en Chicago. Innumerables construcciones que determinan la arquitectura del siglo XX, sobre todo en Chicago y Nueva York; entre ellas, la casa Farnsworth (Plano/Illinois, 1946-1951), los dos complejos de apartamentos 860-880 Lake Shore Drive (Chicago, 1948-1951), el Seagram Building (Nueva York, 1956-1959) y la Neue Nationalgalerie (Berlín, 1962-1967). Muere en Chicago en 1969.

Bibliografía

Reuter, Helmut, *Mies und das neue Wohnen: Räume, Möbel, Fotografie,* Ostfildern: Hatje Cantz, 2008.
Lambert, Phyllis, *Mies van der Rohe in America,* cat. de exp., Nueva York: Abrams, 2001 y Ostfildern: Hatje Cantz, 2001.
Riley, Terence y **Barry Bergdoll,** *Mies in Berlin,* cat. de exp., Nueva York: Museum of Modern Art, 2001; edición alemana: *Mies in Berlin: Ludwig Mies van der Rohe, die Berliner Jahre 1907–1938,* Múnich: Prestel, 2001.
Archivo Bauhaus (ed.), *Der vorbildliche Architekt. Mies van der Rohes Architekturunterricht 1930–1958 am Bauhaus und in Chicago,* cat. de exp., Berlín: Nicolai, 1986.
Neumeyer, Fritz, *Mies van der Rohe: Das kunstlose Wort. Gedanken zur Baukunst,* Berlín: Siedler, 1986; 2.ª ed., Berlín: DOM publishers, 2016.
Schulze, Franz (ed.), *Mies van der Rohe: A Critical Biography,* Chicago (entre otros): Univ. of Chicago Press, 1985 y 1999; reed. revis., 2012; edición alemana: Schulze, Franz: *Mies van der Rohe. Leben und Werk,* Berlín: Ernst, 1986.

László Moholy-Nagy, 1895-1946

Pintor, fotógrafo, diseñador

Nace en Bárcbasód (Hungría) en 1895. En 1913 comienza en Budapest la carrera de derecho. Participa en la guerra de 1914 a 1917, comienza a dibujar y pintar. En 1918 interrumpe su carrera; pinta y entra en contacto con el grupo vanguardista MA. En 1919 se traslada a Viena; en 1920, a Berlín. Primera exposición individual en 1922 en la galería Der Sturm, en Berlín. En la Bauhaus de abril de 1923 a mayo de 1928:

maestro de forma en el taller de metal; a partir de octubre de 1923, como director de la formación preparatoria, da el curso de materia y espacio en el segundo semestre. Se dedica a la pintura, tipografía y fotografía. Editor de los libros Bauhaus, publica los trabajos de teoría de diseño *Pintura Fotografía Cine* (1925) y *del material a la arquitectura* (1929). Lleva un taller de diseño gráfico en Berlín hasta 1934, mientras realiza diseños de escenarios de ópera para Kroll y Piscator, y organiza exposiciones en Berlín y París. Trabaja desde 1926 en cine experimental; en 1930 realiza el «Modulador-luz-espacio», la primera escultura luminoso-cinética. En 1934 emigra a Ámsterdam; en 1935, a Londres. En 1937 funda en Chicago la Escuela de Diseño new bauhaus. Se cierra al año siguiente, y funda la School of Design. Realiza esculturas de material acrílico, a partir de 1944 se dedica a la pintura. Muere en Chicago en 1946; el mismo año se publica *Vision in Motion*, su última contribución a la teoría del diseño. Moholy influyó con su enseñanza, que acentuaba el carácter visual del material en el diseño, la tendencia de la Bauhaus hacia un lenguaje formal moderno a partir de 1923. En la new

bauhaus pretendía enlazar con el concepto Bauhaus.

Bibliografía
Fiedler, Jeannine (ed.), *Moholy Album: Perspektivwechsel auf den Fotostrecken der Moderne. László Moholy-Nagys schwarzweißfotografische Arbeiten 1924–1937*, Gotinga: Steidl, 2018; edición inglesa: *Moholy Album: Changing Perspectives on the Roadmaps of Modern Photography, 1925–1937*, Gotinga: Steidl, 2018.
Botar, Oliver A. I., *Sensing the future: Moholy-Nagy, die Medien und die Künste*, cat. de exp., Zúrich: Lars Müller, 2014; edición inglesa: *Sensing the future: Moholy-Nagy, media and the arts*, Zúrich: Lars Müller, 2014.
Fundación Bauhaus Dessau (ed.), *László Moholy-Nagy: Sehen in Bewegung*, Leipzig: Spector Books, 2014; ed. orig.: *László Moholy-Nagy, Vision in Motion*, Chicago: Theobald, 1947.
Heyne, Renate y Floris M. Neusüss con Hattula Moholy-Nagy, *Moholy-Nagy. The Photograms, Catalogue Raisonné*, Ostfildern: Hatje Cantz, 2009.
Pfeiffer, Ingrid (ed.), *László Moholy-Nagy: Retrospektive*, cat. de exp., Múnich (entre otros): Prestel, 2009.
Borchardt-Hume, Achim (ed.), *Albers and Moholy-Nagy: From the Bauhaus to the New World*, cat. de exp., Londres: Tate Publ., 2006. New Haven: Yale University Press, 2006.
Fiedler, Jeannine (ed.), *László Moholy-Nagy: Color in Transparency. Photographic Experiments in Color/Fotografische Experimente in Farbe 1934–1946*, cat. de exp., Gotinga: Steidl, 2006.
Passuth, Krisztina, *Moholy-Nagy*, Londres: Thames & Hudson, 1985; edición alemana: Moholy-Nagy, Weingarten: Weingarten, 1986. Dresde: Verl. d. Kunst, 1987.

Moholy-Nagy, László, *Von Material zu Architektur* (Neue Bauhausbücher), facsímil ed. de 1929, Maguncia (entre otros): Kupferberg, 1968; 2.° ed., Berlín: Gebr. Mann Verlag, 2001; edición inglesa: *The New Vision: Fundamentals of Bauhaus Design, Painting, Sculpture, and Architecture*, Nueva York: Norton, 1938; Mineola, NY: Dover Publications, 2005.

Georg Muche, 1895-1987
Pintor

Nace en 1895 en Querfurt (Sajonia). De 1913 a 1914 estudia en la escuela de arte Azbé, en Múnich. En 1915 se traslada a Berlín, entra en contacto con la galería Der Sturm; de esta época son sus primeros cuadros abstractos. Tres exposiciones entre 1916 y 1919 en Der Sturm. Participa en la guerra de 1917 a 1918. Maestro en la Bauhaus de abril de 1920 a junio de 1927: da clase en el curso preparatorio en los veranos de 1920 y 1921; de octubre de 1920 a abril de 1921 dirige, junto con Itten, varios talleres y finalmente se encarga del taller textil. Preside la comisión para la exposición Bauhaus de 1923, diseña la casa experimental

Am Horn. En 1924, viaje de estudios a EE. UU. En 1926 construye, con Richard Paulick, una casa de acero en Dessau. De 1927 a 1930, profesor en la Escuela de Arte que Johannes Itten dirige en Berlín. Desde 1931 hasta su despido sin notificación previa en 1933, profesor de pintura en la Academia de Breslau. A continuación, profesor hasta 1938 en la Escuela Reimann en Berlín, bajo la dirección de Hugo Häring. Entre 1939 y 1958, director de la clase de maestros para arte textil en la escuela de ingenieros en Krefeld. En 1958 se traslada al lago Constanza, desde 1960 reside en Lindau; trabaja como pintor y grafista. Muere allí en 1987. Muche, que en 1916 perteneciera a la vanguardia de la galería expresionista Der Sturm, fundada por Herwarth Walden, da un giro en su pintura en la Bauhaus, hacia 1922, y regresa a la objetividad.

Bibliografía

Altana AG (ed.), *Georg Muche: Sturm – Bauhaus – Spätwerk. Retrospektive zum 100. Geburtstag*, cat. de exp., Tubinga: Wasmuth, 1995; Bad Homburg v. d. Höhe: Altana, 1995.

Droste, Magdalena (ed.), *Georg Muche: Das malerische Werk 1928–1982*, cat. de exp., Berlín: Archivo Bauhaus, 1983.

Droste, Magdalena (ed.), *Georg Muche: Das künstlerische Werk 1919–1927*, cat. de exp., Berlín: Gebr. Mann Verlag, 1980.

Thiem, Gunther (ed.), *Georg Muche: Der Zeichner*, cat. de exp., Stuttgart: Colección Gráfica, 1977.

Muche, Georg, *Blickpunkt: Sturm, Dada, Bauhaus, Gegenwart*, Múnich: A. Langen, G. Müller, 1961; 2.ª ed., Tubinga: Wasmuth, 1965.

Walter Peterhans, 1897-1960
Fotógrafo

Hijo del director de la Zeiss-Ikon AG, nace en Frankfurt en 1897. De 1916 a 1918 toma parte en la guerra. De 1920 a 1923 estudia matemáticas, filosofía e historia del arte en Múnich y Gotinga. De 1925 a 1926 estudia reproducción fotográfica en la Academia Estatal de Artes Gráficas e Industria del Libro en Leipzig. Examen de maestro fotógrafo en 1926 en Weimar. En 1927 inaugura un taller de fotografía en Berlín, realiza encargos para la industria. Participa en las exposiciones «Pressa» en 1928 en Colonia y «Film und Foto» en 1929 en Stuttgart. En la Bauhaus, director de la sección de fotografía de abril de 1929 hasta abril de 1933. Desde 1933 hasta el cierre en 1934 profesor en la escuela de fotografía de Werner Graeff. De 1935 a 1937, profesor de fotografía en la Escuela Reimann en Berlín, con Hugo Häring. Fotógrafo autónomo en Berlín; publica libros especializados sobre técnicas fotográficas. Por medio de Mies van der Rohe, en 1938 empieza a colaborar en el Illinois Institute of Technology, en Chicago. Allí enseña entrenamiento visual, análisis e historia del arte hasta 1960. Entre 1945 y 1948 da clases de filosofía en la University of Chicago. En 1953, docente invitado en la Escuela Superior de Diseño de Ulm. En 1959-1960, docente invitado en la Escuela Superior de Bellas Artes de Hamburgo. Muere en 1960 en Stetten, cerca de Stuttgart.

Bibliografía

Schöbe, Lutz, *Bauhaus fotografie: Dalla Collezione della Fondazione Bauhaus di Dessau*, Lestans: CRAF (entre otros), 2002; edición alemana: *Bauhaus-Fotografie: Aus der Sammlung der Stiftung Bauhaus Dessau*, Florencia: Alinari, 2004.

Museo Folkwang, Colección de Fotografía (ed.), *Walter Peterhans: Fotografien 1927–38*, cat. de exp., Essen: Colección de Fotografía del Museo Folkwang, 1993.

Fiedler, Jeannine, *Walter Peterhans: Eine «tabularische» Annäherung*, en: **Fiedler, Jeannine** (ed.), *Fotografie am Bauhaus 1919–1933*, cat. de exp., Berlín: Dirk Nishen, 1990; edición inglesa: *Walter Peterhans: a «tabularian» approach*, en: *Photography at the Bauhaus*, Cambridge, Mass.: MIT Press, 1990.

Eskildsen, Ute, *Walter Peterhans*, en: **Walsh, George** (ed.), *Contemporary Photographers*, Londres: MacMillan, 1982.

Lilly Reich, 1885-1947
Arquitecta de interiores

Nace en 1885 en Berlín. Al terminar el instituto aprende a bordar a máquina. En 1908 trabaja para los Talleres Vieneses con Joseff Hoffmann. En 1911 vuelve a Berlín. Miembro de la Liga Alemana de Talleres desde 1912, en 1920 será la primera mujer en su presidencia. De 1914 a 1924, taller en Berlín de arquitectura de

interiores, decoración y moda. Entre 1924 y 1926, atelier para organización de exposiciones y moda en Frankfurt, dirección de la Casa de la Liga de Talleres en la feria de Frankfurt. En 1927 reside y tiene un taller en Berlín. El mismo año se encarga del diseño de interiores de pabellones con modernas técnicas aplicadas a la vivienda en el marco de la exposición de la Liga de Talleres «La vivienda», y construye una vivienda en la casa de Mies van der Rohe de la colonia Weißenhof, en Stuttgart. En 1929 colabora con la sección alemana en la Exposición Universal de Barcelona; en 1931 diseña una exhibición de materiales y una casa de un piso para la Exposición Alemana de Construcción, en Berlín. En la Bauhaus, directora de la sección de montaje de enero de 1932 a abril de 1933. Servicio obligatorio en la guerra. Tras 1945, taller de arquitectura, diseño, textiles y moda en Berlín; en 1945 y 1946, profesora en la Escuela Superior de Bellas Artes de Berlín. Muere en Berlín en 1947.

Bibliografía

Droste, Magdalena, *Das kreative Paar: Lilly Reich und die Zusammenarbeit mit Ludwig Mies van der Rohe/The Creative Pair: Lilly Reich and the Collaboration with Ludwig Mies van der Rohe*, en: Pepchinski, Mary et al. (ed.), *Frau Architekt. Seit mehr als 100 Jahren: Frauen im Architekturberuf/ Over 100 Years of Women in Architecture*, cat. de exp., Frankfurt: Museo Alemán de Arquitectura y Tubinga: Wasmuth, 2017.
Lange, Christiane, *Ludwig Mies van der Rohe & Lilly Reich: Möbel und Räume*, cat. de exp., Ostfildern: Hatje Cantz, 2006; edición inglesa: *Ludwig Mies van der Rohe & Lilly Reich – furniture and interiors*, Ostfildern: Hatje Cantz, 2006.
McQuaid, Matilda, *Lilly Reich: Designer and Architect*, cat. de exp., Nueva York: Harry N. Abrams Inc., 1996.
Günther, Sonja, *Lilly Reich 1885– 1947: Innenarchitektin, Designerin, Ausstellungsgestalterin*, Stuttgart: Dt. Verl.-Anst., 1988.

Hinnerk Scheper, 1897-1957
Colorista, pintor y conservador de monumentos

Nace en 1897 en Wulfen (Osnabrück). Aprendiz en artesanía y examen de oficial como pintor. De 1918 a 1919 alumno en la Escuela de Artes y Oficios y Academia de Arte de Düsseldorf, en 1919 en la Escuela de Artes y Oficios de Bremen. Estudiante en la Bauhaus de 1919 a 1922: formación en el taller de pintura mural con Itten y Schlemmer, clases con Kandinsky. Examen de maestro pintor ante la Cámara de Artesanos de Weimar. De 1922 a 1925 trabaja por libre como pintor y colorista; diseño de color y pintado de diversos espacios interiores, entre ellos el museo del castillo de Weimar. En la Bauhaus de 1925 a 1933: director del taller de pintura mural. Al mismo tiempo realiza trabajos de restauración y diseños de colorido, entre otros en el Museo Folkwang, en Essen. Entre 1929 y 1931, excedencia en la Bauhaus: llamamiento de Moscú para organizar el Maljarstroj, un puesto de información y un taller de diseño de colorido para el empleo del color en la arquitectura. Series de fotos y reportajes de la Unión Soviética. A partir de 1932 trabaja en equipo con la agencia fotográfica Degephot en Berlín; más tarde, también con la agencia Kind und Atlaphot. A partir de 1945, conservador de monumentos en Berlín y director de la oficina de conservación de monumentos; conservación y reconstrucción de edificios y monumentos dañados en la guerra. Simultáneamente, desde 1952, profesor de conservación de monumentos en la Universidad Técnica de Berlín. Muere en Berlín en 1957.

Bibliografía

Scheper, Renate, *Hinnerk Scheper: Farbgestalter, Fotograf, Denkmalpfleger, vom Bauhaus geprägt*, cat. de exp., Bramsche: Rasch, 2007.
Scheper, Renate, *Farbenfroh! Die Werkstatt für Wandmalerei am Bauhaus / Colourful! The Wallpainting Workshop at the Bauhaus*, cat. de exp., Berlín: Archivo Bauhaus, 2005.

Scheper, Renate, *Hinnerk Scheper: Arbeiten zwischen 1933 und 1945,* en: **Winfried Nerdinger** (ed.), *Bauhaus-Moderne im Nationalsozialismus: zwischen Anbiederung und Verfolgung,* Múnich: Prestel, 1993.

Scheper, Renate, *Foto: Hinnerk Scheper. Ein Bauhäusler als Bild-journalist in Dessau,* cat. de exp., Dessau: Anhalt. Verl.-Ges., 1991.

Shadowa, Larissa A., *Hinnerk Scheper und Boris Ender im Maljarstroj: Über Verbindungen von Mitarbeitern des Bauhauses und sowjetischen Künstlern,* en: *Wissenschaftliche Zeitschrift der Hochschule für Architektur und Bauwesen,* Weimar, 1979.

Oskar Schlemmer, 1888-1943
Pintor

Nace en 1888 en Stuttgart. De 1903 a 1905, aprendiz de dibujante artesano en un taller de marquetería. Después estudia en la Academia de Stuttgart hasta 1909. De 1912 a 1914, alumno de Adolf Hölzel en Stuttgart. De 1914 a 1918 participa en la guerra. A partir de 1920 vuelve a desarrollar figurines para su primer trabajo teatral, el *Ballet triádico,* que se estrena en Stuttgart en 1922. Maestro en la Bauhaus de 1921 a 1929: dirige el taller de pintura mural hasta 1922, el de escultura, desde 1921 y el de talla, de 1922 a 1925. Director del taller de teatro desde 1923 hasta su disolución en 1929. Cursos de dibujo de desnudo y, en 1928-1929, curso «La persona». Gira con el teatro Bauhaus en 1928-1929 por Alemania y Suiza. Aparte de las escenificaciones de las *danzas Bauhaus,* se dedica en estos años a la pintura y la pintura mural, y realiza también escenificaciones, entre otras para la Opera Kroll de Berlín. Entre 1929 y 1932, es profesor en la Academia de Breslau, director de la clase de teatro y da el curso «Persona y espacio». A continuación, da clases en las Escuelas Estatales Unidas de Arte de Berlín, hasta su despido en 1933. Se traslada a Eichberg, más tarde a Sehringen (Baden). A partir de 1938 vive de pinturas de camuflaje, a partir de 1940 trabaja para la fábrica de lacas Herberts, en Wuppertal. Muere en Baden-Baden en 1943. La importancia de Schlemmer para la Bauhaus radica en que ubicó en el centro de su enseñanza la cuestión del ser humano en todas sus dimensiones y abordó sus facetas artísticas y culturales.

Bibliografía

Conzen, Ina (ed.), *Oskar Schlemmer – Visionen einer neuen Welt,* cat. de exp., Múnich: Hirmer, 2014.

Koss, Juliet *Bauhaus Theater of Human Dolls,* en: **James-Chakraborty, Kathleen** (ed.), *Bauhaus Culture: From Weimar to the Cold War,* Minneapolis (entre otros): University of Minnesota Press, 2006.

Müller, Maria (ed.), *Oskar Schlemmer – Tanz, Theater, Bühne,* cat. de exp., Ostfildern: Hatje Cantz, 1994.

Hüneke, Andreas, *Oskar Schlemmer – Idealist der Form: Briefe, Tagebücher, Schriften 1912–1943,* Leipzig: Reclam, 1990.

Schlemmer, Tut (ed.), *Oskar Schlemmer: Briefe und Tagebücher,* Múnich: Langen Müller Verlag, 1958 y Stuttgart: Hatje Cantz, 1977; edición inglesa: *The Letters and Diaries of Oskar Schlemmer,* Middletown, Conn.: Wesleyan University Press, 1972; reimpr., Evanston, Ill.: Northwestern University Press, 1990.

Scheper, Dirk, *Oskar Schlemmer – Das triadische Ballett und die Bauhausbühne,* Berlín: Academia de las Artes, 1989.

Lehman, Arnold L. y **Brenda Richardson,** *Oskar Schlemmer,* cat. de exp., Baltimore: Baltimore Museum of Art, 1986.

von Maur, Karin, *Oskar Schlemmer,* 2 tomos, tomo 1: *Monografie,* tomo 2: *Oeuvrekatalog der Gemälde, Aquarelle, Pastelle und Plastiken,* Múnich: Prestel, 1979.

Kuchling, Heimo (ed.), *Oskar Schlemmer. Der Mensch: Unterricht am Bauhaus. Nachgelassene Aufzeichnungen* (Neue Bauhausbücher), Maguncia: Kupferberg, 1969; 3.ª ed., Berlín: Gebr. Mann Verlag, 2014; edición inglesa: *Man: Teaching Notes from the Bauhaus* (A Bauhaus Book), Cambridge, Mass. (entre otros): MIT Press, 1971.

Joost Schmidt, 1893-1948
Tipógrafo y escultor

Nace en 1893 en Wunsdorf (Hannover). Comienza sus estudios en 1910 en la Escuela de Bellas Artes del Gran Ducado de Sajonia, en Weimar; obtiene el diploma de pintura de manos de Max Thedy. Participa en la guerra de 1914 a 1918. Estudia en la Bauhaus desde 1919 a 1925: aprendiz en el taller de talla con

Itten y Schlemmer; primeros trabajos tipográficos en 1923. Profesor en la Bauhaus de 1925 a 1932; director del taller de escultura desde octubre de 1925 hasta su disolución en abril de 1930; desde mayo de 1928 dirige la sección de publicidad. Imparte el curso de escritura en el primer curso a partir de 1925, de dibujo de desnudo en 1929-1930, y desde octubre de 1930, de dibujo de desnudo y figurativo en los cursos superiores. Se traslada de Dessau a Berlín en 1933. Diseña en 1934, con Gropius, la exhibición de metales no ferrosos en la exposición «Pueblo alemán, trabajo alemán», en Berlín. Alquila un taller en Berlín y trabaja como dibujante de mapas para una editorial. En 1935, profesor en la Escuela Reimann, dirigida por Hugo Häring; se le prohíbe enseñar y realiza solo trabajos eventuales. Su taller en Charlottenburg es destruido en 1943. Participa en la guerra en 1944-1945. Max Taut le llama en 1945 a la Escuela Superior de Bellas Artes de Berlín para impartir el curso preparatorio de arquitectura. En 1946 organiza, junto con un grupo de estudiantes Bauhaus, la exposición «Berlín proyecta». En 1947-1948 recibe una oferta del USA Exhibition Center como diseñador de exposiciones. Planes para una exposición Bauhaus y un libro Bauhaus. Muere en 1948 en Núremberg.

Bibliografía
Brüning, Ute, *Joost Schmidt: Ein Curriculum für Werbegrafiker,* en: **Rössler, Patrick** (ed.) *Bauhaus-Kommunikation: Innovative Strategien im Umgang mit Medien, interner und externer Öffentlichkeit,* Berlín: Gebr. Mann Verlag, 2009; edición inglesa: *The Bauhaus and Public Relations: Communication in a Permanent State of Crisis,* Nueva York (entre otros): Routledge, 2014.
Brüning, Ute, *Unterricht Joost Schmidt. Vorkurs «Schrift und Reklame»,* en: **Brüning, Ute** (ed.), *Das A und O des Bauhauses. Bauhauswerbung: Schriftbilder, Drucksachen, Ausstellungsdesign,* cat. de exp., Leipzig: Edition Leipzig, 1995.
Marzona, Egidio y Marion Fricke (ed.), *Joost Schmidt: Lehre und Arbeit am Bauhaus 1919–32,* Düsseldorf: Ed. Marzona, 1984.

Lothar Schreyer, 1886-1966
Escritor, dramaturgo, pintor

Estudia historia del arte y derecho en las universidades de Heidelberg, Berlín y Leipzig. Se doctora en ciencias del derecho en 1910. De 1911 a 1918 es dramaturgo y asistente de dirección en el Deutsches Schauspielhaus en Hamburgo. Desde 1914 trabaja en equipo con Herwarth Walden, director de la galería Der Sturm, Berlín. De 1916 a 1928, redactor de la revista *Der Sturm.* En 1918 funda con Walden el Sturm-Bühne, un teatro expresionista experimental. Al terminar la Primera Guerra Mundial, Schreyer dirige este teatro como «teatro de lucha» en Hamburgo. Representación de las obras *Crucifixión, Hombre* y *Mortalidad infantil.* En 1921 es llamado a la Bauhaus como maestro, donde dirige el taller de teatro. Abandona la Escuela en 1923 tras el fracaso de *Luna.* Entre 1924 y 1927, profesor y director de la Escuela de Arte Der Weg en Berlín. De 1928 a 1931, lector jefe de la editorial Hanseática en Hamburgo. En 1933 se convierte al catolicismo y se ocupa, como escritor, del arte cristiano. Muere en 1966 en Hamburgo. Las obras teatrales de Schreyer en la década de 1920 eran reflejo de un expresionismo religioso, pero ya en 1922-1923 estaban en oposición con la línea de la Bauhaus, pasando del expresionismo a un lenguaje formal objetivo y por encima de lo individual.

Bibliografía
Weber, Klaus, *Lothar Schreyer: Death House for a Woman, c. 1920,* en: **Bergdoll, Barry** y **Leah Dickerman,** *Bauhaus 1919–1933. Workshops for Modernity,* cat. de exp., Nueva York: Museum of Modern Art, 2009; Londres: Thames & Hudson, 2009.
Keith-Smith, Brian (ed.), *Lothar Schreyer Edition,* 20 volúmenes, Lewiston (entre otros): Edwin Mellen Press, 1992-2006.

Weber, Klaus, *Totenbild, Lebens-leib und Maske:. Lothar Schreyers «Totenhäuser»*, en: **Wagner, Christoph** (ed.), *Johannes Itten, Wassily Kandinsky, Paul Klee: Das Bauhaus und die Esoterik*, cat. de exp., Bielefeld/Leipzig: Kerber Verlag, 2005.

Schreyer, Lothar, *Erinnerungen an Sturm und Bauhaus: Was ist des Menschen Bild?*, Múnich: Langen Müller, 1956; reed. parcial: Múnich: List, 1966; reed.: **Keith-Smith, Brian** (ed.), *Lothar Schreyer Edition*, tomo 12, Lewiston (entre otros): Edwin Mellen Press, 2002.

Keith-Smith, Brian, *Lothar Schreyer – Bauhausmeister*, en: **Bothe, Rolf,** *Das frühe Bauhaus und Johannes Itten*, cat. de exp., Ostfildern: Hatje Cantz, 1994.

Schreyer, Lothar, *Hoffnung auf eine neue Welt*, en: Neumann, Eckhard (ed.), *Bauhaus und Bauhäusler: Bekenntnisse und Erinnerungen*, Bern y Stuttgart: Hallwag, 1971; reed. ampl., Colonia: DuMont, 1985; edición inglesa: Neumann, Eckhard (ed.), *Bauhaus and Bauhaus People: Personal Opinions and Recollections of Former Bauhaus Members and their Contemporaries*, Nueva York (entre otros): Van Nostrand, 1970.

Gunta Stölzl, 1897-1983
Tejedora

Nace en 1897 en Múnich. De 1914 a 1916 estudia en la Escuela de Artes y Oficios de Múnich. De 1916 a 1918 trabaja en un hospital de guerra. En 1919 reanuda sus estudios en la Escuela de Artes y Oficios. Estudiante en la Bauhaus de octubre de 1919 a 1925: curso preparatorio con Itten, clases con Klee y aprendizaje en el taller textil. Examen de oficiala tejedora en 1922-1923. De enero a septiembre de 1924 reside en

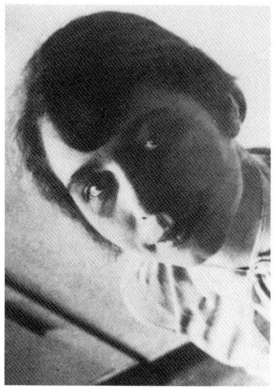

Herrliberg (Zúrich), donde monta y dirige los talleres textiles Ontos. Profesora en la Bauhaus de octubre de 1925 a septiembre de 1931: maestra del taller textil y, desde abril de 1927, directora del mismo. En 1931 funda en Zúrich, con los alumnos Bauhaus Gertrud Preiswerk y Heinrich-Otto Hürlimann, la tejeduría manual Teji-dos-S-P-H. La tejeduría se disuelve en 1933 y, en el mismo año, fundación de Tejidos-S-H. Tras la marcha de su compañero Hürlimann en 1937, continúa sola con la tejeduría, que ahora se llama Teji-dos-Sh, tejeduría manual Flora. En 1950 vuelve a realizar gobelinos. En 1967 deja la tejeduría, pero continúa realizando tapices. Muere en 1983 en Küsnacht (Suiza). Entre sus trabajos más bellos se encuentran los tapices, en los que plasmó las formas de sus clases con Itten y Klee.

Bibliografía
Stadler, Monika y **Yael Aloni,** *Gunta Stölzl: Bauhausmeister,* Ostfildern: Hatje Cantz, 2009; edición inglesa: *Gunta Stölzl. Bauhaus Master,* Nueva York: Museum of Modern Art, 2009.

Radewaldt, Ingrid (ed.), *Gunta Stölzl: Meisterin am Bauhaus Dessau. Textilien, Textilentwürfe und freie Arbeiten 1915–1983,* cat. de exp., Ostfildern: Hatje Cantz, 1997.

Droste, Magdalena (ed.), *Gunta Stölzl: Weberei am Bauhaus und aus eigener Werkstatt,* cat. de exp., Berlín: Kupfergraben Verlagsgesellschaft, 1987.

▶ Foto jocosa de un alumno desconocido de la Bauhaus.

Bibliografía

Bibliografía general sobre la Bauhaus

Nerdinger, Winfried, *Das Bauhaus: Werkstatt der Moderne*, Múnich: C.H.Beck, 2018.

Gabet, Olivier y Anne Monier (ed.), *L'esprit du Bauhaus*, Ausst.-Kat., París: Fondation d'entreprise Hermès, 2016; edición inglesa: *The spirit of the Bauhaus*, London: Thames & Hudson, 2018.

Kries, Mateo y Jolanthe Jugler (ed.), *Das Bauhaus #allesistdesign*, cat. de la exp., Weil am Rhein: Vitra Design Museum, 2015.

Barbican Art Gallery (ed.), *Bauhaus – Art as Life*, cat. de la exp., Londres: Koenig Books, 2012.

Tesch, Christian y Ulrich Völkel (ed.), *Kleines Lexikon Bauhaus Weimar*, Weimar: Weimarer Taschenbuch Verlag, 2010.

Ackermann, Ute y Ulrike Bestgen para la **Fundación Weimar Clásico** (ed.), *Das Bauhaus kommt aus Weimar*, cat. de la exp., Berlín (entre otros): Deutscher Kunstverlag, 2009.

Archivo Bauhaus, Fundación Bauhaus Dessau y Fundación Weimar Clásico (ed.), *Modell Bauhaus*, cat. de la exp., Ostfildern: Hatje Cantz, 2009; edición inglesa: *Bauhaus: A Conceptual Model*, Ostfildern: Hatje Cantz, 2009.

Baumhoff, Anja y Magdalena Droste (ed.), *Mythos Bauhaus: Zwischen Selbsterfindung und Enthistorisierung*, Berlín: Reimer, 2009.

Bergdoll, Barry y Leah Dickerman, *Bauhaus 1919– 1933: Workshops for Modernity*, cat. de la exp., Nueva York: Museum of Modern Art, 2009; Londres: Thames & Hudson, 2009.

Friedewald, Boris, *Bauhaus*, Múnich: Prestel, 2009; reed. rev., 2016; edición inglesa: 2009 y 2016.

Oswalt, Philipp para la **Fundación Bauhaus Dessau** (ed.), *Bauhaus Streit 1919–2009: Kontroversen und Kontrahenten*; edición inglesa: *Bauhaus Conflicts, 1919–2009: Controversies and Counterparts*, Ostfildern: Hatje Cantz, 2009.

Saletnik, Jeffrey y Robin Schuldenfrei (ed.), *Bauhaus Construct: Fashioning Identity, Discourse and Modernism*, Londres: Routledge, 2009.

Siebenbrodt, Michael y Lutz Schöbe, *Bauhaus: 1919–1933*, Weimar, Dessau, Berlín, Nueva York (entre otros): Parkstone International, 2009; edición inglesa: 2009 y 2017.

Wahl, Volker (ed.), Das Staatliche Bauhaus in Weimar: Dokumente zur Geschichte des Instituts 1919–1926 (Veröffentlichungen der Historischen Kommission für Thüringen. Große Reihe, tomo 15), Colonia (entre otros): Böhlau, 2009.

Weber, Nicholas Fox, *The Bauhaus Group: Six Masters of Modernism* (Borzoi Book), Nueva York: Knopf, 2009; New Haven, Conn.: Yale Univ. Press, 2011.

Wahl, Volker para el **Archivo Estatal de Turingia en Weimar** (ed.), *Von der Kunstschule zum Bauhaus. Spezialrepertorium zu den Archivbeständen der Kunstlehranstalten in Weimar: Großherzoglich Sächsische Hochschule für bildende Kunst Weimar (1860–1919), Großherzogliche Kunstgewerbeschule Weimar (1908–1915), Staatliches Bauhaus Weimar (1919–1926)* (Repertorien des Thüringischen Hauptstaatsarchivs Weimar, tomo 4), Weimar: Archivo Estatal de Turingia, 2008.

James-Chakraborty, Kathleen (ed.), *Bauhaus Culture: From Weimar to the Cold War*, Minneapolis, Minn. (entre otros): Univ. of Minnesota Press, 2006.

Wahl, Volker (ed.), *Die Meisterratsprotokolle des Staatlichen Bauhauses Weimar 1919 bis 1925*

(Veröffentlichungen aus Thüringischen Staatsarchiven, tomo 6), rev. por Ute Ackermann, Weimar: Verlag Hermann Böhlaus Nachfolger, 2001.

Fiedler, Jeannine y **Peter Feierabend** (ed.), *Bauhaus*, Colonia: Könemann, 1999; 4.ª ed. rev., Potsdam: Ullmann, 2016; ediciones china, inglesa, francesa, italiana, sueca y española, Colonia: Könemann, 2000.

De Michelis, Marco y **Agnes Kohlmeyer** (ed.), *Bauhaus 1919–1933: da Klee a Kandinsky, da Gropius a Mies van der Rohe*, cat. de la exp., Milán: Mazzotta, 1996.

Aron, Jacques (ed.), *Anthologie du Bauhaus*, Bruselas: Didier Devillez éditeur, 1995.

Forgács, Éva, *The Bauhaus Idea and Bauhaus Politics*, Budapest (entre otros): Central European Univ. Press, 1995 y 1997.

Rowland, Anna, *Bauhaus Source Book* (A Quarto Book), Oxford: Phaidon Press, 1990; Londres: Quantum, 1997.

Haus, Andreas (ed.), *Bauhaus-Ideen 1919–1994: Bibliografie und Beiträge zur Rezeption des Bauhausgedankens*, Berlín: Dietrich Reimer Verlag, 1994.

Westphal, Uwe, *The Bauhaus*, Londres: Studio Editions y Nueva York: Gallery Books, 1991.

Colecciones de Arte Estatales de Weimar (ed.), *Bauhaus Weimar 1919–1925: Werkstattarbeiten*, cat. de la exp., Weimar: Colecciones de Arte de Weimar, 1989.

Vitale, Elodie, *Le Bauhaus de Weimar, 1919–1925*, Lieja (entre otros): Mardaga, 1989.

Archivo Bauhaus (ed.), *Experiment Bauhaus: Das Bauhaus-Archiv, Berlin (West) zu Gast im Bauhaus Dessau*, cat. de la exp., Berlín: Kupfergraben Verlagsgesellschaft, 1988.

Herzogenrath, Wulf (ed.), *Bauhaus-Utopien. Arbeiten auf Papier*, cat. de la exp., Ostfildern: Hatje Cantz, 1988.

Lichtenstein, Claude para el **Museo de Diseño de Zúrich** (ed.), *Bauhaus 1919–1933: Meister- und Schülerarbeiten*. Weimar, Dessau, Berlín (Wegleitung/Musel del Diseño de Zúrich, tomo 367), cat. de la exp., Berna: Benteli, 1988.

Naylor, Gillian, *The Bauhaus Reassessed: Sources and Design Theory*, Nueva York: E. P. Dutton, 1985.

Richard, Lionel, *Encyclopédie du Bauhaus*, París: Somogy, 1985.

Whitford, Frank, *Bauhaus*, Londres: Thames and Hudson, 1984; reed., 2014; edición francesa: *Le Bauhaus*, París: Thames & Hudson, 1989; edición alemana: *Bauhaus* (dkv kunst kompakt, tomo 6), Berlín: Deutscher Kunstverlag, 2012.

Archivo Bauhaus (ed.), *Bauhaus: Archiv, Museum. Sammlungs-Katalog (Auswahl), Architektur, Design, Malerei, Grafik, Kunstpädagogik*, Berlín: Gebr. Mann Verlag, 1981 y 1987.

Wolfe, Tom, *From Bauhaus to Our House*, Nueva York: Farrar Straus Giroux, 1981; reed., Nueva York: Picador, 2009; edición alemana: *Mit dem Bauhaus leben: Die Diktatur des Rechtecks*, Königstein, Ts.: Athenäum, 1981; Hamburgo: Philo & Philo Fine Arts, 2007.

Humblet, Claudine, *Le Bauhaus*, Lausanne: Éditions l'Âge d'Homme, 1980.

Schädlich, Christian, *Bauhaus Weimar 1919–1925* (Weimar: Tradition und Gegenwart, tomo 35), Weimar: Ständige Komm. für Kultur der Stadtverordnetenversammlung, 1979; ed. rev. y redis., 1989.

Hüter, Karl-Heinz, *Das Bauhaus in Weimar: Studie zur gesellschaftspolitischen Geschichte einer deutschen Kunstschule*, Berlín: Akademie-Verlag, 1976 y 1982.

Collotti, Enzo (entre otros), *Bauhaus*, Madrid: Alberto Corazón, 1971.

Franciscono, Marcel, *Walter Gropius and the Creation of the Bauhaus in Weimar: The Ideals and Artistic Theories of its Founding Years*, Urbana, Ill. (entre otros): Univ. of Illinois Press, 1971; edición italiana: *Walter Gropius e le origini del Bauhaus* (Collana di architectura, tomo 13), Roma: Officina Edizioni, 1975.

Württembergischer Kunstverein (ed.), *50 Jahre
Bauhaus*, cat. de la exp., Stuttgart: Württembergi-
scher Kunstverein, 1968; edición neerlandesa:
50 jaar Bauhaus, Ámsterdam: Stedelijk Museum,
1968; edición inglesa: *50 Years Bauhaus*, Toronto:
Art Gallery of Ontario, 1969; edición francesa:
Bauhaus 1919–1969, París: Réunion des Musées
Nationaux, 1969; edición japonesa-alemana,
Stuttgart: Württembergischer Kunstverein, 1971;
edición res. de cat. de la exp.: **Instituto para las
Relaciones Culturales Internacionales** (ed.), *Bauhaus*,
Suttgart: **Instituto para las Relaciones Culturales
Internacionales,** 1974; Stuttgart: Dr. Cantz'sche
Druckerei, 1982; edición portuguesa, 1974; edición
española, 1976; edición italiana, 1981; edición
serbocroata, 1981.

Wingler, Hans Maria, *Das Bauhaus: 1919–1933.
Weimar, Dessau, Berlin*, Bramsche: Rasch y Colonia:
DuMont Schauberg, 1962; 2.ª ed. ampl.: *Das
Bauhaus: 1919–1933. Weimar, Dessau, Berlin und
die Nachfolge in Chicago seit 1937*, Bramsche:
Rasch y Colonia: Du Mont Schauberg, 1968; reimpr.
sin cambios de 2.ª ed. ampl., Colonia: DuMont,
6.ª ed., 2009; edición inglesa: *The Bauhaus.
Weimar, Dessau, Berlin*, Chicago, Cambridge Mass.
(entre otros): MIT Press, 1969 y 2015; ediciones en
otros idiomas: ed. italiana, Milán: Feltrinelli, 1971
y 1987; ed. española, Barcelona: Gili, 1975 y
1980.

Bayer, Herbert, Walter Gropius y Ise Gropius (ed.),
Bauhaus 1919–1928, cat. de la exp., Nueva York:
Museum of Modern Art, 1938; reimpr., 1986;
edición alemana: Ostfildern: Hatje Cantz, 1955.

Bibliografía de los diferentes departamentos de la Bauhaus

Schuldentrei, Robin, *Luxury and Modernism:
Architecture and the Object in Germany, 1900–
1933*, Princeton, NJ (entre otros): Princeton University
Press, 2018.

Bernhard, Peter (ed.), *Bauhausvorträge: Gastredner
am Weimarer Bauhaus 1919–1925* (Neue Bauhausbücher – neue Zählung, tomo 4, ed. por Archivo
Bauhaus de Berlín), Berlín: Gebr. Mann Verlag,
2017.

Rössler, Patrick para el **Archivo Bauhaus** (ed.),
*bauhaus.typography: 100 Works from the Collection
of the Bauhaus-Archiv Berlin/bauhaus.typografie:
100 Werke aus der Sammlung des Bauhaus-Archiv
Berlin* (Bauhaus basics, tomo 2), Berlín: Archivo
Bauhaus, 2017.

Muscheler, Ursula, *Das rote Bauhaus: Eine
Geschichte von Hoffnung und Scheitern*, Berlín:
Berenberg, 2016.

Svobodová, Markéta, *Bauhaus a C˘eskoslovensko
1919–1938: studenti, koncepty, kontakty/The
Bauhaus and Czechoslovakia 1919–1938: Students,
Concepts, Contacts*, Praga: Kant, 2016.

Blume, Eugen et al. para la **Galería Nacional de
los Museos Estatales de Berlín** (ed.), *Black Mountain:
Ein interdisziplinäres Experiment 1933–1957*, cat.
de la exp., Leipzig: Spector Books, 2015; edición
inglesa: *Black Mountain: An nterdisciplinary
experiment 1933–1957*, Leipzig: Spector Books,
2015.

Vinterhalter, Jadranka (ed.), *Bauhaus – Networking
Ideas and Practice*, cat. de la exp., Zagreb: Muzej
suvremene umjetnosti, 2015.

Guttenberger, Anja para el **Archivo Bauhaus** (ed.),
*bauhaus.photo: 100 Photos from the Collection
of the Bauhaus-Archiv Berlin / bauhaus.foto:
100 Fotos aus der Sammlung des Bauhaus-Archiv
Berlin* (Bauhaus basics, tomo 1), Berlín: Archivo
Bauhaus, 2015.

Blume, Torsten, Christian Hiller y **Fundación Bauhaus
Dessau** (ed.), *Mensch – Raum – Maschine: Bühnen-
experimente am Bauhaus* (Edition Bauhaus, tomo 38),
cat. de la exp., Leipzig: Spector Books, 2014.

Finborud, Lars Mørch y Milena Hoegsberg (ed.),
Bauhaus på norsk / Bauhaus in Norwegian, cat.
de la exp., Oslo: Orfeus Publishing, 2014.

Smith, T'ai Lin, *Bauhaus Weaving Theory: From
Feminine Craft to Mode of Design*, Minneapolis,
Minn.: University of Minnesota Press, 2014.

Bittner, Regina y Kathrin Rhomberg para la
Fundación Bauhaus Dessau (ed.), *Das Bauhaus in
Kalkutta: Eine Begegnung kosmopolitischer Avant-
garden*; edición inglesa: *The Bauhaus in Calcutta:
An Encounter of Cosmopolitan Avant-gardes* (Edition
Bauhaus, tomo 36), cat. de la exp., Ostfildern:
Hatje Cantz, 2013.

Hülsewig-Johnen, Jutta y Friedrich Meschede (ed.), *To Open Eyes: Kunst und Textil vom Bauhaus bis heute*, cat. de la exp., Bielefeld: Kerber, 2013.

Neurauter, Sebastian, *Das Bauhaus und die Verwertungsrechte: Eine Untersuchung zur Praxis der Rechteverwertung am Bauhaus 1919–1933* (Geistiges Eigentum und Wettbewerbsrecht, tomo 74), Tubinga: Mohr Siebeck, 2013.

Schüler, Ronny, *Die Handwerksmeister am Staatlichen Bauhaus Weimar*, Weimar: Verlag der Bauhaus-Universität Weimar, 2013.

Kluge-Fabényi, Julia (ed.), *Von Kunst zu Leben: Die Ungarn am Bauhaus* (A Janus Pannonius Múzeum mu˝vészeti kiadványai), Pécs: Museos Estatales del condado de Baranya, 2010.

Archivo Bauhaus (ed.), *Bauhaus global: Gesammelte Beiträge der Konferenz Bauhaus Global* (Neue Bauhausbücher – neue Zählung, tomo 3, ed. por Archivo Bauhaus de Berlín), Berlín: Gebr. Mann, 2010.

Ackermann, Ute, Kai Uwe Schierz y Justus H. Ulbricht (ed.), *Streit ums Bauhaus*, cat. de la exp., Jena: Glaux Verlag, 2009.

Müller, Ulrike, *Bauhaus-Frauen: Meisterinnen in Kunst, Handwerk und Design*, Múnich: Sandmann, 2009; Berlín: Insel-Verlag, 2014; edición inglesa: *Bauhaus Women: Art, Handicraft, Design*, París: Flammarion, 2009 y 2015.

Rössler, Patrick (ed.), *Bauhaus-Kommunikation: Innovative Strategien im Umgang mit Medien, interner und externer Öffentlichkeit* (Neue Bauhausbücher – neue Zählung, tomo 1, ed. por Archivo Bauhaus de Berlín), Berlín: Gebr. Mann Verlag, 2009; edición inglesa: *The Bauhaus and Public Relations: Communication in a Permanent State of Crisis* (Routledge Research in Public Relations, tomo 4), Nueva York (entre otros): Routledge, 2014.

Simon-Ritz, Frank, Klaus-Jürgen Winkler y Gerd Zimmermann (ed.), *Aber wir sind! Wir wollen! Und wir schaffen! Von der Großherzoglichen Kunstschule zur Bauhaus-Universität Weimar*, 2 tomos, Weimar: Verlag der Bauhaus-Universität Weimar, 2010-2012.

Seemann, Annette, *Aus Weimar in alle Welt: Die Bauhausmeister und ihre Wirkung*, Leipzig: Seemann, 2009.

Wagner, Christoph (ed.), *Esoterik am Bauhaus: Eine Revision der Moderne?* (Regensburger Studien zur Kunstgeschichte, tomo 1), Ratisbona: Schnell + Steiner, 2009.

Wick, Rainer K., *Bauhaus: Kunst und Pädagogik* (Artificium: Schriften zu Kunst und Kunstvermittlung, tomo 33), Oberhausen: Athena, 2009.

Weill-Rochant, Catherine, „Bauhaus"-Architektur in Tel Aviv / L' architecture „Bauhaus" à Tel-Aviv, Zúrich: Kiriat Yearim, 2008.

Rössler, Patrick, *Die Neue Linie 1929–1943: Das Bauhaus am Kiosk. Ein Lifestyle-Magazin für den Menschen von Geschmack*, cat. de la exp., Bielefeld: Kerber, 2007; edición inglesa-alemana: *The Bauhaus at the Newsstand / Das Bauhaus am Kiosk: Die neue Linie 1929–1943*, Bielefeld: Kerber; 2.ª ed. rev. y compl., 2009.

Wahl, Volker (ed.), *Henry van de Velde in Weimar: Dokumente und Berichte zur Förderung von Kunsthandwerk und Industrie, 1902 bis 1915* (Veröffentlichungen der Historischen Kommission für Thüringen. Große Reihe, tomo 14), Colonia (entre otros): Böhlau, 2007.

Ewig, Isabelle, Thomas W. Gaehtgens y Matthias Noell (ed.), *Das Bauhaus und Frankreich / Le bauhaus et la France: 1919–1940* (Passagen / Deutsches Forum für Kunstgeschichte, tomo 4), Berlín: Akademie-Verlag, 2002.

Winkler, Klaus-Jürgen (ed.), *Bauhaus-Alben*, Weimar: Verlag der Bauhaus-Universität Weimar, 2006 – 2012.
1: Vorkurs – Tischlerei – Drechslerei – Holzbildhauerei, 2006; 2.ª ed. corr. y compl., 2012.
2: Keramische Werkstatt – Metallwerkstatt, 2007.
3: Weberei – Wandmalerei – Glasmalerei – Buchbinderei – Steinbildhauerei, 2008.
4: Bauhausausstellung 1923– Haus am Horn – Architektur – Bühnenwerkstatt – Druckerei, 2009.

Wagner, Christoph (ed.), *Das Bauhaus und die Esoterik: Johannes Itten, Wassily Kandinsky, Paul Klee*, cat. de la exp., Bielefeld: Kerber, 2005.

Valdivieso, Mercedes (ed.), *La Bauhaus de festa*, cat. de la exp., Barcelona: Fundació Bancària Caixa d'Estalvis i Pensions de Barcelona, 2005.

Winkler, Klaus-Jürgen, *Baulehre und Entwerfen am Bauhaus 1919–1933*, Weimar: Verlag der Bauhaus-Universität Weimar, 2003.

Archivo Bauhaus (ed.), *Bauhaus-Möbel: Eine legende wird besichtigt*, cat. de la exp., Berlín: Archivo Bauhaus, 2002.

Binroth, Justus A., et al., *Bauhausleuchten? Kandemlicht! Die Zusammenarbeit des Bauhauses mit der leipziger Firma Kandem/Bauhaus Lighting? Kandem Light! The Collaboration of the Bauhaus with the Leipzig Company Kandem*, cat. de la exp., Stuttgart: Arnoldsche Art Publishers, 2002.

Grawe, Gabriele Diana, *Call for Action: Mitglieder des Bauhauses in Nordamerika*, Weimar: VDG, 2002.

Schöbe, Lutz, *Bauhaus fotografie: dalla collezione della Fondazione Bauhaus di Dessau*, Lestans: CRAF (entre otros), 2002; edición alemana: *Bauhaus-Fotografie: aus der Sammlung der Stiftung Bauhaus Dessau*, Florencia: Alinari, 2004.

Archivo Bauhaus (ed.), *Mehr als der bloße Zweck: Mies van der Rohe am Bauhaus 1930-1933*, cat. de la exp., Berlín: Archivo Bauhaus, 2001.

Wick, Rainer K., *Bauhaus – Kunstschule der Moderne*; edición inglesa: *Teaching at the Bauhaus*, Ostfildern: Hatje Cantz, 2000.

Weber, Klaus (ed.), *Punkt, Linie, Fläche: Druckgraphik am Bauhaus*, cat. de la exp., Berlín: G-und-H-Verlag, 1999.

Droste, Magdalena y **Manfred Ludewig** (ed.), *Das Bauhaus webt: Die Textilwerkstatt des Bauhauses*, cat. de la exp., Berlín: G-und-H-Verlag, 1998.

Nicolaisen, Dörte para el **Archivo Bauhaus** (ed.), *Das andere Bauhaus: Otto Bartning und die Staatliche Bauhochschule Weimar 1926-1930*, cat. de la exp., Berlín: Kupfergraben Verlagsgesellschaft, 1996 y Berlín: Archivo Bauhaus, 1997.

Brüning, Ute para el **Archivo Bauhaus** (ed.), *Das A und O des Bauhauses. Bauhauswerbung:*

Schriftbilder, Drucksachen, Ausstellungsdesign, cat. de la exp., Leipzig: Edition Leipzig, 1995.

Kieselbach, Burckhardt (ed.), *Bauhaustapete: Reklame und Erfolg einer Marke/Advertising and Success of a Branding*, cat. de la exp., Colonia: DuMont, 1995.

Bothe, Rolf y **Peter Hahn** (ed.), *Das frühe Bauhaus und Johannes Itten*, cat. de la exp., Ostfildern: Hatje Cantz, 1994.

Kentgens-Craig, Margret, *Bauhaus-Architektur: Die Rezeption in Amerika, 1919–1936* (Europäische Hochschulschriften, tomo 180), Frankfurt (entre otros): Lang, 1993; edición inglesa: *The Bauhaus and America: First Contacts, 1919–1936*, Cambridge, Mass. (entre otros): MIT Press, 1999.

Weltge-Wortmann, Sigrid, *Bauhaus-Textilien: Kunst und Künstlerinnen der Webwerkstatt*, Schaffhausen: Edition Stemmle, 1993; edición inglesa: *Women's Work: Textile Art from the Bauhaus*, San Francisco: Chronicle Books, 1993.

Weber, Klaus (ed.), *Die Metallwerkstatt am Bauhaus*, cat. de la exp., Berlín: Kupfergraben Verlagsgesellschaft, 1992 y 2005.

Fiedler, Jeannine (ed.), *Fotografie am Bauhaus 1919–1933*, cat. de la exp., Berlín: Dirk Nishen, 1990; edición inglesa: *Photography at he Bauhaus*, Cambridge, Mass.: MIT Press, 1990.

Weber, Klaus (ed.), *Keramik und Bauhaus*, cat. de la exp., Berlín: Kupfergraben Verlagsgesellschaft, 1989.

Hahn, Peter y **Lloyd C. Engelbrecht** (ed.), *50 Jahre New Bauhaus: Bauhausnachfolge in Chicago*, cat. de la exp., Berlín: Argon, 1987.

Archivo Bauhaus (ed.), *Der vorbildliche Architekt: Mies van der Rohes Architekturunterricht 1930–1958 am Bauhaus und in Chicago*, cat. de la exp., Berlín: Nicolai, 1986.

Gaßner, Hubertus (ed.), *Wechselwirkungen: ungarische Avantgarde in der Weimarer Republik*, cat. de la exp., Marburgo: Jonas-Verlag, 1986.

Hahn, Peter (ed.), *Bauhaus Berlin: Auflösung Dessau 1932. Schließung Berlin 1933. Bauhäusler und*

Drittes Reich. Eine Dokumentation, compilado a partir del Archivo Bauhaus, Weingarten: Weingarten, 1985.

Fleischmann, Gerd (ed.), *Bauhaus: Drucksachen, Typografie, Reklame*, Düsseldorf: Edition Marzona, 1984; reimpr. rev., Stuttgart: Oktagon, 1995.

Herzogenrath, Wulf, *Bauhausfotografie*, cat. de la exp., Ostfildern: Hatje Cantz, 1983; reimpr. modif., 1991.

Marzona, Egidio y Marion Fricke (ed.), *Bauhaus Fotografie*, Düsseldorf: Edition Marzona, 1982; edición inglesa: *Bauhaus Photography*, Cambridge, Mass. (entre otros): MIT Press, 1985 y 1987.

Wingler, Hans M. (ed.), *Neue Arbeiten der Bauhauswerkstätten* (Neue Bauhausbücher), reimpr. facsímil de ed. de 1925, Maguncia (entre otros): Kupferberg, 1981.

Goldberg, RoseLee, *Bauhaus Performance: "Art and Technology: a New Unity"*, en: *dies., Performance. Live Art: 1909 to the Present*, Nueva York: Harry N. Abrams, 1979, págs. 63-78; edición alemana: Bauhaus, cap. 5, en: Goldberg, RoseLee, *Die Kunst der Performance: Vom Futurismus bis heute* (dkv Kunst kompakt, tomo 8), trad. de Ute Astrid Rall, Berlín (entre otros): Deutscher Kunstverlag, 2014.

Neumann, Eckhard (ed.), *Bauhaus und Bauhäusler: Bekenntnisse und Erinnerungen*, Berna (entre otros): Hallwag, 1971; reed. ampl., Colonia: DuMont, 1985; edición inglesa *Bauhaus and Bauhaus People: Personal Opinions and Recollections of Former Bauhaus Members and their Contemporaries*, Nueva York (entre otros): Van Nostrand, 1970 y 1993.

Schlemmer, Oskar, László Moholy-Nagy y Farkas Molnár, *Die Bühne im Bauhaus* (Neue Bauhausbücher), reimpr. facsímil de ed. de 1925, Maguncia (entre otros): Kupferberg, 1965; 4.ª ed., Berlín: Gebr. Mann Verlag, 2003; edición inglesa: *The Theater of the Bauhaus*, trad. de Arthur S. Wensinger, Middletown, Conn.: Wesleyan University Press, 1961; Baltimore: Johns Hopkins University Press, 1996.

Itten, Johannes, *Mein Vorkurs am Bauhaus: Gestaltungs- und Formenlehre*, Ravensburg: Maier, 1963; rev. y con numer. ilustr. adic. por Anneliese

Itten: *Gestaltungs- und Formenlehre: mein Vorkurs am Bauhaus und später*, Ravensburg: Maier, 1975; 9.ª ed., Stuttgart: Urania-Verlag, 2007; edición inglesa: *Design and Form: The Basic Course at the Bauhaus*, Nueva York: Reinhold Publishing Corporation, 1964; ed. rev., Hoboken, Nueva York: Wiley, 2006.

Monografías
(ver también referencias bibliográficas en las biografías, págs. 514-530)

Abadžić Hodžić, Aida, *Selman Selmanagic und das Bauhaus* (Die Bauwerke und Kunstdenkmäler von Berlin, suplemento, tomo 40), Berlín: Gebr. Mann Verlag, 2018.

Abadía de Santa Maria Laach (ed.), *Theodor Bogler 1897–1968: Vom Bauhaus nach Maria Laach*, cat. de la exp., Maria Laach: Abadía de Santa Maria Laach, 2018.

Coxon, Ann, Briony Fer y Maria Müller-Schareck (ed.), *Anni Albers*, cat. de la exp., Múnich: Hirmer, 2018; edición inglesa: *Anni Albers*, Londres: Tate Publishing, 2018.

Metzner, Manfred (ed.), *Soupault, Ré, Nur das Geistige zählt: Vom Bauhaus in die Welt. Erinnerungen*, Heidelberg: Verlag Das Wunderhorn, 2018.
Thöner, Wolfgang y Uta Karin Schmitt (ed.) para la Fundación Bauhaus Dessau, *Carl Fieger: Vom Bauhaus zur Bauakademie*, Bielefeld: Kerber, 2018; edición inglesa: Schmitt, Uta Karin (ed.) para la Fundación Bauhaus Dessau, *Carl Fieger: From Bauhaus to Bauakademie*, Bielefeld: Kerber, 2018.

Moholy, Lucia, *A Hundred Years of Photography 1839–1939/Hundert Jahre Fotografie 1839-1939* (Bauhäusler: Dokumente aus dem Bauhaus-Archiv Berlin, tomo 4), ed. por Archivo Bauhaus de Berlín, Berlín: Archivo Bauhaus, 2016; edición original inglesa: Moholy, Lucia, *A Hundred Years of Photography 1839–1939: The Story of Photography through the Ages* (A Pelican Special, tomo 35), Harmondsworth, Middlesex: Penguin Books, 1939.

Billing, Joan y Samuel Eberlin para Design und Design GmbH (ed.), *Hans Bellmann: Architekt und Produktgestalter. Protagonist der Schweizer Wohnkultur* (Protagonisten der Schweizer Wohnkultur), cat. de la exp., Zúrich: Scheidegger & Spiess, 2015.

Marcoci, Roxana y Sarah H. Meister (ed.), *From Bauhaus to Buenos Aires: Grete Stern and Horacio Coppola*, cat. de la exp., Nueva York: Museum of Modern Art, 2015.

Gili, Marta y Cristina Zelich, *Florence Henri: Mirror of the Avant-gardes, 1927–1940*, cat. de la exp., Nueva York (entre otros): Aperture, 2015.

Archivo Bauhaus (ed.), *Mittag-Fodor, Etel, Not an Unusual Life, for the Time and the Place/Ein Leben, nicht einmal ungewöhnlich für diese Zeit und diesen Ort* (Bauhäusler: Dokumente aus dem Bauhaus-Archiv Berlin, tomo 3), Berlín: Archivo Bauhaus, 2014.

Breuer, Gerda (ed.), *Kramer, Ferdinand: Design für variablen Gebrauch*, Tubinga (entre otros): Wasmuth Verlag, 2014.

Archivo Bauhaus (ed.), *Eigentlich wollte ich ja Architektin werden: Gertrud Arndt als Weberin und Photografin am Bauhaus 1923–1931*, cat. de la exp., Berlín: Archivo Bauhaus, 2013.

Archivo Bauhaus (ed.), *Keßler, Hans, Die letzten zwei Jahre des Bauhauses/The Last Two Years of the Bauhaus* (Bauhäusler: Dokumente aus dem Bauhaus-Archiv Berlin, tomo 2), Berlín: Archivo Bauhaus, 2013.

Scheper, Renate para el Archivo Bauhaus (ed.), *Phantastiken: Die Bauhäuslerin Lou Scheper-Berkenkamp*, cat. de la exp., Bramsche: Rasch 2012.

Siebenbrodt, Michael (ed.), *Die Bauhäuslerin Benita Koch-Otte: Textilgestaltung und Freie Kunst 1920–1933*, cat. de la exp., Weimar: Fundación Weimar Clásico, 2012.

Archivo Bauhaus (ed.), *Feist, Werner David, My Years at the Bauhaus/Meine Jahre am Bauhaus* (Bauhäusler: Dokumente aus dem Bauhaus-Archiv Berlin, tomo 1), Berlín: Archivo Bauhaus, 2012.

Herold, Inge, Ulrike Lorenz y Manfred Metzner (ed.), *Ré Soupault: Künstlerin im Zentrum der Avantgarde*, cat. de la exp., Heidelberg: Verlag Das Wunderhorn, 2011.

Breuer, Gerda (ed.), *Werner Graeff 1901–1978: Der Künstleringenieur*, Berlín: Jovis Verlag, 2010.

Mehulić, Leila (ed.), *Ivana Tomljenović Meller: zagrepčanka u Bauhausu/A Zagreb Girl at the Bauhaus*, cat. de la exp., Zagreb: Muzej grada Zagreba, 2010.

Knigge, Volkhard y Harry Stein (ed.), *Franz Ehrlich: Ein Bauhäusler in Widerstand und Konzentrationslager*, cat. de la exp., Weimar: Fundación de los Memoriales de Buchenwald y Mittelbau-Dora, 2009.

Bill, Jakob, *Max Bill am Bauhaus*, Berna: Benteli, 2008.

Siebenbrodt, Michael (ed.), *Alma Siedhoff-Buscher: Eine neue Welt für Kinder*, cat. de la exp., Weimar: Fundación Weimar Clásico y Colecciones de Arte de Weimar, 2004.

Prents, Lena y Michael Siebenbrodt (ed.), *Eberhard Schrammen: Bauhäusler, Maler, Formgestalter, Fotograf*, cat. de la exp., Weimar: Fundación Weimar Clásico y Colecciones de Arte de Weimar, 2003.

Stasny, Peter, *Zwischen Sein und Nichts: Schatten- und Lichtkunst des Bauhauses bei Ludwig Hirschfeld-Mack und László Moholy-Nagy*, en: Ausschnitt. Hefte zu Themen des plastischen Gestaltens, núm. 6: Schatten, 2001, pp. 15-28.

Fundación Ostdeutsche Galerie (ed.), *Ida Kerkovius (1879–1970): Gemälde, Pastelle, Aquarelle, Zeichnungen, Teppiche. Retrospektive* (Schriften des Museums Ostdeutsche Galerie in Regensburg, tomo 27), cat. de la exp., Ratisbona: Fundación Ostdeutsche Galerie, 2001; 2.ª ed. mejor. y compl., 2001.

Hapkemeyer, Andreas y Peter Stasny (ed.), *Ludwig Hirschfeld-Mack: Bauhäusler und Visionär*, cat. de la exp., Ostfildern: Hatje Cantz, 2000.

Makarova, Elena, *Friedl Dicker-Brandeis: Ein Leben für Kunst und Lehre*, Viena (entre otros): Christian Brandstätter Verlag, 1999 y 2001; edición inglesa: *Friedl Dicker-Brandeis: The Artist Who Inspired the Children's Drawings of Terezin*, Los Ángeles, Ca.: Tallfellow/Every Picture Press, 1999 y 2001.

Möller, Werner, *Mart Stam 1899–1986: Architekt – Visionär – Gestalter. Sein Weg zum Erfolg 1919–1930* (Schriftenreihe zur Plan- und

Modellsammlung des Deutschen Architekturmuseums in Frankfurt am Main, tomo 2), cat. de la exp., Tubinga: Wasmuth-Verlag, 1997.

Molderings, Herbert, *Umbo: Otto Umbehr 1902–1980,* Düsseldorf: Richter, 1996.

Schlegel, Franz-Xaver (ed.), *Werner David Feist: Fotografien am Bauhaus 1928-1930,* Augsburgo: F. Schlegel, 1995.

Jaeggi, Annemarie, *Adolf Meyer – Der zweite Mann: Ein Architekt im Schatten von Walter Gropius,* cat. de la exp., Berlín: Argon Verlag, 1994.

Bax, Marty, *Bauhaus Lecture Notes 1930–1933: Ideal and Practice of Architectural Training at the Bauhaus, Based on the Lecture Notes made by the Dutch Ex-Bauhaus Student and Architect J. J. van der Linden of the Mies van der Rohe Curriculum,* Ámsterdam: Architectura & Natura Press, 1991.

Herold, Marianne, *Roman Clemens,* Zúrich: ABC-Verlag, 1991.

Rudolph, Monika, *Naum Slutzky: Meister am Bauhaus, Goldschmied und Designer,* Stuttgart: Arnold'sche Verlagsanstalt, 1990.

Švestka, Jiří (ed.), *Andor Weininger: Vom Bauhaus zur konzeptuellen Kunst,* cat. de la exp., Ostfildern: Hatje Cantz y Düsseldorf: Kunstverein für die Rheinlande und Westfalen, 1990.

Herzogenrath, Wulf y **Stefan Kraus** (ed.), *Erich Consemüller: Fotografien Bauhaus-Dessau. Katalog der Fotografien aus dem Nachlass von Erich Consemüller, dem Bauhaus-Archiv Berlin und dem Busch-Reisinger-Museum der Harvard-University, Cambridge, Mass.,* Múnich: Schirmer-Mosel, 1989.

Archivo Bauhaus (ed.), *Xanti Schawinsky: Malerei, Bühne, Grafikdesign, Fotografie,* cat. de la exp., Berlín: Nicolai, 1986.

Klee, Felix (ed.), *Paul Klee: Briefe an die Familie,* tomo 2., 1907–1940, Colonia: DuMont, 1979; 1.ª ed., tomos 1 + 2, Colonia: DuMont, 2006.

Kandinsky, Nina, *Kandinsky und ich,* Múnich: Kindler, 1976; ed. bolsillo íntegra: *Kandinsky und* *ich. Mein Leben mit einem großen Künstler,* Múnich: Droemer Knaur, 1999.

Hesse, Fritz, *Erinnerungen an Dessau,* tomo 1: Von der Residenz zur Bauhausstadt, Bad Pyrmont: Selbstverlag, 1963; 3.ª ed., Dessau: Anhaltinische Verlagsgesellschaft, 1995.

Índice

Fuentes gráficas

akg images: 43

Archivo de la editorial: 24, 61, 112, 134 arriba, 153, 174, 202 arriba, 236, 254, 280, 293, 314, 348/349, 369 centro y abajo, 478, 493

© ARS, NY, Foto Albers Foundation/Art Resource, NY: 191

Artothek: 138 © Museum Folkwang Essen - Artothek

Bauhaus-Archiv, Berlín: 2 (Inv. 7870), 4 (Inv. 12635/58), 18 (Inv. F2008/3), 19 arriba (Inv. 8577), 26 (Inv. 6019/1), 27 (Inv. 6675/1; © Bauhaus-Archiv, Berlín), 28 abajo (Inv. 2005/47),31 (Inv. 6675/2), 36 a la izquierda (Inv. 4640), 36 a la derecha (Inv. 290), 38 (Inv. 11251/1; © Karl-Peter-Röhl-Stiftung, Weimar), 39 (Inv. 6687/1), 40 objeto (Inv. 8422/1), 41 (Inv. 2003/42.2), 45 (Inv. 12345), 46 (Inv. 10741), 47 (Inv. 8591), 49 (Inv. 7293/1), 52 (Inv. 2011/6_S43), 53 (Inv. F3317; © para Adler: Judith Adler), 55 (Inv. 7293/6), 57, 58 objeto, 59 objeto (Inv. 3467), 64 (Inv. 117), 66, 67 (Inv. 1986/7), 68 (Inv. F2007/19.1; © Atelier Hüttich-Oemler), 69 (Inv. 142), 74 (Inv. 2013/118), 76 (Inv. F478), 78 (Inv. DL8517; ID obj. 63789), 81 arriba (Inv. 2420), 81 abajo (Inv. 57; © Angelika Haider-Baschant), 82 (Inv. F8912), 83 (Inv. 3844/4), 85 (Inv. 10604), 86 (Inv. 2693; © Angelika Haider-Baschant), 87 (Inv. 12177/2), 88 (Inv. 948), 94 (Inv. 1998/57.0), 95 (Inv. 290, © Karl-Peter-Röhl-Stiftung, Weimar), 96 (Inv. 6263/2), 97 arriba (Inv. 6159/1), 97 abajo, 98, 99 (Inv. 6270/4), 100 (Inv. 2003/42.1; © para Schrammen: Marie Schrammen, Bad Schwartau), 101 a la izquierda (Inv. 2003/42.3; © para Determann: Bauhaus-Universität), 106/107 (Inv. 2006/35.2; © Bauhaus-Archiv, Berlín), 116 abajo (Inv. 923), 116 arriba (Inv. 1995/80.1), 121 (Inv. F2661), 125 (Inv. F1777), 126 (Inv. 12434/140; © para Grewenig: Waltrud Hölscher, Bensheim), 133 (Inv. 2017/249), 135 a la izquierda (Inv. 2017/294), 135 a la derecha (Inv. 2017/296),

136 (Inv. 212; © para Jucker: Maya Bracher, Sernhac), 141 arriba (Inv. 2017/240), 141 abajo (Inv. 2017/239), 142 (Inv. 2017/241), 143 (Inv. 2017/242), 148 (Inv. F2009/3.2), 149 (Inv. F8851/3), 154 (ID obj. 81858; © Vereinigung der Benediktiner zu Maria Laach e.V.), 162 objeto (Inv. 3742/22), 167, 172 (Inv. 12434/88.1), 179 arriba (Inv. 2011/6_S116; © Maya Bracher, Sernac), 180 (Inv. 2005/42), 186 arriba (ID obj. 80368), 186 abajo (Inv. 7378/1), 189 (Inv. F5022; © para Staatliche Bildstelle: Brandenburgisches Landesamt für Denkmalpflege, para Muche: Bauhaus-Archiv, Berlín), 192 (Inv. 2011/6_S105), 194 (Inv. 12434/110.1), 195 objeto, 196 (Inv. F4004; © Brandenburgisches Landesamt für Denkmalpflege), 197 (ID obj. 82642), 198 (Inv. 991), 203 (Inv. 8415), 204 (Inv. 11139/1; © para Hirschfeld-Mack: Blaich + Delugan Architekten, Viena), 213 (Inv. 2011/6_S139), 218 (Inv. 1987/3), 220 (Inv. F3260; © Michael Haffenrichter), 222 (Inv. F15; © para Schreyer: Familie Schreyer), 227 arriba (Inv. 3892; © para Schawinsky: Daniel Schawinsky), 228 (Inv. 7067/2), 229 arriba (Inv. F 2026), 229 abajo, 230 (Inv. F6777; © para Staatliche Bildstelle: Brandenburgisches Landesamt für Denkmalpflege, para Muche: Bauhaus-Archiv, Berlín), 231 (Inv. F6951; © Brandenburgisches Landesamt für Denkmalpflege, Messbildarchiv (para el fotógrafo), para Muche: Bauhaus-Archiv, Berlín), 237 (Inv. 1998/47.3), 239 (Inv. 6457/8), 240 arriba (Inv. 6457/32), 241 (Inv. 2006/27.13), 242 (Inv. 6470/3; para Forbat: Arkitektur Museet/Swedish Musem of Architecture), 243 (Inv. 809B_S8), 245 arriba (Inv. 783; © para Forbat: Arkitektur Museet/Swedish Musem of Architecture), 245 abajo (Inv. 784; © para Forbat: Arkitektur Museet/Swedish Musem of Architecture), 246 (Inv. 7440/2), 252 (Inv. 4092), 256 (Inv. 2010/82.1), 257 abajo (Inv. 6975), 259 arriba (Inv. 6754/4), 259 abajo (Inv. 2000/26.45.1), 261 (Inv. 2009/10.8; © bpk), 264 arriba (Inv. F8221/5), 264 abajo (Inv. F 8221), 271 (Inv. 10065), 272 (Inv. 6703), 274 arriba (Inv. 12434/60.2), 275 (Inv. F6942), 277 (Inv. 6624), 278 abajo (Inv. 7226/1), 279 (Inv. 1994/56.3),

282 (Inv. 10612), 283 (Inv. 3257/1), 286/287 (Inv. 11225_S_4_5), 290 (Inv. 3440/4), 295 (Inv. 6460), 296 (Inv. 3336/1), 300 (Inv. 2004/25.19), 301 arriba (Inv. 4669; © Charlotte Bergner, Coburg), 301 abajo (Inv. 4671; © Charlotte Bergner, Coburg), 303 abajo (Inv. 1242; © Cecilia Neujahr-Schoemann), 306 (Inv. 2006/127.1), 307 (ID obj. 113595), 315 (Inv. F6935), 316 arriba (Inv. F1218a), 318 (Inv. 10856/18), 319 (Inv. 10837a), 322 arriba, 322 abajo (Inv. 7984), 323 (ID obj. 117368), 324 abajo (Inv. Tolziner_III_7_3_3), 326 (Inv. F3184; © Estate of T. Lux Feininger), 328 (Inv. 1222/1-5; © para Grill: Karl Grill, Deutsches Tanzarchiv Köln), 329 (Inv. 1222/1-5; © para Grill: Karl Grill, Deutsches Tanzarchiv Köln), 330/331 (Inv. 1222), 333 abajo (ID obj. 119575), 334 (Inv. 7875), 335 (ID obj. 79910; © Estate of T. Lux Feininger), 339 (Inv. 2027; © Nachlass Scheper, Berlín), 344 (Inv. 12635; © para Meyer: Stiftung Bauhaus Dessau, para Andreas Feininger: Andreas Feininger/Getty Images), 345 (Inv. 9184/2), 346 (Inv. 5282/2; © Ursula Kirsten-Collein, Birkenwerder), 354 arriba a la izquierda (Inv. 2013/129.1; © Cathy Beckmann), 354 (ID obj. 84866; © Cathy Beckmann), 356 (Inv. 3242/2), 357 (Inv. 2016/1355; © Estate of T. Lux Feininger), 359 (ID obj. 109862), 360 (Inv. 2007/13.40), 361 (Inv. 10133), 362 (Inv. F3432; © Estate of T. Lux Feininger), 363 (Inv. 10245), 365 (Inv. 12635; © para Meyer: Stiftung Bauhaus Dessau, para Andreas Feininger: © Feininger/Getty Images), 366 arriba (Inv. F2538; © Walter Peterhans, Museum Folkwang, Essen), 366 abajo (Inv. F6708; © Walter Peterhans, Museum Folkwang, Essen), 367 (Inv. 2002/78), 369 arriba (Inv. 9991/1.1), 373 (Inv. 5483), 377 (Inv. 2017/520.3), 378 (Inv. 2991), 379 (ID obj. 113274), 383 (Inv. 11151), 384 arriba (Inv. 10369/1), 384 abajo (Inv. F2004/41.6; © Stiftung Bauhaus Dessau), 385 (Inv. 12010), 386 (Inv. F2006/05; © Stiftung Bauhaus Dessau) 387 (Inv. 3256/1), 390 arriba (Inv. 3401), 390 abajo (ID obj. 108065), 392 (ID obj. 112843; © Yamawaki Iwao & Michiko Archives), 394 abajo, 396, 397 (Inv. 2004/67.2), 398 (Inv. 9269), 402 (Inv. 12635/57), 403 (Inv. 9784/2), 405 (Inv. 9191/6), 407 (Inv. 2011/25.1-4), 410 abajo (Inv. 2006/83.3; © para Meyer: Stiftung Bauhaus Dessau), 411 arriba, 411 abajo (Inv. 10022/3; © para Meyer: Stiftung Bauhaus Dessau), 414 (Inv. 12245/2), 416 (Inv. Tolziner_III_7_3_12_a), 417 (Inv. 9774/2; © Stiftung Bauhaus Dessau), 419 (Inv. F1471), 421 (Inv. 12635/32; © para Schawinsky: Daniel Schawinsky), 422 (Inv. 5298), 423 a la derecha (Inv. 2009/10.40; © bpk, Berlín), 424 (Inv. 10041/5), 425 (Inv. F2004/49.1; © Bauhaus-Archiv, Berlín), 426 (Inv. 10043/2-3), 427, 429 (Inv. 2000/16.13), 431 (Inv. 2016/41) 430 objeto, 432 (Inv. 7982); © Estate of T. Lux Feininger, 436/437 (Inv. F2013/01), 439 (Inv. F6671), 440 (Inv. 6229/1), 441 arriba y abajo, 442/443 objeto (Inv. 7239), 444/445 objeto (Inv. 7239), 448 (Inv. F6614/2), 449 arriba (Inv. 1725; © para Keßler: Michael Keßler), 449 abajo (Inv. 861; © Erbengemeinschaft Schürmann), 450 (Inv. F6614/4), 453 (ID obj. 119502), 454 (Inv. 8594), 456 objeto (3488/2), 455 abajo, 457 (Inv. 10857/100), 458 (Inv. 2961/4; © para Pius Pahl: Peter Pahl), 460, 461, 464 objeto (Inv. 3482), 465 objeto (Inv. 10497/51.1), 468 arriba (Inv. 10497/51.1), 468 abajo (Inv. 12621/3; © Margarete Raabe), 469 arriba (Inv. 12622/5; © Margarete Raabe), 469 abajo (Inv. 10497/51.1), 473 arriba (Inv. 10497/91.1), 473 abajo (Inv. 10497/92.1), 475 (Inv. DLGmbH2009/1), 477 (ID obj. 80758; © Galería Jorge Mara - La Ruche, Buenos Aires), 479 (Inv. 5842), 481 objeto (Inv. 3987/1), 483 (ID obj. 119506 © Jürgen Reich, objeto: The Museum of Modern Art; New York), 484 arriba (Inv. 9929/15), 484 abajo (Inv. 9929/23), 485 (Inv. 5305/5; © Peter Jan Pahl), 487 (Inv. 8066/28), 489 objeto (Inv. 2961/2), 492 (Inv. F2695), 494 (Inv. 8952), 495 arriba y abajo, 500 arriba a la izquierda (Inv. 9684), 500 arriba a la derecha (Inv. 645/600), 500 abajo (Inv. 801/2; © Erbengemeinschaft Schürmann), 501 abajo (Inv. 2941/1; © Nachlass Scheper, Berlín), 503, 505 (Inv. 2962/2; © Prof. Peter Pahl), 506 (Inv. F6546), 507 (Inv. 2004/25.10; © Ariane y Maurizio Stam), 515 a la izquierda (ID obj. 113542), 515 a la derecha, 516 (Inv. F1996/1), 517 a la izquierda, 518, 519 a la derecha, 521 a la izquierda, 523 a la izquierda, 523 a la derecha (Inv. 7681; © Gallery Kicken Berlín/Phyllis Umbehr), 525 (Inv. 7256), 526 a la derecha (Inv. 8032), 528 a la izquierda (Inv. F2004/45.1), 529, 530, 531 (Inv. 12296/1-3), 548 (Inv. 7983, © Estate of T. Lux Feininger);

Foto Atlantis-Foto: 257 arriba (Inv. 5993/3);
Foto Hans Joachim Bartsch, Berlín: 51 objeto (Inv. 3809), 206 objeto arriba, 313 (Inv. 1998/5);
Foto Irene Bayer: 332 (Inv. 8935), 517 a la derecha;
Foto Ernst Louis Beck: 381 a la izquierda;
Foto E. Bieber: 519 a la izquierda;
Foto Erich Consemüller: 262 (Inv. 5995/3), 265 (Inv. 7366/1), 316 abajo (© para Consemüller: Dr. Stephan Consemüller), 332 arriba (Inv. 3252/20);

Foto dephot: 520;
Foto Hugo Erfurth: 338 (Inv. 5244/1), 521 a la izquierda, 522;
Foto Lux Feininger: 435 (Inv. 10044);
Foto Markus Hawlik: 32-34 (Inv. 6806), 72 (Inv. 1998/23), 89 arriba a la izquierda (Inv. 8768/2; © para Weber: Elisabeth Nelles), 89 arriba a la derecha (Inv. 8768/4; © para Weber: Elisabeth Nelles), 89 abajo a la izquierda (Inv. 3520/8; © para Weber: Elisabeth Nelles), 89 abajo a la derecha (Inv. 8768/3; © para Weber: Elisabeth Nelles), 103 (Inv. 2655; © CI-AN BARTHELMESS, Düsseldorf), 132 (Inv. 2017/247), 137 (Inv. 2003; © Eva Weininger, 146 arriba (Inv. 7589/1; © Charlotte Schultze-Marosky, Berlín), 146 abajo (Inv. 7589/4; © Charlotte Schultze-Marosky, Berlín), 147 arriba (Inv. 7589/3; © Charlotte Schultze-Marosky, Berlín), 147 abajo (Inv. 7589/5; © Charlotte Schultze-Marosky, Berlín), Texas), 168 a la izquierda (Inv. 10403/1), 168 a la derecha (Inv. 10403/2), 201 (Inv. 12736; © Hans-georg Werner), 210 (Inv. 1986/1.3), 211 (Inv. 1758), 215 (Inv. 1987/4), 217 arriba a la izquierda (Inv. 3807/3), 217 abajo a la izquierda (Inv. 3807/1), 217 abajo a la derecha (Inv. 3807/2), 227 abajo (Inv. 3893), 238 (Inv. 12651), 240 abajo (ID obj. 108788; © Dirk Scheper), 244 (Inv. 2754), 253 (Inv. 3131; © para Tümpel: Alexandra Tümpel y Matthias Tümpel), 267 (Inv. 976), 270 (Inv. 12557/21.27), 281 (Inv. 6737/12), 304 (Inv. 10049), 305 abajo (Inv. 10049_Albers_01), 327 (Inv. F74; © para Consemüller: Dr. Stephan Con-semüller), 341 arriba (Inv. 2084/25), 341 abajo (Inv. 2084/18), 352 (Inv. 3576/5; © Simone Müller-Petitpierre, Minusio), 353 (Inv. 3576/6; © Simone Müller-Petitpierre, Minusio), 358 (Inv. 12354), 451 abajo (Inv. 3243/9), 454 arriba (Inv. 4484; © Prof. Peter Pahl), 470 (Inv. 12623/1; © Margarete Raabe), 471 (Inv. 12623/2; © Margarete Raabe);
Foto Louis Held: 19 abajo (Inv. 677), 20 (Inv. 6674), 184;
Foto Felix Jork: 50 a la izquierda (Inv. 2666; © CI-AN BARTHELMESS, Düsseldorf), 50 a la derecha (Inv. 2667; © CI-AN BARTHELMESS, Düsseldorf), 139 (Inv. 4633/127), 420 (Inv. 8135), 428 (Inv. 11394; © para Gebhard: Regina Gebhard);
Foto Hartwig Klappert: 124 (Inv. 2921);
Foto Hermann Kiessling, Berlín: 119 arriba (Inv. 3642), 119 abajo (Inv. 3642), 233 objeto (Inv. 748), 263 (ID obj. 71350; © Nachlass Scheper, Berlín), 401 objeto (Inv. 4682);
Foto Fred Kraus: 156 (Inv. 1768; © para Bogler:

Vereinigung der Benediktiner zu Maria Laach e.V.), 160 (Inv. 589; © Alessandra Pasqualucci), 205 (Inv. 7079);
Foto Gunter Lepkowski, Berlín: 22, 62 (Inv. 165), 113 objeto en préstamo, 118 objeto (Inv. 3640), 150 (Inv. 411; © Charles S. Friedlaender, New York), 163 (Inv. 3669), 173 (Inv. 10114/1-5; © Rudolf Rittweger, Weil am Rhein), objeto 177 arriba (Inv. 739), 177 abajo (Inv. 3880), 181 (Inv. 658), 185 (Inv. 3618), 187 (Inv. 8547/6), 202 abajo (Inv. 2073), 205 abajo (Inv. 12557/21.27), 221 objeto a la izquierda (Inv. 257), 223 (Inv. 257; © Michael Schreyer, Hamburg), 247 arriba y abajo / 248 / 249 / 250 / 251 objeto (Inv. 7440/1–8), 260 (Inv. 1995/26.17), 311 objeto (Inv. 1475), 321 objeto (Inv. 1530), 371, 374 (Inv. 653), 375 a la izquierda (Inv. 3883), 375 a la derecha (Inv. 3884; © para Bredendieck: Dina Zinnes), 380/381 objeto (Inv. 3889/1-2), 382 (Inv. 7308), 388 (Inv. 8686/3);
Foto Jochen Littkemann: 480 a la izquierda (Inv. 3890/272), 480 a la derecha (Inv. 3890/266);
Foto Lucia Moholy: 122 (Inv. 6641/2), 123 (Inv. 7896), 167, 176 (Inv. 6491), 224 (ID obj. 84910), 258 (Inv. 12564), 268 arriba (Inv. 6338/3), 268 abajo (Inv. 6314/1), 269 arriba y abajo, 273 (Inv. 7333/1), 291 (Inv. 10837), 320 a la izquierda y a la derecha; 524 a la derecha, 527;
Foto Musche, Dessau: 276 (Inv. 6040/4);
Foto Eckhard Neumann: 415;
Foto Walter Peterhans: 413 arriba (Inv. 8657/6), 413 abajo (Inv. 8657/6), 476 (Inv. 7216);
Foto Arthur Redecker: 409 arriba (Inv. F 3594), 409 abajo (Inv. F 3596);
Foto Grete Reichardt: 528 a la derecha;
Foto Atelier Schneider, Berlin: 29 (Inv. 3855), 44 objeto (Inv. 9077), 54 objeto (Inv. 8377), 65 (Inv. 1986/6), 70 (Inv. 1074), 71 (Inv. 259; © Archiv Peiffer Watenphul), 79 (Inv. 7692), 80 arriba (Inv. 7066), 80 abajo (Inv. 274), 104 objeto en présta-mo, 105 (Inv. 3469/4), 144 (Inv. 3818/2; © Kaj Dalugan), 145 (Inv. 3818/2; © Kaj Delugan), 164 (Inv. 5826), 131, 168 (Inv. 993), 209 (Inv. 3103), 214 objeto (Inv. 6512), 217 objeto arriba a la dere-cha (Inv. 7922), 285 objeto (Inv. 2435), 288 (Inv. 7714), 289 (Inv. 3798/2.2), 289 a la derecha (Inv. 3714/8), 303 objeto arriba (Inv. 580), 305 arriba (Inv. 11315/1-3), 325 arriba (Inv. 2957/1), 340 objeto (Inv. 2948/1), 395 (Inv. 10635), 399 objeto (Inv. 9755), 400 objeto (Inv. 7968), 451 arriba (Inv. 3243/13), 462 (Inv. 3487/2), 466 objeto (Inv. 7299), 467 objeto (Inv. 1640), 472 objeto (Inv. 7837);
Foto Lotte Stam-Beese: 309 (Inv. 8082/36);

Foto Grete Stern: 526 a la izquierda;
Foto Hans Wagner, Hannover: 12 (Inv. 4699);
Foto Werner Zimmermann: 370;

Bauhaus-Universität Weimar, Archiv der Moderne:
90, 159, 171, 175, 182, 186 abajo, 188, 190,
235 abajo, 312, 406, 408;
Foto Atelier Hüttich-Oemler: 178, 232;
Foto Staatliche Bildstelle Berlín: 179 abajo,
235 arriba;
Foto Continental Photo Berlín: 234

Bildarchiv Foto Marburg: 25

© bpk / Kupferstichkabinett, SMB, Eigentum
des Landes Berlín: 219;
© bpk | Kunstsammlungen Chemnitz | May Voigt:
393;
© bpk / Staatsgalerie Stuttgart: 216

Bridgeman Images: 14, 16, 21, 115

Collection Cultural Heritage Agency of the
Netherlands: 108 a la izquierda y a la derecha,
109

Collection Josef and Anni Albers Foundation,
Orange / Conn.: 193, 274 abajo

© C. Arthur Croyle Archive: 23

Deutsches Architekturmuseum, Frankfurt
© Junkers Luftbild-Zentrale:
342/343

Die Neue Sammlung – The Design Museum;
Foto: Die Neue Sammlung (A. Laurenzo):
207

Gallery Kicken Berlin/Phyllis Umbehr; Foto: The
Josef and Anni Albers Foundation, Bethany CT:
292

GRASSI Museum für angewandte Kunst, Leipzig:
482

Harvard Art Museums / Busch-Reisinger Museum,
Foto: Imaging Department © President and
Fellows of Harvard College
Gift of Herbert Bayer, 63;
Gift of Ise Gropius: 8/9;
Gift of Walter Gropius: 266, 278 arriba;
Museum Purchase, © T. Lux Feininger: 337

Foto Walter Hege, de propiedad privada: 84

Foto Louis Held; Anneliese Itten, Zúrich: 48

Karl-Heinz Hüter, Berlín: 91 abajo, 93

Klassik Stiftung Weimar: 75, 101 a la derecha;
Collećión particular: 208;
Bestand HAAB: 42;
Bestand Museen: 90/91, 92 arriba, 92 abajo;
Foto Roland Dreßler: 183;
Foto Renno: 151, 161;
© bei der Familie des Künstlers, foto Renno:
206 abajo;
© Kloster Maria Laach, foto Renno: 155, 157;
Foto Alexander Burzik: 165;
© Stephan Consemüller, Klassik Stiftung Weimar /
Bauhaus-Museum, préstamo permanente de propie-
dad privada, Berlín, cortesía de Wulf Herzogenrath;
foto Olaf Mokansky: 294 arriba, 294 abajo, 297,
298, 299

kuhrarchiv berlin: 302

Kunstsammlung NRW, Düsseldorf, Foto Walter
Klein: 389

© 2018 Digital image, The Museum of Modern Art,
New York / Scala, Florencia: 77, 225

William Morris Gallery, London Borough of
Waltham Forest: 17

Foto © Centre Pompidou, MNAM-CCI, Dist.
RMN-Grand Palais, Georges Meguerditchian:
486; © Fonds Kandinsky: 199

Reproducciones:
bauhaus 2, 1928.4: 404; Baukunst, febrero
1930: 433;
Berliner Tageblatt, otoño de 1932: 491, octubre
de 1932: 497;
Berliner Lokalanzeiger, 12 de abril de 1933: 502;
Hans M. Wingler: Bauhaus 1919–1933,
Bramsche: 127;
Hermann Zapf / William Morris. Frankfurt 1949:
15 a la izquierda y a la derecha;
Staatl. Bauhaus 1919–1923, München 1923:
56, 130; Satzungen Staatliches Bauhaus
Weimar: 73, 200;
Walter Gropius: Das Bauhaus in Dessau,
1926: 226;
Mecano: 114, 120

Rijksdienst voor het Cultureel Erfgoed:
117

RKD – Nederlands instituut voor kunstgeschiedenis:
110, 111

Sammlung Helmut Erfurth, Dessau-Roßlau:
463 arriba y abajo

Städtische Galerie im Lenbachhaus, München:
129 (Inv. G 15694)

Archivo privado Selman Selmanagic: 355, 459,
499

Stiftung Bauhaus Dessau: 418, 513;
© Reichardt, Margaretha; Kaiser, Gisela: 391;
© Hannes Meyer: Erbengemeinschaft nach
Hannes Meyer; © Hans Wittwer: Sandra
Wittwer: 410 arriba;
© Gropius, Walter: 423 a la izquierda, 447;
© Ehrlich, Franz: Erbengemeinschaft nach Franz
Ehrlich: 498;
© Consemüller, Erich: Consemüller, Stephan
(Eigentum Original Vintage Print): 514

Zentrum Paul Klee, Bern, donado por familia Klee
© Klee-Nachlassverwaltung, Hinterkappelen:
128, 351

▸ **T. Lux Feininger:** salto «sobre» la Bauhaus,
hacia 1927.

Página 2 Letras de la Bauhaus en la
fachada del edificio de la Bauhaus de
Dessau, hacia 1930.

Página 4 Cuatro alumnos de la Bauhaus en
círculo: Robert Lenz (arriba), Hin Bredendieck
(derecha), Lony Neumann (abajo) y Hermann
Sven Gautel (izquierda).

Páginas 8/9 El edificio de la Bauhaus de
Dessau el 4 de diciembre de 1926, el día
de su inauguración.

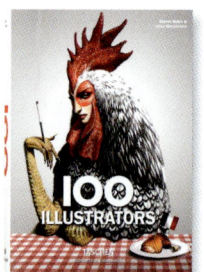

100 Illustrators

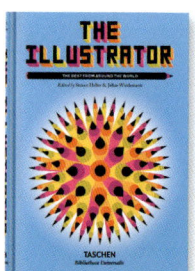

The Illustrator

D&AD.
The Copy Book

The Package Design
Book. Volume 2

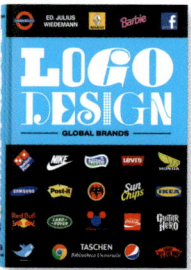

Logo Design.
Global Brands

**Bookworm's delight:
never bore, always excite!**

TASCHEN
Bibliotheca Universalis

Modern Art

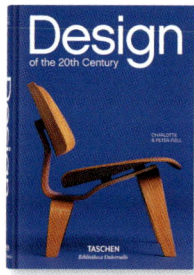

Design of the 20th Century

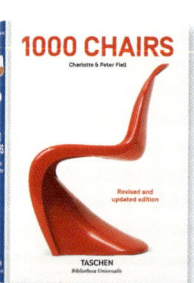

1000 Chairs

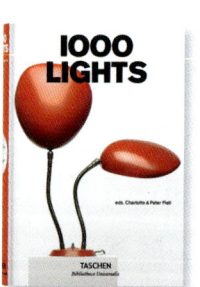

1000 Lights

Industrial Design A–Z

Bauhaus

1000 Record Covers

20th Century Photography

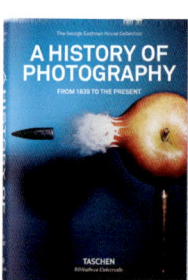

A History of Photography

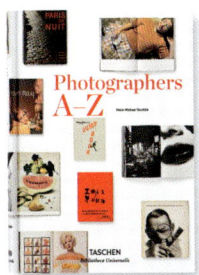

Photographers A–Z

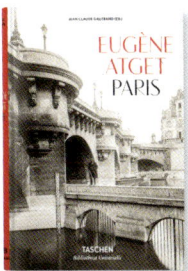

Eugène Atget. Paris

Photo Icons

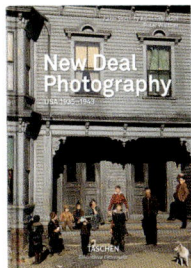

New Deal Photography

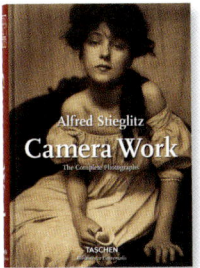

Stieglitz.
Camera Work

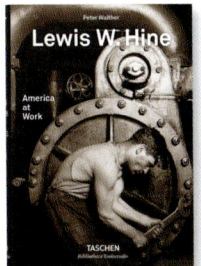

Lewis W. Hine

Curtis. The North
American Indian

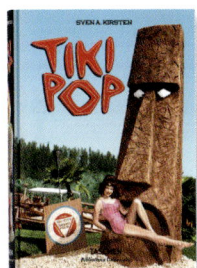

Tiki Pop

Film Noir

Horror Cinema

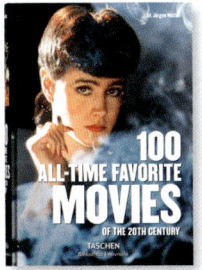

100 All-Time
Favorite Movies

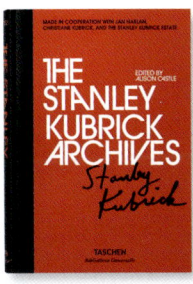

The Stanley Kubrick
Archives

1000 Tattoos

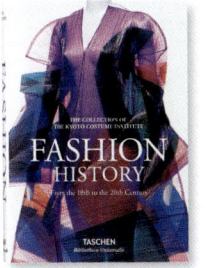

Fashion History

20th Century Fashion

20th Century Classic Cars

Créditos

AGRADECIMIENTOS

Me gustaría expresar mi gratitud a Nicole Opel, Peter Bernhard, Anke Blümm, Helmut Erfurth, Sabine Hartmann y Paul Weber. Y un agradecimiento especial a mi colega Patrick Rössler.
Magdalena Droste

Editado por el Bauhaus-Archiv / Museum für Gestaltung, Klingelhöferstr. 14, 10785 Berlín
Responsable: Dra. Annemarie Jaeggi, Berlín
Texto e idea: Prof. Dra. Magdalena Droste, Berlín
Edición de la edición original:
Dra. Angelika Taschen, Berlín
Edición de la nueva edición ampliada:
Nicole Opel, Berlín
Biografías: Karsten Hintz, Berlín
Traducción de la edición original:
María Ordóñez Rey
Traducción de la edición ampliada: Carmen Villa
Diseño de cubierta: Prof. Anton Stankowski, Stuttgart

La autora: Magdalena Droste estudió historia del arte y literatura en Aquisgrán y Marburgo. A partir de 1980 trabajó en el archivo Bauhaus de Berlín y más tarde fue profesora de historia del arte en la BTU Cottbus. Ha sido responsable de numerosas exposiciones y publicaciones sobre todo tipo de temáticas y artistas de la Bauhaus.

Cubierta posterior: Vista desde el suroeste del edificio de la Bauhaus, sección de talleres.
Foto: Atlantis-Foto

Lomo del libro: El sello de la Bauhaus, creado por Oskar Schlemmer, se ha utilizado con la autorización del Archivo Bauhaus (Berlín).

CADA LIBRO DE TASCHEN SIEMBRA UNA SEMILLA

Cada año compensamos nuestras emisiones de carbono con créditos de carbono del Instituto Terra, un programa de reforestación de Minas Gerais (Brasil) fundado por Lélia y Sebastião Salgado. Para saber más sobre esta colaboración para la protección del medio ambiente, consulte www.taschen.com/institutoterra.
Inspiración: infinita. Huella de carbono: (casi) cero.

¿Quiere ver más? Visite taschen.com para consultar nuestro actual catálogo, hojear el último número de nuestra revista o suscribirse a nuestra newsletter.

© 2025 TASCHEN GmbH
Hohenzollernring 53, D–50672 Köln
www.taschen.com
Bauhaus-Archiv / Museum für Gestaltung;
Magdalena Droste

Edición original:
© 1990 Benedikt Taschen Verlag GmbH

© 2025 VG Bild-Kunst Bonn, for: Alfred Arndt, Gertrud Arndt, Eugen Batz, Herbert Bayer, Marianne Brandt, Paul Citroen, Lyonel Feininger, Walter Gropius, Georg Hartmann, Josef Hartwig, Johannes Itten, Friedrich Marby, Gerhard Marcks, Ludwig Mies van der Rohe, Lucia Moholy, Gerrit Rietveld, Werner Rohde, Hans-Joachim Rose, Ré Soupault, Gunta Stölzl-Stadler, Henry van de Velde, Wilhelm Wagenfeld, Andor Weininger, Fritz Winter
© 2025 The Josef and Anni Albers Foundation/ VG Bild-Kunst, Bonn, para: Anni y Josef Albers
© 2025 Phyllis Umbehr/Galerie Kicken Berlin/ VG Bild-Kunst, Bonn, para: Otto Umbehr

Printed in Bosnia-Herzegovina
ISBN 978-3-8365-6552-3

◄ Oskar Schlemmer:
esquema para «muñeco articulado».